나태영 교수의
알기쉬운

民事相談 事例集

민사상담 사례집

나태영 著

대구대학교출판부

⁝⁝⁝⁝⁝⁝⁝⁝ 나 태 영

- 경북고등학교 졸업
- 한양대학교 법과대학 졸업
- 경북대학교 법과대학 대학원 졸업
- 제23회 사법시험 합격
- 사법연수원 수료(제13기)
- 대구지방변호사회 재무이사, 인권위원장, 총무이사 역임
- 대구지방검찰청 범죄방지위원 역임
- 대구지방법원 민사조정위원 역임
- (현) 대구대학교 법과대학 교수
- (현) 대구광역시 행정심판 위원
- (현) 대구광역시 교육청 공직자윤리위원
- (전) 대구대학교 법과대학 학장
- (전) 한양법학회 회장

초판발행 | 2016년 8월 10일
1판 2쇄 | 2020년 9월 9일
지은이 | 나태영
펴낸이 | 김상호
펴낸곳 | 대구대학교출판부
경북 경산시 진량읍 대구대로 201
전화 053) 850-5662 | 팩스 053) 850-5669
찍은곳 | 초록뱀디지털
ISBN 978-89-7794-653-8-93360
정가 | 25,000원

Introduction | 머리말

2014년 LINC사업(산학협력선도대학 육성사업)의 일환으로 산학친화형 교과목 개발과 이에 따른 교재발간 지원 사업에 선정되어 민사법률 상담집을 발간하였는데, 이번에 이를 수정·보완하여 민사사례 상담집으로 재 발간하게 되었습니다.

대구에서 25년 간 변호사로 활동하다가 젊어서는 생각지도 못한 교수의 길로 들어선지 어언 8년의 세월이 흘렀습니다.

미처 준비도 안 된 상태로 학교에 와서 학기 중에는 강의하랴, 방학 중에는 전공분야 논문 작성하느라 이리저리 허둥대다가 겨우 지금에 이르렀습니다.

변호사 시절에도 참으로 어려운 분야인 민법 때문에 애를 많이 먹었는데, 막상 학교에 와서 학생들을 마주하고 강의하고 가르치다 보니 새삼 민법은 하면 할수록 어렵다는 생각이 듭니다.

제가 이 정도이니 법과대학의 학생들은 오죽하겠습니까?

학생들은 그래서 공무원 시험 중에서도 민법과목의 시험이 없는 분야에만 매달리고 있으며, 민법은 졸업에 필요한 학점만 이수하면 대만족이라는 인식이 널리 퍼져 있는 것도 사실입니다.

그러나 법과대학의 학생으로서 사법의 대표주자인 민법의 기본이론을 모른다면 이는 참으로 잘못된 일이며, 민법에 대한 지식이 없이는 다른 법률과목을 이해하는 데에도 어려움이 많을 것입니다. 더구나 민법총칙은 사실 누구에게나 필요한 분야이며, 실제로 신의성실의 원칙은 민법은 물론이고 공법분야에도 그 적용이 되고 있으며, 심지어 민사소송법 분야에서도 반드시 지켜져야 할 기본원칙입니다.

이번에 민사사례 상담집을 수정·보완하여 민법전반의 기본이론에 관한 대표적인 판례들을 학생들이 보다 쉽고 친근하게 접근해서 체계적으로 이해할 수 있도록 노력하였습니다. 또한 각 사례마다 보충설명을 추가하여 학생들의 수고를 조금이나마 덜어주도록 애썼습니다.

그래서 학생들이 이 교재를 통해서 민법도 공부만 하면 이해가 되는 과목으로 인식을 전환할 수 있는 계기가 될 것으로 믿어 의심치 않습니다.

그래도 여러 가지로 부족합니다. 주위의 많은 지도편달 바랍니다.

감사합니다!!!

2016년 8월

나 태 영

Contents | 목 차

민법총칙 _ 01

1. 종중(宗中)의 구성과 관습법의 효력 ······ 01
2. 병원이 입원환자에게 부담하는 보호의무 ······ 04
3. 회사 임원으로 있을 때 체결한 계속적 보증계약의 퇴사 후 해지 ······ 07
4. 금반언(禁反言)의 원칙(모순행위 금지의 원칙) ······ 09
5. 정리해고의 요건과 실효의 원칙 ······ 11
6. 송전선 철거청구와 권리남용 ······ 13
7. 미성년자가 한 경락의 효력 ······ 17
8. 미성년자의 법률행위와 취소권의 배제 ······ 20
9. 동시사망과 대습상속 ······ 22
10. 법인격 부인 이론 ······ 25
11. 권리능력 없는 사단 ······ 28
12. 법인의 불법행위책임과 대표권 남용 ······ 31
13. 재단법인에 출연한 부동산의 법률관계 ······ 34
14. 독립된 부동산으로서의 건물의 요건 ······ 36
15. 주물과 종물의 법률관계 ······ 38
16. 매매계약의 성립요건으로서의 매매대금의 특정여부 ······ 40
17. 계약 당사자의 확정방법 ······ 42
18. 오 표시 무해의 원칙 ······ 46
19. "최대한 노력 하겠습니다"의 의미 ······ 49
20. 보통거래약관의 해석방법(예문해석) ······ 52
21. 이자제한법 초과 이자의 법률관계 ······ 55
22. 부동산의 이중매매 ······ 57
23. 증언을 대가로 금전을 지급하기로 한 약정의 효력 ······ 59
24. 평생 이혼하지 않겠다는 각서의 효력 ······ 61
25. 도박채무의 담보로 설정된 근저당권의 효력 ······ 63
26. 부첩관계를 해소하기로 하면서 체결한 금전지급약정의 효력 ······ 65
27. 해외연수 근로자가 귀국 후 일정기간 근무하지 않으면
그 소요경비를 배상한다는 사규나 약정의 효력 ······ 67
28. 불공정한 법률행위(1) ······ 70
29. 불공정한 법률행위(2) ······ 73
30. 강행법규 위반과 금반언의 원칙 ······ 75
31. 진의 아닌 의사표시로서의 사직서 제출 ······ 78

32. 형식상의 주채무자를 내세운 대출과 허위표시 ······ 81
33. 매매계약에 있어서의 착오 ······ 84
34. 백화점 변칙세일과 사기 ······ 87
35. 부동산 거래에 있어서의 신의칙상 고지의무 ······ 89
36. 부동산 매매계약과 대리권의 범위 ······ 91
37. 부부간의 일상가사 대리권과 표현대리 ······ 93
38. 친권의 남용(법정대리권의 남용) ······ 96
39. 대리권의 남용 ······ 98
40. 대리권 수여의 표시에 의한 표현대리 ······ 101
41. 권한을 넘은 표현대리 ······ 103
42. 무권대리행위와 금반언의 원칙 ······ 105
43. 무권리자의 처분행위와 추인 ······ 107
44. 토지거래허가구역내의 매매계약의 효력 ······ 109
45. 소유권유보부 매매계약 ······ 114
46. 기한이익 상실의 특약 ······ 116
47. 소취하시 승소간주 하여 사례금을 지급한다는 약정의 의미 ······ 119
48. 부동산매매대금 채권 등의 소멸시효 ······ 122

물권법 _ 125

49. 부동산 가압류에 의한 시효중단의 효력 ······ 125
50. 시효중단사유로서의 소제기와 중복제소여부 ······ 128
51. 관습법상의 법정지상권 ······ 130
52. 부동산매매로 인한 소유권이전등기청구권의 양도성 ······ 132
53. 신축 건축물의 원시취득 ······ 134
54. 물권행위의 유인성 ······ 137
55. 등기인수청구권 ······ 140
56. 공유물과 상호명의신탁 ······ 142
57. 부동산 명의신탁약정의 효력 ······ 144
58. 일조방해로 인한 손해배상청구권 ······ 146
59. 취득시효와 불법행위 ······ 149
60. 취득시효완성 후의 매수제의와 시효이익 포기여부 ······ 153
61. 공유물의 보존행위 ······ 155
62. 공유물의 분할방법 ······ 158
63. 동업계약의 법률관계 ······ 160
64. 분묘기지권 ······ 162
65. 종중재산의 법률관계 ······ 164
66. 교회의 재산관계 ······ 166
67. 제3자 명의로 경료된 전세권 설정등기의 효력 ······ 168

68. 유치권의 법적 성질 …… 170
69. 유치권의 불가분성 …… 173
70. 물상보증인의 구상권 …… 175
71. 저당권의 물상대위 …… 177
72. 제3자 명의의 저당권설정등기의 효력 …… 179
73. 가압류등기 후에 경료된 근저당권설정등기의 효력 …… 182
74. 근저당권에 있어서의 채권최고액의 의미 …… 184
75. 근저당권의 피담보채권의 확정시기 …… 186
76. 포괄근저당권의 유효성 …… 188
77. 가등기담보의 효력 …… 190
78. 양도담보의 효력 …… 193
79. 동산의 이중 양도담보 …… 196
80. 공동저당의 효력 …… 198

채권법 _ 201

81. 특정물 매매에 있어서의 목적물관리보존비 부담의무 …… 201
82. 선택채권 …… 203
83. 외화채권 …… 205
84. 금전채무불이행에 대한 특칙 …… 207
85. 이자제한법상의 제한초과이자 …… 210
86. 이행지체 …… 212
87. 이행보조자의 과실 …… 214
88. 이행불능 …… 216
89. 불완전이행 …… 219
90. 물건의 멸실·훼손으로 인한 손해의 범위 …… 221
91. 특별손해 …… 223
92. 손해배상액의 예정 …… 225
93. 채권자지체 …… 228
94. 채권자대위권 …… 230
95. 채권자취소권 …… 233
96. 분할채권관계 …… 237
97. 불가분채무 …… 239
98. 연대채무 …… 241
99. 부진정연대채무 …… 243
100. 보증채무 …… 245
101. 채권양도 …… 248
102. 채무인수 …… 251
103. 중첩적 채무인수(병존적 채무인수) …… 253

104. 이행인수 ········ 255
105. 계약인수 ········ 257
106. 기존채무의 변제조로 지급한 약속어음의 효력 ········ 259
107. 매매계약해제를 위하여 필요한 매도인의 이행제공의 정도 ········ 262
108. 대물변제 ········ 264
109. 채권압류가 경합된 경우에 제3채무자가 선의·무과실로
한 전부채권자에 대한 변제의 효력 ········ 267
110. 예금계약의 당사자 ········ 269
111. 공탁의 요건 ········ 271
112. 상계제도와 신의칙 ········ 274
113. 불법행위채권을 수동채권으로 하는 상계의 금지 ········ 278
114. 채권양도와 경개의 구별기준 ········ 280
115. 채무면제 ········ 283
116. 혼동 ········ 285
117. 아파트 분양광고 내용의 일반적 법적 성질 ········ 288
118. 사직의 의사표시의 철회 ········ 291
119. 계약교섭의 중도파기 ········ 293
120. 동시이행의 항변권 ········ 296
121. 제3자를 위한 계약 ········ 299
122. 부동산 매매계약에 있어서 잔대금 지급기일을 넘기면
자동해제 된다는 약정의 의미 ········ 302
123. 계약해제와 제3자 보호 ········ 304
124. 증여와 해제 ········ 306
125. 매매계약에 있어서의 계약금의 성질 ········ 309
126. 매매 목적물의 하자로 인한 담보책임 ········ 312
127. 주택임대차보호법의 적용범위 ········ 315
128. 주택임대차보호법상의 주민등록 ········ 317
129. 임차인의 지상물매수청구권 ········ 320
130. 건축공사도급계약 해제 시의 법률관계 ········ 323
131. 부동산 중개의 법률관계 ········ 327
132. 조합재산의 법률관계 ········ 332
133. 화해의 효력과 착오 ········ 335
134. 사무관리 ········ 338
135. 부당이득 ········ 340
136. 미성년자에 대한 감독의무자의 손해배상책임 ········ 344
137. 사용자책임 ········ 348
138. 공작물 점유자 및 소유자의 책임 ········ 352
139. 교통사고와 의료사고의 경합으로 인한 공동불법행위책임 ········ 354
140. 명예훼손으로 인한 불법행위책임 ········ 357

:::::::: 친족·상속법 _ 361

141. 약혼예물수수의 법적성질 ······ 361
142. 성전환자의 성별정정 허가기준 ······ 364
143. 사실혼의 법률관계 ······ 368
144. 재판상 이혼 ······ 370
145. 과거의 양육비 청구 ······ 373
146. 구두유언의 효력 ······ 376
147. 상속인과 그 상속분 ······ 379
148. 상속의 포기와 한정승인 ······ 384
149. 유류분 ······ 387
150. 개명 ······ 390

Session1 | 민법총칙

01 종중(宗中)의 구성과 관습법의 효력

민법총칙

Q 질문

저의 집안 문중 소유인 임야에 대하여 토지 수용이 실시되어 문중에서 거액의 보상금을 받았습니다. 그런데 문중에서는 성년 남자에게만 보상금을 나누어 주고 여자에게는 한 푼도 주지 않겠다고 합니다. 시집간 저도 받을 수 없는지요?

A 답변

민법 제1조는 '민사에 관하여 법률에 규정이 없으면 관습법에 의하고, 관습법이 없으면 조리에 의한다'고 규정하여 소위 성문법의 보충적 효력으로서의 관습법의 법원(法源)을 인정하고 있습니다.

관습법이란 사회의 거듭된 관행으로 생성된 사회생활규범이 사회의 법적 확신과 인식에 의하여 법적 규범으로 승인·강행되기에 이른 것을 말하고(법적확신설), 그러한 관습법은 법원으로서 법령에 저촉되지 아니하는 한 법칙으로서 효력이 있는 것이며(관습법의 보충적 효력: 80다3231), 또한 관습법이 인정되려면 헌법을 최상위규범으로 하는 전체 법질서에 반하지 아니하는 것으로서 정당성과 합리성이 인정될 수 있는 것이어야 합니다.

나아가 우리 헌법은 제9조에서 국가는 전통문화의 계승·발전과 민족문화의 창달에 노력하여야 한다고 규정하고 있고, 조상숭배와 친족 간의 친목도모라는 전통윤리를 바탕으로 한 종중제도가 우리나라 고유의 미풍양속임을 부인할 수는 없으나, 전통문화와 관습도 현재의 헌법을 최상위규범으로 하는 전체 법질서와 오늘날에 있어서 보편타당한 가치와 이념에 적합한 것이어야 하고 이에 반하여서는 아니 되며, 최근 오랫동안 전통에 의하여 이어져 왔던 호주제가 남녀평등의 헌법이념과 시대적 변화에 따른 가족형태에 부합하지 않는다는 이유로 민법 개정을 통하여 폐지된 것에서도 이러한 원칙을 확인할 수 있습니다.

그리고 여성인 후손에게 종원의 자격을 부여한다고 하여 종중제도의 계승·발전에 지장을 초래한다고는 할 수 없으며, 오히려 여성을 종중 구성원에 포함시켜 남녀평등이 이루어진 기초 위에서 종중제도를 계승·발전시키는 것이 우리 사회가 지향하는 기본이념에 부합하는 것이라고 봅니다.

한편 종중은 공동선조의 분묘수호와 제사 및 종원 상호간의 친목 등을 목적으로 하여 구성되는 자연발생적인 종족집단으로서(그 법적 성질은 권리능력 없는 사단이다) 관습상 당연히 성립하기 때문에 특별한 조직행위를 필요로 하지 않으며, 종중의 규약이나 관습에 따라 선출된 대표자 등에 의하여 대표되는 정도로 조직을 갖추고 지속적인 활동을 하고 있으면 인정되는 것이므로, 종중의 이러한 본질과 목적에 비추어 볼 때 공동선조와 성과 본을 같이 하는 후손은 성별의 구별 없이 성년이 되면 당연히 그 구성원이 된다고 보는 것이 조리에 합당합니다(2002다1178전).

그러므로 성년 남자만을 종중의 구성원으로 하고 여성은 종중의 구성원이 될 수 없다는 종래의 관습은, 공동선조의 분묘수호와 봉제사 등 종중의 활동에 참여할 기회를 출생에서 비롯되는 성별 만에 의하여 생래적으로 부여하거나 원천적으로 박탈하는 것으로서 우리의 전체 법질서에 부합하지 아니하여 더 이상 법적 효력을 가질 수 없게 되었습니다.

따라서 여성인 귀하도 당연히 종중(문중) 구성원으로서 문중 소유의 임야의 수용에 따른 합당한 보상을 받을 수 있습니다.

• • •

■ 민법의 법원(제1조)

법률(형식적·실질적 의미의 민법과 명령·대법원규칙 및 조약 포함), 관습법, 조리

→ 판례는 법원성이 없으나(학설 대립)사실상의 구속력을 가진다(법원조직법 제8조)

■ 권리능력 없는 사단(비법인 사단·법인 아닌 사단)

1) 권리능력 없는 사단이란 사단법인으로서의 실질을 갖추고 있으면서도 주무관청의 허가(제32조)를 얻지 못하거나 법인설립등기(제33조)를 하지 아니한 사단을 말하며, 그 재산소유형태는 민법상 총유이다(제275조).

2) 종중·교회·사찰·자연부락·재건축조합·아파트부녀회 등의 비법인 사단에 대하여는 사단법인에 관한 민법 규정 중 법인격을 전제로 하는 것을 제외한 규정들을 유추적용하며(92다23087), 민사소송상 당사자능력 인정한다(민소법 제52조).

- 토지수용(헌법 제23조, 공익사업을 위한 토지 등의 취득 및 보상에 관한 법률)

- 판례상 인정된 관습법

1) 분묘기지권(96다14036)

사례 64 분묘기지권 참조

2) 관습법상의 법정지상권(95다9075·9082): cf) 법정지상권(제366조)

사례 51 관습법상의 법정지상권 참조

3) 명인방법(66다2382·2383)

사례 14 독립된 부동산으로서의 건물의 요건 참조

4) 동산의 양도담보(93다44739)

사례 78 양도담보의 효력 참조

5) 사실혼(69므37)

사례 143 사실혼의 법률관계 참조

02 병원이 입원환자에게 부담하는 보호의무

민법총칙

Q 질문

저는 급성폐렴 증세로 병원에 입원하면서 신용카드가 든 핸드백을 입원실 침대 옆의 시정장치가 없는 사물함에 넣어 두었는데, 그 후 검사를 받기 위하여 입원실을 잠시 비운 사이에 도둑이 들어 신용카드를 훔쳐가 이를 무단 사용하는 바람에 큰 손해를 입었습니다. 이 경우 제가 병원을 상대로 손해배상을 받을 수 있는지요?

A 답변

환자가 병원에 입원하여 치료를 받는 경우에 있어서, 병원은 진료뿐만 아니라 환자에 대한 숙식의 제공을 비롯하여 간호·보호 등 입원에 따른 포괄적 채무를 지는 것인데, 입원환자는 입원 중의 생활을 위하여 필수용품 등을 휴대하지 않을 수 없고 진료를 받기 위하여나 개인 용무를 위하여 병실을 비울 경우에 모든 휴대품을 소지할 수 없는 한편, 병실에는 여러 사람들이 비교적 자유롭게 출입하고 왕왕 병실에서의 도난사고가 발생하는 실정이므로, 병원은 병실에의 출입자를 통제·감독하든가 그것이 불가능하다면 최소한 입원환자에게 휴대품을 안전하게 보관할 수 있는 시정장치가 있는 사물함을 제공하는 등으로 입원환자의 휴대품 등의 도난을 방지함에 필요한 적절한 조치를 강구하여 줄 신의칙상의 보호의무가 있다고 할 것이고, 이를 소홀히 하여 입원환자와는 아무런 관련이 없는 자가 입원환자의 병실에 무단출입하여 입원환자의 휴대품 등을 절취하였다면 병원은 그로 인한 손해배상책임을 면하지 못한다고 할 것입니다. 나아가 이 경우 병원 측이 입원환자에게 귀중품 등의 물건 보관에 관한 주의를 촉구하면서 도난 시에는 병원이 책임질 수 없다는 설명을 하였다고 하더라도, 그것만으로는 병원의 과실에 의한 손해배상책임까지 면제되는 것이라고는 할 수 없다 할 것입니다(2002다63275).

위와 같은 병원의 환자에 대한 보호의무는 주된 계약인 병원의 진료계약·입원계약 등에 따른 신의칙(제2조)상의 부수적 주의의무로서 인정되는 것이므로, 병원은 환자의 휴대품 등을 보호하여야 할 의무를 지게 됩니다.

따라서 귀하는 병원을 상대로 귀하의 신용카드 도난에 따른 손해배상을 받을 수 있을 것으로 보입니다.

다만 귀하도 휴대품 보관을 하면서 미리 병원에 알려 이를 보관시키는 등의 방법으로 절도 사고를 미연에 방지하지 아니하여 발생한 손해 및 그 확대에 귀하의 과실이 있다면 그 부분은 과실상계를 당하여 귀하의 손해배상액이 다소간 삭감될 수도 있습니다.

● ● ●

■ 신의칙상 부수적 주의의무

1) 설명의무

① 농약판매업자의 설명의무(93다62645)

② 의사의 설명의무(95다49608)

③ 부동산 거래에 있어서의 고지의무(2004다48515)

사례 35 부동산 거래에 있어서의 신의칙상 고지의무 참조

2) 안전배려의무

① 사용자의 피용자에 대한 안전배려의무(96다53086)

② 찜질방 영업자의 주취자에 대한 안전배려의무(2009다79316)

3) 보호의무

① 여행업자의 보호의무(98다25061)

② 숙박업자의 보호의무(96다47302)

③ 학원 운영자의 수강생에 대한 보호의무(2007다40437)

■ 신의성실의 원칙(제2조)

신의성실의 원칙(신의칙)이란 법률관계의 당사자는 상대방의 이익을 고려하여 형평에 어긋나거나 신의를 저버리는 내용 또는 방법으로 권리를 행사하거나 의무를 이행하여서는 안 된다는 추상적 규범을 선언한 것으로서, 신의성실의 원칙에 위배된다는 이유로 그 권리의 행사를 부정하기 위해서는 상대방에게 신의를 주었다거나 객관적으로 보아 상대방이 그러한 신의를 가짐이 정당한 상태에 이르러야 하고, 이와 같은 상대방의 신의에 반하여 권리를 행사하는 것이 정의 관념에 비추어 용인될 수 없는 정도의 상태에 이르러야 한다(91다3802).

신의칙이 구체화 된 파생원칙으로는 다음의 네 가지가 있다.

1) 사정변경의 원칙(2004다31302)

이른바 사정변경으로 인한 계약해제는, 계약 성립 당시 당사자가 예견할 수 없

었던 현저한 사정의 변경이 발생하였고 그러한 사정의 변경이 해제권을 취득하는 당사자에게 책임 없는 사유로 생긴 것으로서, 계약내용대로의 구속력을 인정한다면 신의칙에 현저히 반하는 결과가 생기는 경우에 계약준수 원칙의 예외로서 인정되는 것이고, 여기에서 말하는 사정이라 함은 계약의 기초가 되었던 객관적인 사정으로서, 일방당사자의 주관적 또는 개인적인 사정을 의미하는 것은 아니다. 또한, 계약의 성립에 기초가 되지 아니한 사정이 그 후 변경되어 일방당사자가 계약 당시 의도한 계약목적을 달성할 수 없게 됨으로써 손해를 입게 되었다 하더라도 특별한 사정이 없는 한 그 계약내용의 효력을 그대로 유지하는 것이 신의칙에 반한다고 볼 수도 없다.

2) 금반언의 원칙(94다54160)

당연무효인 수용결정에 대하여 아무런 이의 없이 보상금을 수령하고 수용자의 점유를 12년간 용인하여 온 경우, 새삼 그 수용결정의 하자를 이유로 그 소유권이전등기의 말소를 구하는 것은 선행행위에 모순되어 신의성실의 원칙에 반한다.

3) 실효의 원칙(92다3670)

근로자들이 면직된 후 바로 퇴직금을 청구하여 수령하였으며 그로부터 9년이 지난 후 1980년 해직공무원의 보상 등에 관한 특별조치법 소정의 보상금까지 수령하였다면 면직일로부터 10년이 다 되어 사용자로서도 위 면직처분이 유효한 것으로 믿고 이를 전제로 그 사이에 새로운 인사체제를 구축하여 조직을 관리·경영하여 오고 있는 마당에 새삼스럽게 면직처분 무효 확인의 소를 제기함은 신의성실의 원칙에 반하거나 실효의 원칙에 따라 그 권리의 행사가 허용되지 않는다.

4) 권리남용금지의 원칙(2010다59783)

권리의 행사가 주관적으로 오직 상대방에게 고통을 주고 손해를 입히려는 데 있을 뿐 이를 행사하는 사람에게는 아무런 이익이 없고, 객관적으로 사회질서에 위반된다고 볼 수 있으면, 그 권리의 행사는 권리남용으로서 허용되지 아니하고, 그 권리의 행사가 상대방에게 고통이나 손해를 주기 위한 것이라는 주관적 요건은 권리자의 정당한 이익을 결여한 권리행사로 보여 지는 객관적인 사정에 의하여 추인할 수 있으며, 어느 권리행사가 권리남용이 되는가의 여부는 개별적이고 구체적인 사안에 따라 판단되어야 한다.

■ 과실상계(제396조, 763조)

03 회사 임원으로 있을 때 체결한 계속적 보증계약의 퇴사 후 해지

민법총칙

Q 질문

저는 회사의 상무로 재직하면서 회사 대표이사의 부탁으로 회사의 금융기관에 대한 기존의 대출금은 물론 장래 발생할 대출금 채무에 대하여 연대

보증인이 되었습니다. 그런데 그 후에도 대표이사는 계속해서 또 다른 채무의 연대보증을 요구하여 저는 부득이 회사를 퇴사하였습니다. 저는 회사를 퇴직하면서 해당 금융기관을 찾아가서 전후사정을 알리며 위 연대보증을 해지한다는 통고를 하였습니다. 그럼에도 불구하고 금융기관에서는 해지통고 이후에 발생한 대출 원리금의 상환을 요구하고 있는데, 이 경우에도 제가 연대 보증인으로서 책임이 있는지요?

A 답변

민법상 연대보증이란 보증인이 주채무자와 연대하여 채무를 부담하는 것을 말하므로(제437조 단서), 특별한 사정이 없는 한 귀하는 주채무자인 회사와 동일한 채무를 부담하며, 이 때 채권자는 주채무자나 연대보증인 그 누구에게도 채무 전액의 이행을 청구할 수 있습니다.

그런데 귀하의 위 연대보증은 회사 임원으로 재직하면서 회사의 요구를 거절하지 못하고 부득이 승낙을 한 것이고, 그 후 회사를 퇴직하여 상황이 달라졌으므로 퇴직 이후의 대출 원리금 채무에 대하여는 귀하는 책임이 없다고 보여 집니다.

판례도 이른바 이 건과 같이 계속적인 보증계약에 있어서 보증계약 성립 당시의 사정에 현저한 변경이 생긴 경우에는 보증인은 보증계약을 해지할 수 있다고 하면서, '회사의 임원이나 직원의 지위에 있기 때문에 회사의 요구로 부득이 회사와 제3자 사이의 계속적 거래로 인한 회사의 채무에 대하여 보증인이 된 자가 그 후 회사로부터 퇴사하여 임원이나 직원의 지위를 떠난 때에는 보증계약 성립당시의 사정에 현저한 변경이 생긴 경우에 해당하므로 사정변경을 이유로 연대보증계약을 해지할 수 있다고 보아야 하며, 이는 가사 위 계속적 보증계약에서 보증기간을 정하였

다고 하더라도 그것이 특히 퇴사 후에도 보증채무를 부담키로 특약한 취지라고 인정되지 않는 한 위와 같은 해지권의 발생에 영향이 없다'고 합니다(89다카1381).

판례는 나아가 위와 같은 계속적 계약이 아닌 경우에도 사정변경을 이유로 한 계약해제를 다음과 같은 요건 하에 예외적으로 이를 인정하고 있습니다.

즉, 이른바 사정변경으로 인한 계약해제는 ① 계약 성립 당시 당사자가 예견할 수 없었던 현저한 사정의 변경이 발생하였고 ② 그러한 사정의 변경이 해제권을 취득하는 당사자에게 책임 없는 사유로 생긴 것으로서 ③ 계약내용대로의 구속력을 인정한다면 신의칙에 현저히 반하는 결과가 생기는 경우에 계약준수 원칙의 예외로서 인정되는 것이고 ④ 여기에서 말하는 사정이라 함은 계약의 기초가 되었던 객관적인 사정으로서, 일방당사자의 주관적 또는 개인적인 사정을 의미하는 것은 아니며, 또한 계약의 성립에 기초가 되지 아니한 사정이 그 후 변경되어 일방당사자가 계약 당시 의도한 계약목적을 달성할 수 없게 됨으로써 손해를 입게 되었다 하더라도 특별한 사정이 없는 한 그 계약내용의 효력을 그대로 유지하는 것이 신의칙에 반한다고 볼 수도 없다고 합니다(2004다31302).

■ 법률행위

일정한 법률효과를 바라는 의사표시를 불가결의 요건으로 하는 법률요건(법적 구속의사, 즉 권리·의무가 발생하는 당사자의 행위)을 법률행위라고 하며, 의사표시의 수에 따라 계약·단독행위·합동행위로 나뉜다.

cf) 호의행위·사실행위

■ 해제·해지권(제543조)

1) 해제는 유효하게 성립하고 있는 계약의 효력을 당사자 일방의 의사표시에 의하여 처음부터 없었던 것과 같은 상태로 되돌아가게 하는 것을 말함(해제·해지는 상대방 있는 단독행위로서 형성권이다).

2) 해지는 계속적 계약(채무의 이행이 일정한 시간 동안 계속되어야 하는 계약)에 있어서 계약의 효력을 장래에 향하여 소멸케 하는 의사표시를 말함.

3) 법정해제는 일반적으로 채무불이행(이행지체·이행불능·불완전이행)이 있는 경우 발생하며 부수적 채무의 불이행이 있는 경우 해제 불가(97마575).

cf) 취소(제한능력자의 법률행위·착오·사기·강박)

철회(유효한 법률행위의 효력을 장차 발생하지 않도록 함)

04 금반언(禁反言)의 원칙(모순행위 금지의 원칙)

Q 질문

저는 타인 소유의 주택에 보증금 1억 원의 채권적 전세(전세권등기를 하지 않음)를 얻어 입주하면서 전입신고까지 마쳤습니다. 그 후 집주인으로부터 은행 융자를 받는데 편의를 봐 달라는 부탁을 받고 이를 거부하기 어려워 대출심사의 일환으로 주택에 관한 임대차 계약관계를 확인하러 나온 은행 직원에게 위 주택에 관하여 임대차 계약을 체결하거나 보증금을 지급한 바가 없다는 취지의 각서까지 써 주었습니다. 그런데 그 후 집주인이 위 채무를 변제하지 못하여 은행이 경매를 받아서 저에게 주택을 명도하여 달라고 요구하고 있습니다. 이 경우 제가 보증금을 한 푼도 못 받았는데도 집을 비워 주어야 하는지요?

A 답변

통상 주택에 전세 보증금을 주고 입주하면서 전입신고를 마치면 주택임대차보호법상 대항력이 생기므로 임차인은 보증금을 돌려받기 전에는 임차물을 반환할 필요가 없습니다(주택임대차보호법 제3조).

물론 이 경우 전세권등기를 하면 물권으로서 당연히 보호를 받음은 두말할 나위도 없습니다.

그런데 귀하는 대출심사를 나온 은행직원에게 임대차 사실은 물론 보증금도 지급한 바 없다는 취지의 각서까지 교부하여 은행이 이를 믿고 위 주택의 담보가치를 높게 평가하여 대출을 해 주었습니다. 물론 귀하가 전세 살면서 집주인의 부탁을 거절하기가 쉽지 아니하였을 것이란 정황도 엿보이기는 합니다만 애초에 은행직원에게는 집주인과는 아무런 임대차관계가 없다고 했다가 뒤늦게 말을 바꾸어 임대차관계가 있음을 내세워 명도를 거부하는 것은 신의칙상의 금반언의 원칙에 어긋난 행동으로 법의 보호를 받기가 힘들 것으로 보입니다.

판례도, '피고가 이 사건 건물에 관하여 사실은 위와 같이 전세금을 주고 채권적 전세를 얻었으면서도 원고은행 직원에게 임대차계약을 체결하거나 그 보증금을 지급할 바가 없다고 하여 그와 같은 내용의 각서까지 작성해 주었다면 이는 원고은행으로 하여금 위 부동산에 대한 담보가치를 높게 평가하도록 하여 집 주인에게 대출하도록 한 것이고 또 만일 원고가 이 사건 건물에 대한 경매절차가 끝날 때까지도 위 소외인과 피고사이의 채권적 전세관계를 알지 못하였다고 한다면 피고가 원고의 이 사건 명도청구에 즈음하여 이를 번복하면서 위 전세금반환을 내세워 그 명도를 거부하는 것은 특단의 사정이 없는 한 금반언 내지 신의칙에 위반된다고 할 것이다'고 하고 있습니다(87다카1708).

● ● ●

■ 물권·채권

1) 물권이란 물건(제98조) 기타 객체(제210조, 320조, 345조, 371조)를 직접 지배하여 이익을 얻는 권리로서 점유권·소유권·지상권·지역권·전세권·유치권·질권·저당권 등이 있다.

2) 채권이란 채권자의 채무자에 대한 권리를 말하며, 민법상 채권은 계약·사무관리(제734조)·부당이득(제741조)·불법행위(제750조) 등에 의하여 발생한다.

■ 주택임대차보호법상의 대항력

사례 128 주택임대차보호법의 적용범위

사례 129 주택임대차보호법상의 주민등록 참조

■ 강행법규위반자의 무효 주장과 신의칙위반(금반언의 원칙위반)여부(99다4405)

강행법규에 위반하여 무효인 수익보장약정이 투자신탁회사가 먼저 고객에게 제의를 함으로써 체결된 것이라고 하더라도, 이러한 경우에 강행법규를 위반한 투자신탁회사 스스로가 그 약정의 무효를 주장함이 신의칙에 위반되는 권리의 행사라는 이유로 그 주장을 배척한다면, 이는 오히려 강행법규에 의하여 배제하려는 결과를 실현시키는 셈이 되어 입법취지를 완전히 몰각하게 되므로, 달리 특별한 사정이 없는 한 위와 같은 주장이 신의성실의 원칙에 반하는 것이라고 할 수 없다.

사례 30 강행법규 위반과 금반언의 원칙 참조

■ 무권대리인이 본인을 단독 상속한 경우와 금반언의 원칙(94다20617)

대리권한 없이 타인의 부동산을 매도한 자가 그 부동산을 상속한 후 소유자의 지위에서 자신의 대리행위가 무권대리로 무효임을 주장하여 등기말소 등을 구하는 것은 금반언원칙이나 신의칙상 허용될 수 없다.

05 정리해고의 요건과 실효의 원칙

Q 질문

저는 회사에 입사하여 10년 째 성실하게 근무하던 중, 회사로부터 경영상 이유로 정리해고를 당하였습니다. 그 때 저는 고민 끝에 퇴직금을 수령하고 퇴사하였으며, 곧 이어 인근의 다른 회사에 재취업하여 3년가량 근무하였습니다. 그런데 회사가 부도나서 문을 닫는 바람에 다시 실직을 하고 말았습니다. 지금은 나이도 많고 하여 또 다시 취업하기도 어려운 처지입니다. 그런데 요즘 탐문하여 보니 그 때 제가 정리해고당한 것은 무효이므로 원래의 회사에 다시 다닐 수 있다고 하는데 사실인지요?

A 답변

우선 회사는 다음과 같은 엄격한 요건 하에 경영상 이유로 근로자를 해고할 수는 있습니다(근로기준법 제24조).

즉 ① 해고를 하지 아니하면 회사 운영이 위태로울 정도로 급박한 경영상의 필요성이 존재하고, ② 회사 경영의 합리화, 신규직원의 임용금지, 희망퇴직의 활용 등 다방면으로 해고회피를 위한 노력을 다 하여야 하며, ③ 합리적이고 공정한 기준에 의하여 그 대상자를 선별하여야 하고, ④ 노동조합이나 해고 대상자들과 성실한 협의를 거쳐야 하며, 이러한 요건에 해당하지 않으면 그 해고는 부당해고로서 무효가 됩니다.

그런데 귀하가 해고를 당한 것이 위의 요건을 충족하는 것인지의 여부는 분명하지는 않습니다. 그런데 해고 당시 귀하가 아무런 이의 없이 퇴직금을 수령하고 퇴사를 하였고, 그 후 다른 회사에 재입사하여 3년가량 근무하는 동안 아무런 법적인 조치를 하지 아니하였다면 이제 와서 새삼스럽게 종전 회사의 해고의 무효를 주장하는 것은 신의성실의 원칙의 하나인 실효의 원칙에 해당하여 부당한 것으로 보여집니다.

여기서 말하는 '실효의 원칙'이란 권리자가 그의 권리를 오랫동안 행사하지 않았기 때문에 상대방이 이제는 더 이상 권리의 행사가 없으리라고 하는 믿음이 생긴 경우에, 그 이후에 하는 권리행사는 허용되지 않는다는 것을 말합니다.

판례도 '사용자로부터 해고된 근로자가 퇴직금을 수령하면서 아무런 이의의 유보나 조건을 제시하지 않았다면, 특별한 사정이 없는 한, 해고의 효력을 인정하였다고 할 것이고, 그로부터 상당한 기간이 경과하였기 때문에 사용자로서도 이제는 해고된 근로자가 권리를 행사하지 아니할 것으로 신뢰할 만한 정당한 기대를 가지게 된 다음에 뒤늦게 해고의 무효를 주장하여 소를 제기하는 것은 신의칙에 위배되어 허용될 수 없는 것이다'라고 하였습니다(92다34858).

■ 실효의 원칙 적용 여부

1) 일반적으로 권리의 행사는 신의에 좇아 성실히 하여야 하고 권리는 남용하지 못하는 것이므로, 해제권을 갖는 자가 상당한 기간이 경과하도록 이를 행사하지 아니하여 상대방으로서도 이제는 그 권리가 행사되지 아니할 것이라고 신뢰할 만한 정당한 사유를 갖기에 이르러 그 후 새삼스럽게 이를 행사하는 것이 법질서 전체를 지배하는 신의성실의 원칙에 위반하는 것으로 인정되는 결과가 될 때에는 이른바 실효의 원칙에 따라 그 해제권의 행사가 허용되지 않는다고 보아야 할 것이다(94다12234).

2) 실효의 원칙이라 함은 권리자가 장기간에 걸쳐 그 권리를 행사하지 아니함에 따라 그 의무자인 상대방이 더 이상 권리자가 권리를 행사하지 아니할 것으로 신뢰할 만한 정당한 기대를 가지게 된 경우에 새삼스럽게 권리자가 그 권리를 행사하는 것은 법질서 전체를 지배하는 신의성실의 원칙에 위반되어 허용되지 아니한다는 것을 의미하고, 항소권과 같은 소송법상의 권리에 대하여도 이러한 원칙은 적용될 수 있다(94다51840).

3) 토지 소유자가 10여 년간 송전선 설치에 관하여 이의를 제기하지 않았다거나 철탑 부지에 대한 사용 승낙이 있었다는 사정만으로는, 그 권리가 실효되었다거나 부당이득 반환청구가 신의칙에 위배된다고 할 수 없다(94다31914).

4) 인지청구권은 본인의 일신전속적인 신분관계상의 권리로서 포기할 수도 없으며 포기하였더라도 그 효력이 발생할 수 없는 것이고, 이와 같이 인지청구권의 포기가 허용되지 않는 이상 거기에 실효의 법리가 적용될 여지도 없다. 따라서 인지청구권의 행사가 상속재산에 대한 이해관계에서 비롯되었다 하더라도 정당한 신분관계를 확정하기 위해서라면 신의칙에 반하는 것이라 하여 막을 수 없다(2001므1353).

06 송전선 철거청구와 권리남용

민법총칙

질문

저는 10여 년 전 토지를 매수하여 지금껏 사용하고 있습니다. 그런데 그 전부터 토지 상공에 한국전력공사에서 송전선을 설치하여 사용하면서 저에게는 토지 점용으로 인한 사용료를 한 푼도 내지 않고 있습니다. 그래서 제가 송전선철거를 요구하자, 한전 측은 제가 토지를 구입할 당시부터 송전선이 설치되어 있는 사실을 알고 구입하고서도 아무런 말이 없다가 10년이 지난 지금에 와서 송전선의 철거를 구하는 것은 권리남용에 해당하므로 이에 응할 수 없다고 합니다. 이 경우 저는 소유권행사를 할 수 없는지요?

답변

민법 제2조 2항은 권리는 남용하지 못한다고 하고 있으며, 귀하의 이 건 송전선 철거청구가 과연 권리남용이 되는지가 문제됩니다.

우선 권리남용의 요건을 보면, 주관적으로 그 권리행사의 목적이 오직 상대방에게 고통을 주고 손해를 입히려는 데 있을 뿐이고 이를 행사하는 사람에게는 아무런 이익이 없는 경우라야만 하고, 객관적으로는 그 권리행사가 사회질서에 위반한다고 볼 수 있는 것이어야 하며(2002다62319·62326), 이 때 주관적 요건은 권리자의 정당한 이익을 결여한 권리행사로 보여 지는 객관적인 사정에 의하여 추인할 수 있습니다(2009다79378).

그런데 귀하가 이 건 토지를 구입할 당시 이미 송전선이 설치되어 있었던 점, 그리고 송전선의 철거 및 이전비용이 막대한 점 및 대체부지의 확보도 쉽지 않은 점, 송전선은 공익을 위한 시설이란 점 등에 비추어 보면 귀하의 송전선 철거청구가 권리남용에 해당하는 것이 아닌가 하는 의구심도 듭니다.

그러나 상대적으로 막대한 자금력을 가진 한전 측에서는 송전선의 설치 그 자체가 불법점유로 시작된 것이며, 나아가 지금까지 토지 상공의 사용권을 얻기 위하여 아무런 노력을 하지 아니한 점 및 귀하의 토지를 적정금액으로 매수하려는 어떤 노력도 하지 아니한 점 등을 보면 귀하의 뒤늦은 청구가 권리남용이 된다고 보기는 어렵습니다. 왜냐하면 토지의 소유자는 법률의 범위 내에서 그 소유물을 사용·수익·처분할 권리가 있으며(제211조), 그 소유권은 정당한 이익 있는 범위 내에서 토지의 상하에 미치지 때문입니다(제212조).

따라서 위와 같은 토지 소유자의 소유권 행사가 권리남용이 되려면 지극히 제한된 범위 내에서 예외적으로 인정되어야 할 것입니다.

판례도, '피고가 이 사건 토지 상공에 당초에 위 송전선을 설치함에 있어서 적법하게 그 상공의 공간 사용권을 취득하거나 그에 따른 손실을 보상하였다는 자료가 전혀 없어 피고의 이 사건 토지의 상공에 대한 위 송전선의 설치는 그 설치 당시부터 불법 점유라고 볼 수 있는데다가 그 설치 후에도 피고가 적법한 사용권을 취득하려고 노력하였다거나, 그 사용에 대한 손실을 보상한 사실이 전혀 없으며, 이 사건 토지가 현재의 지목은 전이나 도시계획상 일반주거지역에 속하고 주변 토지들의 토지이용 상황이 아파트나 빌라 등이 들어 서 있는 사실에 비추어 이 사건 토지도 아파트, 빌라 등의 공동주택의 부지로 이용될 가능성이 농후한 점과 피고로서는 지금이라도 전기사업법 등의 규정에 따른 적법한 수용이나 사용 절차에 의하여 이 사건 토지 상공의 사용권을 취득할 수 있다고 보이는 점 등에 비추어, 원고의 이 사건 송전선의 철거청구가 권리남용에 해당한다고는 할 수 없다'고 합니다(94다54283).

따라서 귀하의 송전선 철거청구는 귀하의 정당한 소유권행사의 일환으로 보여 지므로, 한전 측에서는 송전선이 설치된 귀하의 토지를 적정가격에 매수 또는 수용 등의 방법으로 보상을 하거나 그 토지 상공에 대한 구분지상권에 상응하는 임료 상당액을 부당이득 또는 불법행위로 인한 손해를 배상하여야 할 것입니다.

■ 권리남용의 예

1) 소권의 남용(96재다226)

재판청구권의 행사도 상대방의 보호 및 사법 기능의 확보를 위하여 신의성실의 원칙에 의하여 규제된다고 볼 것이므로, 최종심인 대법원에서 수회에 걸쳐 같은 이유를 들어 재심 청구를 기각하였음에도 이미 배척된 이유를 들어 최종 재심판결에 대하여 다시 재심 청구를 거듭하는 것은 법률상 이유 없는 청구로 받아들일 수 없음이 명백한데도 계속 소송을 제기함으로써 상대방을 괴롭히는 결과가 되고, 나아가 사법 인력의 불필요한 소모와 사법 기능의 혼란과 마비를 조성하는 것으로서 소권을 남용하는 것에 해당되어 허용될 수 없다.

2) 항변권의 남용(2001다9304)

일반적으로 동시이행의 관계가 인정되는 경우에 그러한 항변권을 행사하는 자의 상대방이 그 동시이행의 의무를 이행하기 위하여 과다한 비용이 소요되거나 또는 그 의무의 이행이 실제적으로 어려운 반면 그 의무의 이행으로 인하여 항변권자가 얻는 이득은 별달리 크지 아니하여 동시이행의 항변권의 행사가 주로 자기 채무의 이행만을 회피하기 위한 수단이라고 보여 지는 경우에는 그 항변권의 행사는 권리남용으로서 배척되어야 할 것이다.

3) 상계권의 남용(2002다59481)

일반적으로 당사자 사이에 상계적상이 있는 채권이 병존하고 있는 경우에는 이를 상계할 수 있는 것이 원칙이고, 이러한 상계의 대상이 되는 채권은 상대방과 사이에서 직접 발생한 채권에 한하는 것이 아니라, 제3자로부터 양수 등을 원인으로 하여 취득한 채권도 포함한다 할 것인바, 이러한 상계권자의 지위가 법률상 보호를 받는 것은, 원래 상계제도가 서로 대립하는 채권, 채무를 간이 한 방법에 의하여 결제함으로써 양자의 채권채무관계를 원활하고 공평하게 처리함을 목적으로 하고 있고, 상계권을 행사하려고 하는 자에 대하여는 수동채권의 존재가 사실상 자동채권에 대한 담보로서의 기능을 하는 것이어서 그 담보적 기능에 대한 당사자의 합리적 기대가 법적으로 보호받을 만한 가치가 있음에 근거하는 것이므로 당사자가 상계의 대상이 되는 채권이나 채무를 취득하게 된 목적과 경위, 상계권을 행사함에 이른 구체적·개별적 사정에 비추어, 그것이 위와 같은 상계 제도의 목적이나 기능을 일탈하고, 법적으로 보호받을 만한 가치가 없는 경우에는, 그 상계권의 행사는 신의칙에 반하거나 상계에 관한 권리를 남용하는 것으로서 허용되지 않는다고 함이 상당하고, 상계권 행사를 제한하는 위와 같은 근거에 비추어 볼 때 일반적인 권리남용의 경우에 요구되는 주관적 요건을 필요로 하는 것은 아니다.

4) 시효주장과 권리남용(2007두2173전)

채무자의 소멸시효에 기한 항변권의 행사도 우리 민법의 대원칙인 신의성실의 원칙과 권리남용금지의 원칙의 지배를 받으므로, 채무자가 시효완성 전에 채권자의 권리행사나 시효중단을 불가능 또는 현저히 곤란하게 하였거나 그러한 조치가 불필요하다고 믿게 하는 행동을 하였거나, 객관적으로 채권자가 권리를 행사할 수 없는 사실상의 장애사유가 있었거나, 일단 시효완성 후에 채무자가 시효를 원용하지 아니할 것 같은 태도를 보여 채권자로 하여금 그와 같이 신뢰하게 하였거나, 채권자를 보호할 필요성이 크고 같은 조건의 그 채권자들 중 일부가 이미 채무의 변제를 수령하는 등 채무이행의 거절을 인정함이 현저히 부당하거나 불공평하게 되는 등의 특별한 사정이 있는 경우에는, 채무자가 소멸시효의 완성을 주장하는 것이 신의성실의 원칙에 반하여 권리남용으로서 허용될 수 없다.

5) 인륜에 반하는 소유권 행사(96다52670)

외국에 이민을 가 있어 주택에 입주하지 않으면 안 될 급박한 사정이 없는 딸이 고령과 지병으로 고통을 겪고 있는 상태에서 달리 마땅한 거처도 없는 아버지와 그를 부양하면서 동거하고 있는 남동생을 상대로 자기 소유 주택의 명도 및 퇴거를 청구하는 행위가 인륜에 반하는 행위로서 권리남용에 해당한다.

6) 법인격 남용(2007다90982)

회사가 외형상으로는 법인의 형식을 갖추고 있으나 법인의 형태를 빌리고 있는 것에 지나지 아니하고 실질적으로는 완전히 그 법인격의 배후에 있는 사람의 개인기업에 불과하거나, 그것이 배후자에 대한 법률적용을 회피하기 위한 수단으로 함부로 이용되는 경우에는, 비록 외견상으로는 회사의 행위라 할지라도 회사와 그 배후자가 별개의 인격체임을 내세워 회사에게만 그로 인한 법적 효과가 귀속됨을 주장하면서 배후자의 책임을 부정하는 것은 신의성실의 원칙에 위배되는 법인격의 남용으로서 심히 정의와 형평에 반하여 허용될 수 없고, 따라서 회사는 물론 그 배후자인 타인에 대하여도 회사의 행위에 관한 책임을 물을 수 있다고 보아야 한다. 여기서 회사가 그 법인격의 배후에 있는 사람의 개인 기업에 불과하다고 보려면, 원칙적으로 문제가 되고 있는 법률행위나 사실행위를 한 시점을 기준으로 하여, 회사와 배후자 사이에 재산과 업무가 구분이 어려울 정도로 혼용되었는지 여부, 주주총회나 이사회를 개최하지 않는 등 법률이나 정관에 규정된 의사결정절차를 밟지 않았는지 여부, 회사 자본의 부실 정도, 영업의 규모 및 직원의 수 등에 비추어 볼 때, 회사가 이름뿐이고 실질적으로는 개인영업에 지나지 않는 상태로 될 정도로 형해화 되어야 한다. 또한, 위와 같이 법인격이 형해화 될 정도에 이르지 않더라도 회사의 배후에 있는 자가 회사의 법인격을 남용한 경우, 회사는 물론 그 배후자에 대하여도 회사의 행위에 관한 책임을 물을 수 있으나, 이 경우 채무면탈 등의 남용행위를 한 시점을 기준으로 하여, 회사의 배후에 있는 사람이 회사를 자기 마음대로 이용할 수 있는 지배적 지위에 있고, 그와 같은 지위를 이용하여 법인 제도를 남용하는 행위를 할 것이 요구되며, 위와 같이 배후자가 법인 제도를 남용하였는지 여부는 앞서 본 법인격 형해화의 정도 및 거래상대방의 인식이나 신뢰 등 제반 사정을 종합적으로 고려하여 개별적으로 판단하여야 한다.

7) 친권의 남용(96다43928)

사례 38 친권의 남용(법정대리권의 남용) 참조

07 미성년자가 한 경락의 효력

민법총칙

질문

저는 한 달 전 법원의 경매절차에서 아파트를 경락받아 그 대금을 완납하였습니다. 그런데 지금 다시 살펴보니 그 아파트에는 대항력을 가진 임차인이 살고 있어서 제가 권리행사를 하려면 임차보증금을 반환하여야 한다고 하며 그렇게 되면 저는 큰 손해를 볼 수밖에 없습니다. 경락 당시 저는 만 18세로 부모님 동의 없이 혼자서 경매절차를 진행하였는데, 구제받을 길이 없는지요?

답변

민법 제4조는 '사람은 19세로 성년에 이르게 된다'라고 규정하고 있으며, 제5조에서는 '미성년자가가 법률행위를 함에는 법정대리인의 동의를 얻어야 하며, 이에 위반한 행위는 취소할 수 있다'라고 하고 있으므로 경락 당시 만 18세인 귀하는 민법상 미성년자(만19세 미만자)임이 분명하고 그렇다면 귀하는 법정대리인을 통하여 경매절차에 관여할 수밖에 없습니다(69마989).

나아가 민법상 부모는 미성년자인 자(子)의 친권자가 되며 (제909조), 친권자인 부모는 미성년자인 자의 법정대리인이 되므로(제911조), 이건 경매절차는 귀하의 부모가 법정대리인이 되어 경매신청을 하고 경락을 받지 아니하면 사후에 미성년자인 귀하 본인이나 법정대리인인 부모님이 이를 취소할 수 있으며, 취소한 법률행위는 소급적으로 무효가 되므로(제141조), 이건 경매절차를 무효화시킬 수 있습니다. 다만 취소의 의사표시는 추인할 수 있는 날로부터 3년 내에, 법률행위를 한 날로부터 10년 내에 행사하여야 합니다(제146조). 그리고 법률행위를 취소하면 부당이득을 반환하여야 하므로 귀하가 지급한 경락대금을 되돌려 받고 이건 경락은 없던 일로 되돌릴 수 있습니다.

그런데 이 건의 경우 귀하가 위 아파트 자금을 어떻게 마련한 것인지는 분명하지 않지만, 만약 귀하가 부모님으로부터 어떤 용도로도 처분을 허락받은 돈으로 이건 경락대금을 완납하였다면 이는 위의 처분이 허락된 재산의 처분행위에 해당하여 취소할 수 없는 행위로 볼 여지도 있습니다(2005다71659·71666·71673 참조).

한편 미성년자의 법률행위라도 ① 단순히 권리만을 얻거나 의무만을 면하는 행위(제5조단서) ② 처분이 허락된 재산의 처분행위(제6조) ③ 영업이 허락된 미성년자의 그 영업에 관한 행위(제8조) ④ 혼인을 한 미성년자의 행위: 성년의제(제826의2) ⑤ 대리행위(제117조) ⑥ 유언행위(제1061·1062조) ⑦ 근로계약체결과 임금의 청구(근로기준법 제67조) 등은 법정대리인의 동의없이 단독으로 유효하게 할 수 있습니다.

■ 법정대리인의 동의 없이 신용구매계약을 체결한 미성년자가 그 동의 없음을 이유로 위 계약을 취소하는 것이 신의칙에 위배되는지 여부 등(2005다71659·71666·71673)

1) 행위무능력자 제도(현 제한 능력자 제도)는 사적자치의 원칙이라는 민법의 기본이념, 특히, 자기책임 원칙의 구현을 가능케 하는 도구로서 인정되는 것이고, 거래의 안전을 희생시키더라도 행위무능력자를 보호 하고자 함에 근본적인 입법 취지가 있는바, 행위무능력자 제도의 이러한 성격과 입법 취지 등에 비추어 볼 때, 신용카드 가맹점이 미성년자와 신용구매계약을 체결할 당시 향후 그 미성년자가 법정대리인의 동의가 없었음을 들어 스스로 위 계약을 취소하지는 않으리라고 신뢰하였다 하더라도 그 신뢰가 객관적으로 정당한 것이라고 할 수 있을지 의문일 뿐만 아니라, 그 미성년자가 가맹점의 이러한 신뢰에 반하여 취소권을 행사하는 것이 정의 관념에 비추어 용인될 수 없는 정도의 상태라고 보기도 어려우며, 미성년자의 법률행위에 법정대리인의 동의를 요하도록 하는 것은 강행규정인데, 위 규정에 반하여 이루어진 신용구매계약을 미성년자 스스로 취소하는 것을 신의칙 위반을 이유로 배척한다면, 이는 오히려 위 규정에 의해 배제하려는 결과를 실현시키는 셈이 되어 미성년자 제도의 입법 취지를 몰각시킬 우려가 있으므로, 법정대리인의 동의 없이 신용구매계약을 체결한 미성년자가 사후에 법정대리인의 동의 없음을 사유로 들어 이를 취소하는 것이 신의칙에 위배된 것이라고 할 수 없다.

2) 한편 미성년자가 법률행위를 함에 있어서 요구되는 법정대리인의 동의는 언제나 명시적이어야 하는 것은 아니고 묵시적으로도 가능한 것이며, 미성년자의 행위가 위와 같이 법정대리인의 묵시적 동의가 인정되거나 처분허락이 있는 재산의 처분 등에 해당하는 경우라면, 미성년자로서는 더 이상 행위무능력을 이유로 그 법률행위를 취소할 수 없다.

3) 나아가 미성년자의 법률행위에 있어서 법정대리인의 묵시적 동의나 처분허락이 있다고 볼 수 있는지 여부를 판단함에 있어서는, 미성년자의 연령·지능·직업·경력, 법정대리인과의 동거 여부, 독자적인 소득의 유무와 그 금액, 경제활동의 여부, 계약의 성질·체결경위·내용, 기타 제반 사정을 종합적으로 고려하여야 할 것이고, 위와 같은 법리는 묵시적 동의 또는 처분허락을 받은 재산의 범위 내라면 특별한 사정이 없는 한 신용카드를 이용하여 재화와 용역을 신용구매한 후 사후에 결제하려는 경우와 곧바로 현금 구매하는 경우를 달리 볼 필요는 없다.

08 미성년자의 법률행위와 취소권의 배제

질문

저는 얼마 전 부동산 중개소를 통하여 임야를 매입하는 계약을 체결하였습니다. 계약 후 자세히 알고 보니 그 임야에는 성명 불상자의 분묘가 많아서 임야로서의 활용도가 떨어지게 되었습니다. 계약 당시 저는 만 18세의 미성년자였지만 성인인 형님의 주민등록증을 소지하여 감쪽같이 상대방이나 부동산 중개사를 속일 수 있었습니다. 이제 저는 제가 한 계약을 미성년자임을 이유로 취소하려고 하는데, 그것이 가능한지요?

답변

미성년자(만 19세 미만자)가 친권자인 부모의 동의 없이 단독으로 한 법률행위는 취소할 수 있으며(제5조), 취소할 수 있는 법률행위는 취소의 의사표시를 하면 행위 시에 소급하여 무효가 됩니다.

그런데 민법 제17조는 '제한능력자가 속임수로써 자기를 능력자로 믿게 한 때에는 그 행위를 취소하지 못한다. 미성년자나 피한정후견인이 속임수로써 법정대리인의 동의가 있는 것으로 믿게 한 때에도 그 행위를 취소하지 못한다'라고 규정하고 있습니다.

다시 말하면 미성년자의 법률행위는 원칙적으로 취소할 수 있지만, 미성년자가 속임수로써 능력자로 행한 경우에는 미성년자가 한 법률행위의 취소권이 배제된다는 말이며, 예컨대 법정대리인의 동의서를 위조하거나 동사무소 직원과 짜고 생년월일을 실제와 달리 기재한 인감증명서를 교부받아 제시하는 경우(71다940) 등입니다.

그리고 여기에서 말하는 '속임수'의 의미에 대하여 판례는, '미성년자와 계약을 체결한 상대방이 미성년자의 취소권을 배제하기 위하여 민법 제17조 소정의 미성년자가 사술(속임수)을 썼다고 주장하는 때에는 그 주장자인 상대방 측에 그에 대한 입증책임이 있으며, 이 경우에 사술이란 적극적으로 사기수단을 쓴 것을 말하고 단순히 자기가 능력자라 사언함은 사술을 쓴 것이라고 할 수 없다'고 하여(71다

2045) 미성년자를 보호하는 방향으로 속임수의 의미를 좁게 해석하고 있습니다.

그런데 귀하는 이 건 임야를 구입할 당시 단순히 귀하가 성인이라고 말함에 그치지 아니하고 적극적으로 형님의 주민등록증을 마치 본인의 것인 양 제시하여 상대방을 속였으므로 이는 민법 제17조의 속임수에 해당하여 귀하는 미성년자의 법률행위를 이유로 임야 매매계약을 취소할 수 없을 것으로 보입니다.

따라서 귀하는 위 임야 매매계약에 따르는 중도금 및 잔금 지급의무가 발생하며, 만약 이를 이행하지 아니할 경우 상대방은 이를 이유로 계약해제 및 손해배상을 청구할 수가 있습니다.

• • •

- 제한능력자
  1) 미성년자(제5조)
  2) 피성년후견인(제9조)
  3) 피한정후견인(제12조)
  4) 피특정후견인(제14조의2)

- 제한능력자의 상대방의 보호
  1) 확답을 촉구할 권리(제15조)
  2) 철회권·거절권(제16조)
  3) 제한능력자의 취소권의 배제(제17조)

- 무효와 취소(제137조~제146조)

09 동시사망과 대습상속

민법총칙

질문

저의 처와 딸은 여름휴가를 맞아 장인, 장모님은 물론 처남 가족 모두와 함께 외국여행을 가게 되었습니다. 저는 당시 회사 일 때문에 동행하지 못하였는데, 공교롭게도 비행기 추락사고로 전원이 사망하였습니다. 남은 가족으로는 장인의 남동생(처삼촌)과 저 두 사람 밖에 없습니다. 이 경우 누가 상속권자가 되는지요?

답변

우선, 민법상 상속은 ① 피상속인의 직계비속 ② 피상속인의 직계존속 ③ 피상속인의 형제자매 ④ 피상속인의 4촌 이내의 방계혈족의 순으로 이루어집니다(제1000조).

그런데 상속인이 될 직계비속 또는 형제자매가 상속개시 전에 사망하거나 결격자가 된 경우에 그 직계비속이 있는 경우에는 그 직계비속이 사망하거나 결격된 자의 순위에 가름하여 상속인이 되며, 이를 대습상속이라고 합니다(제1001조).

나아가 피상속인의 배우자는 피상속인의 직계비속이나 직계존속과 공동으로 상속인이 되고 그 상속인이 없을 때에는 단독 상속인이 되며, 대습상속의 경우에도 배우자는 직계비속과 공동상속인이 되고 그 직계비속이 없을 때에는 단독 상속인이 됩니다(제1003조).

그리고 비행기 추락사고로 전원이 사망하였다면, 다른 특별한 사정이 없는 한 동시에 사망한 것으로 추정됩니다(제30조).

그런데 만약 이건 사고로 처와 딸이 장인보다 먼저 사망하였다면 귀하는 대습상속을 받게 되고, 처와 딸이 장인보다 뒤에 사망하였다면 일단 처와 딸이 상속받은 다음 귀하가 상속을 받게 되므로 어느 경우에도 귀하가 상속을 받게 됨은 자명한 이치입니다.

그런데 동시사망의 경우에만 본위상속과 대습상속 어느 쪽도 하지 못하게 된다면 현저히 불공정한 결과를 초래하게 되므로 민법 제1001조(대습상속)의 '상속인이 될 직계비속이 상속개시 전에 사망한 경우'에는 '상속인이 될 직계비속이 상속개시와 동시에 사망한 것으로 추정되는 경우'도 포함하는 것으로 해석하여야 합니다.

판례도, '우리나라는 전통적으로 오랫동안 며느리의 대습상속이 인정되어 왔고, 1958.2.22. 제정된 민법에서도 며느리의 대습상속을 인정하였으며, 1990.1.13. 개정된 민법에서 며느리에게만 대습상속을 인정하는 것은 남녀평등·부부평등에 반한다는 것을 근거로 하여 사위에게도 대습상속을 인정하는 것으로 개정한 점, ② 헌법 제11조 제1항이 누구든지 성별에 의하여 정치적·경제적·사회적·문화적 생활의 모든 영역에 있어서 차별을 받지 아니한다고 규정하고 있고, 헌법 제36조 제1항이 혼인과 가족생활은 양성의 평등을 기초로 성립되고 유지되어야 하며 국가는 이를 보장한다고 규정하고 있는 점, ③ 현대 사회에서 딸이나 사위가 친정 부모 내지 장인장모를 봉양, 간호하거나 경제적으로 지원하는 경우가 드물지 아니한 점, ④ 배우자의 대습상속은 혈족상속과 배우자상속이 충돌하는 부분인데 이와 관련한 상속순위와 상속분은 입법자가 입법 정책적으로 결정할 사항으로서 원칙적으로 입법자의 입법형성의 재량에 속한다고 할 것인 점, ⑤ 상속순위와 상속분은 그 나라 고유의 전통과 문화에 따라 결정될 사항이지 다른 나라의 입법례에 크게 좌우될 것은 아닌 점, ⑥ 피상속인의 방계혈족에 불과한 피상속인의 형제자매가 피상속인의 재산을 상속받을 것을 기대하는 지위는 피상속인의 직계혈족의 그러한 지위만큼 입법적으로 보호하여야 할 당위성이 강하지 않은 점 등을 종합하여 볼 때, 외국에서 사위의 대습상속권을 인정한 입법례를 찾기 어렵고, 피상속인의 사위가 피상속인의 형제자매보다 우선하여 단독으로 대습상속하는 것이 반드시 공평한 것인지 의문을 가져볼 수는 있다 하더라도, 이를 이유로 곧바로 피상속인의 사위가 피상속인의 형제자매보다 우선하여 단독으로 대습상속할 수 있음이 규정된 민법 제1003조 제2항이 입법형성의 재량의 범위를 일탈하여 행복추구권이나 재산권보장 등에 관한 헌법규정에 위배되는 것이라고 할 수 없다.

원래 대습상속제도는 대습자의 상속에 대한 기대를 보호함으로써 공평을 꾀하고 생존 배우자의 생계를 보장하여 주려는 것이고, 또한 동시사망 추정규정도 자연과학적으로 엄밀한 의미의 동시사망은 상상하기 어려운 것이나 사망의 선후를 입증할 수 없는 경우 동시에 사망한 것으로 다루는 것이 결과에 있어 가장 공평하고 합리적이라는 데에 그 입법 취지가 있는 것인바, 상속인이 될 직계비속이나 형제자매(피대습자)의 직계비속 또는 배우자(대습자)는 피대습자가 상속개시 전에 사망한 경우에는 대습상속을 하고, 피대습자가 상속개시 후에 사망한 경우에는 피대습자를 거쳐 피상속인의 재산을 본위상속을 하므로 두 경우 모두 상속을 하는데, 만일 피대습자가 피상속인의 사망, 즉 상속개시와 동시에 사망한 것으로 추정되는 경우에만 그 직계비속 또는 배우자가 본위상속과 대습상속의 어느 쪽도 하지 못하게 된다면 동시사망 추정 이외의 경우에 비하여 현저히 불공평하고 불합리한 것이라 할 것이고, 이는 앞서 본 대습상속제도 및 동시사망 추정규정의 입법 취지에도 반하는 것이므로, 민법 제1001조의 '상속인이 될 직계비속이 상속개시 전에 사망한 경우'에는 '상속인이 될 직계비속이 상속개시와 동시에 사망한 것으로 추정되는 경우'도 포함하는 것으로 합목적적으로 해석함이 상당하다고 합니다(99다13157).

따라서 이건의 경우 장인의 남동생이자 귀하의 처삼촌보다 귀하의 상속순위가 앞서므로 귀하가 적법한 상속인이 됩니다.

● ● ●

- 권리능력(제3조)의 시기(전부노출설)와 종기(심장정지설)
  - cf) 장기 등 이식에 관한 법률(제21조)
    뇌사자가 이 법에 의한 장기 등의 적출로 사망한 경우에는 뇌사의 원인이 된 질병 또는 행위로 인하여 사망한 것으로 본다(뇌사설을 인정한 것은 아님).

- 태아의 권리능력
  1) 불법행위로 인한 손해배상의 청구(제762조)
  2) 상속(제1000조3항)
  3) 대습상속(제1001조, 1000조3항)
  4) 유증(제1064조, 1000조3항)
  5) 사인증여(제562조, 1064조): 학설의 대립이 있음
     cf) 태아의 수증능력 유무 및 법정대리인에 의한 수증행위의 가부
     (소극: 81다534)
  6) 유류분(제1118조, 1001조, 1000조3항)

- 사망의 추정
  1) 동시사망의 추정(제30조)
  2) 인정사망(가족관계의 등록 등에 관한 법률 제87조, 16조)
     수해·화재나 그 밖의 재난으로 인하여 사망한 사람이 있는 경우에 관공서의 사망통보에 의한 사망의 기록.

- 사망 간주
  실종선고(제27조)

- **사례 147** 상속인과 그 상속분 참조

10 법인격 부인 이론

질문

저는 A가 대표이사로 있는 회사에 물품을 납품하였는데 그 회사의 부도로 물품대금을 받지 못하고 있습니다. 그런데 A는 한 사무실에서 직원을 공유하면서 법인은 물론 개인적으로 자영업을 하고 있습니다. 나아가 A는 회계장부도 혼용을 하면서 법인의 자금도 개인적으로 사용하여 왔으며 법인도 A의 사실상 1인 회사로 운영되었습니다. 회사는 부도났지만 A는 상당한 재산을 보유하고 있는데, 제가 A개인을 상대로 법인에 대한 물품대금을 받을 수 있는지요?

답변

민법상 권리능력을 가진 권리의 주체로는 자연인과 법인이 있습니다. 즉, 사람은 생존한 동안 권리와 의무의 주체가 되며(제3조), 법인은 법률의 규정에 좇아 정관으로 정한 목적의 범위 내에서 권리와 의무의 주체가 됩니다(제34조).

한편 법인제도의 존재이유는 첫째, 법인이 그 구성원과는 별도의 법적인 주체로 활동하게 함으로써 거래상의 번거러움을 피하여 간편하고 편리하게 법률관계를 맺을 수 있으며, 둘째 대외적인 책임에 있어서 법인과 그 구성원의 재산을 구별하여야 할 현실적인 필요성이 있기 때문입니다.

법인의 존재이유가 위와 같기 때문에 법인격(권리능력)이 법인제도의 취지와 달리 악용되는 경우에는 법인격이 부인되어야 할 것입니다.

다시 말하면, 회사가 외형상으로는 법인의 형식을 갖추고 있으나 법인의 형태를 빌리고 있는 것에 지나지 아니하고 실질적으로는 완전히 그 법인격의 배후에 있는 사람의 개인 기업에 불과하거나, 그것이 배후자에 대한 법률적용을 회피하기 위한 수단으로 함부로 이용되는 경우에는, 비록 외견상으로는 회사의 행위라 할지라도 회사와 그 배후자가 별개의 인격체임을 내세워 회사에게만 그로 인한 법적 효과가 귀속됨을 주장하면서 배후자의 책임을 부정하는 것은 신의성실의 원칙에 위배되는 법인격의 남용으로서 심히 정의와 형평에 반하여 허용될 수 없고, 따라서 회사는 물론 그 배후자인 타인에 대하여도 회사의 행위에 관한 책임을 물을 수 있다고 보아야 하며, 여기서 회사가 그 법인격의 배후에 있는 사람의 개인 기업에 불과하다고 보려면, 원칙적으로 문제가 되고 있는 법률행위나 사실행위를 한 시점을 기준으로 하여, 회사와 배후자 사이에 재산과 업무가 구분이 어려울 정도로 혼용되었는지 여부, 주주총회나 이사회를 개최하지 않는 등 법률이나 정관에 규정된 의사결정절차를 밟지 않았는지 여부, 회사 자본의 부실 정도, 영업의 규모 및 직원의 수 등에 비추어 볼 때, 회사가 이름뿐이고 실질적으로는 개인 영업에 지나지 않는 상태로 될 정도로 형해화 되어야 합니다. 또한, 위와 같이 법인격이 형해화 될 정도에 이르지 않더라도 회사의 배후에 있는 자가 회사의 법인격을 남용한 경우, 회사는 물론 그 배후자에 대하여도 회사의 행위에 관한 책임을 물을 수 있으나, 이 경우 채무면탈 등의 남용행위를 한 시점을 기준으로 하여, 회사의 배후에 있는 사람이 회사를 자기 마음대로 이용할 수 있는 지배적 지위에 있고, 그와 같은 지위를 이용하여 법인 제도를 남용하는 행위를 할 것이 요구되며, 위와 같이 배후자가 법인 제도를 남용하였는지 여부는 앞서 본 법인격 형해화의 정도 및 거래상대방의 인식이나 신뢰 등 제반 사정을 종합적으로 고려하여 개별적으로 판단하여야 할 것입니다(2007다90982).

따라서 이 건의 경우에도 A가 형식상으로는 회사를 내세우면서 사실상 개인기업으로 활동하였다면 법인의 물품대금채무에 대하여도 A 개인은 책임을 면하기 어렵다 할 것입니다.

■ 권리능력(인격·법인격)

자연인은 생존한 기간 동안 권리능력이 제한 없이 인정되지만(예외적으로 태아의 권리능력이 인정되는 경우를 제외함), 법인은 ① 그 성질상, 또는 ② 법률의 규정에 의하여서(제81조의 청산법인) 나아가 ③ 정관으로 정한 목적범위 내에서 권리능력을 가진다(제34조).

따라서 법인은 그 성질상 생명권·자유권·상속권 등을 누릴 수 없으나(성명권·명예권은 가짐: 87다카1450), 포괄유증(제1078조)을 받음으로써 결과적으로 상속과 동일한 효과를 누릴 수 있으며, 해산한 법인은 청산의 목적 범위 내에서만 권리·의무가 있고(제81조,77조), '정관으로 정한 목적 범위 내'라고 함은 정관에 명시된 목적 자체에 국한되는 것이 아니고 그 목적을 수행하는데 있어 직접 또는 간접으로 필요한 행위는 모두 포함되며, 목적수행에 필요한지 여부도 행위의 객관적 성질에 따라 추상적으로 판단할 것이지 행위자의 주관적, 구체적 의사에 따라 판단할 것은 아니다(외형이론: 86다카1349).

■ 법인(法人)

1) 영리법인 → 사단법인(상법상 회사: 준칙주의)

2) 비영리법인(민법상 법인: 허가주의: 제32조) → 사단법인·재단법인

① 사단법인은 일정한 목적을 위하여 결합한 사람의 단체, 즉 사단이 법인으로 된 것으로서, 그 구성원인 사원들의 총의에 의하여 자율적으로 활동한다. 사단법인을 설립하려면 2인 이상의 설립자가 법인의 근본규칙을 정하여 이를 서면에 기재하고(이를 정관이라고 함) 기명날인하여야 한다(제40조). 사단법인 설립행위는 합동행위이며, 정관의 법적성질은 계약이 아닌 자치법규다(99다12437).

② 재단법인은 일정한 목적을 위하여 출연된 재산, 즉 재단이 법인으로 되는 것으로서, 재단법인 설립자의 의사에 따라 타율적으로 활동한다. 사단법인과 달리 재단법인은 사원을 그 구성요소로 하지 않는다(제43조).

3) 법인의 불법행위능력(제35조)

법인이 그 대표자의 불법행위로 인하여 손해배상의무를 지는 것은 그 대표자의 직무에 관한 행위로 인하여 손해가 발생한 것임을 요한다 할 것이나, 그 직무에 관한 것이라는 의미는 행위의 외형상 법인의 대표자의 직무행위라고 인정할 수 있는 것이라면 설사 그것이 대표자 개인의 사리를 도모하기 위한 것이었거나 혹은 법령의 규정에 위배된 것이었다 하더라도 위의 직무에 관한 행위에 해당한다고 보아야 한다(2003다15280).

■ 사단과 조합의 차이

1) 단체성(강) → 구성원의 개성 함몰: 단체성(약) → 구성원의 개성 돌출
2) 법인격 가짐(비법인사단은 예외): 법인격 없음
3) 독자적 존재로서의 조직과 기관 가짐: 독자적 존재로서의 조직과 기관 없음
4) 사단법인의 단독소유(비법인사단은 총유): 조합원의 합유

11 권리능력 없는 사단

질문

제가 다니는 교회의 목사님과 몇몇 장로님 사이에 교회 운영과 관련하여 마찰이 잦았는데 급기야 전체 교인의 과반수가 조금 넘는 신도들이 교회를 박차고 나가 새 교회를 만들었습니다. 그런데 탈퇴한 교인들은 기존의 교회 재산을 신도들 비율대로 나누자고 하면서 만약 이에 응하지 아니하면 소송도 불사하겠다고 하는데, 어찌 해야 하는지요?

답변

먼저 교회가 주무관청의 허가를 받아 설립등기를 마치면 민법상 비영리사단법인이 됩니다(제32조, 33조). 그런데 현실적으로는 주무관청의 규제·감독을 받아야 하는 어려움을 피하고자 설립등기를 하지 않는 교회가 다수로 존재합니다.

이처럼 교회가 법인격을 취득하지 않은 경우에도 기독교 교리를 신봉하는 다수인이 공동의 종교 활동을 목적으로 집합체를 형성하고 규약 기타 규범을 제정하여 의사결정기관과 대표자 등 집행기관을 구성하고 예배를 드리는 등 신앙단체로서 활동함과 함께 교회 재산의 관리 등 독립된 단체로서의 요건과 기능을 갖추었다면 소위 '법인 아닌 사단'으로서 인정되고 있습니다.

법인 아닌 사단의 경우, 민법은 그 재산의 소유형태에 관하여 '총유'라고 규정하고 있으며(제275조), 각 사원은 정관 기타 규약에 좇아 총유물을 사용·수익할 수 있으며, 총유물의 관리 및 처분은 사원총회의 결의에 의하여 결정할 수 있습니다(제276조). 나아가 총유물에 관한 사원의 권리의무는 사원의 지위를 취득·상실함으로써 취득·상실됩니다(제277조).

그리고 법인 아닌 사단의 실체·성립·사원자격의 득실·대표의 방법·총회의 운영·해산사유와 같은 법률관계에 관하여는 민법의 법인에 관한 규정 중 법인격을 전제로 하는 조항을 제외한 나머지 조항이 원칙적으로 유추적용됩니다(92다23087).

나아가, 우리 민법이 사단법인에 있어서 구성원의 탈퇴나 해산은 인정하지만(제

77조), 사단법인의 구성원들이 2개의 법인으로 나뉘어 각각 독립한 법인으로 존속하면서 종전 사단법인에게 귀속되었던 재산을 소유하는 방식의 사단법인의 분열은 인정하지 아니합니다. 그 법리는 법인 아닌 사단에 대하여도 동일하게 적용되며, 법인 아닌 사단의 구성원들의 집단적 탈퇴로써 사단이 2개로 분열되고 분열되기 전 사단의 재산이 분열된 각 사단들의 구성원들에게 각각 총유적으로 귀속되는 결과를 초래하는 형태의 법인 아닌 사단의 분열은 허용되지 않습니다.

한편 교회가 법인 아닌 사단으로서 존재하는 이상, 그 법률관계를 둘러싼 분쟁을 소송적인 방법으로 해결함에 있어서는 법인 아닌 사단에 관한 민법의 일반 이론에 따라 교회의 실체를 파악하고 교회의 재산 귀속에 대하여 판단하여야 하고, 이에 따라 법인 아닌 사단의 재산관계와 그 재산에 대한 구성원의 권리 및 구성원 탈퇴, 특히 집단적인 탈퇴의 효과 등에 관한 법리는 교회에 대하여도 동일하게 적용되어야 합니다.

따라서 교인들은 교회 재산을 총유의 형태로 소유하면서 사용·수익할 것인데, 일부 교인들이 교회를 탈퇴하여 그 교회 교인으로서의 지위를 상실하게 되면 탈퇴가 개별적인 것이든 집단적인 것이든 이와 더불어 종전 교회의 총유 재산의 관리처분에 관한 의결에 참가할 수 있는 지위나 그 재산에 대한 사용·수익권을 상실하고, 종전 교회는 잔존 교인들을 구성원으로 하여 실체의 동일성을 유지하면서 존속하며 종전 교회의 재산은 그 교회에 소속된 잔존 교인들의 총유로 귀속됨이 원칙입니다.

그리고 교단에 소속되어 있던 지교회의 교인들의 일부가 소속 교단을 탈퇴하기로 결의한 다음 종전 교회를 나가 별도의 교회를 설립하여 별도의 대표자를 선정하고 나아가 다른 교단에 가입한 경우, 그 교회는 종전 교회에서 집단적으로 이탈한 교인들에 의하여 새로이 법인 아닌 사단의 요건을 갖추어 설립된 신설 교회라 할 것이어서, 그 교회 소속 교인들은 더 이상 종전 교회의 재산에 대한 권리를 보유할 수 없게 됩니다(2004다37775전).

따라서 교회의 분열은 인정되지 않으며, 교회의 재산은 남아 있는 교인들의 총유 재산이 되므로, 탈퇴한 교인들은 더 이상 종전교회의 재산에 대한 권리를 주장할 수가 없습니다.

다만, 특정 교단에 가입한 지교회가 교단이 정한 헌법을 지교회 자신의 자치규범으로 받아들였다고 인정되는 경우에는 소속 교단의 변경은 실질적으로 지교회 자신의 규약에 해당하는 자치규범을 변경하는 결과를 초래하고, 만약 지교회 자신의 규약을 갖춘 경우에는 교단변경으로 인하여 지교회의 명칭이나 목적 등 지교회의 규약에 포함된 사항의 변경까지 수반하기 때문에, 소속 교단에서의 탈퇴 내지 소속 교단의 변경은 사단법인 정관변경에 준하여(제42조), 의결권을 가진 교인 2/3 이상의 찬성에 의한 결의를 필요로 하고, 그 결의요건을 갖추어 소속 교단을 탈퇴하거나 다른 교단으로 변경한 경우에 종전 교회의 실체는 이와 같이 교단을 탈퇴한 교회로서 존속하고 종전 교회 재산은 위 탈퇴한 교회 소속 교인들의 총유로 귀속됩니다(2004다37775전).

● ● ●

■ 권리능력 없는 사단(비법인 사단·법인 아닌 사단)

1) 권리능력 없는 사단이란 사단법인으로서의 실질을 갖추고 있으면서도 주무관청의 허가(제32조)를 얻지 못하거나 법인설립등기(제33조)를 하지 아니한 사단을 말한다.

2) 종중·교회·사찰·자연부락·재건축조합·아파트부녀회 등의 비법인 사단에 대하여는 사단법인에 관한 민법 규정 중 법인격을 전제로 하는 것을 제외한 규정들을 유추적용하며(92다23087), 민사소송상 당사자능력 인정된다(민소법 제52조).

■ 권리능력 없는 사단과 조합의 구별기준(92다2431)

민법상의 조합과 법인격은 없으나 사단성이 인정되는 비법인사단을 구별함에 있어서는 일반적으로 그 단체성의 강약을 기준으로 판단하여야 하는바, 조합은 2인 이상이 상호간에 금전 기타 재산 또는 노무를 출자하여 공동사업을 경영할 것을 약정하는 계약관계에 의하여 성립하므로(민법 제703조) 어느 정도 단체성에서 오는 제약을 받게 되는 것이지만 구성원의 개인성이 강하게 드러나는 인적 결합체인 데 비하여, 비법인사단은 구성원의 개인성과는 별개로 권리의무의 주체가 될 수 있는 독자적 존재로서의 단체적 조직을 가지는 특성이 있다 하겠는데 민법상 조합의 명칭을 가지고 있는 단체라 하더라도 고유의 목적을 가지고 사단적 성격을 가지는 규약을 만들어 이에 근거하여 의사결정기관 및 집행기관인 대표자를 두는 등의 조직을 갖추고 있고, 기관의 의결이나 업무집행방법이 다수결의 원칙에 의하여 행해지며, 구성원의 가입, 탈퇴 등으로 인한 변경에 관계없이 단체 그 자체가 존속되고, 그 조직에 의하여 대표의 방법, 총회나 이사회 등의 운영, 자본의 구성, 재산의 관리 기타 단체로서의 주요사항이 확정되어 있는 경우에는 비법인사단으로서의 실체를 가진다고 할 것이다.

■ 사례 1 종중(宗中)의 구성과 관습법의 효력 참조

■ 사례 65 종중재산의 법률관계 참조

■ 사례 66 교회의 재산관계 참조

12 법인의 불법행위책임과 대표권 남용

Q 질문

A학교법인의 이사장은 법인 이사회의 결의를 거쳐 학교법인 시설 증축 목적으로 B은행으로부터 자금을 대출받았으나, 이를 자신의 개인적 용도로 지출했습니다. 이 경우 A법인은 B은행에 대하여 차용금 지급의무가 있는지요?

A 답변

민법 제35조는 ① 법인은 이사 기타 대표자가 그 직무에 관하여 타인에게 가한 손해를 배상할 책임이 있다. 이사 기타 대표자는 이로 인하여 자기의 손해배상책임을 면하지 못한다. ② 법인의 목적 범위 외의 행위로 인하여 타인에게 손해를 가한 때에는 그 사항의 의결에 찬성하거나 그 의결을 집행한 사원·이사 및 기타 대표자가 연대하여 배상하여야 한다고 규정하고 있습니다.

따라서 법인의 불법행위책임이 인정되기 위하여서는 먼저, '이사 기타 대표자의 행위'가 있어야 하며 여기서 말하는 이사 기타 대표자란 법인의 대표기관을 말하는 것으로서 대표권이 없는 이사는 법인의 기관이기는 하지만 대표기관은 아니기 때문에 그들의 행위로 인하여 법인의 불법행위가 성립하지 않습니다(2003다30159). 다만 대표기관의 행위가 아닌 법인의 직원 등의 업무수행 중의 불법행위에 대하여는 법인은 민법 제756조의 사용자책임을 지게 됩니다.

다음으로, 대표기관이 '직무에 관하여' 타인에게 손해를 가하여야 하며, 여기서 직무에 관한 행위라 함은 외형상 직무수행행위라고 볼 수 있는 경우뿐만 아니라 직무행위와 사회관념상 견련성을 가지는 행위를 포함합니다(외형이론: 68다2320).

나아가 대표기관이 직무상 권한을 넘어서 부정한 대표행위를 한 경우에도 직무수행과 객관적으로 관련되어 있다면 이 또한 법인의 책임으로 돌아간다고 할 수 있습니다.

이에 대하여 판례는, '법인이 그 대표자의 불법행위로 인하여 손해배상 의무를 지는 것은 그 대표자의 직무에 관한 행위로 인하여 손해가 발생한 것임을 요한다

할 것이지만 그 직무에 관한 것이라는 의미는 행위의 외형상 대표자의 직무행위라고 인정할 수 있는 것이라면 설사 그것이 대표자 개인의 사리를 도모하기 위한 것이었거나 혹은 법령의 규정에 위반된 것이었다 하더라도 직무에 관한 행위에 해당한다고 보아야 한다'고 합니다(68다2320).

나아가 '대표이사의 대표권한 범위를 벗어난 행위라 하더라도 그것이 회사의 권리능력의 범위 내에 속한 행위이기만 하면 대표권의 제한을 알지 못하는 제3자가 그 행위를 회사의 대표행위라고 믿은 신뢰는 보호되어야 하고, 대표이사가 대표권의 범위 내에서 한 행위는 설사 대표이사가 회사의 영리목적과 관계없이 자기 또는 제3자의 이익을 도모할 목적으로 그 권한을 남용한 것이라 할지라도 일단 회사의 행위로서 유효하고, 다만 그 행위의 상대방이 대표이사의 진의를 알았거나 알 수 있었을 때에는 민법 제107조 1항 단서를 유추적용 하여 회사에 대하여 무효가 되는 것이며(93다13391), 이는 민법상 법인의 대표자가 대표권한을 남용한 경우에도 마찬가지이다. 따라서 법인의 대표자의 행위가 직무에 관한 행위에 해당하지 아니함을 피해자 자신이 알았거나 또는 중대한 과실로 인하여 알지 못한 경우에는 법인에게 손해배상책임을 물을 수 없다고 할 것이고, 여기서 중대한 과실이라 함은 거래의 상대방이 조금만 주의를 기울였더라면 대표자의 행위가 그 직무권한 내에서 적법하게 행하여진 것이 아니라는 사정을 알 수 있었음에도 만연히 이를 직무권한 내의 행위라고 믿음으로써 일반인에게 요구되는 주의의무에 현저히 위반하는 것으로 거의 고의에 가까운 정도의 주의를 결여하고, 공평의 관점에서 상대방을 구태여 보호할 필요가 없다고 봄이 상당하다고 인정되는 상태를 말한다'고 합니다(2003다34045).

따라서 학교법인의 이사장이 학교법인의 적법한 이사회 의결을 거쳐 은행으로부터 차입한 대출금에 대하여 이사장이 사적인 용도로 지출하였다고 하더라도 학교법인의 책임이 인정된다고 할 것이며, 다만 이 경우에 은행 측에서도 이사장이 개인적으로 사용할 목적이 있었음을 알았거나(악의), 알 수 있었을 경우(과실)에는 학교법인에 대하여 위 대출금의 반환을 요구하지 못할 것입니다.

참고로 법인의 불법행위책임을 규정한 민법 제35조는 비법인 사단인 종중(92다49300), 노동조합(93다32828·32835), 주택조합(2002다27088)에도 유추적용 됩니다.

■ 법인의 불법행위책임과 사용자 책임 등과의 차이

민법제391조는 채권자와 채무자의 계약관계를 전제로 하여 이행보조자의 고의·과실을 채무자의 고의· 과실로 본다는 것으로 여기에는 채무자의 면책규정이 없으며, 민법 제756조의 사용자책임은 피용자의 업무 수행 중의 고의· 과실로 인한 위법행위로 타인에게 손해를 가한 경우에 사용자가 면책사유가 없으면 피용자의 불법행위에 대하여 사용자가 그 책임을 지는 것으로 성립요건이 다르며, 민법 제35조의 법인의 불법행위책임도 대표기관의 불법행위에 대하여 법인 자신의 책임을 인정하는 것으로 피용자의 행위에 대하여 사용자가 책임을 지는 756조와 다릅니다. 나아가 공무원 또는 공무를 위탁받은 사인(私人)이 그 직무를 집행함에 있어서 불법행위를 한 경우에는 국가배상법(동조 제2조)이 적용됩니다.

사례 137 사용자책임 참조

13 재단법인에 출연한 부동산의 법률관계

민법총칙

Q 질문

저는 2010.10.3. 저의 소유인 부동산을 장차 설립될 재단법인 X에 출연(出捐)하였고 그 후 주무관청으로부터 설립허가를 얻어 2011.12.10. 재단법인의 설립등기가 완료되었습니다. 그런데 2112.11.10. 제가 하던 사업의 부진으로 위 부동산을 제3자에게 매도하여 그에게 소유권이전등기를 마쳐 주었습니다. 위 부동산은 그 때 까지도 재단법인 앞으로 소유권이전이 안된 상태였는데, 이 경우 위 부동산의 소유권은 누가 가지는지요?

A 답변

민법 제48조는 생전처분으로 재단법인을 설립하는 때에는 출연재산은 법인이 성립된 때로부터 법인의 재산이 되며, 유언으로 설립하는 때에는 유언의 효력이 발생한 때로부터 법인에 귀속한 것으로 보고 있습니다.

한편 부동산에 관한 법률행위로 인한 물권의 득실변경은 등기하여야 그 효력이 생기며(제186조), 다만 상속, 공용징수, 판결, 경매, 기타 법률의 규정에 의한 부동산에 관한 물권의 취득은 등기를 요하지 아니하되 이를 처분하려면 등기를 하여야 합니다(제187조).

그런데 민법 제48조 규정에 따르면 위 부동산은 법인의 설립등기가 완료된 2011. 12.10. 법인의 소유가 되지만, 부동산 물권변동은 등기를 요한다는 제186조 규정에 의하면 아직 위 부동산에 대한 등기를 완료하지 아니한 법인은 위 부동산에 대한 소유권이 없으며, 다만 소유권이전등기청구권이 있을 뿐이며, 학설도 위와 같이 2가지 견해로 나뉘고 있습니다.

이에 대하여 판례는, '재단법인을 설립함에 있어서 출연재산은 그 법인이 성립된 때로부터 법인에 귀속된다는 민법 제48조의 규정은 출연자와 법인과의 관계를 상대적으로 결정하는 기준에 불과하여 출연재산이 부동산인 경우에도 출연자와 법인 사이에는 법인의 성립 외에 등기를 필요로 하는 것은 아니지만, 제3자에 대한 관계에 있어서, 출연행위는 법률행위이므로 출연재산의 법인에의 귀속에는 부동산의 권리에 관한 것일 경우 등기를 필요로 한다'고 합니다(78다481·482전).

따라서 이 경우 재단법인이 위 부동산을 먼저 출연 받았지만, 이전등기를 먼저 한 제3자에게는 소유권을 주장하지 못하며, 결국 제3자가 위 부동산의 소유권을 적법하게 취득하게 됩니다.

물론 재단법인에의 출연 약속을 저버리고 이를 타에 처분한 귀하는 재단법인에 대하여 채무불이행 또는 불법행위로 인한 손해배상책임을 져야 합니다.

■ 부동산 물권변동의 효력(제186조, 187조) → 등기

■ 동산물권변동의 효력(제188조~190조) → 점유의 이전(인도)

1) 현실인도(제188조제1항)

2) 간이인도(제188조제2항)

3) 점유개정(제189조)

4) 목적물반환청구권의 양도(제190조)

■ 등기청구권

1) 등기권리자가 등기의무자에 대하여 등기신청에 협력할 것을 청구할 수 있는 권리

2) 등기청구권의 성질

① 물권적 청구권

무권리자에 의한 등기가 이루어진 경우·매매의 무효·취소·해제의 경우 등과 같이 실체관계와 등기가 일치하지 않는 경우의 등기청구권은 물권의 효력으로서 발생하는 물권적 청구권이다.

② 채권적 청구권

매매 등 법률행위로 인한 등기청구권(76다148), 점유취득시효(제245조1항)로 인한 등기청구권(95다34866·34873)과 같이 원인행위인 채권으로부터 발생하는 채권적 청구권이다.

■ 등기인수권

사례 55 등기인수청구권 참조

14 독립된 부동산으로서의 건물의 요건

질문

저는 제 소유의 대지 위에 지하 3층 지상 10층의 건물 신축공사 도중 자금난을 이기지 못하여 공사를 중단하였습니다. 그 때까지 지하 1층 내지 3층에는 철근콘크리트 구조물이 설치되었고, 지상은 3층까지 에이치 빔으로 철골조가 조립된 상태였는데, 대지의 근저당권자인 은행의 경매신청으로 제3자가 이를 경락받았습니다. 그런데 경락자가 저에게 짓다 만 위 건물을 철거하라고 요구하고 있는데, 제가 이에 응해야 하는지요?

답변

민법 제99조는 토지 및 그 정착물은 부동산으로, 부동산이외의 물건은 동산으로 규정하고 있습니다. 나아가 우리 법제상 토지와 건물은 별개의 부동산으로 취급되어 토지등기부와 따로 건물등기부를 두고 있습니다(부동산등기법 제14조1항).

그리고 건물은 건축물대장에 등록되나 그것은 토지와는 달리 등록에 의하여 독립성을 갖는 것은 아니며(96다36517), 외형상 건물로 인정되는 때에 하나의 독립한 물건으로 되며, 건물의 소유권은 건물로 인정되는 시점에 건축주가 원시취득하게 됩니다(93다1527·1534).

한편, 짓고 있는 건물의 경우에 그것이 독립한 부동산으로서의 건물이라고 하기 위하여서는 최소한의 기둥과 지붕 그리고 주벽이 이루어지면 됩니다(2002다21592·21608).

따라서 본 건의 경우에 신축중인 건물의 지상 층 부분이 골조공사만 진행되었을 뿐이라고 하더라도 지하층 부분이 위와 같이 독립된 건물로서의 요건을 갖추었다면 등기 없이도 귀하가 위 건물에 대한 구분 소유권을 원시취득하게 됩니다.

나아가 민법 제366조는 저당물의 경매로 인하여 토지와 그 지상건물이 다른 소유자에 속한 경우에는 토지소유자는 건물소유자에 대하여 지상권을 설정한 것으로 보며(법정지상권), 지료는 당사자의 청구에 의하여 법원이 이를 정한다고 규정하고 있습니다.

따라서 위 토지의 경락자는 법정지상권자인 귀하의 건물의 철거를 요구할 수 없으며, 귀하가 건물을 사용하기 위하여 토지를 이용하는 것을 용인하든지, 아니면 위 건물을 적정한 가격에 매수하여 사용하든지를 결정하여야 할 것입니다.

그리고 여기서 지상권이라 함은 타인의 토지에 건물 기타 공작물이나 수목을 소유하기 위하여 그 토지를 사용할 권리를 말합니다(제279조).

■ 토지의 정착물

토지의 정착물은 토지에 고정적으로 부착되어 쉽게 이동할 수 없는 물건으로서, 성질상 그러한 상태로 이용되는 것이 일반적인 것을 말하며, 건물·수목·다리·담장 등이 이에 해당한다.

토지의 정착물은 모두 부동산이지만(제99조), 건물처럼 토지와는 별개의 부동산으로 취급되는 것과 다리·담장 등과 같이 토지의 일부분에 불과한 것도 있다. 토지와는 별개의 부동산으로 취급되는 정착물은 다음과 같다.

1) 건물

사례 53 신축 건축물의 원시취득 참조

2) 수목의 집단

토지에서 자라고 있는 수목은 본래 토지의 정착물로서 토지의 일부에 지나지 않으나(76마275), 입목법에 의하여 소유권보존등기를 받은 수목의 집단(입목)은 토지와는 별개의 독립한 부동산으로 다룬다(동법 제3조).

입목법의 적용을 받지 않는 수목의 집단도 명인방법(수목의 집단 또는 미분리의 과실의 소유권을 제3자가 명백하게 인식할 수 있도록 표시해 둔 관습법상의 공시방법)을 갖추면 독립한 부동산으로서 거래의 목적이 된다(98마1817).

3) 미분리의 과실 등

과일·쪽파·입도(벼) 등의 미분리의 과실과 농작물은 수목의 일부에 지나지 않으나 이에 대하여도 명인방법을 갖추면 독립한 물건으로서 거래의 대상이 된다(95도2754).

판례는 농작물은 남의 땅에서 권원 없이 경작한 경우에도 그 소유권은 경작자에게 있다고 하나(62다913), 부동산의 소유자는 그 부동산에 부합한 물건의 소유권을 취득하되 타인의 권원에 의하여 부속된 것은 타인의 소유로 보는 부합이론(제256조)에 비추어 볼 때 판례의 태도는 부당한 것으로 보인다.

■ 법정지상권(제366조)

사례 51 관습법상 법정지상권 참조

15 주물과 종물의 법률관계

민법총칙

질문

저는 호텔을 경영하면서 필요한 자금을 대출받기 위하여 호텔 부지와 건물에 대하여 금융기관에 근저당설정을 하였습니다. 그 후 경영사정의 악화로 경매절차가 진행되어 호텔을 경락받은 사람이 호텔 내의 전화기·텔레비전 등 호텔 내의 집기 모두에 대하여 소유권을 주장하고 있습니다. 이 경우 토지와 건물에 대한 근저당의 효력이 호텔 내의 집기 등에도 당연히 미치는지요?

답변

민법 제358조는 '저당권의 효력은 저당 부동산에 부합된 물건과 종물에 미친다. 그러나 법률에 특별한 규정 또는 설정행위에 다른 약정이 있으면 그러하지 아니하다'고 하고 있습니다.

그리고 물건의 소유자가 그 물건의 상용에 공하기 위하여 자기 소유인 다른 물건을 이에 부속하게 한 때에는 그 부속물은 종물이며, 종물은 주물의 처분에 따르게 되므로 주물을 처분하면 별도의 약정이 없어도 종물도 함께 처분됩니다(제100조).

그러므로 호텔 내에 설치된 전화기·텔레비전 등이 호텔의 토지와 건물에 대하여 종물이 된다면 민법의 규정에 따라 호텔의 토지와 건물을 경락받은 사람이 위 동산에 대하여도 소유권을 취득하게 됩니다.

그런데, 민법상 주물·종물관계가 성립하려면 종물은 주물의 일상적인 사용을 돕는 것이어야 하므로 일시적으로 효용을 돕거나 주물소유자의 사용을 돕기는 하지만 주물 그 자체의 경제적 효용과는 직접 관계가 없는 물건은 종물이 아닙니다(따라서 책상·식기 등은 주택의 종물이 아님).

이건과 같은 경우에 대하여 판례는, '호텔의 각 방실에 시설된 텔레비전, 전화기, 호텔세탁실에 시설된 세탁기, 탈수기, 드라이크리닝기, 호텔주방에 시설된 냉장고 제빙기, 호텔방송실에 시설된 브이티알(비디오), 앰프 등이 호텔의 경영자나 이용자의 상용에 공여됨은 별론으로 하고 주물인 호텔 부동산 자체의 경제적 효용에 직접 이바지 하지 아니함은 경험칙상 명백하므로 위 부동산에 대한 종물이라고는 할 수 없다'고 합니다(84다카269).

따라서 위 집기 등은 호텔의 토지와 건물의 종물이 아니므로 호텔을 경락받은 사람의 소유가 될 수 없고 여전히 귀하의 소유로 남아 있게 되므로 그 처분권한은 귀하에게 있습니다.

참고로 횟집의 수족관 건물은 점포건물의 종물이고(92도3234), 주유소 주유기도 주유소 건물의 종물입니다(94다6345).

■ 종물이론의 유추적용

1) 주물·종물이론은 원래 물건 상호간에 관한 것이지만, 예컨대 원본채권이 양도되면 이자채권도 이전되듯이 권리상호간에도 유추적용 된다.

2) 유추적용의 예

① 민법 제358조 본문은 "저당권의 효력은 저당부동산에 부합된 물건과 종물에 미친다."고 규정하고 있는바, 이 규정은 저당부동산에 종된 권리에도 유추적용 되어 건물에 대한 저당권의 효력은 그 건물의 소유를 목적으로 하는 지상권에도 미친다(92다527).

② 건물에 대한 저당권의 효력이 그 건물의 소유를 목적으로 한 지상권에도 미치므로 그 건물 양도 시 지상권도 함께 양도된다(95다52864).

③ 집합건물의 소유 및 관리에 관한 법률 제20조 제1항, 제2항에 의하면 구분건물의 대지사용권은 전유부분과 종속적 일체불가분성이 인정되는 점 등에 비추어 볼 때, 구분건물의 전유부분에 대한 소유권보존등기만 경료 되고 대지지분에 대한 등기가 경료되기 전에 전유부분 만에 대해 내려진 가압류결정의 효력은, 대지사용권의 분리처분이 가능하도록 규약으로 정하였다는 등의 특별한 사정이 없는 한, 종물 내지 종 된 권리인 그 대지권에까지 미친다(2006다29020).

16 매매계약의 성립요건으로서의 매매대금의 특정여부

민법총칙

질문

저는 부동산을 매수하기로 하는 매매계약을 체결하면서 그 대금은 사정상 6개월 후의 시중가격(2개의 공인감정법인의 감정가에 따르기로 함)으로 정하기로 하였습니다. 그런데 6개월이 지난 지금에 이르러 상대방은 매매대금을 특정하지 않았으므로 매매계약이 무효라고 주장하면서 계약이행을 하지 않고 있습니다. 위 부동산은 지금도 시세가 계속 오르고 있는데요, 제가 위 부동산을 취득할 수 있는지요?

답변

법률행위의 목적은 확정되어 있거나 또는 확정할 수 있는 것이어야 하며, 따라서 목적이 불확정한 법률행위는 외형상 법률행위의 모습을 갖추고 있더라도 이는 무효입니다(93다4908·4915·4922).

한편 민법상 매매는 당사자 일방이 재산권을 상대방에게 이전할 것을 약정하고 상대방이 그 대금을 지급할 것을 약정함으로써 그 효력이 생기므로(제563조), 매매계약이 성립하려면 매매의 본질적 요소인 목적물과 매매대금에 대하여 당사자 간 합의가 성립되어야 할 것입니다. 통상의 매매계약에 있어서는 계약 당시 매매의 목적물과 그 대금이 확정 되겠지만, 경우에 따라서는 계약 이후의 어느 시점에서 이를 특정할 수도 있을 것이며 결국 매매계약의 특정 여부는 법률행위(계약)의 해석의 문제로 귀결됩니다. 위 사안의 경우에도 매매계약 당시에는 매매대금이 특정되지 않았지만 계약일로부터 6개월이 지난 시점에서의 부동산 매매대금은 2개의 공인감정법인에서 산출한 부동산 가격의 평균값을 매매대금으로 하기로 하여 계약이 성립되었다면 이 또한 유효한 계약이라고 하지 아니할 수가 없습니다. 왜냐하면 비록 계약 성립 당시에는 매매대금이 확정되진 않았지만 그 이후 이를 특정할 수 있는 방법과 기준이 정해졌기 때문입니다.

판례도, '매매계약에 있어 매매목적물과 대금은 반드시 그 계약체결 당시에 구체적으로 특정되어 있을 필요는 없고 이를 사후라도 구체적으로 특정할 수 있는 방법과 기준이 정하여져 있으면 족하다. 매매계약에 있어서의 목적물 및 대금은 특별한 사정이 없는 한 그 계약체결 당시에 약정하였던 목적물 및 그 대금이어야 하고, 사후에 특정되는 목적물이나 대금은 계약체결 당시에 예정하였거나 사후기준을 정하였을 경우에 한하여 그 기준이 된다'고 하고 있습니다(84다카2454).

따라서 귀하는 위 매매계약이 유효함을 전제로 매매대금의 지급과 동시 위 부동산의 소유권이전을 청구할 수 있을 것입니다.

■ 법률행위의 목적

법률행위의 목적이란 법률행위의 당사자가 법률행위에 의하여 이루고자 하는 법률효과를 말하며, 법률행위의 내용이라고도 한다(법률행위의 목적물과 구별).

법률행위가 유효하려면 다음과 같은 일정한 요건을 갖추어야 한다(법률행위의 유효요건).

1) 목적의 확정성

2) 목적의 가능성

목적의 가능 여부는 물리적인 판단이 아니라 사회통념상 결정되며, 일시적으로는 불능이더라도 실현될 가능성이 있으면 족하다.

여기서 말하는 불능은 원시적 불능(법률행위의 성립 당시에 이미 불능)만을 의미하고(제535조), 후발적 불능(법률행위의 성립 이후에 불능)의 경우에는 그것이 채무자의 고의·과실에 따른 것이면 채무불이행으로서 이행불능(제390조)이 되고 그렇지 아니한 경우에는 채무가 소멸하고 다만 쌍무계약에 있어서는 위험부담(제537조, 538조)의 문제가 남을 뿐이다.

3) 목적의 적법성

목적이 적법하려면 목적이 개개의 강행법규(선량한 풍속 기타 사회질서와 관계있는 규정)에 어긋나지 않아야 하며, 강행법규는 임의법규(선량한 풍속 기타 사회질서와 관계없는 규정: 제105조)와 달리 당사자의 의사표시로 그 적용을 배제할 수 없다.

사례 21 이자제한법 초과 이자의 법률관계 참조

사례 30 강행법규 위반과 금반언의 원칙 참조

4) 목적의 사회적 타당성

법률행위는 그것이 개별적인 강행법규에 위반하지 않더라도 선량한 풍속 기타 사회질서에 위반하는 경우에는 효력이 없다(제103조).

사례 22~29 참조

17 계약 당사자의 확정방법

Q 질문

저는 신용불량 등의 이유로 제 명의로 사업자등록을 할 수 없어서 친구의 허락을 받지 않고 친구명의를 도용하여 모 회사와 대리점 계약을 체결하였습니다. 아울러 대리점 계약상의 영업보증금의 지급담보를 위하여 친구명의로 보증보험회사와 지급보증보험계약을 체결하였습니다. 그 후 제가 영업보증금 지급을 지체하자 회사는 대리점계약을 해지하고 보증보험회사로부터 영업보증금상당의 보험금을 수령하였습니다. 뒤늦게 제가 친구명의를 도용한 사실을 알게 된 보증보험회사에서 위 보험계약은 무효라면서 이미 위 회사에 지급한 보험금의 반환을 요구하고 있는데, 회사가 이에 응하여야 하는지요?

A 답변

귀하가 보증보험회사와 이건 보증보험계약을 체결할 당시 귀하가 친구의 명의를 빌려 계약을 한 사실을 알았을 경우에는 귀하가 보험계약의 당사자가 될 수 있을 것으로 보입니다.

그러나 귀하가 보험회사를 속여 친구명의로 계약을 체결하고, 보험회사도 이를 모르고 계약을 체결하였다면 이른 다른 문제로 보입니다.

즉 보험회사가 이를 알았다면 최소한 신용불량자인 귀하와의 사이에 보험계약을 체결하기로 하는 의사의 일치가 있다고 보기 어렵다고 할 것입니다.

따라서 동의 없는 친구명의의 보험계약이 무효임은 친구와 보험사 사이에서는 물론이고 귀하와의 사이에서도 보험계약의 당사자를 귀하로 하고자 하는데 대하여 계약 당사자의 의사의 합치가 있다고 보기 어려워 이건 보증보험계약은 무효라고 보여 집니다.

판례도, '타인의 이름을 임의로 사용하여 계약을 체결한 경우에는 누가 그 계약의 당사자인가를 먼저 확정하여야 할 것으로서, 행위자 또는 명의인 가운데 누구를 당사자로 할 것인지에 관하여 행위자와 상대방의 의사가 일치한 경우에는 그 일치하는 의사대로 행위자의 행위 또는 명의인의 행위로서 확정하여야 할 것이지만, 그러한 일치하는 의사를 확정할 수 없을 경우에는 계약의 성질, 내용, 목적, 체결경위 및 계약체결을 전후한 구체적인 제반사정을 토대로 상대방이 합리적인 인간이라면 행위자와 명의자 중 누구를 계약당사자로 이해할 것인가에 의하여 당사자를 결정하고, 이에 터 잡아 계약의 성립 여부와 효력을 판단함이 상당할 것이며 원심이 확정한 사실에 의하면 이 사건에 있어서는 A가 마치 자신이 B인 것처럼 행세하여 원고와 계약을 체결하였다는 것이므로 원고는 A가 B인줄로만 알고 이 사건 보험계약을 체결하기에 이른 것이라 할 것이어서 원고와 A 사이에 A를 이 사건 보험계약의 당사자로 하기로 하는 의사의 일치가 있었다고 볼 여지는 없어 보인다.

또한 이 사건 보험계약은 보험계약자가 피고에 대하여 계속적 거래관계에서 부담하게 될 물품대금 채무의 이행을 담보하기 위한 영업보증금의 지급을 보증하는 계약임을 알 수 있으므로 이는 채무자인 보험계약자의 신용상태가 그 계약체결의 여부 및 조건을 결정하는 데에 중요한 요소로 작용하였다고 보아야 할 것인데, 위 A는 자신의 명의로 사업자등록조차 할 수 없는 처지였음에도 불구하고 이러한 사정을 숨긴 채 보험가입에 아무런 지장이 없는 B인 것처럼 행세하여 그의 명의로 이 사건 보험계약을 청약하였고 이에 원고는 실제로 계약을 체결한 A가 서류상에 보험청약자로 되어 있는 B인 줄로만 알고 그 계약이 아무런 하자 없는 당사자에 대한 것이라는 판단 하에 이 사건 보험계약을 체결하였다고 여겨지므로(원심이 들고 있는 을 제3호증의 26에 의하면 원고는 이 사건 문제가 생긴 뒤에 비로소 A에 대한 전산조회를 하여 보고 그가 증권교부 부적격자임을 알았다는 것이므로 이 사건 계약체결 당시 A를 당사자로 생각하였더라면 원고는 계약을 체결하지 아니하였을 것으로 보인다.) 이에 비추어보면 객관적으로 볼 때 원고는 A가 제출한 청약서상에 보험계약자로 되어 있는 B를 보험계약의 상대 당사자인 주채무자로 인식하여 그와 이 사건 계약을 체결하는 것으로 알았으리라고 인정된다.

그렇다면 원고와 이 사건 보험계약을 체결한 당사자는 위 A가 아니라 위 B라고 보아야 할 것인데, 실제는 위 A가 B로부터 아무런 권한도 부여받음이 없이 임의로 B의 이름을 사용하여 계약을 체결한 것이므로 이 사건 보험계약은 특별한 사정이 없는 한 그 계약 내용대로 효력을 발생할 수는 없는 것이라고 할 것이다'라고 하고 있습니다(94다4912).

따라서 친구명의로 한 귀하와 보증회사와의 이건 보험계약은 무효가 되므로 귀하와 대리점 계약을 체결한 위 회사의 보험금 수령은 법률상 원인 없이 수령한 것으로 부당이득이 되어(741조), 회사는 보험사에 이를 반환하여야 할 것입니다.

■ 법률행위

1) 의의

법률행위는 일정한 법률효과를 바라는 당사자의 의사표시를 말하며, 이에는 단독행위·계약·합동행위가 있으며, 법률행위가 있으면 법적인 권리·의무가 발생하는 점에서 단순한 호의행위와는 구별된다.

2) 법률행위의 해석

① 법률행위의 해석은 당사자가 그 표시행위에 부여한 객관적인 의미를 명백하게 확정하는 것으로서, 서면에 사용된 문구에 구애받는 것은 아니지만 어디까지나 당사자의 내심적 의사의 여하에 관계없이 그 서면의 기재 내용에 의하여 당사자가 그 표시행위에 부여한 객관적 의미를 합리적으로 해석하여야 하는 것이고, 당사자가 표시한 문언에 의하여 그 객관적인 의미가 명확하게 드러나지 않는 경우에는 그 문언의 내용과 그 법률행위가 이루어진 동기 및 경위, 당사자가 그 법률행위에 의하여 달성하려는 목적과 진정한 의사, 거래의 관행 등을 종합적으로 고려하여 사회정의와 형평의 이념에 맞도록 논리와 경험의 법칙, 그리고 사회일반의 상식과 거래의 통념에 따라 합리적으로 해석하여야 한다. 어떠한 의무를 부담하는 내용의 기재가 있는 문면에 "협조를 최대로 한다"라고 기재되어 있는 경우, 특별한 사정이 없는 한 당사자가 그와 같은 문구를 기재한 객관적인 의미는 문면 그 자체로 볼 때 그러한 의무를 법적으로 부담할 수는 없지만 사정이 허락하는 한 그 이행을 사실상 하겠다는 취지로 해석함이 상당하다(96다16049).

사례 19 "최대한 노력 하겠습니다"의 의미 참조

② 계약당사자 사이에 어떠한 계약내용을 처분문서(91다25468)인 서면으로 작성한 경우에 문언의 객관적인 의미가 명확하다면, 특별한 사정이 없는 한 문언대로의 의사표시의 존재와 내용을 인정하여야 하지만, 그 문언의 객관적인 의미가 명확하게 드러나지 않는 경우에는 그 문언의 내용과 계약이 이루어지게 된 동기 및 경위, 당사자가 계약에 의하여 달성하려고 하는 목적과 진정한 의사, 거래의 관행 등을 종합적으로 고찰하여 사회정의와 형평의 이념에 맞도록 논리와 경험의 법칙, 그리고 사회일반의 상식과 거래의 통념에 따라 계약내용을 합리적으로 해석하여야 하고, 특히 당사자 일방이 주장하는 계약의 내용이 상대방에게 중대한 책임을 부과하게 되는 경우에는 그 문언의 내용을 더욱 엄격하게 해석하여야 한다(2000다72572).

사례 20 보통거래약관의 해석방법(예문해석) 참조

③ 오 표시 무해의 법칙(그릇된 표시는 해가 되지 않는다)

사례 18 오 표시 무해의 원칙 참조

3) 법률행위 해석의 기준

① 당사자의 의사

② 임의규정(제105조)

③ 사실인 관습(제106조)

④ 신의성실의 원칙

18 오 표시 무해의 원칙

민법총칙

질문

저는 저의 A토지를 상대방에게 매도하였는데, 쌍방착오로 바로 옆 B토지로 계약서에 잘못 기재하는 바람에 상대방 앞으로 B토지에 관하여 소유권이전등기가 경료되었습니다. 그로부터 3년이 지난 지금에서야 그 사실을 알게 된 저는 A토지를 넘겨주는 대신 B토지를 되찾고 싶은데, 이것이 가능한지요?

답변

통상 계약 당사자 사이에 어떠한 계약 내용을 처분문서(처분문서란 그에 의하여 증명하려고 하는 법률상의 행위가 그 문서에 의하여 이루어진 것을 의미함)인 서면으로 작성한 경우에 문언의 객관적인 의미가 명확하다면, 특별한 사정이 없는 한 문언대로의 의사표시의 존재와 내용을 인정하여야 합니다(2000다72572).

따라서 통상 계약서에 표시된 매매의 목적물이 그 계약의 대상인 것은 자명한 이치입니다.

다만 이 건의 경우와 같이 매매 당사자 쌍방이 공통적으로 착오를 일으켜 매매 목적물을 잘못 기재하여 이를 토대로 소유권이전등기가 완료된 경우에 과연 계약의 대상인 매매 목적물을 어느 것으로 보느냐의 문제가 제기됩니다. 이는 계약서에는 매매의 목적물이 B로 기재되어 있지만 실제로는 당사자 쌍방은 매매의 목적물을 A로 인식하고 계약을 했기 때문입니다.

한편 법률행위의 해석의 방법으로 '자연적 해석'이 '규범적 해석'보다 선행되어야 하며, 자연적 해석방법에 의하면 당사자의 의사가 일치한 경우에는(A토지를 매매의 목적물로 의욕 함) 그 표시여하에 불구하고(계약서상 B토지로 표시되었음에도 불구하고), 당사자의 의사를 우선시한다는 것으로, 이것이 소위 '오 표시 무해의 법칙'(그릇된 표시는 아무런 해가 되지 않는다)입니다.

판례도, '부동산의 매매계약에 있어 쌍방당사자가 모두 특정의 갑 토지를 계약의 목적물로 삼았으나 그 목적물의 지번 등에 관하여 착오를 일으켜 계약을 체결함에 있어서는 계약서상 그 목적물을 갑 토지와는 별개인 을 토지로 표시하였다 하여도 갑 토지에 관하여 이를 매매의 목적물로 한다는 쌍방당사자의 의사합치가 있은 이상 위 매매계약은 갑 토지에 관하여 성립한 것으로 보아야 할 것이고 을 토지에 관하여 매매계약이 체결된 것으로 보아서는 안 될 것이며, 만일 을 토지에 관하여 위 매매계약을 원인으로 하여 매수인 명의로 소유권이전등기가 경료 되었다면 이는 원인이 없이 경료된 것으로서 무효'라고 하고 있습니다(93다2629·2636).

따라서 귀하는 잘못 이전된 B토지를 돌려받고 원래의 목적물인 A토지를 상대방에게 넘겨줄 수 있습니다.

법률행위해석의 방법

1) 자연적 해석

어떤 사항에 관하여 그 표시여하에도 불구하고 당사자의 의사가 사실상 일치하면 그 의사대로 효력을 인정하는 해석의 첫 번째 방법이다.

예컨대 타인의 이름을 임의로 사용하여 계약을 체결한 경우에는 누가 그 계약의 당사자인가를 먼저 확정하여야 할 것으로서, 행위자 또는 명의인 가운데 누구를 당사자로 할 것인지에 관하여 행위자와 상대방의 의사가 일치한 경우에는 그 일치하는 의사대로 행위자의 행위 또는 명의자의 행위로서 확정하여야 할 것이지만, 그러한 일치하는 의사를 확정할 수 없을 경우에는 계약의 성질, 내용, 체결 경위 및 계약체결을 전후한 구체적인 제반 사정을 토대로 상대방이 합리적인 인간이라면 행위자와 명의자 중 누구를 계약 당사자로 이해할 것인가에 의하여 당사자를 결정하고, 이에 터 잡아 계약의 성립 여부와 효력을 판단함이 상당하다(94다4912).

2) 규범적 해석

위와 같은 자연적 해석이 불가할 경우, 즉 당사자의 일치하는 의사를 확정할 수 없는 경우에 계약의 성질·내용 등 표시행위에 나타난 제반 사정과 거래관행·임의법규(제105조,106조)·신의칙 등에 따라 표시행위의 의미를 규범적으로 해석하는 방법으로 이는 결국 구체적 사건에 있어서 법원의 판결로써 결정된다.

사례 20 보통거래약관의 해석방법(예문해석) 참조

3) 보충적 해석

법률행위의 당사자가 임의규정과 다른 의사표시를 한 때에는 그 의사에 의하고(제105조), 임의규정과 다른 사실인 관습이 있는 경우에 당사자의 의사가 명확하지 않으면 그 관습에 의한다(제106조).

그런데 당사자의 의사가 명확하지 않으며 사실인 관습도 없고 나아가 그에 합당한 임의규정도 없는 경우에는, 양 당사자의 합리적인 가정적 의사를 탐구하여 법률행위를 해석하는 방법이다(2005다13288).

4) 법 적용의 순서

당사자의 의사 → 사실인 관습 → 임의법규 → 신의칙

19 "최대한 노력 하겠습니다" 의 의미

민법총칙

Q 질문

저의 아버지가 운영하던 회사의 부도로 아버지가 종적을 감추자 채권자 중의 한 분이 제가 근무하는 회사로 저를 찾아와서 아버지에 대한 채권을 변제하라고 독촉하면서 이를 인정하는 약정서에 날인을 요구하였습니다. 저는 이를 거부하였으나 채권자가 계속해서 고성을 지르며 성의표시를 하라고 하기에 백지에다가 "최대한 노력 하겠습니다"라는 문구를 적어 주었습니다. 그런데 채권자는 이제 와서 제가 아버지의 채무를 갚겠다고 했으므로 그 책임을 지라고 요구하고 있는데, 제가 이에 응해야 하는지요?

A 답변

통상 계약 당사자 사이에 어떠한 계약 내용을 처분문서(처분문서란 그에 의하여 증명하려고 하는 법률상의 행위가 그 문서에 의하여 이루어진 것을 의미함)인 서면으로 작성한 경우에 문언의 객관적인 의미가 명확하다면, 특별한 사정이 없는 한 문언대로의 의사표시의 존재와 내용을 인정하여야 합니다(2000다72572).

따라서 만약 귀하가 아버지의 채권자가 작성해 온 약정서(아버지의 채무를 대신 갚겠다는 확정적 의사가 표시된 처분문서)에 서명·날인 등을 하였다면 이는 아버지의 채무를 대신해서 갚겠다는 의사표시를 한 것이므로 마땅히 이에 대한 책임을 져야 할 것입니다.

그러나 채권자의 요구에도 불구하고 위 약정서의 서명·날인을 거부하면서 그 대신 계속 채권변제를 요구하며 소란을 피우는 채권자의 성화에 못 이겨 마지못해 '최대한 노력 하겠습니다'라는 문구를 적어 주었다면 이는 법률적 책임을 지겠다는 의미라기보다는 채무자의 아들로서 도의적으로나마 최선을 다해서 빚을 갚도록 노력 하겠다는 의미로 해석하는 것이 타당할 것으로 보입니다.

판례도, '법률행위의 해석이란 당사자가 그 표시행위에 부여한 객관적인 의미를 명백하게 확정하는 것으로서, 서면에 사용된 문구에 구애받을 것은 아니지만 어디까지나 당사자의 내심적 의사의 여하에 관계없이 그 서면의 기재 내용에 의하여 당사자가 그 표시행위에 부여한 객관적 의미를 합리적으로 해석하여야 하는 것이고, 당사자가 표시한 문언에 의하여 그 객관적인 의미가 명확하게 드러나지 않는 경우에는 그 문언의 내용과 그 법률행위가 이루어진 동기 및 경위, 당사자가 그 법률행위에 의하여 달성하려는 목적과 진정한 의사, 거래의 관행 등을 종합적으로 고려하여 사회정의와 형평의 이념에 맞도록 논리와 경험의 법칙, 그리고 사회일반의 상식과 거래의 통념에 따라 합리적으로 해석하여야 하고(91다35571), 따라서 '어떠한 의무를 부담하는 내용의 기재가 있는 문면에 "최대 노력 하겠습니다"라고 기재되어 있는 경우, 특별한 사정이 없는 한 당사자가 위와 같은 문구를 기재한 객관적인 의미는 문면 그 자체로 볼 때 그러한 의무를 법적으로는 부담할 수 없지만 사정이 허락하는 한 그 이행을 사실상 하겠다는 취지로 해석함이 상당하다고 할 것이다'라고 하고 있습니다(93다32668).

따라서 최소한 법적으로는 귀하는 아버지의 채권자에게 아버지를 대신해서 빚을 갚아야할 의무는 없습니다.

■ 법률행위 해석의 예

1) 상호신용금고가 그 임직원이 친·인척이나 친구 등 가까운 사람을 추천하여 신용대출을 해 주고자 하는 경우 결재서류에 "회수책임"이라는 문구를 기재케 하고서야 대출의 실행을 승인하여 온 경우에 있어, 임직원이 자신이 소개한 대출에 관하여 그 관계서류에 "회수책임"이라고 기재한 것은, 대출을 소개한 자로서 채무가 연체되지 않도록 사후관리를 하고 연체되거나 끝내 대출금이 변제되지 않는 경우에는 상호신용금고가 손해를 입지 않도록 대출금채무의 변제에 최선의 노력을 다하겠다는 취지를 기재한 것에 지나지 않고, 상호신용금고로서도 대출을 소개하는 임직원으로 하여금 신중을 기하게 하고 대출금채무가 연체되거나 끝내 대출금이 변제되지 않는 경우의 업무상의 책임을 명백히 하려고 그와 같은 기재를 하도록 하였다고 보는 것이 상당하며, 그 대출금채무에 관하여 민법상 보증채무를 부담하기로 의사표시를 한 것으로 해석할 수는 없다(91다35571).

2) 건설회사가 토지를 부동산신탁회사에 신탁하여 신탁회사가 그 위에 아파트를 신축·분양하기로 하는 내용의 토지개발신탁계약을 체결한 후 신탁회사로부터 공사를 도급받아 아파트 신축공사를 시행하던 중, 공사현장에 레미콘을 공급하던 납품업체들이 건설회사에 신탁회사가 레미콘대금 지급채무를 지급보증

한다는 내용의 약속을 받아 줄 것을 요구하자 신탁회사가 건설회사에 '납품사실 확인분에 대해서는 당사가 공동시행자의 입장에서 납품업체에 대한 피해가 없도록 조치를 취할 예정'이라는 내용의 회신을 보낸 경우, 신탁회사가 건설회사의 레미콘 납품업체들에 대한 레미콘대금 지급채무를 보증하였거나 중첩적으로 인수한 것으로 볼 수 있다(2000다40858).

3) 부동산 매매계약서에서 매매대금 지급기일을 '소유권이전등기를 필한 후'로 정한 사안에서, 위 문언의 해석상 매매대금 지급기일이 도래하기 위해서는 소유권이전등기에 필요한 서류가 등기소에 접수되어 등기관에 의해 해당 등기가 마쳐져야 하고, 나아가 채무자가 소유권이전등기의 경료 사실을 안 때로부터 지체책임이 발생한다(2010다77699).

4) 총 완결이라는 문언이 부기된 영수증에 있어서 동 영수증작성경위가 그렇게 쓰지 아니하면 돈을 주지 않겠다고 하기에 당시 궁박한 사정에 비추어 우선 돈을 받기 위하여 거짓 기재한 것이라는 이유만으로는 총 완결이란 의사표시가 당연 무효 라고 할 수 없다(69다563).

20 보통거래약관의 해석방법(예문해석)

민법총칙

Q 질문

제가 대표이사로 있는 회사에서 거래은행으로부터 회사의 부동산을 담보로 근저당을 설정하고 금전을 대출 받았습니다. 그 후 다른 이유로 같은 은행으로부터 신용대출을 또 받았습니다. 그런데 회사의 부도로 거래은행에서 위 부동산에 대한 근저당권에 기한 경매를 통하여, 위 근저당은 저당 설정 당시의 채무는 물론이고 그 이후의 회사의 모든 채무에 대하여도 포괄적으로 담보하는 것이므로 회사의 모든 채무를 경락대금에서 받아야 한다고 합니다. 근저당설정 당시 저는 서명·날인을 하였지만 은행의 근저당설정계약서 약관에 근저당설정 이후의 모든 채무를 포괄적으로 담보한다는 인쇄문자를 자세히 보지도 않았습니다. 이 경우 위 근저당권으로 담보된 피담보채무의 범위는 어디까지인지요?

A 답변

통상 계약 당사자 사이에 어떠한 계약 내용을 처분문서(처분문서란 그에 의하여 증명하려고 하는 법률상의 행위가 그 문서에 의하여 이루어진 것을 의미하는 것으로 다시 말하면 법률행위 자체가 문서에 화체된 경우를 말한다)인 서면으로 작성한 경우에 문언의 객관적인 의미가 명확하다면, 특별한 사정이 없는 한 문언대로의 의사표시의 존재와 내용을 인정하여야 합니다(2000다72572). 따라서 본 건의 경우에도 특별한 사정이 없는 한 위 근저당설정계약서상의 내용대로 피담보채무는 근저당설정 당시의 채무는 물론이고, 그 이후에 발생한 모든 채무에 대하여도 포괄적으로 담보한다고 보아야 할 것입니다.

그런데 위 근저당설정 계약서와 같이 계약 당사자 일방(은행)이 계약내용으로 삼을 계약조건 등을 미리 부동의 인쇄문구로 정해 두고서, 구체적인 계약 시 이를 제시하여 당사자가 동의하면 이를 계약이 성립한 것으로 하는데, 이처럼 계약의 내용으로 삼기 위하여 당사자 일방이 미리 준비한 계약조건을 통상 보통거래약관이라고 합니다.

오늘날 보통거래약관은 다수의 상대방과 계약을 체결하여야 하는 은행·보험회사·운송기업 등과 같이 계약 시 마다 일일이 상대방과 협의를 하여야 하는 번거로움을 피하고 신속하게 계약을 체결할 수 있는 장점이 있는 반면, 대기업 등 경제적 강자인 당사자 일방이 미리 자기에게 유리한 내용을 정하여 상대적으로 약자인 상대방이 이를 거절하기 어려운 점을 악용하는 사례가 많았습니다.

그래서 '약관의 규제에 관한 법률'에서는 약관이 계약으로 유효하려면 상대방이 약관의 내용을 인식할 수 있도록 명시하여야 할 뿐만 아니라 약관의 주요내용을 설명할 의무를 부과하였으며, 이러한 요건을 갖추지 못한 경우는 물론이고 신의성실의 원칙을 위반하여 공정성을 잃은 약관조항이나 고객(상대방)에게 부당하게 불리한 조항 등을 무효로 하였습니다.

나아가 위 사안과 관련하여 판례는, '근저당설정계약서는 처분문서이므로 특별한 사정이 없는 한 그 계약 문언대로 해석하여야 함이 원칙이지만, 그 근저당권설정계약서가 금융기관 등에서 일률적으로 일반거래약관의 형태로 부동문자로 인쇄하여 두고 사용하는 계약서인 경우에 그 계약 조항에서 피담보채무의 범위를 그 근저당권 설정으로 대출받은 당해 대출금채무 외에 기존의 채무나 장래에 부담하게 될 다른 원인에 의한 모든 채무도 포괄적으로 포함하는 것으로 기재하였다고 하더라도, 당해 대출금채무와 장래 채무의 각 성립 경위 등 근저당설정계약 체결의 경위, 대출 관행, 각 채무액과 그 근저당권의 채권최고액과의 관계, 다른 채무액에 대한 별도의 담보확보 여부 등 여러 사정에 비추어 인쇄된 계약 문언대로 피담보채무의 범위를 해석하면 오히려 금융기관의 일반 대출 관례에 어긋난다고 보여 지고 당사자의 의사는 당해 대출금 채무만을 그 근저당권의 피담보채무로 약정한 취지라고 해석하는 것이 합리적일 때에는 위 계약서의 피담보채무에 관한 포괄적 기재는 부동문자로 인쇄된 일반거래약관의 예문(단순한 예로서 늘어놓은 문언)에 불과한 것으로 보아 그 구속력을 배제하는 것이 타당하다'고 하였습니다(2003다2109).

따라서 위 근저당으로 담보된 피담보채무는 근저당설정 당시의 대출금 채무에 국한될 뿐이고 그 이후에 귀하가 신용대출 받은 채무는 포함되지 않는다고 보아야 합니다.

■ 약관(보통거래약관)

1) 의의

약관 즉 보통거래약관은 계약의 일방당사자(사업자)가 다수의 상대방(고객)과 계약을 체결하기 위하여 일정한 형식에 의하여 미리 마련한 계약의 내용이 되는 것을 말한다(약관규제법 2조 1항).

2) 성립요건

① 약관은 장차 계약의 내용으로 되는 것이므로 계약의 내용으로 될 수 없는 것은 약관이 아니며(98다20714), 그것은 계약 내용의 전체에 관한 것일 수도 있고 그 일부에 관한 것일 수도 있다.

② 약관은 「다수」의 상대방과 계약을 체결하기 위한 것이어야 한다. 특정한 상대방과 계약을 체결하기 위하여 준비한 계약조건은 약관이 아니다(98다13754·13761)

③ 약관은 일정한 형식에 의하여 「미리」 마련하였어야 한다. 즉 약관 사용자가 일방적으로 사전에 준비하였어야 하며, 상대방과의 협의에 의하여 마련된 것은 약관이 아니고, 약관 중 일부조항에 대하여 협의 교섭한 때에도 그 조항은 약관이 아니다(99다4634).

④ 그 명칭·형태·범위는 묻지 않는다(약관규제법 2조 1항). 약관은 보통 신용카드 약관·보험 약관 등과 같이 약관이라고 표현하나 거래약정서, 공급규칙, 회원규정 등과 같이 다른 명칭을 써도 무방하다. 그리고 외관상 계약서 자체에 포함되어 있는지 따로 독립되어 있는지, 서면으로 작성되어 있는지 전자게시판에 게시되어 있는지, 인쇄되어 있는지 손으로 썼는지, 조문의 형식을 취하고 있는지 여부도 묻지 않는다. 전기사업법에 의한 전기공급규정(98다57099)· 예탁금회원제 골프장의 회칙(98다20714) 등 회원권의 양도·양수절차와 같은 당사자의 권리 의무에 관한 규정은 약관으로서의 성질을 가진다.

⑤ 약관과 구별되는 것으로 「서식」이 있으며, 서식은 계약의 내용으로 삼기 위하여 준비한 것이 아니고 모범으로 삼기 위한 것이다. 그런데 이 서식을 계약체결에 이용하게 되면 실질적으로는 약관과 같은 기능을 하게 된다. 따라서 서식을 이용하여 계약을 체결하는 경우에는 약관규제법을 적용하는 것이 타당하다.

21 이자제한법 초과 이자의 법률관계

민법총칙

질문

저는 지인으로부터 금전을 빌리면서 이자는 연 40%로 하였고, 1년이 지난 얼마 전 원리금 모두를 변제하였습니다. 그런데 지금 와서 생각해 보니 지급한 이자가 너무 많은 것 같은데 그 중 일부라도 돌려받을 수 있는지요?

답변

금전대차 계약을 체결하면서 이자율(이를 약정이율이라고 하며, 법정이율은 제379조에 의하여 연 5푼임)을 어떻게 정할지 여부는 일응 당사자의 의사에 달렸다고 보면 됩니다. 그러나 통상 대주(빌려주는 사람)에 비하여 차주(빌리는 사람)의 경제적 처지가 열악하기 때문에 이자율은 대주의 의사대로 정하여지는 경우가 대부분이며, 따라서 차주는 할 수 없이 고율의 이자부담을 지게 됩니다.

이런 경우를 예상하여 2007.6.30. 시행된 이자제한법 제2조제1항의 최고이자율에 관한 규정은 강행규정으로서 금전대차에 관한 계약상의 최고이율 이자율은 연 25%로 하였으며, 이를 초과하는 부분은 무효로 하였습니다(동법 제2조3항, 4항).

따라서 연 25%를 초과하여 지급한 부분은 지금이라도 되돌려 받을 수 있습니다.

참고로 위법이 시행되기 전의 판례도, '금전 소비대차계약과 함께 이자의 약정을 하는 경우, 양쪽 당사자 사이의 경제력의 차이로 인하여 그 이율이 당시의 경제적·사회적 여건에 비추어 사회통념상 허용되는 한도를 초과하여 현저하게 고율로 정하여졌다면, 그와 같이 허용할 수 있는 한도를 초과하는 부분의 이자 약정은 대주가 그의 우월한 지위를 이용하여 부당한 이득을 얻고 차주에게는 과도한 반대급부 또는 기타의 부당한 부담을 지우는 것이므로 선량한 풍속 기타 사회질서에 위반한 사항을 내용으로 하는 법률행위로서 무효라 할 것이다. 이와 같이 선량한 풍속 기타 사회질서에 위반하여 무효인 부분의 이자 약정을 원인으로 차주가 대주에게 임의로 이자를 지급하는 것은 통상 불법의 원인으로 인한 재산 급여라고 볼 수 있을 것이나, 불법원인급여에 있어서도 그 불법원인이 수익자에게만 있는 경우이거나 수익자의 불법성이 급여자의 그것보다 현저히 커서 급여자의 반환청구를 허용하지 않는 것이 오히려 공평과 신의칙에 반하게 되는 경우에는 급여자의 반환청구가 허용된다고 해석되므로, 대주가 사회통념상 허용되는 한도를 초과하는 이율의 이자를 약정하여 지급받은 것은 그의 우월한 지위를 이용하여 부당한 이득을 얻고 차주에게는 과도한 반대급부 또는 기타의 부당한 부담을 지우는 것으로서 그 불법의 원인이 수익자인 대주에게만 있거나 또는 적어도 대주의 불법성이 차주의 불법성에 비하여 현저히 크다고 할 것이어서 차주는 그 이자의 반환을 청구할 수 있다고 봄이 상당하다'고 하였습니다(2004다50426전).

● ● ●

사례 83 이자제한법상의 제한초과이자 참고

강행법규(강행규정) 위반의 예(무효)

1) 주무관청의 허가 없는 공익법인의 기본재산에 대한 처분(2004다50044)
2) 부동산중개업법 및 같은 법 시행규칙 소정의 상한을 초과하는 부동산중개수수료 약정(2000다54406·54413)
3) 의료인의 자격이 없는 일반인이 유자격 의료인을 고용하여 그 명의로 의료기관 개설신고를 하고, 의료기관의 운영 및 손익 등이 그 일반인에게 귀속되도록 하는 내용의 약정(2010다67890)

22 부동산의 이중매매

민법총칙

질문

저는 토지 소유자와 매매계약을 체결하고 그 대금을 다 지급하였습니다. 그런데 제 사정상 소유권이전등기를 미루고 있던 사이에 원 소유자가 다른 사람에게 이중으로 토지를 매도하여 그 사람 앞으로 소유권이 넘어가 버렸습니다. 그 토지는 사업상 제게 꼭 필요한 토지인데, 먼저 토지를 매수한 제가 이를 되찾을 수 없는지요?

답변

부동산의 이중매매는 자유경쟁의 원리상 원칙적으로 유효합니다. 왜냐하면 부동산 매매계약으로 인한 제1매수인의 소유권이전등기청구권은 채권적 청구권에 불과하여 매매계약의 순서에 관계없이 먼저 이전등기를 경료한 제2매수인이 적법하게 소유권을 취득하기 때문입니다.

다시 말하면 소유권에 기한 이전등기청구권과 같은 물권적 청구권과 달리 부동산매매(채권)로 인한 소유권이전등기청구권은 배타성이 없기 때문에 매도인으로부터 먼저 소유권이전을 받은 사람이 소유권자가 됩니다(제186조).

물론 부동산의 이중매매가 유효한 경우에도 매도인은 제1매수인과의 매매계약상의 의무를 이행하지 아니하였으므로 제1 매수인이 매도인의 채무불이행을 이유로 한 계약해제나 손해배상 등을 받을 수는 있습니다(매도인을 상대로 형사상 배임죄의 책임을 물을 수도 있음).

그러나 부동산의 이중매매가 매도인의 배신행위에 제2매수인이 적극 가담하여 이루어진 때에는 그 행위는 민법 제103조의 반사회적 법률행위로서 무효가 되며, 여기서 말하는 제2매수인의 '적극가담'이란 제2매수인이 이중매매가 된 사실을 알고서도 자기에게 다시 매도해도 민형사상 아무런 문제가 없고 설령 문제가 되더라도 자기가 전부 책임을 지겠다는 등으로 매도인의 배임행위를 유인·교사하거나 이에 적극 협력하는 행위를 말합니다(93다55289).

부동산의 이중매매가 위와 같이 예외적으로 무효가 되는 경우에는 제1매수인은 우선 매도인을 대위하여(제404조), 매도인과 제2매수인의 매매계약이 무효임을 이유로 소유권이전등기의 말소를 구하고, 매도인을 상대로는 매매계약에 따른 소유권이전을 구하면 됩니다.

위와 같은 부동산 이중매매의 무효화 법리는 매매에 국한하지 않으며, 적극가담하여 증여를 받거나(91다26072), 근저당설정을 받는(97다362) 등의 경우에도 마찬가지로 적용된다고 할 것입니다.

나아가 이중매매가 무효로 되는 경우에는 제2매수인으로부터 이를 다시 매수한 전득자가 설령 선의라 하더라도 이로써 이중매매의 유효를 주장하지 못하며(96다29151), 그 이유는 민법 제103조 위반으로 무효가 되는 경우에는 전득자의 선의·악의 여부에 관계없이 그 법률행위는 절대적 무효가 되기 때문입니다.

■ 타인의 권리의 매매(제569조)와 매도인의 담보책임(제570조, 571조)

1) 매매의 목적이 된 권리가 타인에게 속한 경우에는 매도인은 그 권리를 취득하여 매수인에게 이전하여야 한다.

2) 그 이전이 불가하면 매수인은 계약을 해제할 수 있으나, 매수인이 계약 당시 그 권리가 매도인에게 속하지 아니함을 안 때에는 손해배상을 청구하지 못한다.

3) 선의의 매도인은 손해를 배상하고 계약을 해제할 수 있다.

■ 등기청구권

1. 의의

등기청구권이란 등기권리자의 등기의무자에 대한 등기신청 협력 청구권을 말한다.

2. 법적 성질

1) 채권적 청구권

① 매매 등 법률행위에 의한 물권변동(76다148전)

② 점유취득시효(제245조제1항)로 인한 등기청구권(95다34866·34873)

2) 물권적 청구권

무 권리자에 의한 등기경료·계약의 무효·취소·해제의 경우 등과 같이 실체관계와 등기가 일치하지 않는 경우에 발생하는 등기청구권

■ 사례 55 등기인수청구권 참조

■ 사례 94 채권자대위권 참조

23 증언을 대가로 금전을 지급하기로 한 약정의 효력

민법총칙

Q 질문

저는 부동산 소유권이전을 둘러싸고 상대방과 소송이 붙었는데, 저에게 유리한 증언을 해 줄 사람에게 만약 소송에서 이기면 부동산 시가의 1/3에 해당하는 1억 원을 지급하겠다고 약정하였습니다. 그 후 제가 승소하였지만 증언의 대가가 너무 큰 것 같은데, 제가 그 약정에 따라야 하는지요?

A 답변

계약은 지켜져야 한다는 것이 계약법의 대전제라는 점에 비추어 보면 소송에서 증인을 서 줄 것을 부탁하면서 그에 대한 합당한 대가를 지급하기로 약정(계약)하였다면 그 약정에 따라 금전을 지급하여야 할 것입니다.

나아가 민사소송법 제314조, 315조의 증언 거부권이 있는 경우가 아니라면 누구나 법정에서 진실을 증언할 의무가 있는 것이기 때문에 증언을 부탁하는 것이 정의 관념에 반한다고 할 수도 없으며, 증인을 서는 사람의 입장에서 보면 소송 당사자도 아니면서 법원을 오고가야 하는 수고를 감수해야 하기 때문에, 자기 측에 유리한 증언을 부탁하는 당사자로서는 증인에게 어느 정도의 수고비를 지급하는 것이 오히려 자연스러운 일일 수도 있을 것입니다.

그러나 증언을 대가로 지급하기로 한 금전이 사회통념상 너무 과다할 경우는 사정이 다르다고 할 것입니다. 과다한 기준을 일율 적으로 제시할 수는 없지만 이 건과 같이 증언을 대가로 소송물인 부동산의 시가의 1/3에 해당하는 금 1억 원을 지급하기로 하였다면 이는 민법 제103조의 선량한 풍속 기타 사회질서에 반하는 약정으로서 무효가 된다고 할 것입니다.

그리고 민법 제103조에 의하여 무효로 되는 반사회질서행위는 법률행위의 목적인 권리의무의 내용이 선량한 풍속 기타 사회질서에 위반되는 경우(살인계약)뿐만 아니라 그 내용 자체는 반사회질서적인 것이 아니라고 하여도 법률적으로 이를 강제하거나 법률행위에 반사회질서적인 조건 또는 금전적 대가가 결부됨으로써 반 사회질서 적 성질을 띠게 되는 경우(증언계약) 및 표시되거나 상대방에게 알려진 법률행위의 동기가 반사회질서적인 경우(동기의 불법)를 포함합니다(93다40522).

판례도, '소송사건에서 일방 당사자를 위하여 증인으로 출석하여 증언하였거나 증언할 것을 조건으로 어떤 대가를 받을 것을 약정한 경우, 증인은 법률에 의하여 증언거부권이 인정되지 않은 한 진실을 진술할 의무가 있는 것이므로 그 대가의 내용이 통상적으로 용인될 수 있는 수준(예컨대 증인에게 일당과 여비가 지급되기는 하지만 증인이 법원에 출석함으로써 입게 되는 손해에는 미치지 못하는 경우 그러한 손해를 전보해 주는 정도)을 초과하는 경우에는 그와 같은 약정은 금전적 대가가 결부됨으로써 선량한 풍속 기타 사회질서에 반하는 법률행위가 되어 민법 제103조에 따라 효력이 없다고 할 것이고, 약정된 대가의 내용이 주로 위와 같은 증언을 하는 데 대한 반대급부의 의미를 갖는 경우에는 그 밖에 부수적으로 소송의 상대방 당사자를 만나 그의 동의 없이 대화내용을 몰래 녹취하여 일방 당사자로 하여금 그 녹취서를 법원에 증거로 제출하게 하는 등의 행위에 대한 대가가 이에 포함되어 있다고 하더라도 마찬가지이다'라고 하고 있습니다(98다52483).

따라서 귀하는 증언을 대가로 지급하기로 한 1억 원을 지급하지 않아도 됩니다.

24 평생 이혼하지 않겠다는 각서의 효력

민법총칙

질문

저는 10년 전 남편과 결혼하면서 남편의 요구로 어떠한 일이 있더라도 평생 이혼하지 않겠다는 내용의 각서를 써 주었는데, 그 이유는 그 때 남편이 사랑의 표시로 각서를 요구하였기 때문입니다. 그런데 요즘 와서 남편이 바람을 피기 시작하면서 외박을 일삼고 이를 나무라는 저에게 수시로 폭력을 행사하고 있습니다. 이 경우에도 저는 재판상 이혼을 요구할 수 없는지요?

답변

민법 제840조는 배우자의 부정한 행위 등 혼인을 계속하기 어려운 중대한 사유가 있을 때에는 가정법원에 이혼을 청구할 수 있다고 규정하였습니다. 협의이혼은 당사자의 뜻만 맞으면 그 원인을 묻지 않지만, 재판상 이혼의 경우에는 유책주의를 채택하여 이혼원인을 제공한 자는 이혼을 청구할 수 없도록 하였습니다.

다만 배우자의 부정행위로 인한 이혼청구권은 다른 일방이 사전 동의나 사후용서를 한 때 또는 이를 안 날로부터 6월, 그 사유 있은 날로부터 2년을 경과한 때에는 제척기간의 경과로 소멸되며, 이 경우에도 부정행위가 계속되는 한 이혼청구권은 소멸하지 않으며, 부정행위가 종료한 때로부터 제척기간이 시작됩니다(제841조, 842조).

나아가 배우자의 부정한 행위란 간통을 포함하여 그 보다 더 넓은 개념으로서 가사 간통에까지는 이르지 않았지만 부부의 정조의무에 위반한 일체의 행위를 가리키는 것으로, 결국 부정한 행위인지 여부는 구체적 사안에 따라 그 정도와 상황을 참작하여 이를 평가하여야 합니다(92므68).

한편 이 건과 같이 어떠한 일이 있더라도 평생 이혼하지 않겠다는 각서를 교부한 경우에 그 효력이 문제됩니다.

물론 각서 작성과정에 강박 등 불법적인 방법이 사용된 경우에는 그 강박의 정도에 따라 각서의 효력이 무효가 되거나 이를 취소할 수 있습니다.

그러나 자유로운 의사표시로서 한 위와 같은 각서의 교부행위도 매춘행위(2004다27488·27495)등과 같이 개인의 정신상·신체상의 자유를 극도로 제한하는 행위로서 민법 제103조의 선량한 풍속 기타 사회질서에 위반되는 무효의 행위입니다(69므18).

따라서 설사 평생 이혼하지 않겠다는 각서를 임의로 작성하여 배우자에게 교부하였더라도 그 후 상대방 배우자에게 위와 같은 부정한 행위 등 이혼원인이 발생하였다면 이를 이유로 재판상 이혼 및 위자료 청구는 물론이고 혼인 중 형성된 재산에 대하여는 재산분할도 요구할 수 있습니다.

사례 144 재판상 이혼 참조

25 도박채무의 담보로 설정된 근저당권의 효력

민법총칙

Q 질문

저는 친구로부터 카지노도박에 필요한 돈을 빌리면서 그 담보로 제 소유의 아파트에 대하여 근저당설정을 해 주었습니다. 친구도 제가 카지노에 가서 도박을 한다는 사정을 잘 알고 있었고, 그래서 만약 제가 돈을 잃을 경우에 대비하여 아파트에 대하여 근저당을 해 두었습니다. 그 후 제가 돈을 다 잃자 친구는 경매신청을 해서 도박자금으로 대여한 돈을 회수해 가겠다고 하는데, 저의 유일한 재산인 아파트를 찾을 수는 없는지요?

A 답변

도박계약과 같이 지나치게 사행적인 계약은 민법 제103조의 선량한 풍속 기타 사회질서에 위반되어 무효가 됩니다.

따라서 도박을 한다는 것을 알면서 도박자금을 빌려주는 행위(72다2249), 도박으로 인한 채무의 변제를 위하여 토지를 양도하는 계약, 노름빚을 변제하기로 약정한 계약(94다40147) 등은 모두 무효이기 때문에 채무자는 이를 변제하지 않아도 됩니다.

그러나 도박 빚을 현실적으로 변제한 경우에는 불법원인급여가 되어 이를 반환받지 못합니다. 즉 민법 제746조는 '불법의 원인으로 인하여 재산을 급여하거나 노무를 제공한 때에는 그 이익의 반환을 청구하지 못한다. 그러나 그 불법원인이 수익자에게만 있는 때에는 그러하지 아니하다.'고 규정하고 있기 때문입니다.

다시 말하면, 민법 제746조는 단지 부당이득제도만을 제한하는 것이 아니라 제103조와 함께 사법의 기본이념으로서, 결국 사회적 타당성이 없는 행위를 한 사람은 스스로 불법한 행위를 주장하여 복구를 그 형식 여하에 불구하고 소구할 수 없다는 이상을 표현한 것이므로, 급여를 한 사람은 그 원인행위가 법률상 무효라 하여 상대방에게 부당이득반환청구를 할 수 없음은 물론 급여한 물건의 소유권은 여전히 자기에게 있다고 하여 소유권에 기한 반환청구도 할 수 없고 따라서 급여한 물건의 소유권은 급여를 받은 상대방에게 귀속되기 때문입니다(79다483전).

다만 사기도박의 경우처럼 수익자의 불법성이 급여자의 그것보다 현저히 큰 데 반하여 급여자의 불법성은 미약한 경우에도 급여자의 반환청구가 허용되지 않는다면 공평에 반하고 신의성실의 원칙에도 어긋나므로, 이러한 경우에는 민법 제746조 본문의 적용이 배제되어 급여자의 반환청구는 허용됩니다(95다49530·49547).

그런데 불법원인급여가 되어 반환받지 못하는 이익은 재산상 가치가 있는 종국적이어야 하며 이건과 같이 채권자가 경매를 통하여 이를 누릴 수 있는 경우는 이에 해당하지 않습니다.

판례도, '민법 제746조가 불법의 원인으로 인하여 재산을 급여하거나 노무를 제공한 때에 그 이익의 반환을 청구하지 못하도록 규정한 것은, 그에 대한 법적 보호를 거절함으로써 소극적으로 법적 정의를 유지하려고 하는 취지이므로, 위 법조항에서 말하는 이익에는 사실상의 이익도 포함되나, 그 이익은 재산상 가치가 있는 종국적인 것이어야 하고, 그것이 종속적인 것에 불과하여 수령자가 그 이익을 향수하려면 경매신청을 하는 것과 같이 별도의 조치를 취하여야 하는 것은 이에 해당하지 않으며, 따라서 도박자금을 제공함으로 인하여 발생한 채권의 담보로 부동산에 관하여 근저당권설정등기가 경료 되었을 뿐이라면 위와 같은 근저당권설정등기로 근저당권자가 받을 이익은 소유권이전과 같은 종국적인 것이 되지 못하고 따라서 민법 제746조에서 말하는 이익에는 해당하지 아니한다고 할 것이므로, 그 부동산의 소유자는 민법 제746조의 적용을 받음이 없이 그 말소를 청구할 수 있다.'고 합니다(93다55234).

따라서 귀하는 도박자금 채권에 대한 담보조로 경료 한 위 아파트의 근저당권설정등기의 말소를 구할 수 있습니다.

26 부첩관계를 해소하기로 하면서 체결한 금전지급약정의 효력

민법총칙

Q 질문

처녀인 저는 미장원을 경영하면서 알게 된 유부남과 동거하면서 딸까지 낳았으나 공무원인 유부남이 장차 소문이 나면 승진에 지장이 있을 뿐만 아니라 본처까지 알게 되어 헤어지자고 요구하여 저도 이를 승낙하였습니다.

그 당시 생활비용의 상당액을 제가 부담하였고, 부첩관계를 청산하면서 위자료, 양육비 등 명목으로 돈을 받기로 약정하였는데, 이제 와서 유부남은 돈을 주지 않겠다고 합니다. 이 경우 제가 돈을 받을 수 있는지요?

A 답변

헌법 제36조는 '혼인과 가족생활은 개인의 존엄과 양성의 평등을 기초로 성립되고 유지되어야 하며, 국가는 이를 보장 한다'라고 하고 있으며, 이에 따라 민법 제810조는 중혼을 금지하고 있으며, 제816조는 중혼을 혼인취소사유로 보고 있습니다.

나아가 일부일처제의 혼인질서에 반하는 법률행위는 민법 제103조의 선량한 풍속 기타 사회질서에 반하는 행위로서 무효가 됩니다. 예컨대, 첩 계약은 설사 본처의 사전 승낙이 있었더라도 무효가 되며(67다1134), 혼인 외의 성관계를 유지하기 위한 증여나 유증은 물론 현재의 처가 사망하거나 처와 이혼하면 혼인한다는 계약도 무효가 됩니다(65므12).

그러나 첩 계약의 경우에는 위와 같이 불륜관계의 지속을 전제로 한 계약은 무효가 되지만 첩의 생존과 그 자녀의 양육을 보장하는 범위 내에서는 유효하다고 보며, 더구나 이 건과 같이 부첩관계를 단절하면서 첩과 그 자녀의 생활대책으로 금전을 지급하기로 하였다면 이는 유효한 약정으로 보아야 합니다.

판례도, '원·피고 간에 본처의 동석 하에 본건 금원의 지급약정이 이루어지고, 그 약정은 비교적 자유스럽게 서로 상의하여 자의에 의해서 이루어진 것임을 엿볼 수 있고 여기에 피고의 신분 등을 참작하면 피고는 그 일신상의 이유와 본처의 강권에 의하여 원고와 부첩관계를 해소하기로 하는 마당에 그 간에 원고가 피고를 위하여 바친 노력과 비용 등 희생을 배상 내지 위자하고 또 원고가 어려운 생활에서 홀로 두 딸을 키우고 지내야 하는 장래의 생활대책을 마련해 준다고 하는 뜻에서 본건 금원을 지급하기로 약정한 것이라고 보여 지고, 부첩관계를 해소하는 마당에 위와 같은 의미의 금전지급약정은 공서양속에 반하지 않는다고 보는 것이 상당하다'고 합니다(80다458).

따라서 귀하는 위 약정금을 받을 수 있을 것으로 보입니다.

27 해외연수 근로자가 귀국 후 일정기간 근무하지 않으면 그 소요경비를 배상한다는 사규나 약정의 효력

민법총칙

Q 질문

저는 회사의 부장으로 근무하면서 회사의 비용으로 3개월 동안 유럽에서 기계설비에 관한 연수를 받고 왔습니다. 당시 회사 사규에는 2개월 이상 6개월 이하의 해외연수를 다녀 온 사원은 귀국 후 최소한 3년간은 회사에 근무하여야 하며, 만약 이를 어기면 해외연수에 소요된 비용을 전액 배상하여야 한다고 되어 있었는데, 저는 3년이 경과하기 전에 다른 회사로 이직을 하였습니다. 이 경우 제가 연수비용 전액을 반환해야 하는지요?

A 답변

민법 제103조는 선량한 풍속 기타 사회질서에 위반한 사항을 내용으로 하는 법률행위는 무효로 하고 있습니다.

따라서 개인의 정신상·신체상의 자유를 극도로 제한하는 행위는 사회질서에 반하여 무효가 되며(2004다27488·27495), 나아가 개인의 경제적 자유를 극도로 제한하는 행위도 사회질서에 반한다고 볼 것입니다(63다915).

그러나 그 제한의 정도가 사회통념상 합리적인 범위 내에서 이루어진 경우에는 사회질서에 반하지 아니하며 따라서 그 행위는 유효하다고 봅니다.

그런데 이건과 같이, 회사비용으로 연수를 다녀 온 직원의 귀국 후 근무기간을 최소 3년으로 규정한 사규가 사회질서에 반하는지가 문제됩니다.

회사의 입장에서 보면, 회사의 비용으로 연수를 다녀 온 직원이 최소 근무기간을 채우지도 아니하고 퇴사를 해 버려도 회사에서 경제적으로나마 제재할 수 있는 방법이 없다면 이는 오히려 회사 직원의 모럴 해저드(도덕적 해이)를 부추기는 셈이 된다고 보여 지므로 이 정도의 제한은 합리적이라고 보여 집니다.

판례도, '해외 파견된 근무자가 귀국일로부터 3년간 회사에 근무하여야 한다는 사규나 약정이 소론과 같은 이유만으로 민법 제103조 소정의 반사회질서 행위 또는 동법 제104조 소정의 불공정한 법률행위에 해당한다고 볼 수 없고, 또한 판시와 같은 경우의 해외파견에 소요된 경비를 배상한다는 규정은 피용자가 해외에서 연수하는데 필요한 경비를 사용자가 대여하고 피용자가 귀국 후에 3년 이상 근무하는 경우에는 그 상환의무를 면제해 주되 3년 이내에 퇴사하면 면제하지 않겠다는 취지의 약정으로 보아야 하므로 위 근무기간은 근로기준법 제21조에서 말하는 근로계약기간이 아니라 경비반환 채무의 면제기간을 정한 것으로 봄이 상당하므로 위와 같은 사규나 약정이 근로기준법 제21조에 위배하는 것이라고 볼 수는 없다'라고 하였습니다(82다카90).

따라서 귀하는 사규에 따라 해외연수비용을 종전 회사 측에 반환하여야 할 것입니다.

■ 사용자와 근로자 사이의 경업금지약정의 유효성에 관한 판단 기준(2009다82244)

사용자와 근로자 사이에 경업금지약정이 존재한다고 하더라도, 그와 같은 약정이 헌법상 보장된 근로자의 직업선택의 자유와 근로권 등을 과도하게 제한하거나 자유로운 경쟁을 지나치게 제한하는 경우에는 민법 제103조에 정한 선량한 풍속 기타 사회질서에 반하는 법률행위로서 무효라고 보아야 하며, 이와 같은 경업금지약정의 유효성에 관한 판단은 보호할 가치 있는 사용자의 이익, 근로자의 퇴직 전 지위, 경업 제한의 기간·지역 및 대상 직종, 근로자에 대한 대가의 제공 유무, 근로자의 퇴직 경위, 공공의 이익 및 기타 사정 등을 종합적으로 고려하여야 하고, 여기에서 말하는 '보호할 가치 있는 사용자의 이익'이라 함은 부정경쟁방지 및 영업비밀보호에 관한 법률 제2조 제2호에 정한 '영업비밀'뿐만 아니라 그 정도에 이르지 아니하였더라도 당해 사용자만이 가지고 있는 지식 또는 정보로서 근로자와 이를 제3자에게 누설하지 않기로 약정한 것이거나 고객관계나 영업상의 신용의 유지도 이에 해당한다.

■ 해외연수 파견 후의 의무재직기간 근무 불이행시 '파견에 직접 소요된 경비'를 반환하기로 약정한 경우, 보수규정상 파견자에게 당연히 지급하도록 되어 있는 기준임금도 반환 청구할 수 있는지 여부(95다13104·13111)

근로자가 해외교육훈련 파견에 앞서 기업체와의 사이에 해외교육훈련을 종료한 후 의무근무기간이 경과하기 전에 사직하였을 경우 변상하기로 약정한 '파견에 직접 소요된 경비'에는 기준임금은 포함되지 않는다고 해석함이 상당하고, 가사 당사자가 기준임금까지 포함하여 '파견에 직접 소요된 경비'로서 변상하기로 약정하였다고 하더라도 기업체의 보수규정에 의하면 기준임금은 기업체의 필요에 의한 6개월 이상의 해외교육훈련 파견자에 대하여 당연히 지급하도록 규정되어 있어 그와 같은 반환약정은 보수규정에 반하는 것으로서 효력이 없다 할 것이므로, 기업체는 기준임금으로 지급된 금액 상당에 대하여는 그것이 근로제공의 대가인 임금에 해당하는지 여부에 관계없이 반환청구권을 가지게 된다고 할 수 없다.

28 불공정한 법률행위(1)

질문

저의 남편은 A회사에 대하여 1억 원의 물품대금 채권이 있었는데, A회사의 부탁으로 아무런 대가 관계없이 남편명의의 액면금 2억 원의 당좌수표 1매를 발행·교부하여 주었는데, A회사가 이를 타에 유통시켰습니다. 그런데 남편이 부도가 나서 그 당좌수표를 회수하지 못하여 부정수표단속법위반죄로 구속되자 저는 당좌수표를 회수하고자 회사를 찾아 갔더니 그 회사에서는 1,000만 원 이상의 물품대금에 대하여는 채권포기를 하지 않으면 당좌수표를 회수해 주지 않겠다고 으름장을 놓아 저는 할 수 없이 물품대금채권이 얼마인지도 자세히 모르는 상태에서 위와 같이 합의하고 수표를 회수하였습니다. 이 경우 합의는 유효한지요?

답변

민법 제104조의 불공정한 법률행위(폭리행위)는 '당사자의 궁박, 경솔 또는 무경험으로 인하여 현저하게 공정을 잃은 법률행위는 무효로 한다'라고 하고 있습니다.

즉 불공정한 법률행위란 위와 같이 상대방의 자유로운 의사결정이 곤란한 상태를 이용하여 자기의 급부에 비하여 현저하게 균형을 잃은 반대급부를 취하여 부당한 재산적 이익을 얻는 행위를 말하므로, 증여나 기부행위와 같이 아무런 대가관계 없이 당사자 일방이 상대방에게 일방적인 급부를 하는 법률행위는 그 공정성 여부를 가릴 수 있는 성질의 법률행위가 아니므로 제104조는 적용되지 않습니다(92다52238).

나아가 제104조의 불공정한 법률행위는 제103조의 사회질서 위반행위에 포함되는 개념이므로(63다821), 제104조의 요건이 미비한 경우에는 제103조를 적용하여 그 법률행위의 무효를 주장할 수 있습니다.

한편 불공정한 법률행위가 성립하려면 객관적으로는 급부와 반대급부 사이에 현저한 불균형이 있어야 하며, 주관적으로는 상대방의 궁박·경솔·무경험(이중에서 어느 하나만 갖추면 되고 그 모두를 구비할 필요는 없음)을 이용(폭리의사)하여야 합니다(98다58825).

여기서 말하는 '궁박'이란 급박한 곤궁을 의미하는 것으로 그것은 반드시 경제적인 사정에 한하지 않으며, 정신적·심리적 원인에 기인한 것도 포함되며(73다673), '경솔'이란 의사를 결정할 때 그 행위의 결과나 장래에 관하여 에 대하여 보통 사람이 베푸는 고려를 하지 않는 심리상태, 즉 판단력의 부족을 말합니다. 또한 '무경험'이란 거래일반에 대한 전반적인 생활경험이 부족한 것을 말합니다.

불공정한 법률행위는 앞서 본 것처럼 대가관계에 있는 당사자 간의 급부와 반대급부의 불균형을 의미하므로 통상적으로는 계약관계에서 문제가 됩니다.

그러나 이 건과 같은 채권포기행위는 비록 단독행위이지만 그로 인하여 채무자는 채무를 면함으로써 소극적으로 그만큼 재산이 증대되기 때문에 마찬가지로 불공정한 법률행위의 문제가 제기됩니다.

한편 급부와 반대급부 사이에 어느 정도의 불균형이 있어야 불공정한 법률행위가 되느냐의 여부는 구체적인 사건에 있어서 당사자의 신분과 재산상태 및 그가 처한 상황의 절박성의 정도 등 제반사정을 종합하여 판단하여야 하며(91다23660), 이는 법률행위 당시를 기준으로 판단합니다(81다239).

이건의 경우와 같이 물품대금이 1억임에도 불구하고 처가 남편의 석방을 위하여 구체적인 물품대금 채권이 얼마인지도 제대로 확인하지 아니하고 채권의 1/10에 해당하는 금액으로 합의하였다면 이는 당사자의 궁박, 경솔 또는 무경험을 악용한 폭리행위로서 무효가 된다고 봅니다.

판례도, '원고는 피고 회사의 세금체납으로 인한 공매처분을 면하게 하기 위하여 아무런 대가없이 원고명의의 액면 금 12,100,000원의 당좌수표 1매를 피고회사에 대하여 세금담보로서 빌려 준 것이 부도가 되어 부정수표단속법위반으로 당국에 입건구속이 되었었고, 피고회사는 원판시 부동산에 관하여 세무담보를 설정하고 관할세무서로부터 위 수표를 회수하였음에도 불구하고 원고에게 이를 반환치 않았을 뿐만 아니라 오히려 이 수표의 반환을 요구하는 원고의 처 소외인에게 대하여 피고회사의 감사가 남편의 징역을 면하기 위하여 수표를 회수하려면 이 사건 물품외상대금 중 금 1,000,000원을 초과하는 채권에 대한 포기서를 써야 된다는 취지의 강압적인 요구를 하여 사회적 경험이 부족한 가정부인인 위소외인이 구속된 자기남편을 석방 구제 하려면 위 수표의 회수가 필요할 것이라는 일념에서, 원고의 피고회사에 대한 물품잔대금 채권이 얼마인지조차 확실히 모르면서 그가 보관하고 있던 원고의 인감을 이용하여 위 요구에 응하는 취지의 이 사건 을제1, 2호증의 위임장과 포기서를 작성하여 피고회사에 교부한 것이라는 사실을 인정한 다음, 위 소외인은 원고의 대리인으로써 피고회사에 대하여 위와 같은 채권포기행위를 한 것이라고 볼 수는 있지만 이 행위는 위 소외인이 당시의 경제적, 정신적 궁박 상태와 사회적 경험부족으로 인한 경솔로 인하여 이루어진 것이고 또 피고회사로서는 원고와 그 처인 위소외인의 위와 같은 사정을 알면서도 오히려 이를 이용하여 위 채권포기를 받은 것이라 할 것이므로 이는 거래관계에 있어서 현저하게 균형을 잃은 행위로서 사회적 정의에 반하는 불공정한 법률행위로 보는 것이 상당하다'고 하였습니다(75다92).

따라서 귀하와 회사외의 합의는 불공정한 법률행위로서 무효가 되므로. 귀하의 남편은 거래 상대방 회사를 상대로 기존의 물품대금 1억 원을 받을 수 있습니다.

● ● ●

■ 불공정한 법률행위(폭리행위)의 예

1) 매매가격이 시가의 약 8분의 1정도로 현저한 차이가 있고 매도인이 평소 어리석은 사람인 것이 인정되며 또한 매수인은 이건 부동산을 매수한 후 약 3개월 후에 매수가격이 4.5배 정도로 전매한 경우 특별한 합리적인 근거를 찾아볼 수 없는 사정이라면 이는 매도인의 경솔, 무경험에 인한 것이며 매수인이 그 사정을 알고 이를 이용함으로써 이루어졌다고 추인할 수 있다(76다2179).

2) 계 관계로 고소당하여 삼청교육대까지 다녀온 후 다시 고소를 당하여 또 삼청교육대에 갈지 모른다는 정신적 압박을 받는 상태에서 금 1,300만 원 이상의 채권이 있었음에도 불구하고 그 중 일부만을 변제받고 금 1,000만 원 이상의 채권을 포기하는 약정을 맺은 것은 불공정한 법률행위에 해당된다(91다23660).

3) 농촌에서 농사만 짓고 처음 사고를 당하는 무경험자인 전기 공사 중 사망한 인부의 유족의 대리인과 유족이 가장을 잃고 경제적·정신적으로 경황이 없는 궁박한 상태에서 사고 1주일 후에 손해배상을 받을 수 있는 액수도 모르고서 받을 수 있는 액수의 8분의 1밖에 되지 않는 합의금을 받기로 하고 가해자나 사용자에 대하여 민·형사상 책임을 더 묻지 아니하기로 하는 내용의 합의서를 작성하여 위의 사정을 잘 아는 가해자의 대리인에게 교부하여 주었다면, 동 합의는 유족과 유족대리인의 경솔, 무경험과 유족의 궁박한 상태아래에서 이루어진 현저하게 공정을 잃은 법률행위로서 무효이다(78다2457). → 사례 29 불공정한 법률행위(2) 참조

4) 사실과 다른 고소에 의하여 구속된 상태에서, 시부모와 남편 및 본인까지도 병중에 있었고, 경영하던 회사는 부도 위기에 처하는 등 정신적, 경제적으로 궁박한 상태에 있었으며, 합의의 내용도 고소인의 주장을 그대로 인정하고 이루어진 것이라면 그 합의가 불공정한 법률행위에 해당한다(97다51506).

5) 대리인에 의하여 법률행위가 이루어진 경우 그 법률행위가 민법 제104조의 불공정한 법률행위에 해당하는지 여부를 판단함에 있어서 경솔과 무경험은 대리인을 기준으로 하여 판단하고, 궁박은 본인의 입장에서 판단하여야 한다(2002다38927).

29 불공정한 법률행위(2)

Q 질문

저와 남편은 평생을 시골에서 농사만 짓고 살았는데, 농한기를 이용하여 남편이 인근지역의 공사현장에서 인부로 일하다가 5층 높이에서 추락하여 사망하였습니다. 사고 후 일주일 밖에 되지 않은 시점에 가해자의 대리인이 계속 나타나서 우선 서류상으로라도 빨리 합의를 해 주어야 형사입건을 면할 수 있다고 조르면서 합의를 종용하여 저는 아무 것도 모르고 그냥 그들이 적어 온 합의서에 서명·날인해 주었습니다. 그런데 나중에 알고 보니 제가 법적으로 받을 수 있는 손해배상금의 1/8도 안 되는 금액으로 합의하였는데요, 제가 더 이상 법적인 배상을 받을 수 없는지요?

A 답변

민법 제 104조(불공정한 법률행위)는 당사자의 궁박, 경솔 또는 무경험으로 인하여 현저하게 공정을 잃은 법률행위는 무효로 한다고 규정하였습니다.

민법 제104조에 규정된 불공정한 법률행위는 객관적으로 급부와 반대급부 사이에 현저한 불균형이 존재하고, 주관적으로 위와 같이 균형을 잃은 거래가 피해 당사자의 궁박, 경솔 또는 무경험을 이용하여 이루어진 경우에 성립하는 것으로서, 약자적 지위에 있는 자의 궁박, 경솔 또는 무경험을 이용한 폭리행위를 규제하려는 데에 그 목적이 있다 할 것이고, 불공정한 법률행위가 성립하기 위한 요건인 궁박, 경솔, 무경험은 모두 구비되어야 하는 것이 아니고 그 중 일부만 갖추어져도 충분하며, 여기에서 '궁박'이라 함은 '급박한 곤궁'을 의미하는 것으로서 경제적 원인에 기인할 수도 있고, 정신적 또는 심리적 원인에 기인할 수도 있으며, 당사자가 궁박의 상태에 있었는지 여부는 그의 신분과 재산상태 및 그가 처한 상황의 절박성의 정도 등 제반 상황을 종합하여 구체적으로 판단하여야 합니다(98다58825).

이 경우 어느 정도의 차이가 있을 때 그러한 불균형이 있다고 인정되느냐의 여부는 구체적인 사건에서 당사자의 신분이나 학력, 나아가 그가 처한 상황의 절박성의 정도 등 제반 사정을 종합하여 법관의 재량으로 판단할 사안입니다(91다23660).

그리고 여기서 말하는 '궁박'이란 급박한 곤궁을 의미하는 것으로 그것은 반드시 경제적인 사정에 한하지 않으며, 정신적·심리적 원인에 기인한 것도 포함되며, '경솔'이란 의사를 결정할 때 그 행위의 결과에 대하여 통상인이 베푸는 고려를 하지 않는 심리상태, 즉 판단력의 부족을 말합니다. 또한 '무경험'이란 거래일반에 대한 전반적인 생활경험이 부족한 것을 말합니다.

그런데 이건의 경우, 피해자와 피해자의 처는 시골에서 농사만 짓고 살았고, 이런 일을 처음 겪어서 손해배상금이 구체적으로 어느 정도인지를 제대로 확인도 하지 않아서 법적으로 받을 수 있는 금액의 1/8에도 못 미치는 액수에 합의를 하였다면 이는 불공정한 법률행위로 무효가 되며 따라서 귀하는 법적으로 보장된 손해배상을 다시 받을 수 있을 것입니다.

판례도, '농촌에서 농사만 짓고 처음 사고를 당하는 무경험자인 전기 공사 중 사망한 인부의 유족의 대리인과 유족이 가장을 잃고 경제적·정신적으로 경황이 없는 궁박한 상태에서 사고 1주일 후에 손해배상을 받을 수 있는 액수도 모르고서 받을 수 있는 액수의 8분의 1밖에 되지 않는 합의금을 받기로 하고 가해자나 사용자에 대하여 민·형사상 책임을 더 묻지 아니하기로 하는 내용의 합의서를 작성하여 위의 사정을 잘 아는 가해자의 대리인에게 교부하여 주었다면, 동 합의는 유족과 유족대리인의 경솔, 무경험과 유족의 궁박한 상태아래에서 이루어진 현저하게 공정을 잃은 법률행위로서 무효이다'라고 하였습니다(78다2457).

사례 28 불공정한 법률행위(1) 참조

30 강행법규 위반과 금반언의 원칙

민법총칙

Q 질문

가정주부인 저는 주식거래의 경험이 전혀 없었는데, 증권회사 직원이 주식투자를 권유하였고, 그 때 만일 약정한 기일 내에 손실이 발생할 경우에 대비하여 원금은 물론 연 10%의 수익보장약정을 증권회사에서 제의하여 제가 이를 승낙하고 수익보장약정서를 교부받았습니다. 그런데 그 후 주가 하락으로 원금의 30%가량 손실을 입게 되어 제가 수익보장약정에 따른 원리금을 요구하자 증권회사에서는 위 약정은 무효라면서 이를 거부하고 있는데, 제가 약정한 대로 원리금을 받을 수는 없는지요?

A 답변

증권거래법은 제52조 제1호, 제70조의6 제4호, 제210조 제5호에서 증권회사나 그 임직원이 유가증권의 매매거래에 있어서 고객에게 당해 거래에서 발생하는 손실의 전부 또는 일부를 부담할 것을 약속하고 권유하는 행위와 함께 투자자문회사나 그 임직원이 유가증권의 투자에 관하여 고객과 일정한 이익의 보장 또는 이익의 분할을 약속하거나 손실의 전부 또는 일부를 부담할 것을 약속하는 행위를 금하고 그 위반행위에 대하여는 벌칙을 과하고 있는바, 이러한 규정들은 공정한 투자신탁거래 질서의 확립을 위하여 제정된 강행법규로 보아야 할 것이므로, 이에 위반하여 이루어진 수익보장약정은 무효입니다.

그런데 위 수익보장약정은 주식투자 경험이 전혀 없는 가정주부인 귀하에게 증권회사에서 먼저 제의하여 이루어진 것인데, 사후에 원금 손실이 나자 증권회사에서 이를 무효라고 주장하는 것이 신의성실의 원칙의 파생원칙인 금반언의 원칙(모순행위금지의 원칙)에 어긋나는 것으로 볼 수도 있습니다.

그러나 강행법규에 위반하여 무효인 수익보장약정이 투자신탁회사가 먼저 고객에게 제의를 함으로써 체결된 것이라고 하더라도, 이러한 경우에 강행법규를 위반한 투자신탁회사 스스로가 그 약정의 무효를 주장함이 신의칙에 위반되는 권리의 행사라는 이유로 그 주장을 배척한다면, 이는 오히려 강행법규에 의하여 배제하려는 결과를 실현시키는 셈이 되어 그 입법취지를 완전히 몰각하게 되므로, 달리 특별한 사정이 없는 한 위와 같은 주장이 신의성실의 원칙에 반하는 것이라고 할 수 없습니다(99다4405).

따라서 귀하는 위 수익보장약정에 따른 원리금청구를 할 수가 없습니다.

다만 증권회사에서도 주식거래 경험이 전혀 없는 귀하에게 거래에 따른 원금손실 등의 위험성에 대하여 사전에 충분히 설명을 하지 않았다면(설명의무 위반) 이에 대한 채무불이행 또는 불법행위로 인한 손해배상의 책임이 있으므로 원금 손실분에 대하여는 과실상계의 법리에 따라 어느 정도의 책임을 져야 할 것입니다(2000다30943).

■ **사례 4** 금반언(禁反言)의 원칙(모순행위 금지의 원칙) 참조

■ 강행법규 위반과 신의칙 적용 제외의 예

1) 강행법규인 구 국토이용관리법(1993.8.5. 법률 제4572호로 개정되기 전의 것) 제21조의3 제1항, 제7항을 위반하였을 경우에 있어서 위반한 자 스스로가 무효를 주장함이 신의성실의 원칙에 위배되는 권리의 행사라는 이유로 이를 배척한다면 같은 법의 입법취지를 완전히 몰각시키는 결과가 되므로, 거래 당사자 사이의 약정 내용과 취득 목적대로 관할 관청에 토지거래허가신청을 하였을 경우에 그 신청이 같은 법 소정의 허가 기준에 적합하여 허가를 받을 수 있었으나 다른 급박한 사정으로 이러한 절차를 회피하였다고 볼 만한 특별한 사정이 없는 한, 그러한 주장은 신의성실의 원칙에 반하지 않는다(97다33218).

2) 사립학교법 제28조 제2항, 같은법시행령 제12조가 학교법인이 학교교육에 직접 사용되는 학교법인의 재산 중 교지, 교사 등은 이를 매도하거나 담보에 제공할 수 없다고 규정한 것은 사립학교의 존립 및 목적 수행에 필수적인 교육시설을 보전함으로써 사립학교의 건전한 발달을 도모하는 데 그 목적이 있는 것이라고 해석되는바, 강행법규인 같은 법 제28조 제2항을 위반한 경우에 위반한 자 스스로가 무효를 주장함이 권리남용 내지 신의성실원칙에 위배되는 권리의 행사라는 이유로 배척된다면 위와 같은 입법 취지를 완전히 몰각시키는 결과가 되므로 명목상으로만 학교법인에 직접 사용되는 재산으로 되어 있을 뿐 실제로는 학교교육에 직접 사용되는 시설·설비 및 교재·교구 등이 아니거나 학교 자체가 형해화 되어 사실상 교육시설로 볼 수 없는 경우와 같은 특별한 사정이 있다면 매도나 담보제공을 무효라고 주장하는 것은 법 규정의

취지에 반하는 것이므로 신의성실 원칙에 반하거나 권리남용이라고 볼 것이지만 그와 같은 특별한 사정이 없이 사립학교 경영자가 매도나 담보제공이 무효라는 사실을 알고서 매도나 담보제공을 하였다고 하더라도 매도나 담보제공을 금한 관련 법 규정의 입법 취지에 비추어 강행규정 위배로 인한 무효주장을 신의성실 원칙에 반하거나 권리남용이라고 볼 것은 아니다(99다70860).

3) 상속인 중의 1인이 피상속인의 생존 시에 피상속인에 대하여 상속을 포기하기로 약정하였다고 하더라도, 상속개시 후 민법이 정하는 절차와 방식에 따라 상속포기를 하지 아니한 이상(제1019조~제1021조), 상속개시 후에 자신의 상속권을 주장하는 것은 정당한 권리행사로서 권리남용에 해당하거나 또는 신의칙에 반하는 권리의 행사라고 할 수 없다(98다9021).

31 진의 아닌 의사표시로서의 사직서 제출

민법총칙

질문

저는 회사에 근무하던 중, 직장상사로부터 전원 사직서를 제출하라는 사장님의 지시가 내려졌다면서 사직서 제출을 요구하여 어쩔 수 없이 의원면직의 형식으로 사직서를 제출하였습니다. 그런데 그 후 회사에서는 제 의견을 물어 보지도 않은 채 사직처리하면서 퇴직금을 받아가라고 통고하였습니다. 저는 계속 회사에 근무하고 싶은데 어찌하면 좋은지요?

답변

사용자는 경영상 이유 등 정당한 사유 없이 근로자를 해고하지 못하며(근로기준법 제23조, 24조), 그럼에도 불구하고 근로자를 해고하면 이는 부당해고로서 무효가 됩니다.

나아가 설사 근로자가 의원면직의 형식으로 사직서를 제출하였다 하더라도 그것이 근로자의 진의가 아니었고, 그것이 진의가 아님을 사용자도 알고 있었다면 이는 민법 제107조의 진의 아닌 의사표시로서 무효가 됩니다.

그리고 여기서 말하는 진의 아닌 의사표시(비진의표시)란 표시행위의 의미(사직서 제출)가 표의자의 진의(사직의 의사 없음)와 다르다는 것, 즉 의사와 표시의 불일치를 표의자 스스로 알면서 하는 의사표시를 말합니다(97다8403).

나아가 비진의 의사표시에 있어서의 '진의'란 특정한 내용의 의사표시를 하고자 하는 표의자의 생각을 말하는 것이지 표의자가 진정으로 마음속에서 바라는 사항을 뜻하는 것은 아니므로, 표의자가 의사표시의 내용을 진정으로 마음속에서 바라지는 아니하였다고 하더라도 당시의 상황에서는 그것을 최선이라고 판단하여 그 의사표시를 하였을 경우에는 이를 내심의 효과의사가 결여된 비진의 의사표시라고 할 수 없습니다(99다34475).

한편 이건과 같이 사용자의 일방적인 요구로 사직서제출을 강요받았고 사용자가 이에 기하여 의원면직의 형식으로 근로관계를 종결지운 것이 비진의표시로서 무효인지가 문제됩니다.

이에 대하여 판례는, '진의 아닌 의사표시인지의 여부는 효과의사에 대응하는 내심의 의사가 있는지 여부에 따라 결정되는 것인바, 근로자가 사용자의 지시에 좇아 일괄하여 사직서를 작성 제출할 당시 그 사직서에 기하여 의원면직처리 될지 모른다는 점을 인식하였다고 하더라도 이것만으로 그의 내심에 사직의 의사가 있는 것이라고 할 수 없으며, 사용자가 근로자로부터 사직서를 제출받고 이를 수리하는 의원면직의 형식을 취하여 근로계약관계를 종료시킨다고 할지라도, 사직의 의사 없는 근로자로 하여금 어쩔 수 없이 사직서를 작성 제출하게 한 경우에는 실질적으로는 사용자의 일방적 의사에 의하여 근로계약관계를 종료시키는 것이어서 해고에 해당하고, 정당한 이유 없는 해고조치는 부당해고에 다름없는 것이다'라고 하였습니다(90다11554).

따라서 귀하는 회사를 상대로 해고무효 확인 등의 소송을 제기하여 승소한 후 계속 회사에 근무할 수 있을 것입니다.

참고로 증권회사 직원이 증권투자로 인한 고객의 손해에 대하여 책임을 지겠다는 내용의 각서를 작성해 주었으나 이는 남편을 안심시키려는 고객의 요청에 따라 작성된 경위 등에 비추어 비진의 표시로서 무효라고 합니다(98다45744).

- 법률행위의 효력요건으로서 의사와 표시가 일치하여야 하며, 또한 의사표시에 흠이 있는 때에는 그 법률행위는 무효 또는 취소가 된다.

1. 의사와 표시가 불일치하는 경우
   1) 비진의 표시(제107조): 진의 아닌 의사표시·심리유보·단독허위표시
   2) 허위표시(제108조): 통정허위표시
      사례 32 형식상의 주 채무자를 내세운 대출과 허위표시 참조
   3) 착오(제109조)33. 매매계약에 있어서의 착오
      사례 33 매매계약에 있어서의 착오 참조

2. 하자있는 의사표시(의사의 형성과정에 하자가 존재)
   사기·강박(제110조)
   사례 34 백화점 변칙세일과 사기 참조

■ 진의 아닌 의사표시 여부

1) 제3자가 채무자로 하여금 제3자를 대리하여 금융기관으로부터 대출을 받도록 하여 그 대출금을 채무자가 부동산의 매수자금으로 사용하는 것을 승낙하였을 뿐이라고 볼 수 있는 경우, 제3자의 의사는 특별한 사정이 없는 한 대출에 따른 경제적인 효과는 채무자에게 귀속시킬지라도 법률상의 효과는 자신에게 귀속시킴으로써 대출금채무에 대한 주 채무자로서의 책임을 지겠다는 것으로 보아야 할 것이므로, 제3자가 대출을 받음에 있어서 한 표시행위의 의미가 제3자의 진의와는 다르다고 할 수 없고, 가사 제3자의 내심의 의사가 대출에 따른 법률상의 효과마저도 채무자에게 귀속시키고 자신은 책임을 지지 않을 의사였다고 하여도, 상대방인 금융기관이 제3자의 이와 같은 의사를 알았거나 알 수 있었을 경우라야 비로소 그 의사표시는 무효로 되는 것인데, 채무자의 금융기관에 대한 개인대출한도가 초과되어 채무자 명의로는 대출이 되지 않아 금융기관의 감사의 권유로 제3자의 명의로 대출신청을 하고 그 대출금은 제3자가 아니라 채무자가 사용하기로 하였다고 하여도 금융기관이 제3자의 내심의 의사마저 알았거나 알 수 있었다고 볼 수는 없다(97다8403).

   cf) 사례 32 형식상의 주 채무자를 내세운 대출과 허위표시

2) 사용자가 사직의 의사 없는 근로자로 하여금 어쩔 수 없이 사직서를 작성·제출하게 한 후 이를 수리하는 이른바 의원면직의 형식을 취하여 근로계약관계를 종료시키는 경우처럼 근로자의 사직서 제출이 진의 아닌 의사표시에 해당하는 등으로 무효이어서 사용자의 그 수리행위를 실질적으로 사용자의 일방적 의사에 의하여 근로계약관계를 종료시키는 해고라고 볼 수 있는 경우가 아닌 한, 사용자가 사직서 제출에 따른 사직의 의사표시를 수락함으로써 사용자와 근로자 사이의 근로계약관계는 합의해지에 의하여 종료되는 것이므로 사용자의 의원면직처분을 해고라고 볼 수 없다(99다34475).

3) 전쟁기념사업회의 직원들이 회사의 조직정비 방침에 따라 강임 동의서를 제출한 사안에서, 전쟁기념사업회는 국방부장관의 상위직을 축소하라는 조직 및 인원정비 지시를 따르지 않을 수 없고, 그 인사규정상 직제와 정원의 개폐 또는 예산의 감소 등에 의하여 폐직 또는 감원이 되었을 때에는 임용권자인 회장이 직권에 의하여 직원을 면직시킬 수 있는 터라, 그 직원들이 강임이라는 사실 자체를 진정 마음속으로 원하는 바는 아니지만 누군가는 감원대상자로 선정되지 않을 수 없는 상황에서 객관적으로 타당한 심사기준에 의하여 자신이 감원대상자로 선정될 경우에는 직권면직을 당하기보다는 강임되는 것이 더 좋다고 판단하여 강임 동의의 의사표시를 하였다고 할 것이므로, 이를 두고 강임 동의의 내심의 효과의사가 결여된 비진의 의사표시라고 할 수 없다(95누16059).

32 형식상의 주채무자를 내세운 대출과 허위표시

민법총칙

질문

저는 제가 근무하는 회사 사장님의 요구로 사실은 회사가 대출받는 것이지만 형식상의 대출 명의자를 저로 하여 대출을 받으면 차후 대출 원리금은 회사에서 변제하기로 하겠다고 하였습니다. 그 당시 회사 명의로의 대출은 금융기관 내부 규정상 동일인 대출한도를 초과하였기 때문에 저의 이름을 빌리는 것이며 이는 관행적으로 하는 대출방법이라면서 금융기관 임원이 대출 당시 구두로 확인까지 하였습니다. 실제로 대출이 이루어 진후 대출금이 일단 제 명의로 입금되었다가 곧바로 회사로 다시 이체되었고, 그 후 회사가 부도날 때까지 대출 원리금 일부를 회사에서 갚아 나갔습니다. 그런데 그 후 회사가 부도나자 금융기관에서는 태도를 바꾸어 저에게 대출금 채무를 변제하라고 독촉하는데, 제가 이를 변제할 책임이 있는지요?

답변

상대방과 통정하여 한 허위의 의사표시는 무효이며 이를 허위표시라고 합니다(제108조). 허위표시가 무효인 이유는 허위표시의 당사자 간에는 허위표시의 내용에 따른 법률효과를 원하지 않고 있기 때문이며, 다만 이를 모르는 선의의 제3자에게는 허위표시임을 이유로 그 무효를 주장하지 못할 뿐입니다.

한편 대출 명의자가 대출 원리금을 갚아야 하는 것은 지극히 당연한 일이지만, 어떤 이유로든지 대출 명의자는 형식적으로 내세운 채무자에 불과하고 채권자와 실질적 주 채무자 사이에 실질적 주 채무자가 대출 원리금을 변제하기로 약정하였다면 그 대출금 계약의 당사자는 채권자와 실질적 주 채무자이므로 그 대출금 채무 역시 실질적 주 채무자가 변제하여야 할 것입니다.

즉 이 건의 경우와 같이 동일인 대출한도를 회피하기 위하여 금융기관의 양해 하에 형식상 제3자 명의를 빌려 체결된 대출약정은 민법 제 108조의 허위표시로서 무효입니다.

여기에서 말하는 허위표시란 표의자(형식적 주 채무자인 귀하)가 상대방(금융기관)과 짜고서(통정) 귀하를 형식상의 채무자로 내세운 경우에 그 통정한 의사표시는 귀하에게 효력이 없다는 뜻입니다.

판례도, '동일인에 대한 대출액 한도를 제한한 법령이나 금융기관 내부규정의 적용을 회피하기 위하여 실질적인 주 채무자가 실제 대출받고자 하는 채무액에 대하여 제3자를 형식상의 주 채무자로 내세우고, 금융기관도 이를 양해하여 제3자에 대하여는 채무자로서의 책임을 지우지 않을 의도 하에 제3자 명의로 대출관계서류를 작성 받은 경우, 제3자는 형식상의 명의만을 빌려 준 자에 불과하고 그 대출계약의 실질적인 당사자는 금융기관과 실질적 주 채무자이므로, 제3자 명의로 되어 있는 대출약정은 그 금융기관의 양해 하에 그에 따른 채무부담의 의사 없이 형식적으로 이루어진 것에 불과하여 통정허위표시에 해당하는 무효의 법률행위이다'고 합니다(2001다11765).

나아가 실제로 대출이 이루어 진후 대출금이 일단 귀하 명의로 입금되었다가 곧바로 회사로 다시 이체되었고, 그 후 회사가 부도날 때까지 대출 원리금 일부를 회사에서 갚아나간 점을 보더라도 귀하는 형식상 명의자에 불과하며, 이러한 대출방법을 금융기관에서 먼저 제의하여 이루어진 점 역시 위 대출금 약정이 허위표시임을 증명하는 것입니다.

따라서 귀하는 위 대출금 채무를 변제할 책임이 없습니다.

참고로 '임대차는 임차인으로 하여금 목적물을 사용·수익하게 하는 것이 계약의 기본 내용이므로, 채권자가 주택임대차보호법상의 대항력을 취득하는 방법으로 기존 채권을 우선변제 받을 목적으로 주택임대차계약의 형식을 빌려 기존 채권을 임대차보증금으로 하기로 하고 주택의 인도와 주민등록을 마침으로써 주택임대차로서의 대항력을 취득한 것처럼 외관을 만들었을 뿐 실제 주택을 주거용으로 사용·수익할 목적을 갖지 아니 한 계약은 주택임대차계약으로서는 통정허위표시에 해당되어 무효라고 할 것이므로 이에 주택임대차보호법이 정하고 있는 대항력을 부여할 수는 없다'고 합니다(2000다24184·24191).

● ● ●

■ '허위표시의 무효는 선의의 제3자에게 대항하지 못한다'의 의미

1) 선의란 허위표시가 있었음을 .모르는 상태를 말하고, 악의란 허위표시가 있었음을 알았다는 뜻이며, 선의를 판정하는 시기는 법률상 새로운 이해관계를 맺은 시기이고, 무과실은 그 요건이 아니며(2003다70041) 나아가 선의는 추정되므로 제3자의 악의를 주장하는 자가 입증하여야 한다(70다466).

cf) 고의란 위법한 줄 알면서 이를 감행하는 심리상태를 말하고, 과실이란 주의의무를 게을리 하여 결과발생을 막지 못한 잘못을 뜻함.

2) 제3자란 허위표시의 당사자 및 포괄승계인 이외의 자로서 허위표시에 의하여 형성된 외관을 믿고 이를 토대로 새로운 이해관계를 맺은 자를 말하며, 이에는 가장매매의 매수인으로 부터 목적 부동산을 다시 매수한 자(94다12074), 가장 양수인으로부터 저당권을 설정 받은 자, 가장 전세권에 대하여저당권을 취득한 자(2005다59864), 통정한 허위표시에 의하여 외형상 형성된 법률관계로 생긴 채권을 가압류한 자(2003다70041) 등이 이에 해당한다.
그러나 대리인이나 대표기관이 허위표시를 한 경우 본인이나 법인 등은 선의의 제3자가 아니다.

3) 대항하지 못한다라는 말은 허위표시가 있었음을 모르는 선의의 제3자에게 허위표시의 무효를 주장하지 못한다라는 뜻으로 결국 선의의 제3자에게는 허위표시도 표시된 대로 효력이 있다(상대적 무효).

33 매매계약에 있어서의 착오

민법총칙

Q 질문

저는 타인 소유의 건물을 임차하여 공장을 운영하던 중 사업이 번성하여 매출액과 종업원의 수가 증가함에 따라 기존의 공장이 협소하여 새로운 부지를 물색하여 공장을 신설할 목적으로 토지 매수 계약을 하였습니다. 그런데 그 후 제가 매수한 토지상에는 공장 건축이 불가능하다는 사실을 알게 되어 이를 이유로 토지 매도인에게 매매계약의 해제를 요구하였으나 매도인이 이를 거절하면서 토지 잔대금 납부를 독촉하고 있는데, 제가 구제받을 방법이 없는지요?

A 답변

토지 매매 계약 당시 계약 내용의 중요부분에 착오가 있으면 이를 취소할 수 있습니다(제109조). 여기서 말하는 중요부분의 착오란 표의자(토지매수인인 귀하)가 그러한 착오가 없었더라면 그 의사표시를 하지 않았을 것이라고 생각될 정도로 중요한 것이어야 하고(주관적 요건), 나아가 일반인의 입장에서 보아도 그러한 의사표시를 하지 않았을 정도로 중요한 것이어야 한다(객관적 요건)는 것을 의미합니다(84다카890).

따라서 토지매매 계약의 목적이 공장 신축에 있었다면 공장신축허가가 가능한 줄 알았으나 실제로는 불가능한 것으로 판명되었다면(소위 동기의 착오의 경우에는 그 동기를 당해 의사표시의 내용으로 삼을 것을 상대방에게 표시하고 상대방도 이를 알았다면) 이는 분명 법률행위의 중요부분의 착오에 해당한 것으로는 보입니다(2000다12259).

그러나 그 착오가 표의자의 중대한 과실로 인한 때에는 이를 취소하지 못하며(제109조 단서), 여기서 말하는 '중대한 과실'이란 표의자의 직업, 행위의 종류, 목적 등에 비추어 보통 베풀어야 할 주의의무를 현저하게 결여하는 것을 의미합니다.

그런데 귀하는 이건 토지 매매계약 이전부터 공장을 운영하여 왔으며, 이건 토지의 매매 목적도 공장 신축에 있었다면 응당 이건 토지상에 공장 신축이 가능한지 여부를 관할 관청 등에 확인하여야 할 주의의무가 있고 만약 이를 사전에 알아보았다면 공장 신축이 불가능하다는 사실을 쉽게 알 수 있었음에도 이를 게을리 하여 매매계약을 체결한 중대한 과실이 있으므로 착오를 이유로 이건 매매계약을 취소하기는 어려울 것으로 보입니다(92다38881).

참고로 '고려청자로 알고 매수한 도자기가 진품이 아닌 것으로 밝혀진 경우, 매수인이 도자기를 매수하면서 자신의 골동품 식별 능력과 매매를 소개한 자를 과신한 나머지 고려청자 진품이라고 믿고 소장자를 만나 그 출처를 물어 보지 아니하고 전문적 감정인의 감정을 거치지 아니한 채 그 도자기를 고가로 매수하고 만일 고려청자가 아닐 경우를 대비하여 필요한 조치를 강구하지 아니한 잘못이 있다고 하더라도, 그와 같은 사정만으로는 매수인이 매매계약 체결 시 요구되는 통상의 주의의무를 현저하게 결여하였다고 보기는 어렵다는 이유로 착오를 이유로 매매계약을 취소할 수 있다'고 합니다(96다26657).

• • •

- 착오의 의미에 대하여 학설의 대립이 있으며(소위 동기의 착오를 착오로 보느냐의 문제), 다수설과 판례는 의사와 표시의 불일치를 표의자 자신이 알지 못하고 한 법률행위를 말하며, 이 경우 동기의 착오는 착오가 아니다.

  따라서 동기의 착오는 그 동기(법률행위를 하게 된 이유)가 표시되고 상대방이 이를 알고 있는 경우에만 착오가 성립한다(2000다12259).

  이에 비하여 동기의 착오도 착오로 보는 견해는 착오란 표의자가 의사표시에 이르는 과정이나 의사표시자체에 있어서 스스로가 모르고 사실과 일치되지 않는 인식을 하거나 판단을 하고 이에 의하여 의사표시를 한 경우를 말한다.

- 중요부분의 착오에 해당하는 경우
  1) 신원보증서류에 서명날인 한다고 생각하고 연대보증서류에 서명날인 (2004다43824)
  2) 근저당설정계약에 있어서 채무자의 동일성에 관한 착오(95다37087)
  3) 토지의 경계에 관한 착오(88다카9364)

- 중요부분의 착오에 해당하지 않는 경우
  1) 토지매매에서 시가에 관한 착오(84다카890)
  2) 매매목적물의 소유자에 관한 착오

3) 착오로 인하여 표의자가 경제적 불이익을 입지 아니한 경우 법률행위 내용의 중요 부분의 착오라고 볼 수 없으며, 기부 채납한 시설물의 부지의 소유권 귀속에 대한 착오가 기부채납의 중요 부분에 관한 착오라고 볼 수 없다(98다47924).

■ 화해의 효력과 착오(第733조)

민법상 화해계약에 있어서는 당사자는 착오를 이유로 취소하지 못하고 다만 화해 당사자의 자격 또는 화해의 목적인 분쟁 이외의 사항에 착오가 있는 때에 한하여 취소할 수 있는바(민법 제733조), 여기서 '화해의 목적인 분쟁 이외의 사항'이라 함은 분쟁의 대상이 아니라 분쟁의 전제 또는 기초가 된 사항으로서, 쌍방 당사자가 예정한 것이어서 상호 양보의 내용으로 되지 않고 다툼이 없는 사실로 양해된 사항을 말한다(94다22453).

사례 133 화해의 효력과 착오 참조

■ 관련 문제

1) 착오와 사기의 경합

동일한 사실이 착오와 사기의 요건을 모두 충족하는 경우에는 표의자는 어느 쪽이건 그 요건을 입증하여 취소할 수 있다.

2) 착오와 담보책임

매매계약에 있어서 권리 또는 물건의 하자의 존재가 담보책임의 요건과 착오의 요건을 모두 충족하는 경우에는, 구체적인 규정인 담보책임이 추상적인 규정인 착오에 우선 적용된다는 견해와 양자의 경합을 인정하여 어느 쪽이건 당사자가 그 요건을 입증하여 주장할 수 있다는 견해가 있다.

3) 당사자 쌍방의 공통하는 동기의 착오(93다24810)

매도인의 대리인이, 매도인이 납부하여야 할 양도소득세 등의 세액이 매수인이 부담하기로 한 금액뿐이므로 매도인의 부담은 없을 것이라는 착오를 일으키지 않았더라면 매수인과 매매계약을 체결하지 않았거나 아니면 적어도 동일한 내용으로 계약을 체결하지는 않았을 것임이 명백하고, 나아가 매도인이 그와 같이 착오를 일으키게 된 계기를 제공한 원인이 매수인 측에 있을 뿐만 아니라 매수인도 매도인이 납부하여야 할 세액에 관하여 매도인과 동일한 착오에 빠져 있었다면, 매도인의 위와 같은 착오는 매매계약의 내용의 중요부분에 관한 것에 해당한다.

34 백화점 변칙세일과 사기

민법총칙

Q 질문

저는 시내 유명 백화점의 정기세일 기간에 정상가보다 30% 할인된 가격에 정장을 구입하였습니다. 그런데 나중에 알고 보니 백화점에서는 종전부터 할인된 가격으로 정장을 팔아 오다가 남은 제품에 대해서 일부러 가격을 높게 고친 다음 마치 세일기간에 할인된 가격으로 싸게 판매하는 것처럼 소비자를 기만한 사실이 드러났습니다. 이 경우 제가 백화점을 상대로 손해배상을 요구할 수 있는지요?

A 답변

민법 제100조의 사기에 의한 의사표시가 인정되려면 기망행위자(백화점)에게 사기의 고의가 있어야 하며, 여기서의 고의는 일단 상대방(고객)을 기망하여 착오(백화점에서 정기 세일기간에 할인가격으로 판매한다고 인식)에 빠지게 하려는 고의와 다시 그 착오(여기서의 착오는 동기의 착오도 포함)에 기하여 상대방으로 하여금 구체적인 의사표시(할인가격에 만족하고 구매계약)를 하게 하려는 2단계의 고의가 있어야 합니다.

그런데 일반 상거래의 실정에 비추어 어느 정도의 기망행위는 용인될 수밖에 없으며, 나아가 제품을 구매하는 장소와 방법에 따라 기망행위의 위법성 여부는 다르게 평가될 수도 있습니다.

그러나 유명 백화점의 경우 상품의 품질보증제와 아울러 정찰제판매가 원칙이며 예외적으로 세일기간에 한하여 할인판매가 되는 것이 일반적임을 고려하면, 이건과 같이 종전가격대로 판매하면서 마치 할인된 가격으로 세일 판매하는 양 그 정을 모르는 고객을 기망하였다면 이는 분명 형법상의 사기죄는 물론이고 민법상의 사기에도 해당된다고 봅니다.

판례도, '상품의 선전, 광고에 있어 다소의 과장이나 허위가 수반되는 것은 그것이 일반 상거래의 관행과 신의칙에 비추어 시인될 수 있는 한 기망성이 결여된다고 하겠으나, 거래에 있어서 중요한 사항에 관하여 구체적 사실을 신의성실의 의무에 비추어 비난받을 정도의 방법으로 허위로 고지한 경우에는 기망행위에 해당한다고 할 것이고, 한편 현대산업 사회에 있어 소비자가 갖는 상품의 품질이나 가격 등에 대한 정보는 대부분 생산자 및 유통업자의 광고에 의존할 수밖에 없는 것이므로, 이 사건 백화점들과 같은 대형유통업체의 매장에서 판매되는 상품의 품질과 가격에 대한 소비자들의 신뢰나 기대는 백화점들 스스로의 대대적인 광고에 의하여 창출된 것으로서 특히 크고 이는 보호되어야 할 것이며, 따라서 소위 변칙세일은 물품구매동기에 있어서 중요한 요소인 가격조건에 관하여 기망이 이루어진 것으로서 그 사술의 정도가 사회적으로 용인될 수 있는 상술의 정도를 넘은 것이어서 위법성이 있다'고 하였습니다(92다52665).

따라서 귀하는 사기로 인한 의사표시를 취소하고 정장대금을 반환 받을 수 있으며, 정장을 그대로 이용하고 싶을 때에는 구입가격에서 30%할인된 금액만큼 백화점으로부터 손해배상을 받을 수도 있습니다.

● ● ●

기망행위

1) 의의

기망행위란 표의자로 하여금 실제와 다른 그릇된 관념을 가지게 하거나 이를 강화·유지하게 하는 일체의 행위를 말하며 이에는 적극적·소극적·명시적·묵시적 기망행위는 물론 단순한 침묵도 경우에 따라서는 부작위에 의한 기망이 될 수 있으며(97다26098), 다만 부작위에 의한 기망이 성립하려면 '법률상 고지 의무' 가 있어야 한다(98도3263).

2) 기망행위의 위법성

기망행위는 위법해야 하며 위법성 여부는 신의칙과 거래 관념에 따라 구체적 사안 마다 판별 되어야하며(92다52665), 상품의 선전, 광고에 있어서 다소의 과장이나 허위는 거래 관행이나 신의칙상 시인되는 한 기망성이 부정되지만(99다55601·55618), 백화점과 같은 대형유통매장의 변칙 세일행위는 위법하다(92다52665).

3) 기망행위의 예

① 아파트 분양자는 아파트 단지 인근에 쓰레기 매립장이 건설예정인 사실을 분양계약자에게 고지할 신의칙상 의무를 부담한다(2004다48515).

② 아파트 분양자는 아파트단지 인근에 공동묘지가 조성되어 있는 사실을 수분양자에게 고지할 신의칙상의 의무를 부담한다(2005다5812·5829·5836).

③ 임대인이 임대차계약을 체결하면서 임차인에게 임대목적물이 경매진행중인 사실을 알리지 아니한 경우, 임차인이 등기부를 확인 또는 열람하는 것이 가능하더라도 사기죄가 성립한다(98도3263).

35 부동산 거래에 있어서의 신의칙상 고지의무

민법총칙

Q 질문

저는 아파트를 분양받았는데 그 당시 아파트 분양회사는 그 인근에 쓰레기 매립장이 들어설 예정인 사실을 알리지 아니하였습니다. 저는 이를 모르고 분양대금을 전부 지급하였는데, 그 직후 매립장이 건립되었습니다. 이 경우 제가 손해배상 등을 청구할 수 있는지요?

A 답변

민법상 사기에 의사표시(제110조)가 성립하려면 기망행위가 있어야 하며, 기망행위는 적극적으로 허위의 사실을 주장하거나 날조하는 것은 물론이고, 소극적으로 진실한 사실을 은폐하는 것도 해당이 됩니다. 그리고 단순한 침묵은 원칙적으로 기망행위가 아니지만 행위자에게 설명의무가 있는 경우에는 기망행위가 될 수 있습니다(사례 34 백화점 변칙세일과 사기 참조).

한편 이건과 같은 부동산 거래에 있어 거래 상대방이 일정한 사정에 관한 고지를 받았더라면 그 거래를 하지 않았을 것임이 경험칙 상 명백한 경우에는 신의성실의 원칙상 사전에 상대방에게 그와 같은 사정을 고지할 의무가 있습니다.

나아가 부동산 거래에 있어 신의칙상 거래 상대방에 대한 고지의무를 부담하는 경우에 거래 상대방이 고지의무의 대상이 되는 사실을 알 수 있었음에도 알지 못한 과실이 있다는 이유로 위 고지의무를 면하게 되지도 않습니다(2005다5812·5829·5836).

따라서 귀하는 분양회사의 기망행위를 이유로 아파트 분양계약을 취소하고 분양대금의 반환 및 손해배상을 청구할 수도 있고, 분양계약의 취소를 원하지 않는 경우 그로 인한 손해배상만을 청구할 수도 있습니다.

나아가 그 손해액은 설사 그 후 부동산 경기의 상승에 따라 아파트의 시가가 상승하여 분양가액을 넘어섰다고 하더라도 손해가 없는 것으로 볼 수 없으며, 아파트 인근에 쓰레기 매립장이 들어섬으로써 하락하게 된 아파트의 가격하락분이 현실적인 손해액이 될 것입니다(2004다48515).

참고로 '일반적으로 교환계약을 체결하려는 당사자는 서로 자기가 소유하는 교환 목적물은 고가로 평가하고 상대방이 소유하는 목적물은 염가로 평가하여 보다 유리한 조건으로 교환계약을 체결하기를 희망하는 이해상반의 지위에 있고 각자가 자신의 지식과 경험을 이용하여 최대한으로 자신의 이익을 도모할 것이 예상되기 때문에, 당사자 일방이 알고 있는 정보를 상대방에게 사실대로 고지하여야 할 신의칙상의 주의의무가 인정된다고 볼 만한 특별한 사정이 없는 한, 어느 일방이 교환 목적물의 시가나 그 가액 결정의 기초가 되는 사항에 관하여 상대방에게 설명 내지 고지를 할 주의의무를 부담한다고 할 수 없고, 일방 당사자가 자기가 소유하는 목적물의 시가를 묵비하여 상대방에게 고지하지 아니하거나 혹은 허위로 시가보다 높은 가액을 시가라고 고지하였다 하더라도 이는 상대방의 의사결정에 불법적인 간섭을 한 것이라고 볼 수 없다'고 합니다(2000다54406·54413).

사례 2 병원이 입원환자에게 부담하는 보호의무 참조

36 부동산 매매계약과 대리권의 범위

민법총칙

질문

저는 제 소유의 부동산을 매도하면서 친구를 대리인으로 내세웠습니다. 그런데 그 후 친구가 제 허락도 없이 매수인으로부터 잔대금을 수령하여 행방을 감추어 버렸는데, 제가 매수인으로부터 다시 잔대금을 받을 수 있는지요?

답변

민법상 대리란 대리인이 본인의 이름으로 법률행위를 하면 그 법률효과가 본인에게 직접 생기는 제도를 말합니다(제114조).

여기에는 본인의 의사에 따라(수권행위)대리인이 지정되는 임의대리와 법률의 규정 또는 법원의 선임에 의하여 정하여 지는 법정대리가 있습니다.

임의대리의 경우, 본인은 대리인에게 특정한 사항에 관하여 대리권을 주거나 일정한 사항에 관하여 포괄적으로 대리권을 줄 수도 있습니다.

결국 임의대리의 대리권의 범위는 수권행위의 법률적 해석에 의하여 결정이 되며, 수권행위의 해석에 의하여도 대리권의 범위가 명백하지 아니한 경우에는 대리인은 보존행위나, 대리의 목적인 물건이나 권리의 성질을 변하지 아니하는 범위에서 그 이용 또는 개량행위만을 할 수 있습니다(제118조).

따라서 어떠한 계약의 체결에 관한 대리권을 수여받은 대리인이 수권된 법률행위를 하게 되면 그것으로 대리권의 원인된 법률관계는 원칙적으로 목적을 달성하여 종료하는 것이고, 법률행위에 의하여 수여된 대리권은 그 원인된 법률관계의 종료에 의하여 소멸하는 것이므로(제128조), 그 계약을 대리하여 체결하였던 대리인이 체결된 계약의 해제 등 일체의 처분권과 상대방의 의사를 수령할 권한까지 가지고 있다고 볼 수는 없습니다(2008다11276).

한편 이건과 같은 경우에 부동산 매매계약의 대리인이 잔대금을 수령할 권한도 있는지가 문제됩니다.

판례는, 부동산의 소유자를 대리하여 매매계약을 체결할 권한이 있는 대리인은 특별한 사정이 없는 한 그 잔대금도 수령할 권한이 있다'고 하였습니다(90다9247).

따라서 매수인이 귀하의 대리인인 친구에게 지급한 잔대금은 유효하므로 귀하는 다시 잔대금을 요구할 수 없습니다.

한편 부동산 매매계약과 대리권의 범위에 관한 판례를 살펴보면, 부동산을 매수할 권한을 수여받은 대리인은 부동산을 처분할 권한은 없으며(90다7364), 매매계약을 해제할 권한도 없으나(85다카971), 매매계약의 체결과 이행에 관하여 포괄적으로 대리권을 수여받은 대리인은 약정된 대금지급기일을 연기해 줄 권한도 가집니다(91다43107).

대리제도

1. 기능

사적자치의 확장(임의대리)·사적자치의 보충(법정대리)

2. 대리의 3면 관계

1) 대리권

① 발생원인: 임의 대리는 본인의 대리인에 대한 대리권 수여행위(수권행위)로 발생하며, 법정대리는 ⅰ) 제911조의 자에 대한 친권자의 대리권, 제932조의 법정후견인의 대리권, 제827조의 부부의 일상가사 대리권 등 법률의 규정에 의하여, ⅱ) 제931조의 지정후견인, 제1093조의 지정유언집행자 등 지정권자의 지정행위로, ⅲ) 제23조의 부재자 재산관리인, 제936조의 선임후견인 등 법원의 선임행위로 발생한다. 임의대리에 있어서 수권행위는 기초적 내부관계(대리의 원인이 된 법률관계)와는 독립된 상대방 있는 단독행위(통설)로서 대리인의 승낙이 필요 없으며, 대리인은 행위능력자임을 요하지도 않으나(제117조), 원인된 법률관계의 종료로 대리권은 소멸된다(제128조).

② 대리권을 제한하는 규정으로 자기계약과 쌍방대리의 금지(제124조)와 공동대리에 의한 제한(제119조)이 있다.

③ 대리권의 소멸(제128조)

2) 대리행위

① 현명주의(제115조) → 상행위의 경우 비현명주의(상법 제48조)

② 대리행위의 하자(제116조)

③ 대리인의 능력(제117조): 임의대리의 경우에만 적용(제937조, 1098조 참조)

3) 대리의 효과(제114조)

37 부부간의 일상가사 대리권과 표현대리

민법총칙

Q 질문

제 처가 이웃으로부터 돈을 빌리면서 제 명의의 차용증을 작성해 주었습니다. 제 처는 속칭 고스톱 도박을 하여 빌린 돈을 몽땅 날린 사실을 뒤늦게 알게 되었는데, 제가 그 돈을 갚아야 하는지요?

A 답변

민법상 부부는 일상의 가사에 관하여 서로 대리권이 있으며 이를 부부의 일상가사 대리권이라고 합니다(제827조). 여기서 말하는 '일상가사'란 부부가 공동생활을 영위하는데 통상 필요한 법률행위를 말하므로 그 내용과 범위는 그 부부공동체의 생활 구조·정도와 그 부부의 생활 장소인 지역사회의 사회통념에 의하여 결정되며, 문제가 된 구체적인 법률행위가 당해 부부의 일상의 가사에 관한 것인지를 판단함에 있어서는 그 법률행위의 종류·성질 등 객관적 사정과 함께 가사처리자의 주관적 의사와 목적·부부의 사회적 지위·직업·재산·수입능력 등 현실적 생활 상태를 종합적으로 고려하여 사회통념에 따라 판단하여야 할 것입니다(98다46877).

따라서 금전차용행위도 금액·차용목적·실제의 지출용도·기타의 사정 등을 고려하여 그것이 부부의 공동생활에 필요한 자금조달을 목적으로 하는 것이라면 일상가사에 속한다고 보아야 할 것이지만, 귀하의 처가 막연히 돈을 빌려 도박자금으로 사용하였다면 이는 부부공동체의 생활에 필요한 일상가사로 인한 채무라고 보기는 어렵다 할 것이므로 귀하는 위 차용금 채무에 대하여 책임이 없다고 할 것입니다.

다만 귀하가 평소 처에게 인감도장을 보관케 한 사실이 있거나 그 전에도 이웃으로부터 돈을 빌려온 사실을 묵인한 점 등이 있다면 민법 제126조의 권한을 넘은 표현대리가 성립하여 귀하가 책임을 질 수도 있습니다.

결국 부부의 일방 당사자의 행위가 일상가사의 범위 내의 행위라고 여길만한 객관적 사정이 존재하는 경우에는 설사 그 행위가 일상가사의 범위를 넘어 권한 밖의 행위를 한 경우에도 타방 배우자는 제 126조의 표현대리에 의한 책임을 져야 한다는 말입니다.

참고로 표현대리란 귀하의 처에게 귀하를 대리할 권한이 없지만 외관상 대리권이 있는 것으로 믿을만한 정당한 사유가 있는 경우에 이를 신뢰한 상대방을 보호하기 위하여 귀하에게 그 책임을 묻는 제도를 말합니다.

여기서 말하는 '정당한 사유'란 여러 사정으로부터 객관적으로 보아 대리인에게 대리권이 있다고 믿은데 대하여 상대방이 선의·무과실인 경우를 가리킵니다(88다카13219).

그리고 정당한 사유를 판단하는 시점은 대리행위 당시이며, 그 이후의 사정은 정당한 사유가 되는지 여부를 판단함에 있어서 고려되지 아니합니다(80다3247).

나아가 표현대리행위가 성립하는 경우에 그 본인은 표현대리행위에 의하여 전적인 책임을 져야 하고, 상대방에게 과실이 있다고 하더라도 과실상계의 법리를 유추적용 하여 본인의 책임을 경감할 수 없습니다(95다49554).

표현대리

1. 의의

표현대리의 법리는 거래안전을 위하여 어떠한 외관적 사실을 야기한 데 원인을 준 자는 그 외관적 사실을 믿음에 정당한 사유가 있다고 인정되는 자에 대하여는 책임이 있다는 일반적인 권리외관 이론에 그 기초를 두고 있으며(97다55317), 따라서 표현대리가 인정되면 본인의 책임이 인정되므로 그 성립요건을 엄격하게 구성하고 해석하여야 한다.

2. 표현대리와 무권대리

대리권 없이 행한 대리행위를 무권대리라고 하며, 이에는 표현대리와 좁은 의미의 무권대리로 나뉘므로, 표현대리는 그 본질이 무권대리이며, 따라서 유권대리의 주장에는 표현대리 주장은 포함되지 않는다(83다카1489전).

3. 종류

1) 대리권 수여의 표시에 의한 표현대리(제125조)

① 제125조의 표시는 대리권을 수여했다는 데에 대한 관념의 통지일 뿐 대리권 수여의 의사표시가 아니며, 상법 제24조에 따른 명의대여책임이 적용되지 않는 민법분야에서 제125조가 적용된다(97다53762).

② 상대방의 악의·과실에 대한 입증책임은 제125조 단서 규정상 표현대리의 성립을 부정하는 본인에게 있다.

③ 제125조는 대리권을 수여하였음을 통지(관념의 통지)한데 대한 책임을 지는 것이므로 법정대리에는 그 적용이 없다.

사례 40 대리권 수여의 표시에 의한 표현대리 참조

2) 권한을 넘은 표현대리(제126조)

① 제126조의 표현대리는 기본대리권의 존재+권한을 넘은 표현대리행위가 있어야 성립하며 따라서 기본대리권이 없는 경우에는 성립하지 않는다(84다카780).

② 기본대리권은 법률행위의 대리권이어야 하므로 사실행위에 대한 권한 수여는 기본대리권이 될 수 없으며 따라서 사자가 월권을 한 경우에는 표현대리가 적용될 수 없다(91다32190).

③ 부부간의 일상가사대리권(제827조)도 기본대리권으로 인정되며(70다1812), 일상가사의 범위에 속하면 배우자의 동의 없이 이루어진 행위라도 배우자는 이에 대한 책임을 지며, 다만 일상가사의 범위를 넘어 법률행위를 한 경우에 제126조의 표현대리가 성립하려면 일상가사의 범위 내의 행위라고 오인될 수 있거나(67다1125), 배우자의 일방이 타방에게 대리권을 주었다고 믿을만한 정당한 사유가 있어야 한다(69다2218).

④ 제126조의 표현대리는 법정대리에도 적용되며, 따라서 친족회의 동의 없는 법정대리인의 행위에도 적용된다(97다3828).

⑤ 입증책임은 표현대리의 성립을 주장하는 자에게 있다(68다694).

사례 41 권한을 넘은 표현대리 참조

3) 대리권 소멸 후의 표현대리(제129조)

① 대리인이 과거에는 대리권을 가지고 있었으나 대리행위를 할 때에는 대리권이 소멸하고 없음에도 불구하고 마치 대리권이 있는 것처럼 행한 경우에 성립하며, 수권행위가 철회·취소된 경우는 물론이고 기초적 내부관계가 소멸한 경우에도 대리권은 소멸하기 때문에 제129조의 표현대리가 적용될 수 있다.

② 대리행위가 소멸한 대리권의 범위 내에서 행해져야 하며, 소멸한 대리권의 범위를 넘는 행위를 한 경우에는 제126조의 표현대리가 성립할 수 있다(79다234).

③ 제129조의 표현대리(제126조와 경합하는 경우 포함)는 상대방이 과거에 대리인과 거래를 한 적이 있는 경우에 한하여 성립한다.

④ 입증책임은 ⅰ) 본인이 상대방의 악의·과실을 입증하여야 한다는 견해, ⅱ) 선의는 상대방이 입증하고 상대방의 과실은 본인이 입증하여야 한다는 견해로 나뉜다(판례 없음).

38 친권의 남용(법정대리권의 남용)

민법총칙

질문

저는 9세 된 아들의 어머니로서 아들의 유일한 재산인 토지를 관리하고 있었는데, 아들의 삼촌(시동생)으로부터 만약 토지를 자기 앞으로 넘겨주면 그에 상응하는 시가 상당의 상가를 사 주겠다는 구두제의를 받고 이에 대한 소유권이전을 해 주었으나 지금까지도 시동생으로부터 아무런 대가도 받지 못하였는데, 제가 아들 소유의 위 토지를 반환받을 수 있는지요?

답변

아들 소유의 토지를 넘겨주면 그에 상응하는 시가상당의 상가를 넘겨주겠다는 말을 믿고 아들 소유의 토지를 소유권 이전해 주었는데, 시동생이 지금 와서 딴 소리를 한다면 이는 일단 민법 제110조의 사기에 의한 의사표시로서 취소가 가능하다고 보여 집니다.

다만 시동생이 상가를 넘겨주겠다고 구두 상 제의를 했기 때문에 현실적으로 입증의 어려움은 있을 것으로 생각됩니다(물론 이 경우에 집안 친척 등 그 내용을 잘 아는 증인이 있으면 가능합니다).

다른 한편으로는 미성년자인 아들의 법정대리인인 친권자로서(제909조) 귀하는 아들의 재산에 대하여 자기의 재산에 관한 행위와 동일한 주의의무를 가지게 되는데(제916조,920조,922조), 유일한 재산인 아들의 토지를 아들의 동의를 얻지 아니하고 아무런 대가없이 일방적으로 시동생에게 넘긴 행위는 법정대리인인 친권자의 정당한 권리를 넘는 것으로 친권의 남용이 된다고 봅니다.

따라서 귀하의 행위는 친권을 남용한 권리남용으로서 무효가 되고, 따라서 그 효과는 아들에게 미치지 아니하므로 귀하는 미성년자인 아들의 법정대리인으로서 시동생을 상대로 시동생 앞으로 넘어간 토지의 소유권이전등기 말소 등의 청구를 할 수가 있습니다.

이 경우, 친권자의 법정대리권의 남용으로 인한 법률행위의 효과가 미성년인 자

(子)에게 미치지 아니한다고 하여 그 친권자의 친권이 상실(제924조)되어야 하는 것은 아니며, 친권자가 자의 법정대리인으로서 소송대리인을 선임하여 그 증여에 기하여 이루어진 소유권이전등기의 말소를 구하는 소를 제기하였다고 하여 이를 금반언의 원칙에 어긋난 것으로 볼 수도 없다는 것이 판례의 입장입니다(96다43928).

그러므로 민법 제924조의 친권상실의 선고에 관한 규정은 친권자의 자녀 학대 등의 사유가 있을 때에 일정한 요건 하에 법원이 친권상실의 선고를 하여 친권자의 친권을 완전히 박탈하는 제도이며, 이건과 같이 개별적인 대리행위의 효력이 본인에게 미치는지가 문제되는 대리권남용이론과는 전혀 다른 별개의 문제입니다.

• • •

■ 사례 6 송전선 철거청구와 권리남용 참조

39 대리권의 남용

민법총칙

질문

저는 알고 지내는 시중 은행원으로부터 통상의 정기예금 금리보다 훨씬 높은 금리를 쳐 주는 보통예금에 가입할 것을 권유받았습니다. 다만 그 보통예금은 그 대신 일정기간 인출이 금지된다는 조건이 있었지만 금리가 너무 좋아서 그를 믿고 1억을 입금하였는데, 나중에 알고 보니 그 은행원이 사적으로 인출하여 횡령하였습니다. 이 경우 저는 은행을 상대로 예금반환을 청구할 수 있는지요?

답변

민법 제532조(의사실현에 의한 계약 성립)에 따라 예금계약은 예금자가 예금의 의사를 표시하면서 금융기관에 돈을 제공하고 금융기관이 그 의사에 따라 그 돈을 받아 확인을 하면 그로써 성립하며, 금융기관의 직원이 그 받은 돈을 금융기관에 실제로 입금하였는지 여부는 예금계약의 성립에는 아무런 영향을 미치지 아니합니다(2003다30159).

그러므로 귀하가 은행 직원과 예금계약을 체결하고 은행 명의의 보통예금 통장을 교부받았다면 일응 적법한 예금계약이 체결된 것으로 보입니다.

그러나 보통예금임에도 불구하고 일정기간 인출이 금지된다는 점과 시중의 보통예금보다 훨씬 높은 이자를 보장해 주는 보통예금이 있다는 점 등은 시중은행에서 취급하는 예금 유치방법으로서는 극히 이례적인 일로써, 예금자로서는 마땅히 특판예금의 진위 여부를 확인해 보아야 할 것입니다.

따라서 은행 직원이 사적인 용도로 사용할 목적으로 위와 같이 비정상적인 방법을 동원한 이건 예금계약은 대리인(은행원)이 형식적으로는 대리권의 범위 내에서 한 행위이지만 이는 오직 자기 또는 제3자의 이익을 꾀할 목적으로 행한 배임적 대리행위(대리권의 남용)에 해당하고, 이 경우 상대방(예금주인 귀하)이 이를(대리권의 남용 사실) 알았거나 알 수 있었을 경우에는 민법 제107조 제1항 단서의 유추해석상 은행(본인)은 이에 대하여 아무런 책임을 지지 않습니다.

즉 진의 아닌 의사표시가 대리인에 의하여 이루어지고 그 대리인의 진의가 본인의 이익이나 의사에 반하여 자기 또는 제3자의 이익을 위한 배임적인 것임을 그 상대방이 알았거나 알 수 있었을 경우에는, 민법 제107조 제1항 단서의 유추해석상 그 대리인의 행위는 본인의 대리행위로 성립할 수 없으므로 본인은 대리인의 행위에 대하여 아무런 책임이 없으며, 그 상대방이 대리인의 표시의사가 진의 아님을 알았거나 알 수 있었는가의 여부는 표의자인 대리인과 상대방 사이에 있었던 의사표시의 형성 과정과 그 내용 및 그로 인하여 나타나는 효과 등을 객관적인 사정에 따라 합리적으로 판단하여야 합니다.

그런데 위와 같이 귀하가 은행원을 통하여 체결한 예금계약이 보통 정규예금 금리보다 고액이고 보통예금임에도 일정 기간 인출할 수 없는 등 시중 은행에서 예금유치를 위하여 그와 같은 방법을 사용하고 있다고 볼 수 없는 경우, 귀하는 적어도 통상의 주의만 기울였다면 그 은행 직원의 표시의사가 진의가 아님을 알 수 있었을 것이므로 결국 귀하와 은행과의 관계에 있어서는 예금계약 자체가 성립되지 아니하였다고 봅니다(94다29850).

따라서 귀하는 이건 예금계약이 유효하게 성립되었음을 전제로 은행에 대하여 예금반환을 청구할 수 없을 것으로 보입니다.

다만 은행은 민법 제 756조의 사용자로서 피용자인 은행원의 귀하에 대한 불법행위에 대하여 그 책임이 있다고 보여 지며, 이 때 은행과 귀하 간에 과실상계를 한 다음 어느 정도의 손해배상을 받을 수 있습니다.

판례도, 피용자의 불법행위가 외관상 사용자의 사무집행의 범위 내에 속하는 것으로 보여 지는 경우에 있어서도, 피용자의 행위가 사용자나 사용자에 갈음하여 그 사무를 감독하는 자의 사무집행 행위에 해당하지 않음을 피해자 자신이 알았거나 또는 중대한 과실로 알지 못한 경우에는 사용자 혹은 사용자에 갈음하여 그 사무를 감독하는 자에 대하여 사용자책임을 물을 수 없지만, 이건과 같이 예금자에게 은행 직원의 배임행위에 대한 통상의 과실만이 인정되는 경우, 은행의 사용자 배상책임을 인정하고 있습니다(94다29850).

■ 대리권 남용에 관한 학설

1) 제107조1항 단서(진의 아닌 의사표시)의 유추적용설

진의 아닌 의사표시가 대리인에 의하여 이루어지고 그 대리인의 진의가 본인의 이익이나 의사에 반하여 자기 또는 제3자의 이익을 위한 배임적인 것임을 그 상대방이 알았거나 알 수 있었을 경우에는, 민법 제107조 제1항 단서의 유추해석상

그 대리인의 행위는 본인의 대리행위로 성립할 수 없으므로 본인은 대리인의 행위에 대하여 아무런 책임이 없다는 견해로서, 주류적인 판례의 입장이며, 법인의 대표권 남용에 대하여도 같은 입장이다.

2) 권리남용설

대리권 남용 사실에 대하여 상대방의 악의·중과실이 있을 때에는 대리행위의 효력(본인의 책임)을 주장하는 것이 신의칙에 반하는 권리주장이다(86다카1522).

3) 무권대리설

대리인의 배임적 대리행위에 대하여 상대방이 악의·과실이 있을 때에는 그 대리는 무권대리가 되고 따라서 본인은 책임이 없다.

■ 법인의 대표권 남용

사례 12 법인의 불법행위책임과 대표권 남용 참조

40 대리권 수여의 표시에 의한 표현대리

질문

저는 X호텔의 시설이용 우대회원 모집광고를 보고 그 총대리점을 통하여 일정액의 보증금을 납부하고 입회계약을 체결하였습니다. 그런데 그 후 제가 계약에 따라 우대회원으로 호텔의 부대시설 등을 이용하고자 하였으나 호텔 측에서는 총대리점을 운영한 사람에게 우대회원 모집에 관한 대리권을 준 사실이 없다는 이유로 저의 회원자격을 인정하지 않고 있습니다. 제가 구제받을 방법은 없는지요?

답변

민법 제125조가 규정하는 대리권 수여의 표시에 의한 표현대리는 본인(호텔)과 대리행위를 한 자(총판매점) 사이의 기본적인 법률관계의 성질이나 그 효력의 유무와는 직접적인 관계가 없이 어떤 자가 본인을 대리하여 제3자(귀하)와 법률행위를 함에 있어 본인이 그 자에게 대리권을 수여하였다는 표시를 제3자에게 한 경우에는 성립될 수가 있고, 또 본인에 의한 대리권 수여의 표시는 반드시 대리권 또는 대리인이라는 말을 사용하여야 하는 것이 아니라 사회통념상 대리권을 추단할 수 있는 직함이나 명칭 등의 사용을 승낙 또는 묵인한 경우에도 대리권 수여의 표시가 있은 것으로 볼 수 있습니다.

다시 말하면, 민법 제125조의 표현대리는 원래는 대리권이 수여되지 않았으나 본인이 상대방에 대하여 대리권을 주었다고 제 3자에게 표시하여 마치 대리권이 존재하는 것으로 믿은 경우 이를 신뢰한 제3자를 보호하기 위한 제도이며, 여기서 말하는 '대리권 수여의 표시'란 수권행위(대리권 수여행위)가 있었다는 뜻의 관념의 통지를 의미합니다(수권행위를 부여하였다는 뜻이 아님).

그래서 호텔 시설이용 우대회원 모집광고를 하면서 총대리점에서 마치 호텔에서 직판하는 것처럼 광고하였으며, 호텔 측에서도 호텔의 총판매점으로 표시하여 우대회원 모집을 하는 것을 용인하거나 묵인하였다면 제3자로서는 총판매점이 호텔의 대리인이라고 믿을만한 정당한 이유가 있는 것으로 보입니다(97다53762).

그리고 여기서 말하는 '정당한 이유'란 상대방이 표현대리인을 적법한 대리인으로 믿은데 대한 선의·무과실을 의미하며, 이에 대한 입증책임은 표현대리행위의 책임을 지지 않으려는 본인이 상대방의 악의 또는 과실에 대한 증명을 하여야 합니다.

따라서 귀하는 위 입회계약에 따라 호텔의 시설이용 우대회원의 자격을 인정받을 수 있으며, 입회계약에 따라 일정기간 경과 후 입회보증금도 반환받을 수 있습니다.

■ 사례 37 부부간의 일상가사 대리권과 표현대리 참조

■ 관념의 통지(사실의 통지)

1) 사원총회 소집의 통지(제71조)·대리권 수여의 표시(제125조)·시효중단 사유로서의 채무의 승인(제168조)·채권양도의 통지 또는 승낙(제450조) 등과 같이 어떤 사실을 알리는 행위이다.

2) 일정한 법률효과를 의욕 하는 의사표시(법률행위)와 달리 행위자의 의사 여하를 묻지 않고 민법이 정한 일정한 법률효과를 부여하고 있다는 점에서 의사의 통지와 더불어 준법률행위라고도 한다.

3) 의사의 통지란 민법상의 각종의 최고(제15조·88조·89조·131조 등)처럼 자기의 의사를 타인에게 통지하는 행위이다.

41 권한을 넘은 표현대리

민법총칙

질문

저는 잘 알고 지내는 부동산중개업자에게 저의 아파트를 팔아 달라고 부탁하면서 소유권이전등기에 필요한 서류와 인감도장을 모두 맡겼습니다. 그런데 그 후에 부동산중개업자는 자신의 채권자에게 처분권한을 위임받았다면서 저의 아파트를 양도담보로 제공한 후 그에게 소유권이전등기를 해 주었습니다. 저는 뒤늦게 이 사실을 알았으며 그 채권자가 소유권을 이전해 가면서 저에게 연락 한 번 없었는데 그가 소유권을 적법하게 가져갈 수 있는지요?

답변

부동산중개업자에게 아파트의 매도를 위임하였다면 그가 귀하의 적법한 대리인인 것은 분명합니다. 그러나 중개업자가 적법한 대리권의 범위 내인 아파트를 매도한 것이 아니라 그 권한을 넘어서 자신의 채권자에게 채권담보조로 양도담보로 제공한 후 그에게 소유권이전을 해 주었기 때문에 권한을 넘은 대리행위를 한 셈입니다.

한편 민법 제126조의 권한을 넘은 표현대리는 대리인이 그 권한 외의 법률행위를 한 경우에 제3자가 그 권한이 있다고 믿을만한 정당한 이유가 있는 때에는 본인은 그 행위에 대하여 책임이 있다고 규정하고 있습니다.

여기서 말하는 '정당한 이유'란 여러 사정으로부터 객관적으로 관찰하여 보통사람이라면 대리권이 있는 것으로 믿는 것이 당연하다는 의미, 즉 선의·무과실을 뜻하며(88다카13219), 대리권이 있다고 믿은 정당한 이유에 대한 입증책임은 거래 상대방에게 있습니다(68다694).

한편 이건과 같이 부동산 매도를 위임받은 대리인이 자신의 채무 지급을 담보하기 위하여 그 부동산에 관하여 양도담보계약을 체결한 사안에서, 판례는, '대리인이 소유권이전등기에 필요한 서류와 인감도장을 모두 교부받아 이를 상대방에게 제시하면서 부동산을 처분할 대리권이 있음을 표명하였다면 상대방으로서는 대리권이 있다고 믿는 데에 정당한 이유가 있었다고 볼 수 있고, 이 경우에 상대방은 이에 더 나아가 본인에 대해 직접 대리권 수여 유무를 확인해보아야만 하는 것은 아니다'라고 하였습니다(2009다46828).

따라서 귀하는 부동산중개업자가 그의 채권자에게 양도담보조로 넘겨준 귀하의 부동산을 되찾을 수 없으며, 불법행위를 한 중개업자를 상대로 아파트 시가상당의 손해배상을 청구할 수 있을 뿐입니다.

참고로 부동산을 담보로 돈을 빌리면서 이에 필요한 서류 일체를 교부한 경우(4291민상508), 근저당설정계약을 하면서 부동산 소유자의 등기필증과 인감증명서 및 인감도장을 소지하고 대리인으로 나선 경우(68다999) 등에는 정당한 이유가 있으나, 부동산 매매계약에서 남편의 인장을 소지한 사실만으로는 정당한 이유가 없다고 합니다(4292민상1007).

사례 37 부부간의 일상가사 대리권과 표현대리 참조

42 무권대리행위와 금반언의 원칙

민법총칙

Q 질문

저는 아버지의 승낙을 받지 아니하고 아버지 명의의 위임장 등을 위조하여, 그 정을 모르는 상대방과 아버지의 대리인으로 아버지 소유의 부동산매매계약을 체결하였습니다. 그런데 제가 중도금을 받은 직후 아버지가 갑자기 사망하는 바람에 제가 위 부동산의 상속인이 되었으며, 마침 위 부동산 인근 지역의 개발소식이 발표되면서 부동산 시가가 급등하였습니다. 이 경우 제가 매매계약을 무효화 할 수는 없는지요?

A 답변

아버지의 승낙이 없음에도 불구하고 아버지 명의의 위임장 등을 위조하여 마치 적법한 대리인인양 법률행위를 하였다면 이는 민법상 무권대리행위에 해당하며, 민법 제130조의 무권대리는 대리권 없는 자가 타인의 대리인으로 한 계약은 본인이 이를 추인하지 아니하면 본인에 대하여 효력이 없다고 규정하고 있습니다.

따라서 무권대리인이 본인의 추인을 받지 못하면 상대방의 선택에 따라 계약을 이행하거나 손해를 배상할 책임을 지게 됩니다(제135조).

그리고 여기서 말하는 '추인'이란 무권대리행위의 효과를 본인이 확정적으로 유효하게 하겠다는 의사표시를 말하는 것으로 추인의 의사표시에 의하여 유동적 무효상태인 무권대리행위가 확정적으로 유효한 법률행위로 전환된다고 볼 수 있습니다.

그런데 귀하의 아버지는 귀하의 무권대리행위에 대하여 추인여부의 의사표시를 하기도 전에 사망하여 이제는 귀하가 아버지를 상속하여 부동산의 소유자가 되었음에도 과거의 무권대리행위를 이유로 이를 무효화할 수 있는지가 문제의 핵심입니다.

이에 대하여 판례는, '갑이 대리권 없이 을 소유 부동산을 병에게 매도하여 부동산소유권이전등기등에관한특별조치법에 의하여 소유권이전등기를 마쳐주었다면 그 매매계약은 무효이고 이에 터 잡은 이전등기 역시 무효가 되나, 갑은 을의 무권대리인으로서 민법 제135조 제1항의 규정에 의하여 매수인인 병에게 부동산에 대한 소유권이전등기를 이행할 의무가 있으므로 그러한 지위에 있는 갑이 을로부터 부동산을 상속받아 그 소유자가 되어 소유권이전등기이행의무를 이행하는 것이 가능하게 된 시점에서 자신이 소유자라고 하여 자신으로부터 부동산을 전전매수한 정에게 원래 자신의 매매행위가 무권대리행위여서 무효였다는 이유로 정 앞으로 경료 된 소유권이전등기가 무효의 등기라고 주장하여 그 등기의 말소를 청구하거나 부동산의 점유로 인한 부당이득금의 반환을 구하는 것은 금반언의 원칙이나 신의성실의 원칙에 반하여 허용될 수 없다'고 하였습니다(94다20617).

따라서 귀하는 귀하 스스로 한 무권대리행위의 무효를 주장할 수 없으므로 상대방과의 매매계약에 따라 잔대금을 지급받음과 동시에 부동산의 소유권이전등기서류를 넘겨주어야 할 것입니다.

• • •

■ **사례 4** 금반언(禁反言)의 원칙(모순행위 금지의 원칙) 참조

■ **사례 37** 부부간의 일상가사 대리권과 표현대리 참조

■ 무권대리의 추인

1) 무권대리행위는 그 효력이 불확정상태에 있다가 본인의 추인유무에 따라 본인에 대한 효력발생여부가 결정되는 것인바, 그 추인은 무권대리행위가 있음을 알고 그 행위의 효과를 자기에게 귀속시키도록 하는 단독행위로서 그 의사표시의 방법에 관하여 일정한 방식이 요구되는 것이 아니므로 명시적이든 묵시적이든 묻지 아니한다(89다카2100).

2) 묵시적 추인의 예

① 본인이 무권대리인으로부터 매매대금의 전부 또는 1부를 받은 경우(63다64).

② 무권대리인이 차용금중의 일부로 본인 소유의 부동산에 가등기로 담보하고 있던 소외인에 대한 본인의 채무를 변제하고 그 가등기를 말소하고 무권대리인이 차용한 금원의 변제기일에 채권자가 본인에게 그 변제를 독촉하자 그 유예를 요청하였다면 무권대리인의 행위를 추인하였다고 볼 것이다(72다2309·2310).

③ 원고가 그 장남이 일건 서류를 위조하여 매도한 부동산을 피고에게 인도하고 10여 년간 아무런 이의를 제기하지 않았다면 원고는 무권대리인인 그 장남의 위 매매행위를 묵시적으로 추인한 것으로 볼 것이다(81다151).

3) 추인은 다른 의사표시가 없는 때에는 계약 시에 소급하여 그 효력이 생기나 제3자의 권리를 해하지 못한다(제133조).

43 무권리자의 처분행위와 추인

민법총칙

Q 질문

저는 평소 알고 지내는 사람으로부터 원래는 자기 소유의 부동산이지만 세금 등의 이유로 친척 명의로 해 둔 토지를 팔겠다고 하여 이를 믿고 매수하였습니다. 그런데 대금을 다 치루고 나서 보니 그 부동산은 그의 소유가 아니었습니다. 이 경우 제가 그 부동산을 소유할 수 있는 방법은 없는지요?

A 답변

민법상 매매계약의 효력으로서 매도인은 매수인에 대하여 매매의 목적이 된 권리를 이전하여야 하고 매수인은 매도인에게 그 대금을 지급하여야 합니다(제568조). 이 경우 매매의 목적이 된 권리가 타인에게 속한 경우에는 매도인은 그 권리를 취득하여 매수인에게 이전하여야 하며(제569조), 매도인이 그 권리를 취득하여 매수인에게 이전할 수 없을 때에는 매수인은 계약을 해제하고 손해배상을 청구할 수 있습니다(제570조).

아울러 이 경우에 매도인의 처분행위가 민법 제110조의 사기에 해당하면 이를 이유로 매매계약을 취소하고 매매대금의 반환 및 손해배상을 구할 수도 있음은 물론입니다.

그러나 위의 2가지 경우에도 목적 부동산 자체를 소유할 수 있는 방법은 되지 못합니다.

그런데 이건의 경우처럼 무권리자인 매도인의 처분행위에 대하여 원소유자가 그의 처분행위를 추인하면 귀하가 적법하게 부동산의 소유권을 가질 수 있습니다.

판례도, '무권리자가 타인의 권리를 자기의 이름으로 또는 자기의 권리로 처분한 경우에, 권리자는 후일 이를 추인함으로써 그 처분행위를 인정할 수 있고, 특별한 사정이 없는 한 이로써 권리자 본인에게 위 처분행위의 효력이 발생함은 사적 자치의 원칙에 비추어 당연하고, 이 경우 추인은 명시적으로뿐만 아니라 묵시적인 방법으로도 가능하며 그 의사표시는 무권리자나 그 상대방 어느 쪽에 하여도 무방하다'

고 하였습니다(2001다44291).

그리고 여기서 말하는 추인이란 무권리자의 매도행위를 원래의 권리자가 유효한 것으로 인정한다는 의미이며, 이는 상대방이나 무권리자의 동의나 승낙을 요하지 아니하는 원소유자의 단독행위입니다.

그리고 원소유자가 이를 추인하는 이유는 무권리자와 원 소유자의 인적 관계에 기인한 것이든 아니면 무권리자의 매도행위로 원 소유자가 흡족한 매매대금을 받았다든지 하는 현실적인 이유가 있을 것입니다.

참고로 무권대리의 추인(제130조)은 타인의 대리인으로 행한 법률행위에 대하여 본인이 그 무권대리행위를 확정적으로 유효한 것으로 인정하여 그 법률행위의 효과를 본인에게 귀속시키겠다는 의미로서, 이는 이건과 같이 무권리자가 마치 자신이 진정한 권리자인양 법률행위를 한 경우에 원 권리자의 추인이 있으면 법률행위가 유효한 것으로 되는 무권리자의 추인과는 다른 것입니다.

사례 42 무권대리행위와 금반언의 원칙 참조

44 토지거래허가구역내의 매매계약의 효력

질문

저는 얼마 전 토지를 매입하였는데, 잔대금 지급기일 며칠 전 그 지역 일대의 투기가 우려된다는 이유로 토지거래허가구역으로 지정되었습니다. 실제로 제가 계약한 매매대금보다 시세가 계속 오르고 있는데, 매도인은 허가구역으로 지정되었다는 이유로 관할관청에 공동으로 신청하여야 하는 허가절차를 차일피일 미루고 있습니다. 이 경우 제가 취할 수 있는 조치는 없는지요?

답변

국토의 계획 및 이용에 관한 법률상의 규제구역 내의 '토지 등의 거래계약'허가에 관한 관계규정의 내용과 그 입법취지에 비추어 볼 때 토지의 소유권 등 권리를 이전 또는 설정하는 내용의 거래계약은 관할 관청의 허가를 받아야만 그 효력이 발생하고 허가를 받기 전에는 물권적 효력은 물론 채권적 효력도 발생하지 아니하여 무효라고 보아야 할 것인바, 다만 허가를 받기 전의 거래계약이 처음부터 허가를 배제하거나 잠탈하는 내용의 계약일 경우에는 확정적으로 무효로서 유효화 될 여지가 없으나 이와 달리 허가받을 것을 전제로 한 거래계약(허가를 배제하거나 잠탈하는 내용의 계약이 아닌 계약은 여기에 해당하는 것으로 본다)일 경우에는 허가를 받을 때까지는 법률상 미완성의 법률행위로서 소유권 등 권리의 이전 또는 설정에 관한 거래의 효력이 전혀 발생하지 않음은 위의 확정적 무효의 경우와 다를 바 없지만, 일단 허가를 받으면 그 계약은 소급하여 유효한 계약이 되고 이와 달리 불허가가 된 때에는 무효로 확정되므로 허가를 받기까지는 유동적 무효의 상태에 있다고 보는 것이 타당하므로 허가받을 것을 전제로 한 거래계약은 허가받기 전의 상태에서는 거래계약의 채권적 효력도 전혀 발생하지 않으므로 권리의 이전 또는 설정에 관한 어떠한 내용의 이행청구도 할 수 없으나 일단 허가를 받으면 그 계약은 소급해서 유효화 되므로 허가 후에 새로이 거래계약을 체결할 필요는 없습니다.

여기서 '허가'의 법적 성질은 허가가 규제지역 내의 모든 국민에게 전반적으로 토지거래의 자유를 금지하고 일정한 요건을 갖춘 경우에만 금지를 해제하여 계약체결의 자유를 회복시켜 주는 성질의 것이라고 보는 것은 위 법의 입법취지를 넘어선 지나친 해석이라고 할 것이고, 규제지역 내에서도 토지거래의 자유가 인정되나 다만 위 허가를 허가 전의 유동적 무효 상태에 있는 법률행위의 효력을 완성시켜 주는 인가적 성질을 띤 것이라고 보는 것이 타당합니다.

나아가 규제지역 내의 토지에 대하여 거래계약이 체결된 경우에 계약을 체결한 당사자 사이에 있어서는 그 계약이 효력 있는 것으로 완성될 수 있도록 서로 협력할 의무가 있음이 당연하므로, 계약의 쌍방 당사자는 공동으로 관할 관청의 허가를 신청할 의무가 있고, 이러한 의무에 위배하여 허가신청절차에 협력하지 않는 당사자에 대하여 상대방은 협력의무의 이행을 소송으로써 구할 이익이 있습니다(90다12243전).

따라서 귀하는 매도인을 상대로 관할관청의 허가절차이행을 구하는 소송을 하여 대상 토지의 소유권이전을 받을 수 있습니다.

다만 규제지역 내에 있는 토지에 대하여 체결된 매매계약은 앞서 본바와 같이 허가받기 전의 상태에서는 아무런 효력이 없어 권리의 이전 또는 설정에 관한 어떠한 이행청구도 할 수 없으며, 토지거래허가를 받기까지는 매매계약이 그 계약내용대로의 효력이 있을 수 없는 것이어서 매수인으로서도 그 계약내용에 따른 대금지급의무가 있다고 할 수 없으며, 설사 계약상 매수인의 대금지급의무가 매도인의 소유권이전등기의무에 선행하여 이행하기로 약정되어 있었다고 하더라도, 매수인에게 그 대금지급의무가 없음은 마찬가지여서 매도인으로서는 그 대금지급이 없었음을 이유로 계약을 해제할 수 없습니다.

■ 부동산등기특별조치법 → 검인계약서 작성 의무

■ 법률행위의 무효와 취소

1. 무효

의사무능력자의 법률행위·원시적 불능인 법률행위(제535조)·강행규정위반의 법률행위·반사회적 법률행위(제103조)·불공정한 법률행위(제104조)·제107조단서의 비진의표시·허위표시(제108조)

2. 취소

착오(제109조)·사기·강박에 의한 의사표시(제110조)·제한능력자의 법률행위(제5조, 10조, 제13조)

3. 무효와 취소의 차이

1) 무효는 처음부터 효력이 없으나 취소는 취소권자의 취소 주장이 있어야 비로소 무효가 되며, 취소가 되면 소급하여 무효가 된다(제141조).

2) 무효는 누구라도 무효를 주장할 수 있으나 취소는 취소권자(제140조)만이 취소할 수 있다.

3) 무효와 달리 취소권은 일정한 기간 내에 행사하여야 한다(제146조).

4. 무효의 종류

1) 절대적 무효·상대적 무효

절대적 무효는 누구에 대하여서나 또는 누구에 의하여서도 주장될 수 있는 무효이고, 상대적 무효는 허위표시의 무효와 같이 선의의 제3자에게는 대항할 수 없는 무효를 말한다.

2) 당연무효·재판상 무효

당연무효란 법률행위를 무효로 하기 위하여 어떤 특별한 행위나 절차가 없는 무효를 말하고, 재판상 무효란 회사설립의 무효(상법 제184조)·회사합병의 무효(상법 제236조)와 같이 소송으로서만 무효를 주장할 수 있는 무효를 말한다.

3) 확정적 무효·유동적 무효

확정적 무효란 법률행위의 효력이 처음부터 무효인 경우를 말하고, 유동적 무효란 본인의 추인 여부에 따라 효력이 달라지는 무권대리인의 행위(제130조)·국토의 계획 및 이용에 관한 법률상의 규제구역 내의 토지 등의 거래계약의 허가 전의 경우처럼 법률행위의 효력이 유동적인 무효를 말한다.

4) 전부무효·일부무효(제137조)

① 복수의 당사자 사이에 어떠한 합의를 한 경우 그 합의는 전체로서 일체성을 가지는 것이므로, 그 중 한 당사자의 의사표시가 무효인 것으로 판명된 경우 나머지 당사자 사이의 합의가 유효한지의 여부는 민법 제137조에 정한 바에 따라 당사자가 그 무효 부분이 없더라도 법률행위를 하였을 것이라고 인정되는지의 여부에 의하여 판정되어야 하고, 그 당사자의 의사는 실재하는 의사가 아니라 법률행위의 일부분이 무효임을 법률행위 당시에 알았다면 당사자 쌍방이 이에 대비하여 의욕하였을 가정적 의사를 말하는 것이지만, 한편 그와 같은 경우에 있어서 나머지 당사자들이 처음부터 한 당사자의 의사표시가 무효가 되더라도 자신들은 약정내용대로 이행하기로 하였다면 무효가 되는 부분을 제외한 나머지 부분만을 유효로 하겠다는 것이 당사자의 의사라고 보아야 할 것이므로, 그 당사자들 사이에

서는 가정적 의사가 무엇인지 가릴 것 없이 무효 부분을 제외한 나머지 부분은 그대로 유효하다고 할 것이다(2009다41465).

② 민법 제137조는 임의규정으로서 의사자치의 원칙이 지배하는 영역에서 적용된다고 할 것이므로, 법률행위의 일부가 강행법규인 효력규정에 위반되어 무효가 되는 경우 그 부분의 무효가 나머지 부분의 유효·무효에 영향을 미치는가의 여부를 판단함에 있어서는 개별 법령이 일부무효의 효력에 관한 규정을 두고 있는 경우에는 그에 따라야 하고, 그러한 규정이 없다면 원칙적으로 민법 제137조가 적용될 것이나 당해 효력규정 및 그 효력규정을 둔 법의 입법 취지를 고려하여 볼 때 나머지 부분을 무효로 한다면 당해 효력규정 및 그 법의 취지에 명백히 반하는 결과가 초래되는 경우에는 나머지 부분까지 무효가 된다고 할 수는 없다(2010다23425).

5) 무효행위의 전환(제138조)

당사자 사이에 양친자 관계를 창설하려는 명백한 의사가 있고 기타 입양의 성립요건이 모두 구비된 경우에는 요식성을 갖춘 입양신고 대신 친생자 출생신고가 있다 하더라도 입양의 효력이 있다(77다492전).

6) 무효행위의 추인(제139조)

① 법률행위가 사회질서에 반하거나(72다2249), 폭리행위(94다10900)처럼 무효원인이 해소되지 않는 경우에는 추인에 의하여 유효하게 될 수 없다.

② 혼인, 입양 등의 신분행위에 관하여 민법 제139조 본문을 적용하지 않고 추인에 의하여 소급적 효력을 인정하는 것은 무효인 신분행위 후 그 내용에 맞는 신분관계가 실질적으로 형성되어 쌍방 당사자가 이의 없이 그 신분관계를 계속하여 왔다면, 그 신고가 부적법하다는 이유로 이미 형성되어 있는 신분관계의 효력을 부인하는 것은 당사자의 의사에 반하고 그 이익을 해칠 뿐 아니라 그 실질적 신분관계의 외형과 호적의 기재를 믿은 제3자의 이익도 침해할 우려가 있기 때문에 추인에 의하여 소급적으로 신분행위의 효력을 인정함으로써 신분관계의 형성이라는 신분관계의 본질적 요소를 보호하는 것이 타당하다는 데에 그 근거가 있다고 할 것이므로, 당사자 간에 무효인 신고행위에 상응하는 신분관계가 실질적으로 형성되어 있지도 아니하고 또 앞으로도 그럴 가망이 없는 경우에는 무효의 신분행위에 대한 추인의 의사표시만으로 그 무효행위의 효력을 인정할 수 없다(91므30).

5. 무효의 법률적 효과

1) 법률행위가 무효이면 법률행위에 의하여 의욕된 법률효과는 발생하지 않으

므로 무효인 채권행위는 이행할 필요가 없으며, 이미 이행된 경우에는 부당이득(제741조)으로 반환되어야 하나 제742조(비채변제)·제746조(불법원인급여)에 의한 제한이 있다.

2) 채권행위의 이행으로서 물권행위가 이루어진 경우에 채권행위만이 무효인 경우에 물권행위도 무효가 되는지의 문제가 물권행위의 유·무인성 이론이다.
   ① 물권행위의 유인성 이론에 따르면 이 경우에 물권행위도 당연히 무효가 되고 따라서 물권적 청구권을 행사하여 이를 반환받을 수 있다(75다1394).
   ② 물권행위의 무인성 이론에 따르면 이 경우에 물권행위는 채권행위에 관계없이 유효하므로 부당이득을 행사하여 이를 반환받을 수 있다.

45 소유권유보부 매매계약

민법총칙

질문

저는 제 소유의 기계를 상대방에게 매도하면서, 대금을 모두 지급받기 전에 기계를 상대방에게 먼저 인도하되 대금이 완납될 때까지는 기계에 대한 소유권은 매도인인 저에게 유보되며 대금이 모두 지급되면 상대방에게 소유권이 넘어간다는 내용의 특약을 하였습니다. 그런데 상대방은 그 대금을 완납하기 전에 제3자에게 기계를 매도하면서 이를 상대방이 제3자로부터 임차하는 방식으로 기계를 계속 사용하고 있습니다. 이 경우 제가 기계의 소유권을 주장할 수 있는지요?

답변

동산의 매매계약을 체결하면서, 매도인이 대금을 모두 지급받기 전에 목적물을 매수인에게 인도하지만 대금이 모두 지급될 때까지는 목적물의 소유권은 매도인에게 유보되며 대금이 모두 지급된 때에 그 소유권이 매수인에게 이전된다는 내용의 소위 소유권유보의 특약을 한 경우, 목적물의 소유권을 이전한다는 당사자 사이의 물권적 합의는 매매계약을 체결하고 목적물을 인도한 때 이미 성립하지만 대금이 모두 지급되는 것을 정지조건으로 하므로, 목적물이 매수인에게 인도되었다고 하더라도 특별한 사정이 없는 한 매도인은 대금이 모두 지급될 때까지 매수인뿐만 아니라 제3자에 대하여도 유보된 목적물의 소유권을 주장할 수 있고, 다만 대금이 모두 지급되었을 때에는 그 정지조건이 완성되어 별도의 의사표시 없이 목적물의 소유권이 매수인에게 이전됩니다(96다14807).

그런데 이 경우에 제3자가 민법 제249조의 요건에 따라 선의취득을 하였다면 목적물인 기계의 소유권은 제3자가 가지게 됩니다. 즉 평온·공연하게 기계를 양수한 제3자가 과실 없이 기계를 점유한 경우에는 제3자가 소유권을 취득하게 됩니다.

그러나 기계의 선의취득에 필요한 점유의 취득은 현실적 인도(간이인도 포함)가 있어야 하고 점유개정에 의한 점유취득만으로써는 선의취득이 불가능하며(63다775), 여기서 말하는 점유개정이란 동산에 관한 물권을 양도하는 경우에 당사자의 계약으로 양도인이 그 점유를 계속하는 점유방법을 말합니다(제189조).

이건의 경우에도 매수인이 제3자에게 이건 기계를 양도하면서 그 점유는 매수인이 계속 점유하는 소위 점유개정의 방법으로 점유를 하였으므로 제3자는 선의취득을 주장하기 어렵습니다.

따라서 기계의 소유권은 여전히 귀하에게 있으므로 귀하는 상대방은 물론 이를 점유개정의 방법으로 양도받은 제3자에 대하여도 그 소유권을 주장하여 기계의 반환을 청구할 수 있습니다.

■ 동산의 선의취득(제249조)

1. 의의

민법은 제249조에서 동산의 선의취득을 규정하고 있으며, 이는 동산의 점유에 공신력을 인정하여 거래의 안전을 확보하기 위한 것이다(98다6800).

점유에 공신력을 인정하지 않는 부동산과 달리, 동산은 일정한 요건 하에 무권리자로부터의 소유권취득을 인정하는 선의취득 제도를 두고 있다.

2. 요건

1) 선의취득의 대상이 되는 물건은 동산에 한하며, 동산중에서도 등기·등록으로 공시되는 선박·자동차·항공기(65다2137)나 명인방법으로 공시되는 지상물(수목의 집단·미분리과실 등)선의취득의 대상이 아니다. 물건이 아닌 권리도 선의취득의 대상이 되지 않는다(84다카2428).

2) 양도인은 무권리자로서 동산을 점유하고 있어야 한다.

3) 양수인이 평온·공연·선의·무과실로 양수하여야 하며, 제197조1항은 점유자의 선의를 추정하므로 양수인의 점유도 선의로 추정되고, 양수인이 무과실을 입증하여야 한다. 이 때 양수인의 점유취득은 현실의 인도(제188조1항)·간이인도(제188조2항)·목적물반환청구권의 양도(제190조) 등의 방법으로 취득하여야 하며, 점유개정(제189조)에 의한 방법으로는 인정되지 않는다(63다775).

3. 도품·유실물에 대한 특례(제250조, 251조)

■ 조건과 기한

1) 조건(제147조~151조)

사례 47 소취하시 승소간주 하여 사례금을 지급한다는 약정의 의미 참조

2) 기한(제152조~154조)

사례 46 기한이익 상실의 특약 참조

46 기한이익 상실의 특약

민법총칙

질문

저는 1984.9.3. 금융기관으로부터 주택융자금 3,000만원을 1년 거치 19년 분할상환조건(1984.10.5~2004.9.5)으로 대출받으면서 이에 대한 지급담보조로 제 소유의 토지에 대하여 근저당을 설정하였습니다. 그런데 제가 1985.10.경까지의 이자만 납입하였을 뿐 그 이후의 원리금을 상환하지 아니하였습니다. 대출 약정 당시 제가 지급의무를 한번이라도 지체하였을 경우에는 기한의 이익을 잃고 즉시 채무금 전액을 완제하여야 한다고 명시하였으며 금융기관에서는 1998.7.15.제 소유의 토지에 대하여 압류를 하였는데, 위 대출금채무는 1985.10.부터 10년이 지난 1995.10경 시효로 소멸하였고 따라서 이를 이유로 근저당의 말소를 구할 수는 없는지요?

답변

기한이익 상실의 특약은 그 내용에 의하여 일정한 사유가 발생하면 채권자의 청구 등을 요함이 없이 당연히 기한의 이익이 상실되어 이행기가 도래하는 것으로 하는 정지조건부 기한이익 상실의 특약과 일정한 사유가 발생한 후 채권자의 통지나 청구 등 채권자의 의사행위를 기다려 비로소 이행기가 도래하는 것으로 하는 형성권적 기한이익 상실의 특약의 두 가지로 대별할 수 있고, 기한이익 상실의 특약이 위의 양자 중 어느 것에 해당하느냐는 당사자의 의사해석의 문제이지만 일반적으로 기한이익 상실의 특약이 채권자를 위하여 둔 것인 점에 비추어 명백히 정지조건부 기한이익 상실의 특약이라고 볼 만한 특별한 사정이 없는 이상 형성권적 기한이익 상실의 특약으로 추정하는 것이 타당합니다.

그리고 형성권적 기한이익 상실의 특약이 있는 경우에는 그 특약은 채권자의 이익을 위한 것으로서 기한이익의 상실 사유가 발생하였다고 하더라도 채권자가 나머지 전액을 일시에 청구할 것인가 또는 종래대로 할부변제를 청구할 것인가를 자유로이 선택할 수 있으므로, 이와 같은 기한이익 상실의 특약이 있는 할부채무에 있어서는 1회의 불이행이 있더라도 각 할부금에 대해 그 각 변제기의 도래시마다 그 때부터 순차로 소멸시효가 진행하고 채권자가 특히 잔존 채무 전액의 변제를 구하는 취지의 의사를 표시한 경우에 한하여 전액에 대하여 그 때부터 소멸시효가 진행합니다(2002다28340).

따라서 채권자인 금융기관에서 채무전액의 변제를 요구하는 통지나 청구를 한 적이 없다면 귀하의 채무는 그 변제기의 도래시마다 순차로 소멸시효가 진행하며, 금융기관에서는 1998.7.15. 그 때까지의 할부원리금 채권의 회수를 위하여 원고 소유의 부동산에 대하여 압류를 하였으므로, 그로부터 역산하여 10년 이상이 되는 1988.7.5.까지 납부할 할부금에 대하여만 소멸시효가 완성되었을 뿐이고, 그 이후의 나머지 채무가 아직 잔존하고 있으므로 이 건 근저당권설정등기는 말소될 수가 없을 것으로 보입니다.

기한

1. 의의

기한이란 법률행위의 효력의 발생 또는 소멸을 장래 발생할 것이 확실한 사실에 의존하는 법률행위의 부관을 말하며, 장래 불확실한 사실의 성부에 의존하는 조건과 구별된다.

2. 종류

1) 시기 있는 법률행위는 기한이 도래한 때 그 효력이 생기며, 종기 있는 법률행위는 기한이 도래한 때 그 효력을 잃는다.

2) 확정기한은 발생시기가 확정되어 있으며, 불확정기한은 발생시기가 확정되어 있지 않지만 장래의 불확실한 어느 시점에 반드시 도래한다는 점에서 조건과 구별된다. 따라서 부관이 붙은 법률행위에 있어서 부관에 표시된 사실이 발생하지 아니하면 채무를 이행하지 아니하여도 된다고 보는 것이 상당한 경우에는 조건으로 보아야 하고, 표시된 사실이 발생한 때에는 물론이고 반대로 발생하지 아니하는 것이 확정된 때에도 그 채무를 이행하여야 한다고 보는 것이 상당한 경우에는 표시된 사실의 발생 여부가 확정되는 것을 불확정기한으로 정한 것으로 보아야 한다(2003다24215).

3. 기한의 이익

기한의 이익은 채무자를 위한 것으로 추정하며, 이를 포기할 수 있으나 상대방의 이익을 해하지 못한다(제153조).

4. 기한의 이익 상실

1) 채무자가 담보를 손상·감소·멸실시킨 때(제388조 1호)

2) 채무자가 담보제공의 의무를 이행하지 아니한 때(제388조 2호)

3) 채무자가 파산한 때(채무자회생법 제425조)

47 소취하시 승소간주 하여 사례금을 지급한다는 약정의 의미

민법총칙

Q 질문

저는 변호사에게 사건을 의뢰하면서 만약 소취하시에는 승소로 간주하여 승소사례금을 지급하기로 약정하였습니다. 그러나 1심에서 저는 패소하였고, 이에 대하여 항소하였으나 패소할 것이 명백하여 저로서는 소송비용을 절약하고 부당소송으로부터의 책임을 면하기 위하여 부득이 그 항소를 취하하였는데, 담당변호사는 소취하시는 승소간주 한다는 약정에 따라 승소사례금을 달라고 하는데, 제가 이에 응해야 하는지요?

A 답변

조건이란 법률행위의 효력의 발생 또는 소멸을 장래의 불확실한 사실의 발생여부에 의존하는 법률행위의 부관으로서, 정지조건 있는 법률행위는 조건이 성취한 때로부터 그 효력이 생기고, 해제조건 있는 법률행위는 조건이 성취한 때로부터 그 효력을 잃습니다(제147조).

한편 조건 있는 법률행위의 당사자는 조건의 성부가 미정한 동안에 조건의 성취로 인하여 생길 상대방의 이익을 해하지 못하며(제148조), 조건의 성취가 미정한 권리의무는 일반규정에 의하여 처분·상속·보존·담보로 할 수 있습니다(제149조).

나아가 조건의 성취로 인하여 불이익을 받을 당사자가 신의성실에 반하여 조건의 성취를 방해한 때에는 상대방은 그 조건이 성취한 것으로 주장할 수 있으며, 조건의 성취로 인하여 이익을 받을 당사자가 신의성실에 반하여 조건을 성취시킨 때에는 상대방은 그 조건이 성취하지 아니한 것으로 주장할 수 있습니다(제150조).

한편 이건과 같이 소 취하를 승소로 간주하여 사례금을 지급한다는 변호사와 사건의뢰인간의 사례금 약정(정지조건)특약의 적용범위가 문제됩니다.

이에 대하여 판례는, '소취하시는 승소로 간주하여 사금을 지급한다는 변호사와 사건의뢰인 간의 특약은 의뢰인의 신의에 반한 행위를 제지하기 위한 것이므로, 승소의 가망 있는 소송을 부당하게 취하하여 변호사의 조건부 권리를 침해하는 경우에 한하여 적용되고, 승소 가망이 전혀 없는 소송취하의 경우에는 적용이 없다'고 합니다(77다2091).

따라서 귀하의 경우에는 항소취하를 승소간주 하여 사례금을 지급할 의무가 없습니다. 참고로 조건의 불성취로 의무를 면하게 될 자가 신의성실에 반하여 조건의 성취를 방해한 경우에 해당한다고 보아 상대방이 조건의 성취를 주장할 수 있다고 인정한 사례로, '상대방이 하도급 받은 부분에 대한 공사를 완공하여 준공필증을 제출하는 것을 정지조건으로 하여 공사대금채무를 부담하거나 위 채무를 보증한 사람은 위 조건의 성취로 인하여 불이익을 받을 당사자의 지위에 있다고 할 것이므로, 이들이 위 공사에 필요한 시설을 해주지 않았을 뿐만 아니라 공사장에의 출입을 통제함으로써 위 상대방으로 하여금 나머지 공사를 수행할 수 없게 하였다면, 그것이 고의에 의한 경우만이 아니라 과실에 의한 경우에도 신의성실에 반하여 조건의 성취를 방해한 때에 해당한다고 할 것이므로, 그 상대방은 민법 제150조 제1항의 규정에 의하여 위 공사대금채무자 및 보증인에 대하여 그 조건이 성취된 것으로 주장할 수 있다'고 합니다(98다42356).

■ 정지조건의 예

1) 관할청의 허가를 받는 것을 조건으로 한 사찰 소유 부동산임대계약(80다2586)

2) 국토이용관리법상의 규제구역 내의 토지에 대하여 허가받을 것을 전제로 체결한 거래계약(90다12243)

3) 동산의 매매계약을 체결하면서, 매도인이 대금을 모두 지급받기 전에 목적물을 매수인에게 인도하지만 대금이 모두 지급될 때까지는 목적물의 소유권은 매도인에게 유보되며 대금이 모두 지급된 때에 그 소유권이 매수인에게 이전된다는 내용의 소위 소유권유보의 특약을 한 경우, 목적물의 소유권을 이전한다는 당사자 사이의 물권적 합의는 매매계약을 체결하고 목적물을 인도한 때 이미 성립하지만 대금이 모두 지급되는 것을 정지조건으로 하므로, 목적물이 매수인에게 인도되었다고 하더라도 특별한 사정이 없는 한 매도인은 대금이 모두 지급될 때까지 매수인뿐만 아니라 제3자에 대하여도 유보된 목적물의 소유권을 주장할 수 있고, 다만 대금이 모두 지급되었을 때에는 그 정지조건이 완성되어 별도의 의사표시 없이 목적물의 소유권이 매수인에게 이전된다(96다14807).

■ 해제조건의 예

1) 토지를 매매하면서 그 토지 중 공장부지 및 그 진입도로부지에 편입되지 아니할 부분의 토지를 매도인에게 원가로 반환한다는 약정은, 공장부지 및 진입도로로 사용되지 아니하기로 확정된 때에는 그 부분토지에 관한 매매는 해제되어 원상태로 돌아간다는 일종의 해제조건부 매매라고 봄이 상당하고, 조건부 환매계약이라고 볼 수 없다(80다3195).

2) 주택건설을 위한 원·피고간의 토지매매계약에 앞서 양자 간의 협의에 의하여 건축허가를 필할 때 매매계약이 성립하고 건축허가 신청이 불허되었을 때에는 이를 무효로 한다는 약정 아래 이루어진 계약(83다카552)

3) 약혼예물의 수수는 혼인 불성립을 해제조건으로 하는 증여와 유사한 성질의 것이므로, 시어머니가 며느리에게 교부한 약혼예물은 그 혼인이 성립되어 상당 기간 지속된 이상 며느리의 소유(94므895)

48 부동산매매대금 채권 등의 소멸시효

민법총칙

질문

농사를 짓는 저는 20여 년 전 이웃 주민으로부터 그의 소유인 임야를 매수하여 그 때부터 지금까지 제가 수목을 식재하여 관리를 해 왔습니다. 그런데 제가 법에 무지하여 지금까지 임야에 대한 소유권이전등기를 하지 못하다가 최근에 소유권이전을 요구하자 매도인은 매매대금을 받은 사실을 부인하면서 소유권이전을 거부하고 있는데, 매매대금 지급 영수증을 분실한 제가 구제받을 수는 없는지요?

답변

우선 귀하가 임야를 매입하면서 대금을 모두 지급한 사실을 잘 아는 동네 주민 등의 증언 등과 귀하가 임야를 매수한 직후부터 지금까지 이를 인도받아 점유하고 있는 사실 등을 종합하면 귀하가 임야에 대한 소유권이전등기청구소송을 제기하여 소유권을 넘겨갈 수 있을 것으로 보입니다.

가사 귀하가 임야의 매수대금을 지급한 사실을 입증하지 못한다 하더라도 상대방의 매매대금채권은 10년의 시효에 걸리는 권리(제162조)로서 이미 시효의 완성으로 소멸하였으므로 지금에 와서 상대방이 매매대금을 요구할 수도 없습니다.

다만 이건과 같이 부동산 매매대금청구권과 상대방의 소유권이전등기청구권이 동시이행의 관계에 있는 경우에 매매대금 채권의 소멸시효의 기산일이 문제됩니다.

판례는 '부동산에 대한 매매대금 채권이 소유권이전등기청구권과 동시이행의 관계에 있다고 할지라도 매도인은 매매대금의 지급기일 이후 언제라도 그 대금의 지급을 청구할 수 있는 것이며, 다만 매수인은 매도인으로부터 그 이전등기에 관한 이행의 제공을 받기까지 그 지급을 거절할 수 있는 데 지나지 아니하므로 매매대금청구권은 그 지급기일 이후 시효가 진행 된다'고 하였습니다(90다9797).

나아가 부동산 매매로 인한 소유권이전등기청구권은 채권적 청구권으로서 10년의 소멸시효에 걸리지만, 귀하의 경우처럼 매수인이 매매목적물을 인도받아 이를 점유하고 있는 이상 매매대금 지급여부와는 관계없이 그 소멸시효가 진행되지 않습니다

(76다148전).

그리고 매수사실에 대한 입증이 어려우면 임야에 대한 취득시효(제245조)완성을 이유로 소유권이전등기청구를 할 수도 있습니다.

따라서 귀하는 원소유자를 상대로 주위적으로 임야의 매매를 원인으로 한 소유권 이전등기를 예비적으로 취득시효 완성을 이유로 같은 청구를 할 수 있습니다.

시효제도

1. 의의

시효제도의 존재이유는 계속된 사실상태를 존중하여 시간의 경과로 인한 증거 보전으로부터의 구제와 권리 위에 잠자는 자를 보호하지 않는다는 데에 그 의미가 있고 특히 소멸시효에 있어서는 후자의 의미가 강하다(91다32053).

2. 종류

1) 소멸시효(제162조~제184조)

권리자가 일정한 기간 동안 권리를 행사하지 않는 상태가 계속된 경우에 그의 권리를 소멸시키는 제도.

2) 취득시효(제245조~제248조)

사실상의 권리행사가 일정한 기간 동안 계속된 경우에 그 권리가 진실한 것인지를 묻지 않고 정당한 권리로 인정하는 제도.

3. 제척기간과의 차이

1) 제척기간은 권리자로 하여금 권리를 신속하게 행사하도록 함으로써 법률관계를 조속히 확정 시키려는 데 그 제도의 취지가 있으므로, 소멸시효가 일정한 기간의 경과와 권리의 불행사라는 사정에 의하여 권리 소멸의 효과를 가져 오는 것과는 달리 그 기간의 경과 자체만으로 곧 권리 소멸의 효과를 가져 오게 하는 점에서 차이가 있다(94다22682·22699)

2) 제척기간은 법률행위의 취소권(92다52795)과 같이 주로 형성권에 관하여 규정된 것이 대부분이나 매도인의 하자담보책임(84다카2344)·수급인의 하자담보책임(2000다15371)처럼 청구권에 규정된 경우도 있다.

3) 제척기간은 권리관계를 조속히 종결시키는 것이 목적이므로 시효의 중단과

같은 중단이 없고(2000다26425), 소급효도 없으며, 변론중의의 적용을 받는 시효와 달리 법원의 직권 판단 사항이다(96다25371).

4) 제척기간은 그 제척기간 내에 소를 제기하는 방법으로 권리를 재판상 행사 또는 재판 외에서 의사표시를 하는 방법으로도 권리를 행사할 수 있다(92다52795).

49 부동산 가압류에 의한 시효중단의 효력

물권법

질문

저는 거래 상대방에 대한 물품대금 채권에 대하여 수 년 전 상대방 소유의 부동산에 가압류를 해 두었습니다. 그런데 상대방은 가압류를 한 때로부터 3년이 지나서 물품대금 채권의 소멸시효가 완성되었다고 주장하는데, 그의 말이 사실인지요?

답변

권리 위에 잠자는 자는 보호되지 않는다는 말처럼 소멸시효제도는 장기간 자기 권리를 행사하지 아니하는 자의 권리를 박탈하여 처음부터 그 권리가 존재하지 아니한 것과 같은 효과를 가져 오게 하는 제도입니다(제167조). 한편 민법상 생산자 및 상인이 판매한 생산물 및 상품의 대가는 3년의 단기소멸시효에 걸리는 권리이며(제163조제6호), 가압류는 소멸시효를 중단시키는 사유가 됩니다(제168조).

한편 소멸시효가 중단된 경우에는 그 권리의 소멸시효는 중단된 시점까지의 기간은 이를 산입하지 아니하고 중단사유가 종료한 때로부터 새로이 진행을 하며, 재판상 청구로 인하여 중단된 시효는 재판이 확정된 때로부터 새로이 진행합니다(제178조).

그런데 가압류의 경우에 어느 시점에서 시효중단사유가 종료한 것으로 보아 시효가 새로이 진행하는지가 문제됩니다.

이에 대하여 판례는 '민법 제168조에서 가압류를 시효중단사유로 정하고 있는 것은 가압류에 의하여 채권자가 권리를 행사하였다고 할 수 있기 때문인바, 가압류에 의한 집행보전의 효력이 존속하는 동안은 가압류채권자에 의한 권리행사가 계속되고 있다고 보아야 하므로 가압류에 의한 시효중단의 효력은 가압류의 집행보전의 효력이 존속하는 동안은 계속 된다'고 하였습니다(2006다32781).

나아가 판례는, '민법 제168조에서 가압류와 재판상의 청구를 별도의 시효중단사유로 규정하고 있는데 비추어 보면, 가압류의 피보전채권에 관하여 본안의 승소판결이 확정되었다고 하더라도 가압류에 의한 시효중단의 효력이 이에 흡수되어 소멸된다고 할 수 없다'고 합니다(2000다11102).

따라서 귀하의 상대방에 대한 물품대금 채권에 대한 가압류로 인한 시효중단의 효력은 가압류에 의한 집행보전의 효력이 존속하고 있는 동안은 계속되므로 가압류된 물품대금 채권은 시효에 걸리지 않는다고 봅니다.

다만, 민사집행법 제288조 제1항 제3호는 '가압류가 집행된 뒤에 3년간 본안의 소를 제기하지 아니한 때에는 채무자 또는 이해관계인은 가압류의 취소를 신청할 수 있다'라고 규정하고 있으므로 이를 참고하시기 바랍니다.

■ 소멸시효의 중단 사유(제168조)

1. 청구

청구란 사법상의 권리를 재판상 또는 재판 외에서 실행하는 행위를 말하며(78다1500·1501), 이에는 다음과 같은 것 들이 있다.

1) 재판상 청구(제170조)

소의 제기가 있으면 시효는 중단되며, 상대방이 제기한 소에 대하여 응소하여 그 소송에서 적극적으로 권리를 주장하고 그것이 받아들여진 경우에도 재판상 청구에 포함된다(92다47861전).

2) 파산절차 참가(제171조)

3) 지급명령 신청(제172조)

4) 화해를 위한 소환(제173조)

5) 임의출석(제173조)

6) 최고(제174조)

2. 압류·가압류·가처분

3. 승인

승인은 시효이익을 받을 당사자가 시효 완성 전에 그 권리의 존재를 인정한다는 것으로 그 형식에는 아무런 제한이 없으며(92다947), 시효가 완성 된 후에는 시효이익의 포기만이 문제된다(제184조).

가압류·가처분(보전처분)

1) 가압류란 금전채권이나 금전으로 환산할 수 있는 채권에 대하여 채무자의 동산 또는 부동산에 대한 강제집행을 보전하기 위한 임시처분을 말한다(민사집행법 제276조 이하).

2) 가처분은 금전채권 이외의 물건이나 권리에 대한 다툼의 대상, 즉 계쟁물에 관한 가처분과 다툼이 있는 권리관계에 대하여 임시의 지위를 정하기 위한 가처분이 있다(민사집행법 제300조 이하).

50 시효중단사유로서의 소제기와 중복제소여부

물권법

Q 질문

저는 9년 6개월 전 채무자를 상대로 대여금 청구소송을 제기하여 그 무렵 의제자백으로 인한 승소판결을 받아 확정되었습니다. 이제 확정판결을 받은 지 10년이 다 되어 가는데도 아직까지 대여금을 받지 못하고 있는데, 이 경우 제가 시효를 연장할 수 있는 방법은 없는지요?

A 답변

권리 위에 잠자는 자는 보호되지 않는다는 말처럼 소멸시효제도는 장기간 자기 권리를 행사하지 아니하는 자의 권리를 박탈하여 처음부터 그 권리가 존재하지 아니한 것과 같은 효과를 가져 오게 하는 제도입니다(제167조).

민법상 일반채권의 시효는 10년이며(제162조1항), 이자, 부양료 등의 채권은 3년(제163조), 숙박료, 식음료 등의 채권은 1년(제164조)의 단기소멸시효에 걸립니다.

한편 판결에 의하여 확정된 채권은 단기의 소멸시효에 해당한 것이라도 그 소멸시효는 10년으로 하며, 확정절차에 의하여 확정된 채권 및 재판상의 화해, 조정 기타 판결과 동일한 효력이 있는 것에 의하여 확정된 채권도 10년의 소멸시효에 걸립니다(제165조).

한편 민사소송법 제259조는 중복제소금지의 규정을 두고 있으며 이에 위반하여 중복제소가 되면 후에 제기된 소는 부적법하여 각하됩니다.

그런데 이건의 경우와 같이 일단 판결로써 확정된 채권이 10년의 시효기간이 만료될 즈음에 이를 때까지 채권의 만족을 얻지 못하고 있다면 이를 이유로 새로이 동일한 내용의 제소를 할 수 있는지 여부와 이 때 그동안 강제집행을 하지 못한 점에 대하여 채권자의 과실여부에 따라 결론이 달라질 수 있는지가 문제됩니다.

이에 대하여 판례는 '확정판결에 기한 채권의 소멸시효기간인 10년의 도과가 임박하여서 강제집행의 실시가 현실적으로 어렵게 되었다면, 그 이전에 강제집행의 실시가 가능 하였는지의 여부에 관계없이 시효중단을 위하여 동일내용의 재판상 청구가 불가피하다고 할 것이므로 확정판결이 있었다고 하더라도 시효중단을 위한 동일내용의 소에 대하여 소멸시효완성 내지 중복제소금지 규정에 위반한 것이라고는 할 수 없다'고 하였습니다(87다카1761).

따라서 귀하는 대여금 채권의 시효연장을 위하여 새로이 동일소송을 제기할 수 있으며, 이에 따라 동 판결이 확정되면 그 때부터 시효는 10년간 새로이 진행됩니다.

■ 시효중단사유로서의 재판상 청구

1) 재판상 청구는 사법상의 권리를 민사소송절차에 의하여 주장하는 것으로, 행정소송을 제기한 경우에는 시효중단의 효력이 없다(78다1500·1501). 이 때의 소는 이행의 소·확인의 소·형성의 소 가운데 어느 것이라도 상관없으며, 본소·반소(민사소송법 제269조) 여부도 묻지 않는다.
2) 민법 제168조 제1호, 제170조 제1항에서 시효중단사유의 하나로 규정하고 있는 재판상의 청구라 함은, 통상적으로는 권리자가 원고로서 시효를 주장하는 자를 피고로 하여 소송물인 권리를 소의 형식으로 주장하는 경우를 가리키지만, 이와 반대로 시효를 주장하는 자가 원고가 되어 소를 제기한 데 대하여 피고로서 응소하여 그 소송에서 적극적으로 권리를 주장하고 그것이 받아들여진 경우도 마찬가지로 이에 포함되는 것으로 해석함이 타당하다(92다47861전).
3) 재판상 청구는 소송의 각하·기각·취하의 경우에는 시효중단의 효력이 없다(제170조).
4) 시효가 중단된 때에는 그동안 경과한 시효기간은 이를 산입하지 아니하고 중단사유가 종료된 때로부터 새로이 진행하며, 재판상의 청구로 중단된 시효는 재판이 확정된 때로부터 새로이 진행한다(제178조). 응소로 인한 시효중단의 효력은 피고가 현실적으로 권리를 행사하여 응소한 때에 발생한다(2005다59383·59390).

■ 의제자백(민사소송법 제150조, 256조, 257조)

1) 민사소송의 당사자가 상대방의 주장사실을 명백히 다투지 아니하거나 피고가 기일에 불출석한 경우(원고가 불출석한 경우에는 쌍불취하의 문제로 남는다) 또는 답변서를 제출하지 아니한 경우 등에는 그 사실을 자백한 것으로 간주한다.
2) 형사소송과 달리 민사소송에서는 원고가 제출한 소장에 대하여 피고가 이를 다투는 내용의 답변서를 제출하지 않거나 재판기일에 불출석하는 등으로 원고의 주장사실을 명백히 다투지 아니하면 변론 없이 원고승소판결을 내리는데, 이를 의제자백으로 인한 원고승소판결이라고 한다.

51 관습법상의 법정지상권

물권법

질문

저는 타인 소유의 토지 위에 제가 비용을 들여서 건물을 신축하되 그 사용기간은 10년으로 하면서 기간이 만료되면 건물의 소유권을 토지 소유자에게 무상으로 넘기기로 약정하였습니다. 이 경우 제가 신축한 건물부분에 대한 보상을 받을 여지는 없는지요?

답변

민법 제366조의 법정지상권은 '저당물의 경매로 인하여 토지와 그 지상건물이 다른 소유자에 속한 경우에는 토지소유자는 건물소유자에 대하여 지상권을 설정한 것으로 본다. 그러나 지료는 당사자의 청구에 의하여 법원이 이를 정한다'라고 규정하였습니다.

그런데 동일인에게 속한 토지와 건물이 경매가 아닌 매매 기타의 원인으로 양자의 소유자가 다르게 된 경우에 관하여는 직접적인 민법의 규정이 없습니다.

한편 민법 제 185조는 '물권은 법률 또는 관습법에 의하는 외에는 임의로 창설하지 못한다'라고 규정하였습니다(물권법정주의).

그래서 판례는 '토지와 건물이 동일한 소유자에게 속하였다가 건물 또는 토지가 매매 기타의 원인으로 양자의 소유자가 다르게 될 때에 특히 그 건물을 철거한다는 조건이 없는 이상 건물소유자는 토지소유자에 대하여 그 건물을 위한 관습상의 법정지상권을 취득하는 것이므로 타인 소유 대지위에 건물을 신축한 경우에는 관습에 의한 법정지상권이 생기지 아니한다'고 하였습니다(79다2000).

따라서 귀하는 원칙적으로 관습법상의 법정지상권을 취득하지 못하므로 계약기간의 만료로 더 이상 건물의 소유를 목적으로 타인 소유의 토지를 사용할 권한이 없습니다.

그런데 민법 제283조, 643조는 각각 지상권자와 임차권자의 지상물 매수청구권을 인정하고 있으며 이는 강행규정으로서 이에 위반하여 지상권자나 임차 인에게 불리한 내용의 계약은 무효입니다(제289조, 283조, 652조, 643조).

따라서 귀하가 계약기간 만료 후 귀하 소유의 건물을 아무런 대가나 보상도 받지 못하고 토지 소유자에게 소유권을 이전하기로 한 내용은 일방적으로 귀하에게 불리한 내용으로서 무효이므로 귀하는 매수청구권을 행사하여 토지소유자로부터 현재의 건물시가상당액을 받을 수 있습니다(90다19695).

참고로 판례상 관습법상의 법정지상권이 성립하는 경우로, 동일인의 소유에 속하였던 토지와 건물이 매매, 증여, 강제경매, 국세징수법에 의한 공매 등으로 그 소유권자를 달리하게 된 경우에 그 건물을 철거한다는 특약이 없는 한 건물소유자는 그 건물의 소유를 위하여 그 부지에 관하여 관습상의 법정지상권을 취득하는 것이고 그 건물은 건물로서의 요건을 갖추고 있는 이상 무허가건물이거나 미등기건물이거나를 가리지 않습니다(87다카2404).

지상권(제279조)

1. 지상권은 타인의 토지에 건물 기타 공작물이나 수목을 소유하기 위하여 그 토지를 사용할 권리(지상권설정계약에 따라 성립)로서 이는 물권(등기함으로써 물권으로서의 효력 발생)이라는 점에서 단순한 채권관계인 임대차(제618조)와 구별된다.

2. 법정지상권
   1) 건물의 전세권과 법정지상권(제305조)
   2) 저당물의 경매로 인한 법정지상권(제366조)
   3) 담보물실행에 의한 법정지상권(가담법 제10조)

3. 관습법상의 법정지상권은 관습법상 인정되는 것이므로 민법 제187조의 규정에 따라 등기는 필요하지 않으나(87다카279조), 이를 제3자에게 처분하려면 등기하여야 하며(제187조단서), 그 내용은 특별한 사정이 없는 한 지상권에 관한 규정이 유추적용 된다(68다1029).

52 부동산매매로 인한 소유권이전등기청구권의 양도성

물권법

질문

저는 얼마 전 부동산을 매수하고 그 대금을 완납하였으나 제3자에게 소유권이전등기청구권을 양도하고 매도인에게 그 사실을 통지하였습니다. 그러나 매도인은 제가 아닌 제3자에게로의 소유권이전은 부당하다면서 이를 거부하고 있는데, 매도인의 주장이 옳은지요?

답변

민법상 채권은 양도할 수 있으나 채권의 성질상 또는 당사자의 의사표시로 그 양도를 제한할 수 있으며, 당사자의 의사표시에 의한 양도제한은 선의의 제3자에게 대항할 수 없습니다(제449조).

나아가 채권은 법률이 본래의 채권자에게만 변제하게 할 목적으로 채권의 양도를 금지하는 개별규정 및 특별법을 두고 있으며 여기에는 민법의 부양청구권(제979조), 각종의 연금청구권(공무원연금법, 사립학교교직원연금법 제40조, 국민연금법 제58조 등), 재해보상청구권(근로기준법 제86조), 국가배상청구권(국가배상법 제4조) 등이 있습니다.

한편 이건과 같은 부동산매매로 인한 소유권이전등기청구권을 자유롭게 양도할 수 있는지 여부가 문제됩니다.

판례는 '부동산의 매매로 인한 소유권이전등기청구권은 물권의 이전을 목적으로 하는 매매의 효과로서 매도인이 부담하는 재산권이전의무의 한 내용을 이루는 것이고, 매도인이 물권행위의 성립요건을 갖추도록 의무를 부담하는 경우에 발생하는 채권적 청구권으로 그 이행과정에 신뢰관계가 따르므로, 소유권이전등기청구권을 매수인으로부터 양도받은 양수인은 매도인이 그 양도에 대하여 동의하지 않고 있다면 매도인에 대하여 채권양도를 원인으로 하여 소유권이전등기절차의 이행을 청구할 수 없고, 따라서 매매로 인한 소유권이전등기청구권은 특별한 사정이 없는 이상 그 권리의 성질상 양도가 제한되고 그 양도에 채무자의 승낙이나 동의를 요한다고 할 것이므로 통상의 채권양도와 달리 양도인의 채무자에 대한 통지만으로는 채무자에 대한 대항력이 생기지 않으며 반드시 채무자의 동의나 승낙을 받아야 대항력이 생긴다고 하였습니다(2000다51216).

따라서 귀하는 매도인의 승낙이나 동의를 받아서 제3자에게 소유권이전등기청구권을 양도할 수 있으므로, 결국 매도인이 이를 거부하면 일단 귀하에게 소유권이전을 한 다음 제3자에게 이를 다시 이전할 수밖에 없습니다.

참고로 '부동산매매로 인한 소유권이전 등기청구권은 원인행위인 채권행위로부터 발생하고 따라서 그 성질은 채권적 청구권으로서 그 등기청구권은 원칙적으로 소멸시효에 걸린다고 할 것이지만 시효제도의 존재이유에 비추어 보아 부동산 매수인이 그 목적물을 인도받아서 이를 사용수익하고 있는 경우에는 그 매수인을 권리 위에 잠자는 것으로 볼 수도 없고 또 매도인 명의로 등기가 남아 있는 상태와 매수인이 인도받아 이를 사용수익하고 있는 상태를 비교하면 매도인 명의로 잔존하고 있는 등기를 보호하기 보다는 매수인의 사용수익 상태를 더욱 보호하여야 할 것이므로 그 매수인의 등기청구권은 다른 채권과는 달리 소멸시효에 걸리지 않는다고 해석함이 타당하다'고 합니다(76다148전).

● ● ●

■ 등기청구권

1. 의의

등기청구권이란 등기권리자의 등기의무자에 대한 등기신청 협력 청구권을 말한다.

2. 법적 성질

1) 채권적 청구권

① 매매 등 법률행위에 의한 물권변동(76다148전)

② 점유취득시효(제245조제1항)로 인한 등기청구권(95다34866·34873)

2) 물권적 청구권

무 권리자에 의한 등기경료·계약의 무효·취소·해제의 경우 등과 같이 실체관계와 등기가 일치하지 않는 경우에 발생하는 등기청구권

■ 사례 55 등기인수청구권 참조

■ 사례 101 채권양도 참조

53 신축 건축물의 원시취득

물권법

Q 질문

저는 지인이 짓다 만 건물을 인수하여 제가 비용을 들여서 건물을 완공하였습니다. 제가 미완성 건물을 인수할 당시 지하 주차장 기초 골조공사가진행중이었을 뿐인데 제가 5층 건물을 완공하고 나니 지인의 채권자가 건물의 소유권이 지인에게 있음을 전제로 건물에 대한 가압류를 하였습니다. 이 경우 신축 건물의 소유권이 누구에게 귀속되는지요?

A 답변

우리 법제상 토지와 건물은 별개의 부동산으로서(제99조), 토지등기부와 건물등기부도 따로 두고 있으며(부동산 등기법 제14조), 토지는 토지대장에 등록함으로써 독립한 물건으로 인정되지만 건물은 건축물대장에 등록 여부와 상관없이 외형상 독립한 건물로 인정되는 때에 물건으로 인정이 됩니다.

따라서 짓고 있는 건물은 외형상 건물로 인정되는 때에 하나의 독립한 물건으로 되며, 이때 건물의 소유권은 건물로 인정되는 시점에 건축주가 원시취득하게 됩니다(93다1527·1534).

한편, 짓고 있는 건물의 경우에 그것이 독립한 부동산으로서의 건물이라고 하기 위하여서는 최소한의 기둥과 지붕 그리고 주벽이 이루어지면 됩니다(2002다21592·21608).

따라서 5층 건물의 지하 주차장 골조공사만 완성되었다면 이는 민법상 거래의 대상이 되는 독립한 건물로 인정되지 못합니다.

판례도, 자기의 비용과 노력으로 건물을 신축한 자는 그 건축허가가 타인의 명의로 된 여부에 관계없이 그 소유권을 원시취득하게 되는바, 따라서 건축주의 사정으로 건축공사가 중단된 미완성의 건물을 인도받아 나머지 공사를 하게 된 경우에는 그 공사의 중단 시점에 이미 사회통념상 독립한 건물이라고 볼 수 있는 정도의 형태와 구조를 갖춘 경우가 아닌 한 이를 인도받아 자기의 비용과 노력으로 완공한 자가 그 건물의 원시취득자가 된다고 하였습니다(2005다68783).

따라서 귀하가 완공된 건물을 원시취득한 건물의 소유권자이므로 지인의 채권자는 위 건물에 대하여 하등의 권리를 주장할 수 없습니다.

참고로 도급계약에 의하여 신축된 건물소유권의 귀속관계에 대하여 판례는, '일반적으로 자기의 노력과 재료를 들여 건물을 건축한 사람은 그 건물의 소유권을 원시취득하고, 다만 도급계약에 있어서는 수급인이 자기의 노력과 재료를 들여 건물을 완성하더라도 도급인과 수급인 사이에 도급인 명의로 건축허가를 받아 소유권보존등기를 하기로 하는 등 완성된 건물의 소유권을 도급인에게 귀속시키기로 합의한 것으로 보여 질 경우에는 그 건물의 소유권은 도급인에게 원시적으로 귀속된다'고 합니다(96다24804).

■ 소유권

1) 내용(제211조)

2) 토지소유권의 범위(제212조)

3) 소유권에 기한 물권적 청구권(제213조·214조)
① 소유물반환청구권(제213조)
② 소유물방해제거청구권(제214조)
③ 소유물방해예방청구권(제214조)

4) 소유권의 제한
① 권리남용금지의 원칙(제2조2항)
② 상린관계(제216조 이하)
③ 헌법(제23조) 및 공익사업을 위한 토지 등의 취득 및 보상에 관한 법률에 의한 수용
④ 구분소유권(제215조, 집합건물의 소유 및 관리에 관한 법률)

5) 소유권의 취득

소유권의 취득 중 원시취득은 타인의 권리를 바탕으로 하지 않고서 원시적으로 취득하는 것으로 이에는 건물신축에 의한 소유권취득·선점·습득·취득시효·선의취득 등이 있고, 승계취득은 타인의 권리를 바탕으로 하여 취득하는 것으로 매매(특정승계) 등 법률행위에 의한 취득과 상속(포괄승계) 등 법률의 규정에 의한 취득 등이 있다.

민법상 소유권의 특수한 취득요인으로 다음과 같은 것들이 있다.

① 취득시효(제245조~248조)

② 선의취득(제249조~251조)
③ 무주물 선점(제252조)
④ 유실물 습득(제253조)
⑤ 매장물 발견(제254조·255조)
⑥ 부합(제256조·257조)
⑦ 혼화(258조)
⑧ 가공(제259조)

■ **사례 14** 독립된 부동산으로서의 건물의 요건 참조

54 물권행위의 유인성

질문

저는 제 소유의 부동산을 매도하면서 상대방으로부터 중도금을 지급받음과 동시에 소유권이전을 해 주면 이를 담보로 금융기관으로부터 대출을 받아 잔대금을 치르겠다고 하여 이를 믿고 소유권이전등기를 완료해 주었으나 상대방은 이를 기화로 제3자에게 다시 부동산의 소유권이전을 해 주었습니다. 이 경우 제가 상대방의 잔대금 미지급을 이유로 매매계약을 해제하고 제 부동산을 되찾을 수 있는지요?

답변

예컨대 소유권이전의 합의라는 물권행위가 있으면 물권변동이 일어나고 이행의 문제가 남지 않지만, 매매계약이라는 채권행위가 있으면 채권·채무가 발생하고 그에 기하여 이를 이행하여야 하는 문제가 남는 점에서 채권행위와 물권행위는 별개의 개념입니다.

통상 채권행위가 있고 그 이행으로서 물권행위가 이루어지지만, 거래의 현실에서는 동산의 현실매매와 같이 채권행위와 물권행위가 구별 없이 하나로 합쳐서 행하여지는 경우도 허다하며, 실제로 일반인도 물권행위와 채권행위를 구별하거나 이를 의식해서 법률행위를 하지는 않는 것이 현실입니다.

나아가 소유권의 포기와 같이 채권행위가 없이 물권행위만 이루어지는 때도 있습니다.

한편 물권행위는 채권행위와 독립하여 독자적으로 행하여진다는 것이 물권행위의 독자성이론이며, 이 때 물권행위는 원인된 행위인 채권행위가 무효 또는 취소되거나 해제된 경우에 그 영향을 받느냐 하는 문제가 바로 물권행위의 유인성·무인성 이론입니다.

학설상으론 물권행위의 독자성 문제와 물권행위의 유·무인성 이론을 둘러싸고 논쟁이 많지만 판례의 입장은 단호히 물권행위의 독자성과 무인성을 부인하고 있습니다.

다시 말하면, 이건과 같이 부동산 매매계약(채권행위)이 해제된 경우에 그 계약의 이행으로 이루어진 소유권이전등기(물권행위)도 당연히 원소유자에게로 복귀하느냐의 문제가 바로 물권행위의 유·무인성 문제이며, 이 경우 제3자와의 관계가 문제됩니다.

판례는 '민법 548조 1항 본문에 의하면 계약이 해제되면 각 당사자는 상대방을 계약이 없었던 것과 같은 상태에 복귀하게 할 의무를 부담한다는 뜻을 규정하고 있으며, 이때 계약에 따른 채무의 이행으로 이미 등기나 인도를 하고 있는 경우에 그 원인행위인 채권계약이 해제됨으로써 원상회복 된다고 할 때 그 이론 구성에 관하여 소위 채권적 효과설과 물권적 효과설이 대립되어 있으나 우리의 법제가 물권행위의 독자성과 무인성을 인정하고 있지 않는 점과 민법 548조 1항 단서가 거래안정을 위한 특별규정(무인성의 입장에서는 제3자 보호규정은 무의미하다고 함)이란 점을 생각할 때 계약이 해제되면 그 계약의 이행으로 변동이 생겼던 물권은 당연히 그 계약이 없었던 원상태로 복귀한다'고 하였습니다(75다1394).

따라서 부동산 매매계약해제로 귀하와 상대방사이에서는 귀하 명의로의 등기 없이도 당연히 소유권이 회복되지만 민법 제548조 1항 단서의 제3자 보호규정(선의·악의를 불문)에 따라 이미 제3자에게 넘어간 부동산의 소유권을 되찾기는 어려울 것입니다.

결국 귀하는 거래 상대방을 상대로 형사상 사기죄 등으로 고소하거나, 민사상 손해배상 등 청구를 할 수 밖에 없을 것으로 보입니다.

물론 이 경우에 제3자가 상대방과 짜고 허위표시를 한 경우에는 제108조의 통정허위표시를 주장하여 무효인 제3자명의의 부동산을 반환받을 수 있으며, 제406조의 채권자취소권을 행사해서 제3자명의의 부동산을 되찾을 수도 있습니다.

■ 물권행위

1. 의의

물권행위는 물권변동을 목적으로 하는 의사표시를 요소로 하는 법률행위이며, 이에 비하여 채권행위는 채권발생을 목적으로 하는 의사표시를 요소로 하는 법률행위이다.

2. 물권행위의 독자성

물권행위가 그 원인이 되는 채권행위와 별개로 독자적으로 행하여진다는 것이 물권행위의 독자성이론이며, 학설은 인정설·부정설로 대립되어 있으며, 독자성 여부는 논의의 실익이 없을 뿐만 아니라 실거래에 있어서도 채권행위와 물권행위를 구별하거나 의식해서 법률행위를 하지 않는다는 점에서 부정하는 것이 타당하다(75다1394).

3. 물권행위의 유·무인성

물권행위는 원인된 행위인 채권행위가 무효 또는 취소되거나 해제된 경우에 그 영향을 받느냐 하는 문제가 바로 물권행위의 유인성·무인성 이론이며, 영향을 받아 물권행위도 무효로 된다는 것이 유인성(유인론)이고 영향을 받지않고 물권행위는 무효로 되지 않는다는 것이 무인성(무인설)이론이다.

다수설과 판례(75다1394)는 물권행위의 유인성을 인정하고 있다.

4. 물권행위의 유·무인성과 계약해제(제548조)의 효과의 법리

1) 직접효과설

해제로 인하여 계약은 소급적으로 소멸

① 채권적 효과설(물권행위의 무인성)

계약이 해제되더라도 이행행위(물권행위)는 유효하므로 무효인 채권행위의 원상회복으로서 부당이득반환청구가 가능하다.

② 물권적 효과설(물권행위의 유인성: 판례)

계약이 해제되면 그 계약의 이행으로 변동이 생겼던 물권도 당연히 복귀하므로 원상회복으로서 물권적 청구권(소유물반환청구권)을 행사하여 목적물의 반환을 청구할 수 있다.

2) 청산관계설

해제로 인하여 계약은 소급적으로 소멸하는 것이 아니라 청산관계로 변경되어 그 청산절차로서 이행된 부분을 원상회복한다.

사례 122 부동산 매매계약에 있어서 잔대금 지급기일을 넘기면 자동해제 된다는 약정의 의미 참조

사례 123 계약해제와 제3자 보호 참조

55 등기인수청구권

질문

저는 1년 전 제 부동산을 매도하면서 그 대금을 전부 지급받았으나 매수인은 이런 저런 핑계를 대면서 소유권이전을 미루고 있습니다. 이 때문에 제가 지금껏 부동산에 대한 제세공과금을 납부하고 있는데, 소송을 해서라도 매수인이 빨리 소유권을 넘겨가도록 강제할 방법은 없는지요?

답변

부동산에 관한 법률행위로 인한 물권의 득실변경은 등기하여야 효력이 생기며(제186조), 법률행위에 의하지 아니한 상속·공용징수·판결·경매 기타 법률의 규정에 의한 부동산에 관한 물권의 취득은 등기를 요하지 아니하나, 이를 처분하려면 등기를 하여야 합니다(제187조).

통상 등기는 원칙적으로 등기권리자와 등기의무자의 공동신청으로 행하여 지는데(부동산등기법 제23조제1항), 이 때 등기의무자가 등기신청에 협력하지 않으면 등기권리자가 등기신청에 협력하도록 강제할 수 있는 권리가 등기청구권입니다.

따라서 통상 등기청구권은 부동산매매의 경우에 등기권리자인 부동산 매수인이 가지게 됩니다.

그런데 이건과 같이 경우에 따라서는 부동산 매수인이 이런 저런 이유로 등기신청을 미루는 경우에 부동산 매도인으로서는 현실적으로 세금 등의 불이익을 보게 되므로 부동산 매도인의 입장에서 볼 때 소유권이전을 강제할 방법이 있는지가 문제됩니다.

판례는 '부동산등기법은 등기는 등기권리자와 등기의무자가 공동으로 신청하여야 함'을 원칙으로 하면서도(제23조제1항), 제23조제4항에서 '판결에 의한 등기는 승소한 등기권리자 또는 등기의무자만으로' 신청할 수 있도록 규정하고 있는바, 위 법조에서 승소한 등기권리자 외에 등기의무자도 단독으로 등기를 신청할 수 있게 한 것은, 통상의 채권채무 관계에서는 채권자가 수령을 지체하는 경우 채무자는 공탁

등에 의한 방법으로 채무부담에서 벗어날 수 있으나 등기에 관한 채권채무 관계에 있어서는 이러한 방법을 사용할 수 없으므로, 등기의무자가 자기 명의로 있어서는 안 될 등기가 자기 명의로 있음으로 인하여 사회생활상 또는 법상 불이익을 입을 우려가 있는 경우에는 소의 방법으로 등기권리자를 상대로 등기를 인수받아 갈 것을 구하고 그 판결을 받아 등기를 강제로 실현할 수 있다'고 하였습니다(2000다60708).

따라서 귀하는 위와 같은 등기인수청구권에 기하여 소유권이전등기신청절차의 협력에 불응하는 매수인을 상대로 목적부동산의 등기를 인수받아 갈 것을 구하는 판결을 받아 단독으로 소유권이전등기신청을 할 수 있습니다.

사례 52 부동산매매로 인한 소유권이전등기청구권의 양도성 참조

56 공유물과 상호명의신탁

물권법

질문

저는 1필지의 토지의 2/3부분을 특정하여 소유하였지만 편의상 등기는 전체 토지의 2/3지분의 공유 지분 등기를 경료한 사람으로부터 그의 지분을 매수하여 이전등기를 완료하였습니다. 저는 이제 제가 특정하여 점유하고 있는 부분을 제 명의로 단독등기를 하고 싶은데, 그 방법을 알려주세요.

답변

물건이 지분(1개의 소유권의 분량적 일부분)에 의하여 수인의 소유로 된 것을 공유라고 하며(제262조), 공유자는 그 지분을 처분할 수 있고 공유물 전부를 지분의 비율로 사용·수익할 수 있습니다(제263조).

나아가 공유자는 계약이나 법률의 규정이 없으면 언제든지 공유물의 분할을 청구할 수 있습니다(제268조). 그런데 이와 같은 공유물 분할은 공유자가 전체의 부동산을 지분으로서 보유할 뿐 각자가 특정부분을 점유하고 있는 경우가 아닐 때 허용되는 것입니다.

사안의 경우처럼, 1필의 토지를 여러 사람이 특정하여 소유하고 있지만 당사자의 합의로 전체 필지에 관하여 공유 지분등기를 경료 한 경우에 판례는 '1필지 토지 일부를 특정하여 취득하고 등기는 편의상 전체에 관하여 공유 지분등기를 경료 한 경우 그 특정부분이외 부분에 관한 등기는 상호 명의신탁에 의한 수탁자의 등기로서 유효하고 적어도 외부관계에 있어서는 1필지 전체에 관하여 적법한 공유관계가 성립되어 그 공유 지분 이전등기는 내부관계에 있어 소유권을 취득한 특정부분에 한하지 않고, 그 전부에 대하여 유효하게 이전될 수 있다'고 합니다(79다741).

나아가 그 분할방법에 관하여는 공유자 상호간 특정부분에 관하여 상호명의신탁관계에 있으므로 공유물 분할의 청구를 할 것이 아니라 자기 소유부분에 관하여 지분의 명의신탁해지를 원인으로 하는 지분이전등기를 청구하여야 한다고 합니다(85다카 451·452, 88다카10517).

따라서 귀하는 공유자를 상대로 귀하 소유의 특정 부분에 관하여 상대방 지분인 1/3의 명의신탁해지를 원인으로 하는 지분이전등기청구를 해서 귀하 단독명의로 할 수 있습니다.

한편 부동산 실권리자명의 등기에 관한 법률 제2조에 따르면 부동산의 위치와 면적을 특정하여 2인 이상이 구분소유하기로 하는 약정을 하고 그 구분소유자의 공유로 등기한, 소위 상호명의신탁의 경우는 동법에서 금지하고 있는 명의신탁약정에서 제외하고 있습니다.

사례 57 명의신탁약정의 효력 참조

57 부동산 명의신탁약정의 효력

물권법

질문

저는 제 명의로 부동산을 취득할 수 없는 사정이 있어서 친구에게 부탁하여 처음부터 친구가 부동산매매계약을 하고 친구명의로 소유권이전등기를 마쳤으며, 매도인도 당연히 친구를 계약당사자로 알고 있습니다. 당시 부동산매매대금은 물론이고 취득세 등 등록비용도 모두 제가 부담하였으며, 현재 부동산의 시가가 2배 상승하였습니다. 그런데 이제 제 앞으로 부동산을 넘겨 달라고 하자 친구는 이를 거절하고 있는데, 제가 부동산에 대한 권리주장을 할 수 없는지요?

답변

부동산 실권리자 명의 등기에 관한 법률 제4조 제1항·2항에 따라 명의신탁약정과 그에 따른 물권변동은 무효입니다. 다만 이 경우에도 동조 제3항에 따라 이를 제3자에게 대항하지 못하며, 제3자의 선의·악의를 묻지 않습니다(2008다36022).

한편 동법 제2조에서 말하는 명의신탁약정이란 '부동산에 관한 소유권 기타 물권을 보유한 자 또는 사실상 취득하거나 취득하려고 하는 자가 타인과의 사이에서 대내적으로는 명의신탁자가 부동산에 관한 물권을 보유하거나 보유하기로 하고 그에 관한 등기는 명의수탁자 명의로 하기로 하는 약정'을 의미합니다.

한편 동법에서 규율하는 명의신탁에는 세 가지의 유형이 존재합니다.

먼저 전형적인 명의신탁(양자 간 명의신탁)으로서 부동산물권자로 등기된 자(명의신탁자)가 약정에 따라 타인명의(명의수탁자)로 등기하는 경우로, 이는 언제나 무효(명의신탁에 의한 등기가 무효라는 의미)이므로 신탁자가 소유권에 기하여 수탁자 명의의 부동산의 소유권이전 내지 말소를 청구하여 소유권을 되찾을 수 있으며(2002다35157), 이 경우에도 명의신탁 약정의 해지에 기한 이전등기나 말소등기를 청구할 수는 없습니다(97마384).

다음으로 신탁자가 상대방과 물권을 취득하는 계약을 체결하면서 그 등기는 수탁자와의 약정에 기하여 상대방으로부터 직접 수탁자명의로 하는 경우(3자간 명의신탁내지 중간생략 명의신탁)로 이것도 위와 마찬가지로 무효가 됩니다. 다만 이 경우에는 신탁자와 상대방 사이의 매매는 여전히 유효하므로 신탁자가 상대방에 대하여 매매로 인한 소유권이전등기청구권을 가지며, 나아가 상대방의 수탁자에 대한 등기말소청구권(명의신탁에 의한 등기가 무효이므로 상대방은 수탁자를 상대로 등기말소청구권을 가짐)을 신탁자가 대위 행사하여 부동산에 대한 소유권을 되찾을 수 있습니다(99다21738).

마지막으로 이건의 경우와 같이 수탁자가 신탁자와의 명의신탁약정에 기하여 처음부터 수탁자가 계약의 당사자가 되어 그의 명의로 등기를 하는 소위 계약명의신탁의 경우에는 수탁자와 계약을 체결하는 상대방의 선의·악의 여부에 따라 결론이 달라집니다(동법 제4조2항). 즉 상대방이 명의신탁약정을 알았다면(악의) 이는 무효가 되지만, 상대방이 이를 몰랐다면(선의) 수탁자명의로의 등기는 유효하므로 신탁자는 상대방을 상대로는 어떤 청구를 할 수도 없을 뿐만 아니라, 신탁자가 수탁자를 상대로 부동산의 반환을 구하지도 못하게 됩니다. 다만 이 경우 명의신탁자와 수탁자 사이의 명의신탁약정이 무효이고 따라서 수탁자는 법률상 부당이득을 하고 있으므로 신탁자는 수탁자를 상대로 부동산 매매대금과 제반 취득비용의 반환을 구할 수밖에 없습니다(2007다90432).

따라서 귀하의 경우에도 부동산 매도인이 귀하와 친구사이에 명의신탁약정이 있었음을 몰랐다면 귀하는 친구를 상대로 부동산 그 자체의 반환을 청구하기는 어렵고, 다만 부동산 매매대금 및 그 취득에 다른 제세공과금 상당액을 부당이득으로 청구할 수 있을 뿐입니다.

58 일조방해로 인한 손해배상청구권

물권법

Q 질문

제가 살고 있는 주택의 남쪽에 20층 높이의 아파트가 들어선 이후로 햇빛이 제대로 들어오지 않아서 낮에도 불을 켜고 지내야 하는 형편입니다. 이 경우 제가 아파트업자를 상대로 손해배상을 청구할 수 있는지요?

A 답변

민법 제214조는 소유자는 소유권을 방해하는 자에 대하여 방해의 제거를 청구할 수 있고, 소유권을 방해할 염려 있는 행위를 하는 자에 대하여 그 예방이나 손해배상의 담보를 청구할 수 있다고 규정하였으며(95다23378), 제217조는 토지 소유자는 매연, 열기체, 액체, 음향, 진동 기타 이에 유사한 것으로 이웃 토지의 사용을 방해하거나 이웃 거주자의 생활에 고통을 주지 아니하도록 적당한 조처를 할 의무가 있으며, 아울러 이웃 거주자로서는 그러한 사태가 통상의 용도에 적합할 때, 즉 수인한도를 넘지 않을 때에는 이를 인용할 의무가 있다고 규정하였습니다.

따라서 이웃의 생활방해가 수인한도를 넘는 경우에는 불법행위(제750조)로 인한 손해배상책임이 있다고 할 것입니다.

그런데 헌법 제35조는 환경권을 규정하고 있지만 민법에서는 사법상의 권리로서의 환경권을 인정하는 명문규정이 없으므로 환경권에 기하여 직접 방해배제청구권을 행사할 수는 없습니다(96다56153).

한편 일조권침해란 태양의 직사광선을 향유하는 북쪽 건물의 소유자 등이 그 건물의 남쪽에 들어선 건물로 말미암아 기존에 누리던 일조량이 줄어짐으로 말미암아 입은 피해를 말합니다.

그런데 민법상의 상린관계 규정으로 통상 이웃하는 토지의 소유자는 수인한도의 범위 내에서 이를 인용할 의무가 있는 것이므로, 과연 어느 정도의 일조권침해가 있으면 민법상의 불법행위를 구성하는지가 문제됩니다.

이 경우에 판례는 '건물의 신축으로 인하여 그 이웃 토지상의 거주자가 직사광선이 차단되는 불이익을 받은 경우에 그 신축행위가 정당한 권리행사로서의 범위를 벗어나 사법상 위법한 가해행위로 평가되기 위하여서는 그 일조방해의 정도가 사회통념상 일반적으로 인용하는 수인한도를 넘어야 하고, 건축법 등 관계 법령에 일조방해에 관한 직접적인 단속법규가 있다면 동 법규에 적합한지 여부가 사법상 위법성을 판단함에 있어서 중요한 판단자료가 될 것이지만, 이러한 공법적 규제에 의하여 확보하고자 하는 일조는 원래 사법상 보호되는 일조권을 공법적인 면에서도 가능한 한 보증하려는 것으로서 특별한 사정이 없는 한 일조권 보호를 위한 최소한도의 기준으로 봄이 상당하고, 구체적인 경우에 있어서는 어떠한 건물신축이 건축 당시의 공법적 규제에 형식적으로 적합하다고 하더라도 현실적인 일조방해의 정도가 현저하게 커 사회통념상 수인한도를 넘은 경우에는 위법행위로 평가될 수 있고, 사회통념상 수인한도를 넘었는지 여부는 피해의 정도, 피해이익의 성질 및 그에 대한 사회적 평가, 가해 건물의 용도, 지역성, 토지이용의 선후관계, 가해방지 및 피해회피의 가능성, 공법적 규제의 위반 여부, 교섭 경과 등 모든 사정을 종합적으로 고려하여 판단하여야 하고, 건축 후에 신설된 일조권에 관한 새로운 공법적 규제 역시 이러한 위법성의 평가에 있어서 중요한 자료가 될 수 있다(98다23850)'고 하면서 구체적으로 '동지를 기준으로 오전 8시부터 오후 4시까지의 8시간 중 연속하여 4시간 이상 또는 오전 9시부터 오후 3시까지의 6시간 중 연속하여 2시간 이상의 일조가 확보되지 아니하면 수인한도를 넘는 일조방해로서 불법행위를 구성한다'고 합니다(2003다64602).

이 경우 일조장해, 사생활 침해, 시야차단으로 인한 압박감, 소음, 분진, 진동 등과 같은 생활이익의 침해로 인하여 발생한 재산적 손해의 항목 중 토지·가옥의 가격저하에 의한 손해를 산정함에 있어서는 광열비·건조비 등의 지출 증대와는 별도로 일조장해 등과 상당인과관계가 있는 정상가격의 감소액을 부동산감정 등의 방법으로 평가하여야 할 것이고, 분양된 아파트가 일조피해를 입고 있는 경우 그 아파트의 시세가 분양대금에 물가상승률이나 예금금리를 감안한 금액보다 높게 유지된다고 하여 그 소유자에게 당해 아파트의 가격저하로 인한 손해가 발생하지 아니하였다고 볼 수 없습니다(98다23850).

따라서 귀하의 경우에도 위와 같은 일조량이 확보되지 아니하면 아파트업자를 상대로 일조권침해에 따른 광열비·건조비 등의 지출 증가액은 물론 주택가격 하락분과 아울러 일조권침해에 따른 정신상의 고통을 이유로 한 위자료청구도 아울러 할 수 있습니다.

■ 수인한도 초과의 예

1) 병원시체실의 설치로 그 인접지 거주자가 받을 피해와 고통이 사회관념상 일반적으로 수인하여야 할 정도의 것일 때에는 거주자가 이를 수인하여야 하나 그 정도를 초과할 때에는 수인의무가 없고 오히려 방해사유의 제거 내지 예방조치를 청구할 수 있다(68다1489).

2) 의료법인이 운영하는 종합병원의 부지와 인근 주민들이 거주하는 연립주택의 부지는 모두 도시계획법에 의하여 일반상업지역으로 지정된 지역 내에 위치하고 있기는 하지만, 그 지역의 현황은 상가 등 근린생활시설과 주택이 혼재하여 있고, 그 연립주택의 전면이 그 병원의 부지 쪽을 향하여 건축된 다음 상당한 기간이 지난 후에 그 병원이 건축되었으며 그 연립주택 부지와 병원 부지 사이의 경계로부터 그 병원의 3층 산부인과 입원실의 연립주택 쪽 창문까지의 직선거리는 차면시설의무가 있는 법정 거리인 2m에 미치지 못하는 경우, 비록 그 병원이 그 부지의 도시계획상 용도에 적합한 시설이고 그 병원과 같은 종합병원은 공익시설이며 이를 운영함에 있어서 응급실과 영안실의 설치가 필수적이라고 하더라도 그 병원 및 연립주택의 현황과 그 위치한 지역의 형태, 토지 이용의 선후 관계, 의료법인으로서는 그 병원의 운영에 지장을 초래하지 않는 범위 내에서 인근 주민들의 생활방해를 방지하거나 감소시키기 위한 조치를 할 수 있었을 것으로 보이는 점 등 제반 사정에 비추어 볼 때, 의료법인이 그와 같은 조치를 하지 아니함으로써 발생한 생활방해는 인근 주민들에게 사회통념상 요구되는 수인의 한도를 넘은 것이라고 봄이 상당하다(95다15599).

59 취득시효와 불법행위

질문

저는 임야 소유명의자를 상대로 취득시효를 원인으로 한 소유권이전등기청구소송을 제기하였는데, 재판 도중 임야소유 명의자가 이를 제3자에게 매도하여 제3자 앞으로 소유권을 넘겨버렸습니다. 이 경우에 제가 임야를 되찾을 수 있는지요?

답변

민법 제245조는 20년간 소유의 의사로 평온·공연하게 부동산을 점유하는 자는 등기함으로써 그 소유권을 취득한다. 부동산의 소유자로 등기한 자가 10년간 소유의 의사로 평온·공연하게 선의이며 과실 없이 그 부동산을 점유한 때에는 소유권을 취득한다고 규정하였습니다.

이에 따라 취득시효 완성자는 취득시효의 완성으로 해당 부동산의 소유권을 취득하는 것이 아니라 취득시효 완성 당시의 소유 명의자에 대하여 채권적 청구권인 소유권이전등기청구권을 취득하게 됩니다(98다59132).

따라서 부동산에 관한 점유취득시효가 완성된 후에 그 취득시효를 주장하거나 이로 인한 소유권이전등기청구를 하기 이전에는 그 등기명의인인 부동산 소유자로서는 특별한 사정이 없는 한 그 시효취득 사실을 알 수 없는 것이므로 이를 제3자에게 처분하였다 하더라도 그로 인한 손해배상책임을 부담하지 않는 것이나, 등기명의인인 부동산 소유자가 그 부동산의 인근에 거주하는 등으로 그 부동산의 점유·사용관계를 잘 알고 있고, 시효취득을 주장하는 권리자가 등기명의인을 상대로 취득시효완성을 원인으로 한 소유권이전등기 청구소송을 제기하여 등기명의인이 그 소장 부본을 송달받은 경우에는 등기명의인이 그 부동산의 취득시효완성 사실을 알았거나 알 수 있었다고 봄이 상당하므로, 그 이후 등기명의인이 그 부동산을 제3자에게 매도하거나 근저당권을 설정하는 등 처분하여 취득시효완성을 원인으로 한 소유권이전등기의무가 이행불능에 빠졌다면 그러한 등기명의인의 처분행위는 시효취득자에 대한 소유권이전등기의무를 면탈하기 위하여 한 것으로서 위법하고, 부동산을 처분한 등기명의인은 이로 인하여 시효취득자가 입은 손해를 배상할 책임이 있습니다(99다20926).

나아가 부동산을 취득한 제3자가 부동산 소유자의 이와 같은 불법행위에 적극 가담하였다면, 부동산의 이중매매의 무효화 법리에 따라 이는 사회질서에 반하는 행위로서 무효이므로 시효취득자는 해당 부동산의 소유권을 취득할 수도 있습니다(94다52416).

따라서 제3자가 귀하의 취득시효완성사실 등을 알지 못하였다면 제3자 명의의 소유권에 대하여 귀하는 아무런 권리가 없으며, 다만 원래의 임야소유자를 상대로 임야의 시가상당액을 손해배상으로 청구할 수 있을 뿐입니다.

그리고 이런 사태를 미연에 방지하기 위하여 소유권이전등기청구소송을 제기하기 전에 임야 소유자를 상대로 임야를 타에 처분하지 못하도록 처분금지가처분을 하여야 합니다.

■ 취득시효

1. 의의

권리를 행사하고 있는 사실상태가 일정한 기간 계속된 경우에, 그가 진실한 권리자인가를 묻지 않고서 처음부터 권리자였던 것으로 인정하는 제도를 말한다.

취득시효의 존재이유는 실질적으로 권리를 취득하고 그 권리를 행사하고 있었으나 오래 전의 권리취득사실을 증명하지 못하는 권리자를 보호하려는 데 있으므로 단순히 장기간 점유한 사실 자체만으로 인정되는 것이 아니라 엄격한 요건 하에 예외적으로 인정되는 제도이다.

2. 종류

1) 부동산 소유권의 취득시효(제245조)

① 점유취득시효

② 등기부취득시효

2) 동산 소유권의 취득시효(제246조)

3. 부동산 점유 취득시효

1) 객체

① 부동산 점유 취득시효의 대상이 되는 부동산은 타인의 것이어야 할 필요는 없으며, 자기의 부동산이지만 그 소유권을 입증할 수 없을 때에도 취

득시효를 주장할 수 있으며(2001다17572), 성명불상자의 소유물에 대하여도 시효취득이 가능하다(91다9312).

② 국유·공유재산은 원칙적으로 시효취득 할 수 없으나 그 중에서도 일반재산은 가능하다(국유재산법 제7조, 6조. 공유재산 및 물품관리법 제6조, 5조).

③ 1필의 토지의 일부도 시효취득 할 수 있다(88다카9494).

2) 취득시효의 요건으로서의 자주점유

① 부동산 점유 취득시효가 인정되려면 20년 간 소유의 의사로 평온·공연하게 점유하여야 하며, 여기서 말하는 '소유의 의사'란 자주점유 즉, 소유자와 동일한 배타적 지배를 사실상 행사하려는 의사를 가지고 하는 점유(94다17475)를 의미한다.

② 민법 제197조는 점유자는 소유의 의사로 선의·평온·공연하게 점유한 것으로 추정하므로 시효취득을 주장하는 자가 이를 입증할 필요는 없으며, 이를 다투는 자(시효취득을 저지하고자 하는 자)가 그러한 점유가 아님을 입증하여야 한다(85다카1891).

③ 점유자의 점유가 소유의 의사 있는 자주점유인지 아니면 소유의 의사 없는 타주점유인지의 여부는 점유자의 내심의 의사에 의하여 결정되는 것이 아니라 점유 취득의 원인이 된 권원의 성질이나 점유와 관계가 있는 모든 사정에 의하여 외형적·객관적으로 결정되어야 하는 것이기 때문에 점유자가 성질상 소유의 의사가 없는 것으로 보이는 권원에 바탕을 두고 점유를 취득한 사실이 증명되었거나, 점유자가 타인의 소유권을 배제하여 자기의 소유물처럼 배타적 지배를 행사하는 의사를 가지고 점유하는 것으로 볼 수 없는 객관적 사정, 즉 점유자가 진정한 소유자라면 통상 취하지 아니할 태도를 나타내거나 소유자라면 당연히 취했을 것으로 보이는 행동을 취하지 아니한 경우 등 외형적·객관적으로 보아 점유자가 타인의 소유권을 배척하고 점유할 의사를 갖고 있지 아니하였던 것이라고 볼 만한 사정이 증명된 경우에도 그 추정은 깨어진다(95다28625전).

3) 20년간의 점유

부동산 점유취득시효가 인정되려면 20년간 계속하여 점유하여야 하며, 시효기간 중 계속하여 등기명의자가 동일한 경우에는 기산점을 어디에 두어도 되나(76다487·488),시효기간 만료 후 이해관계 있는 제3자가 있는 경우에는 기산점을 임의로 선택할 수 없으며(77다47), 나아가 취득시효 완성 후 등기명의가 변경되고 그 뒤에 다시 취득시효가 완성된 때에는 등기명의 변경시를 새로운 기산점으로 삼을 수 있다(93다46360전).

4) 취득시효의 효과

① 시효완성 당시의 소유자에 대하여 취득시효완성을 이유로 한 소유권이전등기청구권(채권적 청구권)이 발생하며(89다카1305), 점유가 계속되는 한 청구권은 시효로 소멸하지 않으며(94다28468), 그 후 점유를 상실하였다고 하더라도 이를 시효이익의 포기로 볼 수 있는 경우가 아니면 바로 소멸되지 않는다(93다47745전).

② 취득시효기간이 만료된 토지의 점유자는 그 기간만료 당시의 토지소유자에 대하여 시효취득을 원인으로 하는 소유권이전등기청구권을 가짐에 그치고, 취득시효기간만료 후에 새로이 그 토지의 소유권을 취득한 사람에 대하여는 시효취득으로 대항할 수 없다(89다카1305).

60 취득시효완성 후의 매수제의와 시효이익 포기여부

물권법

Q 질문

저는 25년 전 주택업자가 신축한 단독주택을 매입하여 지금까지 살고 있습니다. 그런데 1년 전 이웃집을 매수하여 이사 온 사람이 측량결과 제가 사는 집이 이웃집 대지 2평을 침범하여 건축된 사실을 알게 되었습니다. 저는 법적 분쟁이 싫어서 적정가격에 이를 매수하려고 하였으나 이웃집 사람은 턱없이 높은 가격에 사가라고 요구하고 있는데, 해결책이 없는지요?

A 답변

민법 제245조는 20년간 소유의 의사로 평온, 공연하게 부동산을 점유하는 자는 등기함으로써 그 소유권을 취득하며, 부동산의 소유자로 등기한 자는 10년간 소유의 의사로 위와 같은 요건으로 점유한 때에는 마찬가지로 그 소유권을 취득한다고 규정하였습니다.

여기서 말하는 '소유의 의사'란 자주점유 즉, 소유자와 동일한 배타적 지배를 사실상 행사하려는 의사를 가지고 하는 점유(94다17475)를 의미하며, 한편 민법 제197조 제1항에 의하면 물건의 점유자는 소유의 의사로 점유한 것으로 추정되므로 점유자가 취득시효를 주장하는 경우에 있어서 스스로 소유의 의사를 입증할 책임은 없고, 오히려 그 점유자의 점유가 소유의 의사가 없는 점유임을 주장하여 점유자의 취득시효의 성립을 부정하는 자에게 그 입증책임이 있습니다.

나아가 점유자의 점유가 소유의 의사 있는 자주점유인지 아니면 소유의 의사 없는 타주점유인지의 여부는 점유자의 내심의 의사에 의하여 결정되는 것이 아니라 점유 취득의 원인이 된 권원의 성질이나 점유와 관계가 있는 모든 사정에 의하여 외형적·객관적으로 결정되어야 합니다(95다28625전).

따라서 귀하가 25년 전 주택업자가 신축한 단독주택을 매입하여 지금까지 아무런 문제없이 살았다면 설사 귀하의 주택이 주택업자의 실수로 이웃집의 대지 2평을 침범하여 건축되었다 하더라도 귀하로서는 담장을 경계로 한 대지를 귀하의 소유로 알고 점유한 것이므로 침범한 대지 2평부분에 대하여는 시효취득을 한 것으로 보입니다.

그럼에도 불구하고 귀하는 취득시효가 완성된 후에 침범한 대지부분에 대하여 매수제의를 한 적이 있는데, 이것이 취득시효 완성 후에 스스로 시효이익을 포기한 것으로 간주되느냐가 문제됩니다.

이 경우에 판례는 '점유자가 취득시효기간이 경과한 후에 상대방에게 토지의 매수제의를 한 일이 있다하더라도 일반적으로 점유자는 취득시효가 완성한 후에도 소유권자와의 분쟁을 간편히 해결하기 위하여 매수를 시도하는 사례가 허다함에 비추어 이와 같은 매수제의를 하였다는 사실을 가지고 점유자가 시효의 이익을 포기한다는 의사표시로 보거나 악의의 점유로 간주된다고 할 수 없다'고 합니다(82다708·709전).

나아가 '담장 경계 내에 위치한 타인 소유의 대지에 대하여 시효취득을 인정하면서, 취득시효 완성 후에 매도하여 줄 것을 요청한 바 있으나, 매수대금에 대한 견해차로 매수교섭이 결렬된 바 있다는 사실만으로 시효이익을 포기하였다고 볼 수 없다'고도 하였습니다(90다12977).

따라서 귀하는 지금이라도 위의 대지 2평에 대하여 취득시효 완성을 이유로 한 소유권이전등기 청구를 할 수 있습니다.

사례 59 취득시효와 불법행위 참조

61 공유물의 보존행위

질문

저는 평소 알고 지내는 후배와 반반씩 돈을 내서 대지를 매입하고 각 1/2지분씩 공유등기를 마쳤습니다. 그런데 후배는 저와는 아무런 상의를 하지 않고서 일방적으로 대지위에 건물을 지어 창고로 사용하고 있습니다. 이 경우 공유자로서 제가 취할 수 있는 법적인 방법은 없는지요?

답변

민법상 공유자는 그 지분을 처분할 수 있고 공유물 전부를 지분의 비율로 사용·수익할 수 있으며(제263조), 공유물의 관리에 관한 사항은 공유자의 지분의 과반수로써 결정하되 보존행위는 각자가 할 수 있습니다(제265조).

따라서 제3자가 공유물을 불법점유하고 있다면 각 공유자는 그의 지분비율에 따라 반환을 청구할 수 있음은 물론이고, 각 공유자가 그의 지분에 기하여 단독으로 공유물에 관한 보존행위의 일환으로 공유물 전부의 인도를 청구할 수도 있습니다(68다1142·1143).

나아가 이건의 경우와 같이, 공유자 중의 1인이 공유물의 전부를 배타적·독점적으로 사용하는 경우에 다른 공유자는 단독으로 공유물 전부의 인도를 구할 수 있는지가 문제됩니다.

이 경우에 판례는 '지분을 소유하고 있는 공유자나 그 지분에 관한 소유권이전등기청구권을 가지고 있는 자라고 할지라도 다른 공유자와의 협의 없이는 공유물을 배타적으로 점유하여 사용 수익할 수 없는 것이므로, 다른 공유권자는 자신이 소유하고 있는 지분이 과반수에 미달되더라도 공유물을 점유하고 있는 자에 대하여 공유물의 보존행위로서 공유물의 인도나 명도를 청구할 수 있다'고 합니다(93다9392·9408전).

그리고 물건을 공유자 양인이 각 1/2 지분씩 균분하여 공유하고 있는 경우 1/2 지분권자로서는 다른 1/2 지분권자와의 협의 없이는 이를 배타적으로 독점 사용할 수 없고, 나머지 지분권자는 공유물보존행위로서 그 배타적 사용의 배제, 즉 그 지상 건물의 철거와 토지의 인도 등 점유배제를 구할 권리가 있으며(2002다57935), 공유자의 1인이 지분과반수의 협의 없이 공유물의 전부 또는 일부(특정부분)를 배타적으로 사용하는 경우에 다른 공유자는 그의 지분비율로 부당이득을 청구할 수 있습니다(72다1814).

다만 과반수의 지분권을 가진 자가 배타적으로 사용·수익할 것을 정하는 것은 공유물의 관리방법(제265조)으로서 적법하다고 합니다(88다카33855).

따라서 귀하는 공유물의 1/2지분권자로서 귀하와 아무런 협의 없이 공유물을 배타적·독점적으로 사용·수익하고 있는 다른 공유자를 상대로 그 지상 건물의 철거와 토지의 인도를 청구할 수 있습니다.

나아가 과반수 지분의 공유자는 공유자와 사이에 미리 공유물의 관리방법에 관하여 협의가 없었다 하더라도 공유물의 관리에 관한 사항을 단독으로 결정할 수 있으므로 과반수 지분의 공유자는 그 공유물의 관리방법으로서 그 공유토지의 특정된 한 부분을 배타적으로 사용·수익할 수 있으나, 그로 말미암아 지분은 있으되 그 특정 부분의 사용·수익을 전혀 하지 못하여 손해를 입고 있는 소수 지분권자에 대하여 그 지분에 상응하는 임료 상당의 부당이득을 하고 있다 할 것이므로 이를 반환할 의무가 있다 할 것입니다(88다카33855).

공유

1. 의의

물건이 지분에 의하여 수인의 소유로 된 때에는 공유(제262조)로 하며, 지분이란 1개의 소유권의 분량적 일부분(양적분할설)을 말한다(91다27228).

2. 공유의 성립

1) 법률행위에 의한 성립

하나의 물건을 수인이 공유하기로 협의하거나 공유의 의사로 매수하는 경우에 성립하며, 동산의 경우에는 공동점유를, 부동산에 관하여는 공유 지분등기를 요한다.

2) 법률규정에 의한 성립

타인의 물건으로부터 발견한 매장물(제254조단서), 동산 사이의 부합(제257조단서), 공동상속재산(제1006조) 등은 법률의 규정에 의하여 공유가 성립한다.

3. 공유의 지분

1) 지분의 비율

지분의 비율은 법률의 규정이나 공유자의 의사표시에 의하여 정하여지나, 그렇지 아니한 경우에는 균등한 것으로 추정한다(제262조2항).

2) 지분의 처분

공유자는 그 지분을 처분할 수 있고, 공유물 전부를 지분의 비율로 사용·수익할 수 있다(제263조).

4. 공유관계소송

1) 지분의 침해가 있는 경우에 있어서의 방해배제청구·부당이득반환청구
각 공유자는 그의 지분에 기하여 단독으로 보존행위의 일환으로 공유물의 반환청구 등을 할 수 있다(68다1142·1143).

2) 공유관계의 대외적 주장(제3자를 상대로 전체로서의 공유관계를 주장해서 그 확인을 구하거나 등기를 청구하는 경우 등)을 하는 경우에는 공유자전원이 공동으로 하여야 한다(94다35008). → 필수적 공동소송(민사소송법 제67조)
따라서 공유 부동산에 관하여 제3자 명의로 원인무효의 소유권이전등기가 마쳐진 경우, 공유자의 1인이 보존행위로서 그 등기 전부의 말소를 구할 수 있으나 공유자가 다른 공유자의 지분권을 대외적으로 주장하는 것은 공유물의 보존행위에 속하지 않으므로 이는 공유자 전원이 공동으로 하여야 한다(2006다72802).

5. 공유물의 분할

1) 분할의 자유(제268조)

2) 분할청구권은 분할청구라는 일방적 의사표시에 의하여 각 공유자 사이에 구체적으로 공유물이 분할되는 법률관계가 형성되는 형성권의 일종으로서 공유관계가 존속하는 한 그 분할청구권만이 독립하여 시효로 소멸될 수 없다(80다1888·1889).

3) 분할의 방법(제269조)
사례 62 공유물의 분할방법 참조

62 공유물의 분할방법

물권법

질문

저는 다른 공유자와 각각 1/2씩 지분으로 대지와 그 지상 건물을 소유하고 있습니다. 이제 저는 공유자와 뜻이 맞지 아니하여 공유물을 분할하고 싶은데, 그 방법을 알려 주세요.

답변

공유자는 법률 또는 계약으로 정한 경우 외에는 누구나, 언제든지 공유물의 분할을 청구할 수 있으며(제268조), 분할의 방법에 관하여 협의가 성립되지 아니한 때에는 공유자는 법원에 그 분할을 청구할 수 있고, 현물로 분할할 수 없거나 분할로 인하여 현저히 그 가액이 감손될 염려가 있는 때에는 법원은 물건의 경매를 통하여 그 대금을 분할할 수도 있습니다(제269조).

그리고 공유물의 분할은 공유자 전원이 참여하여야 하며, 재판에 의한 분할의 경우에는 그 소는 공유자 전원이 당사자가 되어야 하는 필수적 공동소송입니다(68다414·415).

나아가 공유물 분할의 원칙에 관하여 판례는 '재판에 의하여 공유물을 분할하는 경우에는 법원은 현물로 분할하는 것이 원칙이고, 현물로 분할할 수 없거나 현물로 분할을 하게 되면 현저히 그 가액이 감손될 염려가 있는 때에 비로소 물건의 경매를 명하여 대금분할을 할 수 있는 것이므로, 위와 같은 사정이 없는 한 법원은 각 공유자의 지분비율에 따라 공유물을 현물 그대로 수개의 물건으로 분할하고 분할된 물건에 대하여 각 공유자의 단독소유권을 인정하는 판결을 하여야 하는 것이고, 그 분할의 방법은 당사자가 구하는 방법에 구애받지 아니하고 법원의 재량에 따라 공유관계나 그 객체인 물건의 제반 상황에 따라 공유자의 지분비율에 따른 합리적인 분할을 하면 되는 것이고, 여기에서 공유지분비율에 따른다 함은 지분에 따른 가액비율에 따름을 의미하며, 토지를 분할하는 경우에는 원칙적으로는 각 공유자가 취득하는 토지의 면적이 그 공유지분의 비율과 같아야 할 것이나, 반드시 그렇게 하지 아니하면 안되는 것은 아니고, 토지의 형상이나 위치, 그 이용상황이나 경제적 가치가 균등하지 아니할 때에는 이와 같은 제반 사정을 고려하여 경제적 가치가 지분비율에 상응되도록 분할하는 것도 허용되며, 일정한 요건이 갖추어진 경우에는 공유자 상호간에 금전으로 경제적 가치의 과부족을 조정하게 하여 분할을 하는 것도 현물분할의 한 방법으로 허용되고, 여러 사람이 공유하는 물건을 현물분할하는 경우에는 분할을 원하지 않는 나머지 공유자는 공유로 남는 방법도 허용된다'고 합니다(93다27819).

나아가 공유관계의 발생원인과 공유지분의 비율 및 분할된 경우의 경제적 가치, 분할 방법에 관한 공유자의 희망 등의 사정을 종합적으로 고려하여 당해 공유물을 특정한 자에게 취득시키는 것이 상당하다고 인정되고, 다른 공유자에게는 그 지분의 가격을 취득시키는 것이 공유자 간의 실질적인 공평을 해치지 않는다고 인정되는 특별한 사정이 있는 때에는 공유물을 공유자 중의 1인의 단독소유 또는 수인의 공유로 하되 현물을 소유하게 되는 공유자로 하여금 다른 공유자에 대하여 그 지분의 적정하고도 합리적인 가격을 배상시키는 방법에 의한 분할도 현물분할의 하나로 허용된다고 합니다(2004다30583).

따라서 귀하는 다른 공유자와 협의에 의하여 공유물을 분할할 수 있으며, 협의가 성립되지 아니하면 법원에 공유물 분할의 소를 제기하여 위에서 본 바와 같은 여러 방법으로 공유물을 분할할 수 있습니다.

공유물을 현물분할하면 지분의 교환이 있게 되고, 가격배상의 경우에는 지분의 매매가 있게 되므로(83누717) 공유자는 다른 공유자가 분할로 인하여 취득한 물건에 대하여 그 지분의 비율로 매도인과 동일한 담보책임이 있습니다(제270조).

사례 61 공유물의 보존행위 참조

63 동업계약의 법률관계

질문

저는 친구와 동업으로 식당을 운영할 목적으로 대지와 그 지상건물을 매수하여 편의상 공유로 등기하였습니다. 그런데 운영권을 맡은 친구가 이익배분을 제대로 해 주지 아니하여 저는 공유로 등기된 부동산의 분할을 청구하고자 하는데, 아무런 문제가 없는지요?

답변

수인이 부동산을 공동으로 매수한 경우, 매수인들 사이의 법률관계는 공유관계로서 단순한 공동매수인에 불과하여 매도인은 매수인 수인에게 그 지분에 대한 소유권이전등기의무를 부담하는 경우도 있을 수 있고, 그 수인을 조합원으로 하는 조합에서 공동사업을 목적으로 매수한 것으로서 매도인이 소유권 전부의 이전의무를 그 조합에 대하여 부담하는 경우도 있을 수 있습니다.

그런데 이건과 같이 동업을 목적으로 한 조합이 조합체로서 또는 조합재산으로서 부동산의 소유권을 취득하게 되었다면, 제271조 제1항의 규정에 의하여 당연히 그 조합체의 합유물이 된다 할 것인데, 공유자들 사이에 조합관계가 성립하여 각자가 부동산을 조합재산으로 출연하였음에도 그 조합체 재산에 관한 소유권등기를 함에 있어서 이를 합유로 하지 아니하고 공유로 한 경우에는 제3자에 대한 관계에서는 공유관계임을 전제로 한 법률관계만이 적용될 뿐이므로 조합원들이 공유자로서 소유권행사를 할 수 있을 것임은 별론으로 하고, 조합원들 상호간 및 조합원과 조합체 상호간의 내부관계에서는 조합계약에 따른 효력으로 인하여 그 재산은 조합계약상의 공동사업을 위해 출자된 합유물인 특별재산으로 취급될 것이므로 조합원들로서는 그 지분의 회수방법으로서 조합을 탈퇴하여(제716조) 조합지분 정산금을 청구하거나(제719조), 일정한 경우 조합체의 해산청구(제720조)를 할 수 있는 등의 특별한 사정이 없는 한 그 합유물에 대하여 곧바로 분할청구를 할 수는 없습니다(2009다57064).

따라서 위 부동산은 조합재산(합유물)이므로 귀하가 곧바로 공유물분할의 방법으로 지분을 정리할 수는 없으며, 조합체인 동업관계를 탈퇴하여 조합지분의 정산금을 청구하거나 조합의 해산청구를 하여 귀하 지분 상당을 청산금으로 받아갈 수 있습니다.

참고로, 조합관계에 있어서는 일반적으로 조합계약에서 정한 사유의 발생, 조합원 전원의 합의, 조합의 목적인 사업의 성공 또는 성공불능, 해산청구 등에 의하여 조합관계가 종료되고, 2인으로 된 조합관계에 있어 그 가운데 한 사람이 탈퇴하는 경우에도 역시 조합관계는 종료되며, 경제계의 사정변경에 따른 조합 재산상태의 악화나 영업부진 등으로 조합의 목적달성이 매우 곤란하다고 인정되는 객관적인 사정이 있거나 조합 당사자 간의 불화·대립으로 인하여 신뢰관계가 파괴됨으로써 조합업무의 원활한 운영을 기대할 수 없는 경우 등 부득이한 사유가 있는 때에는 조합원이 조합의 해산을 청구할 수 있습니다(95다4957).

나아가 2인으로 된 조합관계에 있어 그 중 1인이 탈퇴하면 조합관계는 종료된다 할 것이나 특별한 사정이 없는 한 조합은 해산되지 아니하고 따라서 청산이 뒤따르지 아니하며, 다만 조합원의 합유에 속한 조합재산은 남은 조합원의 단독소유에 속하며 탈퇴자와 남은 자 사이에는 탈퇴로 인한 계산을 하는데 불과하게 됩니다(86다카2484).

■ 민법 제272조와 706조의 관계

업무집행자의 선임에 조합원 전원의 찬성이 있을 것을 요하지 아니하고 업무집행자는 업무집행에 관하여 대리권 있는 것으로 추정하도록 한 민법 제706조, 제709조의 규정 취지에 비추어 볼 때, 업무집행자가 없는 경우에도 조합의 업무집행에 조합원 전원의 동의는 필요하지 않다고 하여야 할 것이고, 한편 조합재산의 처분·변경도 조합의 업무집행의 범위에 포함된다고 할 것이므로, 결국 업무집행자가 없는 경우에는 조합의 통상사무의 범위에 속하지 아니하는 특별사무에 관한 업무집행은 원칙적으로 조합원의 과반수로써 결정하는 것이고, 조합재산의 처분·변경에 관한 행위는 다른 특별한 사정이 없는 한 조합의 특별사무에 해당하는 업무집행이라고 보아야 한다. 다만, 조합의 업무집행 방법에 관한 위와 같은 민법 규정은 임의규정이라고 할 것이므로 당사자 사이의 약정에 의하여 조합의 업무집행에 관하여 조합원 전원의 동의를 요하도록 하는 등 그 내용을 달리 정할 수 있고, 그와 같은 약정이 있는 경우에는 조합의 업무집행은 조합원 전원의 동의가 있는 때에만 유효하다(95다30345).

■ 사례 132 조합재산에 대한 법률관계 참조

64 분묘기지권

물권법

질문

저의 부친이 25년 전 돌아 가셔서 타인 소유의 시골 마을 뒷산에 묘를 설치하여 매년 관리하여 왔는데, 최근 임야의 주인이 바뀌어 부친 묘를 이장하라고 하는데, 제가 이에 응하여야 하는지요?

답변

민법 제 185조는 '물권은 법률 또는 관습법에 의하는 외에는 임의로 창설하지 못한다'라고 규정하여 이른바 물권법정주의를 선언하고 있습니다(2001다64165).

한편 관습법상 인정된 분묘기지권이란 타인의 토지에서 분묘를 수호하기 위하여 분묘기지 부분의 타인 소유 토지를 사용할 수 있는 지상권 유사의 물권을 말하며, 이러한 분묘기지권이 인정되기 위하여서는 분묘가 봉분 등 외부에서 분묘의 존재를 인식할 수 있는 형태를 갖추고 있어야 하고, 평장되어 있거나 암장되어 있어 객관적으로 인식할 수 있는 외형을 갖추고 있지 않은 경우에는 분묘기지권이 인정되지 않습니다(91다18040).

판례가 분묘기지권이 성립하는 것으로 인정한 경우는 첫째 토지 소유자의 승낙을 얻어 분묘를 설치한 경우(99다14006), 둘째 토지 소유자의 승낙 없이 그 소유지 안에 분묘를 설치한 후 20년간 평온·공연하게 분묘의 기지를 점유한 경우(68다1927·1928), 셋째 자기 소유의 토지에 분묘를 설치한 후 그 분묘기지에 대한 소유권을 유보하거나 또는 분묘도 함께 이전한다는 특약을 함이 없이 토지를 매매 등으로 타인에게 양도한 경우(67다1920)등입니다.

분묘기지권은 등기를 필요로 하지 않고(제187조 참조), 이를 시효로 취득하는 경우에도 마찬가지이며(96다14036), 그리고 분묘기지권은 분묘를 수호하고 봉제사하는 목적을 달성하는데 필요한 범위 내에서 인정이 됩니다(95다29086).

나아가 분묘기지권이 인정되는 경우에 분묘기지의 사용대가인 지료를 지급하여야 하는지가 문제됩니다.

판례는 '지상권(제279조 이하)에 있어서 지료의 지급은 그 요소가 아니어서 지료에 관한 약정이 없는 이상 지료의 지급을 구할 수 없는 점에 비추어 보면, 분묘기지권을 시효취득 하는 경우에도 지료를 지급할 필요가 없다고 해석함이 상당하다'고 합니다(94다37912).

따라서 귀하는 분묘기지권을 시효취득 하였으므로 임야주인의 이장 요구에 응할 필요가 없으며 분묘기지 사용으로 인한 지료를 지급할 필요도 없습니다.

나아가 분묘기지권의 존속기간에 관하여는 민법의 지상권에 관한 규정에 따를 것이 아니라 당사자 사이에 약정이 있는 등 특별한 사정이 있으면 그에 따를 것이며, 그러한 사정이 없는 경우에는 권리자가 분묘의 수호와 봉사를 계속하며 그 분묘가 존속하고 있는 동안은 분묘기지권은 계속 존속합니다(94다28970).

참고로 2001.1.13.부터 시행된 '장사 등에 관한 법률'은 토지 소유자의 승낙 없이 해당 토지에 설치한 분묘나 묘지 설치자 또는 연고자의 승낙 없이 해당 묘지에 설치한 분묘의 연고자는 해당 토지의 소유자·묘지 설치자 또는 연고자에 대하여 토지사용권이나 그 밖의 분묘의 보존을 위한 권리를 주장할 수 없도록 규정하고 있으며, 이는 2001.1.13.이후에 설치되는 분묘부터 적용이 되도록 하였습니다.

■ 관습법

사례 1 종중(宗中)의 구성과 관습법의 효력 참조

65 종중재산의 법률관계

질문

저의 집안 종중 재산인 임야를 명의신탁 받은 집안 어른이 종중결의서 등을 위조하여 이를 타에 매각하고 소유권을 이전해 주었습니다. 이 경우에 종중 전원의 의견을 묻기도 어려워 저와 몇몇 종중원이 보존행위로서 소유권이전등기의 말소를 구할 수 있는지요?

답변

먼저 종중은 공동선조의 분묘수호와 제사 및 종원 상호간의 친목 등을 목적으로 하여 구성되는 자연발생적인 종족집단이므로 그 법적 성질은 권리능력 없는 사단입니다(2002다1178전).

그리고 민법상 법인 아닌 사단(권리능력 없는 사단)으로 인정되려면 단체로서의 조직을 갖추고 대표의 방법, 총회의 운영, 재산의 관리 기타 단체의 중요한 점이 정관이나 규칙으로 확정되어 있어야 합니다(92다2431).

나아가 민법 제275조는 '법인 아닌 사단의 사원이 집합체로서 물건을 소유할 때에는 총유로 한다'라고 규정하고 있고, 민사소송법 제52조는 법인 아닌 사단의 소송상의 당사자능력을 인정하고 있으며, 판례는 법인 아닌 사단에 관하여는 사단법인에 관한 규정 가운데에서 법인격을 전제로 하는 것을 제외하고는 모두 이를 유추적용 하여야 한다고 합니다(95다56866).

한편 이건과 같이 법인 아닌 사단의 재산의 집합체인 총유물의 보존행위를 그 구성원 각자가 할 수 있는지가 문제됩니다.

이에 대하여 판례는 '민법 제276조 제1항은 "총유물의 관리 및 처분은 사원총회의 결의에 의한다.", 같은 조 제2항은 "각 사원은 정관 기타의 규약에 좇아 총유물을 사용·수익할 수 있다."라고 규정하고 있을 뿐 공유나 합유의 경우처럼 보존행위는 그 구성원 각자가 할 수 있다는 민법 제265조단서 또는 제272조 단서와 같은 규정을 두고 있지 아니한바, 이는 법인 아닌 사단의 소유형태인 총유가 공유나 합유에 비하여 단체성이 강하고 구성원 개인들의 총유재산에 대한 지분권이 인정되지 아니하는 데에서 나온 당연한 귀결이라고 할 것이므로 총유재산에 관한 소송은 법인 아닌 사단이 그 명의로 사원총회의 결의를 거쳐 하거나 또는 그 구성원 전원이 당사자가 되어 필수적 공동소송의 형태로 할 수 있을 뿐 그 사단의 구성원은 설령 그가 사단의 대표자라거나 사원총회의 결의를 거쳤다 하더라도 그 소송의 당사자가 될 수 없고, 이러한 법리는 총유재산의 보존행위로서 소를 제기하는 경우에도 마찬가지'라고 합니다(2004다44971전).

따라서 귀하의 문중원 몇 명이 위와 같은 소를 제기할 수 없고, 문중명의로 소송을 제기하거나 아니면 문중원 전원이 당사자가 되어 소송을 제기하여야 할 것입니다.

사례 1 종중(宗中)의 구성과 관습법의 효력 참조

사례 11 권리능력 없는 사단 참조

66 교회의 재산관계

물권법

질문

제가 다니는 교회의 신도들 사이에 신앙노선의 차이로 인한 갈등이 심화되어 교인들 중 상당수가 종전 교회를 이탈하여 소속 교단을 달리하게 되었습니다. 그런데 교회를 이탈한 종전 교인들이 주일 예배에 나타나서 자기들도 교회 재산에 대한 이용권이 있다고 주장하면서 예배를 방해하고 있습니다. 그들의 주장이 옳은지요?

답변

우리 민법이 사단법인에 있어서 구성원의 탈퇴나 해산은 인정하지만 사단법인의 구성원들이 2개의 법인으로 나뉘어 각각 독립한 법인으로 존속하면서 종전 사단법인에게 귀속되었던 재산을 소유하는 방식의 사단법인의 분열은 인정하지 않고 있으며, 그 법리는 법인 아닌 사단에 대하여도 동일하게 적용되어 법인 아닌 사단의 구성원들의 집단적 탈퇴로써 사단이 2개로 분열되고 분열되기 전 사단의 재산이 분열된 각 사단들의 구성원들에게 각각 총유적으로 귀속되는 결과를 초래하는 형태의 법인 아닌 사단의 분열은 허용되지 않습니다.

한편 교회가 법인 아닌 사단으로서 존재하는 이상, 그 법률관계를 둘러싼 분쟁을 소송적인 방법으로 해결함에 있어서는 법인 아닌 사단에 관한 민법의 일반 이론에 따라 교회의 실체를 파악하고 교회의 재산 귀속에 대하여 판단하여야 하고, 이에 따라 법인 아닌 사단의 재산관계와 그 재산에 대한 구성원의 권리 및 구성원 탈퇴, 특히 집단적인 탈퇴의 효과 등에 관한 법리는 교회에 대하여도 동일하게 적용되어야 합니다.

따라서 교인들은 교회 재산을 총유의 형태로 소유하면서 사용·수익할 것인데(제276조), 일부 교인들이 교회를 탈퇴하여 그 교회 교인으로서의 지위를 상실하게 되면 탈퇴가 개별적인 것이든 집단적인 것이든 이와 더불어 종전 교회의 총유 재산의 관리처분에 관한 의결에 참가할 수 있는 지위나 그 재산에 대한 사용·수익권을 상실하고(제277조), 종전 교회는 잔존 교인들을 구성원으로 하여 실체의 동일성을 유지하면서 존속하며 종전 교회의 재산은 그 교회에 소속된 잔존 교인들의 총유로 귀속됨이 원칙입니다.

그리고 교단에 소속되어 있던 지교회의 교인들의 일부가 소속 교단을 탈퇴하기로 결의한 다음 종전 교회를 나가 별도의 교회를 설립하여 별도의 대표자를 선정하고 나아가 다른 교단에 가입한 경우, 그 교회는 종전 교회에서 집단적으로 이탈한 교인들에 의하여 새로이 법인 아닌 사단의 요건을 갖추어 설립된 신설 교회라 할 것이어서, 그 교회 소속 교인들은 더 이상 종전 교회의 재산에 대한 권리를 보유할 수 없게 됩니다.

다만, 특정 교단에 가입한 지교회가 교단이 정한 헌법을 지교회 자신의 자치규범으로 받아들였다고 인정되는 경우에는 소속 교단의 변·경은 실질적으로 지교회 자신의 규약에 해당하는 자치규범을 변경하는 결과를 초래하고, 만약 지교회 자신의 규약을 갖춘 경우에는 교단변경으로 인하여 지교회의 명칭이나 목적 등 지교회의 규약에 포함된 사항의 변경까지 수반하기 때문에, 소속 교단에서의 탈퇴 내지 소속 교단의 변경은 사단법인 정관변경에 준하여 의결권을 가진 교인 2/3 이상의 찬성에 의한 결의를 필요로 하고, 그 결의요건을 갖추어 소속 교단을 탈퇴하거나 다른 교단으로 변경한 경우에 종전 교회의 실체는 이와 같이 교단을 탈퇴한 교회로서 존속하고 종전 교회 재산은 위 탈퇴한 교회 소속 교인들의 총유로 귀속된다고 할 것입니다(2004다37775전).

따라서 종전교회를 이탈하여 새로운 교회를 설립한 탈퇴교인들은 더 이상 종전교회의 재산에 대한 이용권이 없으므로 귀하가 소속한 교회는 탈퇴한 교인들이 더 이상 교회시설을 이용하지 못하도록 출입금지가처분을 한 후에 퇴거청구나 불법점유를 원인으로 한 손해배상 내지 부당이득반환청구를 할 수 있습니다.

사례 1 종중(宗中)의 구성과 관습법의 효력 참조

사례 11 권리능력 없는 사단 참조

사례 65 종중재산의 법률관계 참조

67 제3자 명의로 경료된 전세권 설정등기의 효력

물권법

질문

저에게 5,000만원의 차용금 채무를 지고 있는 채무자로부터, 그가 임차하여 살고 있는 주택의 임차보증금반환채권을 제가 채무변제조로 양도받았고, 그 무렵 집주인의 승낙도 받았습니다. 그 후 저와 채무자 및 집주인이 합의하여 제 명의로 임차주택에 대하여 전세권설정등기도 마쳤습니다. 그런데 주변에서는 제가 실제로 전세들어가 사는 것도 아니고 계약 당사자도 아니므로 제 명의의 전세권등기는 효력이 없다고 하는데 사실인지요?

답변

민법상 전세권은 전세금을 지급하고 타인의 부동산을 점유하여 그 부동산의 용도에 좇아 사용·수익하고, 전세기간의 만료 등으로 전세권이 소멸하면 목적 부동산으로부터 우선 변제를 받을 수 있는 물권입니다(제303조).

따라서 전세권은 목적 부동산을 사용·수익할 수 있는 용익물권임과 동시에 전세보증금채권을 피담보채권으로 하는 담보물권적인 성격도 가지고 있습니다.

한편 이건과 같이 실제로 거주하지도 않는 사람 명의의 전세권설정등기의 효력이 문제됩니다.

판례는 '전세권이 용익물권적 성격과 담보물권적 성격을 겸비하고 있다는 점 및 목적물의 인도는 전세권의 성립요건이 아닌 점 등에 비추어 볼 때, 당사자가 주로 채권담보의 목적으로 전세권을 설정하였고, 그 설정과 동시에 목적물을 인도하지 아니한 경우라 하더라도, 장차 전세권자가 목적물을 사용·수익하는 것을 완전히 배제하는 것이 아니라면, 그 전세권의 효력을 부인할 수는 없다'고 합니다(94다18508).

나아가 임차보증금 채권을 담보할 목적으로 제3자 명의로 한 전세권설정등기의 효력이 문제됩니다.

이 경우에 판례는 '전세권은 다른 담보권과 마찬가지로 전세권자와 전세권설정자 및 제3자 사이에 합의가 있으면 그 전세권자의 명의를 제3자로 하는 것도 가능하므로, 임대차계약에 바탕을 두고 이에 기한 임차보증금반환채권을 담보할 목적으로 임대인, 임차인 및 제3자 사이의 합의에 따라 제3자 명의로 경료된 전세권설정등기는 유효하며 이 때 종전의 임대차는 채권적 전세에 불과하였으나, 전세권설정계약과 이에 따른 등기를 통하여 물권으로서의 전세권이 되었다'고 합니다(2003다12311).

따라서 3자간의 합의로 임차보증금반환채권을 담보할 목적으로 제3자인 귀하명의로 경료한 전세권설정등기는 유효하므로 전세기간이 만료되면 귀하는 집주인으로부터 전세권에 기하여 직접 임차보증금을 돌려받을 수 있습니다.

참고로, 전세권은 전세금을 지급하고 타인의 부동산을 그 용도에 따라 사용·수익하는 권리로서 전세금의 지급이 없으면 전세권은 성립하지 아니하는 등으로 전세금은 전세권과 분리될 수 없는 요소일 뿐 아니라, 전세권에 있어서는 그 설정행위에서 금지하지 아니하는 한 전세권자는 전세권 자체를 처분하여 전세금으로 지출한 자본을 회수할 수 있도록 되어 있으므로 전세권이 존속하는 동안은 전세권을 존속시키기로 하면서 전세금반환채권만을 전세권과 분리하여 확정적으로 양도하는 것은 허용되지 않는 것이며, 다만 전세권 존속 중에는 장래에 그 전세권이 소멸하는 경우에 전세금 반환채권이 발생하는 것을 조건으로 그 장래의 조건부 채권을 양도할 수 있습니다(2001다69122). 그러므로 귀하는 전세기간의 만료 후 위 임차보증금채권의 양수인으로서 집주인으로부터 직접 임차보증금을 돌려받을 수도 있습니다.

■ 전세권의 법적성질

1) 타인의 부동산에 대한 물권(제303조)

2) 용익물권

전세권은 목적 부동산을 사용·수익할 수 있는 권리이며, 인접토지의 소유자 사이에는 상린관계의 규정이 준용된다(제319조).

3) 전세금의 지급은 전세권의 필수적 요소(94다18508)

4) 담보물권

전세권은 전세보증금반환채권을 피담보채권으로 하는 담보물권(목적물의 교환가치의 취득을 목적)적 성격을 아울러 가진다.

따라서 담보물권의 특성인 ① 부종성(담보물권은 피담보채권의 존재를 전제로 하여서만 성립), ② 수반성(피담보채권이 이전하면 담보물권도 이전), ③ 물상대위성(제342조), ④ 불가분성(담보물권자가 피담보채권의 전부를 변제받을 때까지 목적물의 전부에 대하여 그 권리를 행사할 수 있다: 제321조)을 가진다.

■ 주택임대차보호법(사례 128·129 참조)

■ 사례 101 채권양도 참조

68 유치권의 법적 성질

물권법

질문

저는 창고 건물 소유자와 3년 기간으로 임차하여 사용하던 중 건물이 노후하여 소유자와 상의하여 제가 돈을 들여 수리를 하되 임차기간이 종료되면 소유자로부터 돌려받기로 하고 수리비 1,000만원을 지출하였습니다. 그런데 소유자가 임차기간 중 건물을 타에 매각하여 신소유자가 저에게 창고건물을 비워달라고 요구하면서 만약 이에 불응하면 손해배상청구도 불사하겠다고 하는데, 제가 이를 수용하여야 하는지요?

답변

타인의 물건 또는 유가증권을 점유한 자는 그 물건이나 유가증권에 관하여 생긴 채권이 변제기에 있는 경우에는 변제를 받을 때까지 그 물건 또는 유가증권을 유치할 권리가 있으며(유치권), 다만 그 점유가 불법행위로 인한 경우에는 그 권리가 없으며(제320조), 여기서 '유치'한다는 것은 목적물의 점유를 계속하고 인도를 거절한다는 말입니다.

한편 유치권과 비슷한 제도로 동시이행의 항변권(제536조)이 있으나, 동시이행의 항변권은 쌍무계약상 상대방이 채무를 이행하거나 이행의 제공을 할 때까지 자기 채무의 이행을 거절할 수 있는 권리임에 비하여, 유치권은 단순한 인도거절권이 아니라 목적물을 점유할 수 있는 독립한 물권으로서 특정한 계약 당사자뿐만 아니라 어느 누구에 대하여도 이를 행사할 수 있습니다.

따라서 유치권이 성립하면 이는 물권으로서 유치권자가 채무의 변제를 받을 때까지 목적물의 소유권이 누구에게 속하든 상관없이 그 권리를 주장할 수 있습니다.

판례도 '유치권자의 점유 하에 있는 유치물의 소유자가 변동하더라도 유치권자의 점유는 유치물에 대한 보존행위로서 하는 것이므로 적법하고 그 소유자 변동 후 유치권자가 유치물에 관하여 새로이 유익비를 지급하여 그 가격의 증가가 현존하는 경우에는 이 유익비에 대하여도 유치권을 행사할 수 있으며, 이 경우 유치권자가 유치물에 대한 보존행위로서 목적물을 사용하는 것은 적법행위이므로 불법점유로 인한 손해배상책임이 없다'고 하며(71다2414), 다만 이 경우에도 특별한 사정이 없는 한 차임상당액을 부당이득으로 반환하여야 합니다(2009다40684).

그리고 여기서 말하는 유익비란 점유자가 점유물을 개량하기 위하여 지출한 비용으로, 그 가액의 증가가 현존한 경우에는 그 지출금액이나 증가액의 상환을 청구할 수 있습니다(제203조, 325조).

따라서 귀하는 창고건물 수리비 채권을 변제받을 때까지 적법하게 이를 점유할 유치권을 가지고 있으며, 유치권은 채무자는 물론 물건의 소유자나 양수인 누구에게도 주장할 수 있는 물권이므로 창고건물의 신 소유자라 할지라도 수리비를 변제하지 아니하고서는 귀하에게 창고건물의 명도를 요구하지는 못합니다.

다만 귀하도 창고건물을 신소유자에게 실제로 명도하기까지 사용한 기간 동안의 월차임 상당액은 부당이득으로 반환하여야 합니다.

■ 유치권의 성립요건

1. 유치권은 타인 소유의 목적물(물건 또는 유가증권)을 점유(제320조, 328조)함으로써 성립하는 법정 담보물권으로서 등기나 배서는 필요하지 않다.

2. 변제기가 된 채권의 존재

질권·저당권의 경우에는 변제기의 도래는 권리의 실행요건에 불과하나 유치권의 경우에는 채권이 변제기에 있어야 성립한다.

3. 채권과 목적물 사이의 견련관계 존재

1) 유치권이 성립하려면 채권이 유치권의 목적물에 관하여 생겨야 하며, 이를 채권과 목적물의 견련관계라고 한다.

2) 유치권 제도 본래의 취지인 공평의 원칙에 특별히 반하지 않는 한 채권이 목적물 자체로부터 발생한 경우는 물론이고 채권이 목적물의 반환청구권과 동일한 법률관계나 사실관계로부터 발생한 경우도 포함한다(2005다16942).

3) 견련관계 인정의 예

① 물건의 점유자가 물건에 필요비 또는 유익비를 지출한 경우(71다2414)

② 신축건물의 소유권이 도급인에게 속한 경우에 수급인의 공사대금채권(95다16202·16219)

③ 채무불이행에 의한 손해배상청구권은 원채권의 연장이라 보아야 할 것이므로 물건과 본래의 채권과 사이에 견련관계가 있는 경우에는 그 손해배상채권과 그 물건과의 사이에도 견련관계 존재(76다582)

4) 견련관계 부정의 예

임차인의 임차권·보증금반환청구권(4292민상229)·권리금반환청구권(93다62119)은 임차목적물과의 관계 → 동시이행의 항변권 행사 가능

5) 상사유치권(상법 제58조)은 견련관계가 없어도 유치권 성립한다.

69 유치권의 불가분성

Q 질문

저는 다세대 주택업자로부터 다세대주택의 창호 등의 공사를 일괄 도급받아 이를 완성하였으나 공사대금을 받지 못하여 다세대주택 중의 1세대를 점유하여 유치권을 행사 중인데, 업자는 그 1세대에 대하여 시공한 공사대금만 변제공탁하면서 제가 점유 중인 그 1세대를 돌려달라고 요구하고 있는데, 나머지 세대에 대하여 공사비를 다 받지 못한 제가 이를 인도해 주어야 하는지요?

A 답변

민법상 유치권이 성립하기 위해서는 채권이 유치권의 목적물에 관하여 생긴 것이어야 하며(제320조), 이를 채권과 목적물의 견련성이라고 합니다.

채권과 목적물의 견련관계에 대하여 판례는, '민법 제320조 제1항에서 '그 물건에 관하여 생긴 채권'은 유치권 제도 본래의 취지인 공평의 원칙에 특별히 반하지 않는 한 채권이 목적물 자체로부터 발생한 경우는 물론이고 채권이 목적물의 반환청구권과 동일한 법률관계나 사실관계로부터 발생한 경우도 포함한다'고 합니다(2005다16942).

따라서 귀하의 공사대금채권은 귀하가 점유 중인 다세대주택의 창호 등 공사부분의 도급계약으로 발생한 것이므로 채권과 목적물의 견련관계가 인정되어 유치권 행사는 적법합니다.

그런데 귀하의 유치권이 미치는 범위가 귀하가 현재 점유 중인 1세대의 공사대금에 그치는지 아니면 다세대주택 전부의 공사대금에 미치는지가 문제됩니다. 유치권은 담보물권의 일종으로서 불가분성을 가지며, 이는 유치권자는 채권전부의 변제를 받을 때까지 유치물 전부에 대하여 그 권리를 행사할 수 있음을 의미합니다(제321조).

이러한 유치권의 불가분성이 그 목적물이 분할 가능하거나 수개의 물건인 경우에도 적용되는지 여부에 대하여 판례는, '유치물은 그 각 부분으로써 피담보채권의 전부를 담보하며, 이와 같은 유치권의 불가분성은 그 목적물이 분할 가능하거나 수개의 물건인 경우에도 적용된다'고 합니다(2005다16942).

따라서 다세대주택의 창호 등의 공사를 완성한 귀하가 공사대금채권 잔액을 변제받기 위하여 위 다세대주택 중 1세대를 점유하여 유치권을 행사하는 경우, 그 유치권은 위 1세대에 대하여 시행한 공사대금만이 아니라 다세대주택 전체에 대하여 시행한 공사대금채권의 잔액 전부를 피담보채권으로 하여 성립하므로 공사대금 전부를 받기까지 귀하는 계속 유치권을 행사하여 이를 점유할 수 있습니다.

■ 담보물권의 특성(통유성)

담보물권은 일반적으로 공통적인 특성을 가지고 있으며, 이를 담보물권의 통유성이라고 하는데 그 모습은 담보물권에 따라서 조금씩 다르다.

1) 부종성

담보물권은 피담보채권의 존재를 전제로 하여서만 성립하며, 따라서 피담보채권이 소멸하면 담보물권도 소멸하게 된다. 부종성은 유치권 등의 법정담보물권에서는 엄격하게 적용되나 질권(질권은 근저당과 같은 명문규정은 없으나 해석상 근질 인정)·저당권(제357조) 등의 경우에는 완화된다.

2) 수반성

피담보채권이 이전하면 담보물권도 따라서 이전하고, 피담보채권에 부담이 설정되면 담보물권도 그 부담에 복종하는 성질이다.

담보권의 수반성이란 피담보채권의 처분이 있으면 언제나 담보권도 함께 처분된다는 것이 아니라 채권담보라고 하는 담보권 제도의 존재 목적에 비추어 볼 때 특별한 사정이 없는 한 피담보채권의 처분에는 담보권의 처분도 당연히 포함된다고 보는 것이 합리적이라는 것일 뿐이므로, 피담보채권의 처분이 있음에도 불구하고, 담보권의 처분이 따르지 않는 특별한 사정이 있는 경우에는 채권양수인은 담보권이 없는 무담보의 채권을 양수한 것이 되고 채권의 처분에 따르지 않은 담보권은 소멸한다(2003다61542).

3) 물상대위성

담보물권의 목적물의 멸실·훼손·공용징수로 인하여 그에 갈음하는 금전 기타의 물건이 목적물의 소유자에게 귀속하게 된 경우에 담보물권이 그 물건에 존속하는 성질이다(제342조, 355조, 370조). 이는 목적물의 점유를 성립요건으로 하는 유치권에는 인정되지 않는다.

4) 불가분성

담보물권자가 피담보채권의 전부를 변제받을 때까지 목적물의 전부에 대하여 그 권리를 행사할 있는 성질이다(제321조, 343조, 370조).

70 물상보증인의 구상권

물권법

질문

저는 친구가 금융기관으로부터 사업자금을 대출받음에 있어서 담보가 필요하다는 부탁을 받고 제 소유의 부동산에 대하여 근저당설정을 해 주었습니다. 그런데 대출금채무의 변제기가 다 되도록 친구는 형편이 어렵다면서 채무이행을 하지 않고 있는데, 이 경우 제가 사전에 취할 수 있는 조치는 없는지요?

답변

귀하의 경우처럼 타인의 채무를 위하여 자기의 재산위에 물적 담보(질권·저당권·가등기담보·양도담보 등)를 설정하는 자를 물상보증인이라고 하며, 민법 제341조, 제370조는 물상보증인이 그 채무를 변제하거나 담보물의 실행으로 인하여 소유권을 잃은 때에는 보증채무에 관한 규정에 의하여 채무자에 대한 구상권(제441조)이 있다고 규정하였습니다.

그래서 물상보증인의 경우에도 보증채무에 있어서의 수탁보증인의 사전구상권(제442조)이 인정될 것인지가 문제됩니다.

이 경우에 판례는, '민법제370조에 의하여 민법 제341조가 저당권에 준용되는데, 민법 제341조는 타인의 채무를 담보하기 위한 저당권설정자가 그 채무를 변제하거나 저당권의 실행으로 인하여 저당물의 소유권을 잃은 때에 채무자에 대하여 구상권을 취득한다고 규정하여 물상보증인의 구상권 발생 요건을 보증인의 경우와 달리 규정하고 있는 점, 물상보증은 채무자 아닌 사람이 채무자를 위하여 담보물권을 설정하는 행위이고 채무자를 대신해서 채무를 이행하는 사무의 처리를 위탁받는 것이 아니므로 물상보증인은 담보물로서 물적 유한책임만을 부담할 뿐 채권자에 대하여 채무를 부담하는 것이 아닌 점(채무 없는 유한책임만을 진다는 점에서 채권자에 대하여 직접 채무를 부담하는 보증인과 다름), 물상보증인이 채무자에게 구상할 구상권의 범위는 특별한 사정이 없는 한 채무를 변제하거나 담보권의 실행으로 담보물의 소유권을 상실하게 된 시점에 확정된다는 점 등을 종합하면, 원칙적으로 수탁보증인의 사전구상권에 관한 민법 제442조는 물상보증인에게 적용되지 아니하고 물상보증인은 사전구상권을 행사할 수 없다'고 합니다(2009다19802·19819).

따라서 귀하는 물상보증인으로서 친구의 대출금 채무를 대위변제하거나 근저당의 실행으로 귀하가 소유권을 상실한 후가 아니면 사전에 채무자인 친구에 대한 구상권 행사를 할 수가 없습니다.

참고로 물상보증의 법적 성질에 관하여 판례는, '물상보증은 채무자 아닌 사람이 채무자를 위하여 담보물권을 설정하는 행위이고 채무자를 대신해서 채무를 이행하는 사무의 처리를 위탁받는 것이 아니므로, 물상보증인이 변제 등에 의하여 채무자를 면책시키는 것은 위임사무의 처리가 아니고 법적 의미에서는 의무 없이 채무자를 위하여 사무를 관리한 것에 유사하다. 따라서 물상보증인의 채무자에 대한 구상권은 그들 사이의 물상보증위탁계약의 법적 성질과 관계없이 민법에 의하여 인정된 별개의 독립한 권리이고, 그 소멸시효에 있어서는 민법상 일반채권에 관한 규정이 적용된다'고 합니다(2001다6237).

사례 100 보증채무 참조

71 저당권의 물상대위

물권법

질문

저는 채무자에 대한 대여금채권의 담보로 채무자 소유의 부동산에 대하여 저당권을 설정해 두었는데, 신도시 개발로 인하여 그 부동산이 수용되었습니다. 이 경우 저당권자인 제가 수용보상금을 우선 지급받게 되는지요?

답변

민법상 저당권자는 저당물의 멸실·훼손·공용징수로 인하여 저당권설정자가 받을 금전 기타 물건에 대하여도 이를 행사할 수 있으며, 이 경우에는 그 지급 또는 인도전에 이를 압류하여야 합니다(제370조, 342조).

저당권이나 질권 같은 담보물권은 목적물의 교환가치를 목적으로 하는 권리이므로 그 목적물이 멸실되거나 훼손되더라도 그것의 교환가치를 대표하는 것이 존재할 때에는 그 대표물 위에도 존속하며 이를 물상대위라고 합니다.

그리고 물상대위는 저당권의 멸실·훼손 또는 공용징수로 인하여 저당권설정자자가 받을 금전 기타의 물건 그 자체가 아니라 그에 대한 청구권, 예컨대 보험금청구권·보상금청구권·손해배상청구권이 그 대상이 됩니다.

나아가 물상대위권의 행사방법에 관하여 판례는, '민법 제370조,342조 단서가 저당권자는 물상대위권을 행사하기 위하여 저당권설정자가 받을 금전 기타 물건의 지급 또는 인도전에 압류하여야 한다고 규정한 것은 물상대위의 목적인 채권의 특정성을 유지하여 그 효력을 보전함과 동시에 제3자에게 불측의 손해를 입히지 않으려는 데 있는 것이므로, 저당목적물의 변형물인 금전 기타 물건에 대하여 일반 채권자가 물상대위권을 행사하려는 저당채권자보다 단순히 먼저 압류나 가압류의 집행을 함에 지나지 않은 경우에는 저당권자는 그 전은 물론 그 후에도 목적채권에 대하여 물상대위권을 행사하여 일반 채권자보다 우선변제를 받을 수가 있고, 그 실행절차는 민사집행법 제273조에서 채권 및 다른 재산권에 대한 강제집행절차에 준하여 처리하도록 규정하고 있으므로, 결국 채권의 압류 및 전부명령을 신청하여 할 것이나 이는 어디까지나 담보권의 실행절차이므로, 그 요건으로서 담보권의 존재를 증명하는 서류를 집행법원에 제출하여 개시된 경우이어야 하며, 한편 민사집행법 제273조, 제247조의 각 규정의 취지에 비추어 보면 물상대위권의 권리실행은 늦어도 민사집행법 제247조에서 규정하고 있는 배당요구의 종기까지 하여야만 물상대위권자의 우선변제권이 확보되는 것이고, 그 이후에는 그런 권리가 없다고 봄이 상당하다'고 합니다(94다25728).

따라서 귀하는 저당권자로서 저당권의 존재를 증명하는 서류를 첨부하여 법원에 채무자의 부동산수용보상금청구권에 대한 채권압류 및 전부명령을 신청하거나, 그 수용보상금이 공탁된 경우에는 공탁금출금청구권에 대하여 강제집행절차상 늦어도 배당요구의 종기까지 배당요구를 하는 등의 적극적인 법률적 조치를 하여야 보상금에서 우선 변제를 받을 수 있습니다.

■ 물상대위의 요건으로서의 압류

민법 제370조에 의하여 저당권에 준용되는 제342조 후문이 "저당권자가 물상대위권을 행사하기 위하여서는 저당권 설정자가 지급받을 금전 기타 물건의 지급 또는 인도 전에 압류하여야 한다."라고 규정한 취지는, 물상대위의 목적이 되는 금전 기타 물건의 특정성을 유지하여 제3자에게 불측의 손해를 입히지 아니하려는 데 있는 것이므로, 저당목적물의 변형물인 금전 기타 물건에 대하여 이미 제3자가 압류하여 그 금전 또는 물건이 특정된 이상 저당권자는 스스로 이를 압류하지 않고서도 물상대위권을 행사할 수 있다(96다21058).

72 제3자 명의의 저당권설정등기의 효력

물권법

Q 질문

저는 제 소유의 부동산을 매도하면서 매수인으로부터 잔대금은 부동산을 담보로 금융기관으로부터 대출을 받아 지급하겠다는 제의를 받았습니다. 그래서 매수인 앞으로 소유권이전등기를 경료하지 않은 상태에서 매수인과의 합의로 저의 잔대금채권의 담보조로 제 친구를 근저당권자, 저를 채무자로 하는 저당권설정등기를 경료하였습니다. 그 후 채무자는 자기 앞으로 소유권이전등기를 한 후 금융기관으로부터 이를 담보로 돈을 대출받고도 저에게 잔대금을 지급하지 않고 있습니다. 이 경우 제 친구 명의의 저당권에 기하여 경매신청을 할 수 있는지요?

A 답변

민법상 저당권자는 채무자 또는 제3자가 점유를 이전하지 아니하고 채무의 담보로 제공한 부동산에 대하여 다른 채권자보다 자기채권의 우선변제를 받을 수 있으며(제356조), 저당권의 부종성으로 저당권은 그 담보한 채권과 분리하여 타인에게 양도하거나 다른 채권의 담보로 하지 못하나(제361조), 부종성의 완화로 근저당과 같은 장래에 발생하는 채권을 담보하기 위하여서도 저당권이 설정될 수 있습니다(제357조).

그러므로 저당권자는 피담보채권의 채권자와 동일한 것이 원칙이나, 이건과 같이 채권자·채무자·제3자간의 합의로 저당권자명의를 제3자로 하는 것도 가능한지가 문제됩니다.

판례는 '근저당권은 채권담보를 위한 것이므로 원칙적으로 채권자와 근저당권자는 동일인이 되어야 하지만, 제3자를 근저당권 명의인으로 하는 근저당권을 설정하는 경우 그 점에 대하여 채권자와 채무자 및 제3자 사이에 합의가 있고, 채권양도, 제3자를 위한 계약, 불가분적 채권관계의 형성 등 방법으로 채권이 그 제3자에게 실질적으로 귀속되었다고 볼 수 있는 특별한 사정이 있는 경우에는 제3자 명의의 근저당권설정등기도 유효하다고 보아야 할 것이고, 한편 부동산을 매수한 자가 소유권이전등기를 마치지 아니한 상태에서 매도인인 소유자의 승낙 아래 매수 부동산을 타에 담보로 제공하면서 당사자 사이의 합의로 편의상 매수인 대신 등기부상 소유자인 매도인을 채무자로 하여 마친 근저당권설정등기는 실제 채무자인 매수인의 근저당권자에 대한 채무를 담보하는 것으로서 유효하다고 볼 것인바, 위 양자의 형태가 결합된 근저당권이라 하여도 그 자체만으로는 부종성의 관점에서 근저당권이 무효라고 보아야 할 어떤 질적인 차이를 가져오는 것은 아니라 할 것이다. 그리고 매매잔대금 채무를 지고 있는 부동산 매수인이 매도인과 사이에 소유권이전등기를 경료하지 아니한 상태에서 그 부동산을 담보로 하여 대출받는 돈으로 매매잔대금을 지급하기로 약정하는 한편, 매매잔대금의 지급을 위하여 당좌수표를 발행·교부하고 이를 담보하기 위하여 그 부동산에 제1순위 근저당권을 설정하되, 그 구체적 방안으로서 채권자인 매도인과 채무자인 매수인 및 매도인이 지정하는 제3자 사이의 합의 아래 근저당권자를 제3자로, 채무자를 매도인으로 하기로 하고, 이를 위하여 매도인이 제3자로부터 매매잔대금 상당액을 차용하는 내용의 차용금증서를 작성·교부하였다면, 매도인이 매매잔대금 채권의 이전 없이 단순히 명의만을 제3자에게 신탁한 것으로 볼 것은 아니고, 채무자인 매수인의 승낙 아래 매매잔대금 채권이 제3자에게 이전되었다고 보는 것이 일련의 과정에 나타난 당사자들의 진정한 의사에 부합하는 해석일 것이므로, 제3자 명의의 근저당권설정등기는 그 피담보채무가 엄연히 존재하고 있어 그 원인이 없거나 부종성에 반하는 무효의 등기라고 볼 수 없다'고 합니다(99다48948전).

따라서 귀하의 잔대금채권을 담보하기 위한 귀하의 친구 명의의 저당설정등기는 유효하므로 매수인이 잔대금지급을 계속 미루면 저당권에 기한 경매를 통하여 잔대금 상당액을 우선 변제받을 수 있습니다.

■ 사례 67 제3자 명의로 경료된 전세권 설정등기의 효력 참조

■ 채권자 아닌 제3자 명의로 설정된 채권담보 목적의 가등기의 효력

채권담보를 목적으로 가등기를 하는 경우에는 원칙적으로 채권자와 가등기명의자가 동일인이 되어야 하지만, 채권자 아닌 제3자의 명의로 가등기를 하는 데 대하여 채권자와 채무자 및 제3자 사이에 합의가 있었고, 나아가 제3자에게 그 채권이 실질적으로 귀속되었다고 볼 수 있는 특별한 사정이 있거나, 거래경위에 비추어 제3자의 가등기가 한낱 명목에 그치는 것이 아니라 그 제3자도 채무자로부터 유효하게 채권을 변제받을 수 있고 채무자도 채권자나 가등기명의자인 제3자 중 누구에게든

채무를 유효하게 변제할 수 있는 관계 즉, 채권자와 제3자가 불가분적 채권자의 관계에 있다고 볼 수 있는 경우에는, 그 제3자 명의의 가등기도 유효하다고 볼 것이고, 이와 같이 제3자 명의의 가등기를 유효하게 볼 수 있는 경우에는 제3자 명의의 가등기를 부동산실권리자명의등기에관한법률이 금지하고 있는 실권리자 아닌 자 명의의 등기라고 할 수는 없다.

나아가 가등기담보등에관한법률은 차용물의 반환에 관하여 다른 재산권을 이전할 것을 예약한 경우에 적용되므로 매매대금채권을 담보하기 위하여 가등기를 한 경우에는 위 법률은 적용되지 아니한다(2002다50484).

73 가압류등기 후에 경료된 근저당권설정등기의 효력

물권법

질문

저는 채무자 소유의 부동산에 대한 다른 채권자의 가압류등기가 먼저 경료된 이후 저의 채무자에 대한 채권으로 근저당설정을 하였으며, 그 뒤에 또 다른 채권자의 가압류등기가 되었습니다. 이 경우 제가 경매절차에서 우선 배당받을 수 있는지요?

답변

저당권자는 채무의 담보로 제공한 부동산에 대하여 다른 채권자보다 자기채권의 우선변제를 받을 권리가 있으며(제356조), 저당권은 그 담보할 채무의 최고액만을 정하고 채무의 확정을 장래에 보류하여 이를 설정할 수 있으며, 이를 근저당권이라고 합니다(제357조).

그래서 저당권(또는 근저당권)이 설정된 부동산에 대하여 가압류나 압류에 기한 강제경매신청이 개시된 경우에는 저당권자가 다른 채권자보다 우선하여 채권의 변제를 받을 수 있습니다.

그런데 이건의 경우처럼 근저당권등기 전후에 가압류등기가 경료된 경우에 그 배당방법이 문제됩니다.

이에 대하여 판례는 '부동산에 대하여 가압류등기가 먼저 되고 나서 근저당권설정등기가 마쳐진 경우에 그 근저당권등기는 가압류에 의한 처분금지의 효력 때문에 그 집행보전의 목적을 달성하는 데 필요한 범위 안에서 가압류채권자에 대한 관계에서만 상대적으로 무효이며, 이 경우 가압류채권자와 근저당권자 및 위 근저당권설정등기 후 강제경매신청을 한 압류채권자 사이의 배당관계에 있어서, 근저당권자는 선순위 가압류채권자에 대하여는 우선변제권을 주장할 수 없으므로 1차로 채권액에 따른 안분비례에 의하여 평등배당을 받은 다음, 후순위 경매신청압류채권자에 대하여는 우선변제권이 인정되므로 경매신청압류채권자가 받을 배당액으로부터 자기의 채권액을 만족시킬 때까지 이를 흡수하여 배당받을 수 있다'고 합니다(94마417).

따라서 귀하는 먼저 다른 가압류채권자들과 각자의 채권액의 비율로 안분비례로 평등배분을 받은 다음에, 후순위 가압류 채권자에 대하여는 귀하의 근저당권이 우선함으로 1차적으로 후순위가압류 채권자가 배당받을 금액 중에서 귀하의 채권액을 만족시킬 때까지 추가로 배당을 받을 수 있으며, 결국 후순위채권자는 귀하의 채권이 만족되고 남은 금액을 자기 채권의 변제에 충당할 수 있을 뿐입니다.

'아무리 훌륭한 판결문이라도 강제집행에 의하여 그 실효성이 보장되지 않으면 아무런 의미가 없다'는 말처럼 민사실무에서는 판결절차 못지않게 민사집행법상 책임재산을 보전하는 보전소송절차와 강제집행절차의 중요성이 강조됩니다.

■ 가압류

금전채권이나 금전으로 환산할 수 있는 채권에 대한 강제집행을 위한 채무자의 일반재산에 대한 보전처분(민사집행법 제276조 이하)

■ 가처분

1) 다툼의 대상에 대한 보전처분(민사집행법 제300조 제1항)
2) 다툼이 있는 권리관계에 대한 임시의 지위를 정하기 위한 보전처분(민사집행법 제300조 제2항)

■ 압류

집행력 있는 정본(판결·화해조서 등)에 기한 강제집행절차
압류금지 물건(민사집행법 제195조)

74 근저당권에 있어서의 채권최고액의 의미

물권법

질문

저는 채무자에게 돈을 빌려 주면서 그 담보로 채무자 소유의 부동산에 채권최고액 1억 원으로 하여 근저당권을 설정하였는데 현재 채무자의 채무가 2억 원이 되었습니다. 이 경우 제가 채무자로부터 1억 원만 받으면 근저당권을 말소시켜주어야 하는지요?

답변

민법상 근저당권은 그 담보할 채무의 최고액만을 정하고 채무의 확정을 장래에 보류하고 이를 설정할 수 있으며, 이 경우에는 그 확정될 때까지의 채무의 소멸 또는 이전은 저당권에 영향을 미치지 아니하며, 이 때 채무의 이자는 최고액 중에 산입한 것으로 봅니다(제357조). 그리고 저당권으로 담보되는 피담보채권은 원본·이자·위약금·채무불이행으로 인한 손해배상 및 저당권의 실행비용을 포함하며, 지연배상에 대하여는 원본의 이행기일을 경과한 후의 1년분에 한합니다(360조).

그런데 지연배상에 대하여는 원본의 이행기일을 경과한 후의 1년분에 한하여 저당권을 행사할 수 있다고 규정하고 있는 것은 저당권자의 제3자에 대한 관계에서의 제한이며, 채무자나 저당권설정자는 이에 관계없이 지연배상액 전액을 변제하여야 합니다(90다8855).

그런데 이건과 같이 근저당권자의 채권총액이 채권최고액을 초과하는 경우에 근저당권자와 채무자겸 근저당권 설정자 사이에서 근저당권의 효력이 미치는 범위가 채권최고액으로 한정되는지가 문제됩니다.

이 경우에 관하여 판례는, '저당권은 원본, 이자, 위약금, 채무불이행으로 인한 손해배상 및 저당권의 실행비용을 담보하는 것이며, 이것이 근저당에 있어서의 채권최고액을 초과하는 경우에 근저당권자로서는 그 채무자 겸 근저당권설정자와의 관계에 있어서는 그 채무의 일부인 채권최고액과 지연손해금 및 집행비용만을 받고 근저당권을 말소시켜야 할 이유는 없을 뿐 아니라 채무금 전액에 미달하는 금액의 변제가 있는 경우에 이로써 우선 채권최고액 범위의 채권에 변제충당한 것으로 보아야 한다는 이유도 없으니 채권 전액의 변제가 있을 때까지 근저당의 효력은 잔존채무에 여전히 미친다고 할 것이고, 근저당에 의하여 담보되는 채권액의 범위는 차순위 담보권자, 담보물의 제3취득자 및 단순한 물상보증인으로서의 근저당권설정자에 대한 관계에서 거론될 수 있을 뿐이다'고 하며(80다2712), 따라서 채무자겸 근저당설정자가 아닌 물상보증인이나 근저당부동산의 제3취득자는 채권최고액과 경매비용을 변제공탁하면 근저당권의 말소등기를 청구할 수 있다고 합니다(71다26).

따라서 귀하는 채무자겸 근저당설정자로부터 채무 전액인 2억 원을 변제받을 때까지 근저당을 말소시킬 의무가 없습니다.

● ● ●

■ 근저당과 채권최고액·근저당과 피담보채무의 범위(사례 75 참조)

■ 포괄근저당

1) 의의

포괄근저당이란 거래관계의 종류를 특정하지 않고서 채권자가 채무자에 대하여 취득하는 모든 채권을 담보하는 형태의 근저당을 말하는 것으로 금융기관에서 흔히 이를 이용하고 있다.

2) 유효성

학설상 포괄근저당의 유효성 여부에 대하여 논란이 많지만, 판례는 그 유효성을 인정하고 있다(95다43327).

다만 경우에 따라서는 피담보채권에 관한 포괄적 기재가 예문에 불과하여 구속력이 없다고 하며(96다2286), 포괄근저당의 약정이 보통거래약관에 의하여 행하여진 경우에는 약관의 규제에 관한 법률에 의하여 무효로 될 수도 있다(동법 제6조).

사례 76 포괄근저당권의 유효성 참조

75 근저당권의 피담보채권의 확정시기

물권법

질문

저는 근저당권자로서 채무자의 채무불이행을 이유로 경매신청을 하고자 합니다. 이 경우에 근저당권으로 담보되는 채권의 확정은 언제 되는지요?

답변

근저당권은 당사자 사이의 계속적인 거래관계로부터 발생하는 불특정채권을 어느 시기에 계산하여 잔존하는 채무를 일정한 한도액 범위 내에서 담보하는 저당권으로서 보통의 저당권과 달리 발생 및 소멸에 있어 피담보채무에 대한 부종성이 완화되어 있습니다(제357조).

한편 근저당권으로 담보되는 채권은 설정계약 내지 기본계약에서 정한 결산기가 도래하거나 근저당권의 존속기간이 정하여진 경우에는 그 기간의 만료 또는 설정계약의 해지 또는 해제 등으로 확정이 됩니다.

나아가 이건과 같이 채무자의 채무불이행을 이유로 경매신청을 하는 경우에 근저당권의 확정시기와 확정으로 인한 피담보채무의 범위 등이 문제됩니다.

이 경우에 판례는 '근저당권자가 피담보채무의 불이행을 이유로 경매신청을 한 경우에는 경매신청 시에 근저당권이 확정되고 근저당권이 확정되면 그 후에 발생한 원금채권은 그 근저당권에 의하여 담보되지 않는다 할 것이나, 근저당권자가 경매신청을 실제로 한 것이 아니고 다만 경매신청을 하려는 태도를 보인 데 그친 것이라면 이로써 근저당권이 확정되었다고 볼 수 없다'고 합니다(92다48567).

그리고 근저당권의 확정 후에 이자나 지연손해금 채권이 근저당권에 의하여 담보되는지 여부에 대하여 판례는, '근저당권자의 경매신청 등의 사유로 인하여 근저당권의 피담보채권이 확정되었을 경우, 확정 이후에 새로운 거래관계에서 발생한 원본채권은 그 근저당권에 의하여 담보되지 아니하지만, 확정 전에 발생한 원본채권에 관하여 확정 후에 발생하는 이자나 지연손해금 채권은 채권최고액의 범위 내에서 근저당권에 의하여 여전히 담보되는 것이다'고 합니다(2005다38300).

따라서 귀하의 근저당권은 경매신청 시에 그 채권액이 확정되며, 이 경우 확정 전에 발생한 원본채권에 관하여 확정 후에 발생하는 이자나 지연손해금도 피담보채무의 범위에 속합니다.

나아가 근저당권자가 피담보채무의 불이행을 이유로 경매신청을 한 이후부터 근저당권은 부종성을 가지게 되어 보통의 저당권과 같은 취급을 받게 되므로, 경매신청을 하여 경매개시결정이 있은 후에 경매신청이 취하되었다고 하더라도 채무확정의 효과가 번복되는 것은 아닙니다(2001다73022).

참고로 후순위근저당권자가 경매를 신청한 경우에 선순위근저당권자의 피담보채권의 확정시기에 관하여는, '선순위 근저당권자는 자신이 경매신청을 하지 아니하였으면서도 경락으로 인하여 근저당권을 상실하게 되는 처지에 있으므로 거래의 안전을 해치지 아니하는 한도 안에서 선순위 근저당권자가 파악한 담보가치를 최대한 활용할 수 있도록 함이 타당하다는 관점에서 보면, 후순위 근저당권자가 경매를 신청한 경우 선순위 근저당권의 피담보채권은 그 근저당권이 소멸하는 시기, 즉 경락인이 경락대금을 완납한 때에 확정된다고 보아야 한다'고 합니다(99다26085).

76 포괄근저당권의 유효성

물권법

질문

저는 사업상 은행과 당좌거래계약을 하면서 그 채무의 담보로 제 부동산에 대하여 포괄근저당권을 설정해 주었습니다. 이 경우 제가 은행과의 모든 거래에서 발생한 채무도 포괄근저당권에 의하여 담보된다는데, 사실인지요?

답변

은행과의 거래에서 특히 많이 이용되고 있는 포괄근저당이란 거래의 종류를 특정하지 않고서 채권자인 은행에서 채무자인 거래 상대방에 대하여 취득하는 모든 종류의 채권을 담보하는 형태의 근저당권을 말합니다.

예컨대 은행과 고객이 당좌거래계약을 체결하면서 당좌거래는 물론이고 고객의 은행에 대한 모든 종류의 거래에 따른 채무를 담보하기 위하여, 거래의 종류마다 일일이 근저당을 설정하는 번거로움 등을 피하기 위하여 이용되는 것이 바로 포괄근저당권제도입니다.

포괄근저당은 피담보채무의 범위가 무한정 확대될 수 있다는 점에서 그 유효성이 문제되지만, 대체로 그 유효성을 인정하되 합리적인 범위 내에서 피담보채무의 범위를 제한하는 것이 주류적인 학설과 판례의 입장입니다.

이 경우에 판례는 '은행과 근저당권설정자와의 사이에 근저당권설정계약을 체결할 때 작성된 근저당권설정계약서에 "채무자가 채권자에 대하여 현재 및 장래에 부담하는 어음대출, 어음할인, 증서대출, 당좌대출, 지급보증(사채보증 포함), 매출채권거래, 상호부금거래, 유가증권 대여, 외국환 기타의 여신거래로 말미암은 채무, 보증채무, 어음 또는 수표상의 채무, 이자채무, 지연배상금채무, 채무자나 설정자가 부담할 제 비용, 보험료의 부대채무, 기타 여신거래에 관한 채무"라는 취지의 기재가 있는 경우, 그 기재는 은행의 여신거래로부터 생기는 모든 채무를 담보하기로 하는 이른바 포괄근저당권을 설정한다는 문언이라고 할 것이고, 계약서가 부동문자로 인쇄된 약관의 형태를 취하고 있다 하더라도 이는 처분문서라고 할 것이므로,

그 진정성립이 인정되는 때에는, 은행의 담보취득행위가 은행대차관계에 있어서 이례에 속하고 관례를 벗어나는 것이라고 보여 지거나 피담보채무를 제한하는 개별 약정이 있었다는 등의 특별한 사정이 없는 한, 그 문언대로 의사표시의 존재와 내용을 인정하여야 한다'고 합니다(95다43327).

따라서 귀하는 은행과의 포괄근저당약정에 기하여 은행거래에서 발생하는 모든 채무에 대하여 변제를 하지 아니하면 포괄근저당의 말소를 구할 수 없으나, 포괄근저당에 관한 기재가 예문에 불과하여 구속력이 없어 무효가 된다고 보는 경우도 많이 있으며(96다2286), 포괄근저당의 약정이 보통거래약관에 의하여 행하여진 경우에는 사안에 따라 '약관의 규제에 관한 법률'에 의하여 무효가 될 수도 있습니다(동법 제6조).

■ 포괄근저당을 무효로 본 예

근저당권설정계약서는 처분문서이므로 특별한 사정이 없는 한 그 계약문언대로 해석하여야 함이 원칙이나, 근저당권설정계약서가 금융기관 등에서 일률적으로 일반거래약관의 형태로 부동문자로 인쇄해 두고 사용하는 계약서인 경우에 그 계약조항에 피담보채무의 범위를 그 근저당권설정으로 공급받는 계속적인 물품공급거래로 인한 대금채무 외에 기존의 채무나 장래에 부담하게 될 다른 원인에 의한 모든 채무도 포괄적으로 포함하는 것으로 기재하였다고 하여도, 당사자의 의사는 당해 물품공급거래로 인한 대금채무만을 그 근저당권의 피담보채무로 약정한 취지라고 해석하는 것이 합리적인 때에는, 그 계약서의 피담보채무에 관한 포괄적 기재는 부동문자로 인쇄된 일반 거래약관의 예문에 불과한 것으로 보아 그 구속력을 배제하는 것이 타당하다(96다2286).

77 가등기담보의 효력

물권법

질문

저는 돈을 빌리면서 채권자의 요구로 제 소유의 부동산에 채권자를 가등기권자로 하는 등기를 경료해 주었습니다. 변제기일이 다 되도록 저는 아직 채무를 변제하지 못하고 있는데, 이 경우 제 소유 부동산의 시가가 차용금채무 원리금을 훨씬 넘는데도 불구하고 채권자에게 가등기에 기한 본등기를 해 주어야 하는지요?

답변

가등기담보란 채권을 담보할 목적으로 채권자와 채무자 또는 제3자와의 사이에서 채무자 또는 제3자소유의 부동산을 목적물로 하는 대물변제예약 또는 매매예약을 하면서 채권자가 향후 가지는 소유권이전등기청구권을 보전하기 위한 가등기를 하는 방법으로 채권을 담보하는 것을 말합니다.

한편 가등기담보등에 관한 법률상 채권자가 담보계약에 의한 담보권을 실행하여 그 담보목적 부동산의 소유권을 취득하기 위해서는 그 채권의 변제기 후에 청산금(통지 당시의 목적부동산의 가액에서 그 채권액 등을 공제한 금액)의 평가액과 통지당시의 목적부동산의 평가액 및 민법 제360조에 규정된 피담보채권액을 명시하여 채무자 등에게 통지하고, 그 통지가 채무자 등에게 도달한 날로부터 2월의 청산기간이 경과한 후, 청산금은 채무자 등에게 지급하여야 합니다(가담법 제3조, 4조).

가등기담보와 청산절차와의 관계에 대하여 판례는, '채권자가 가등기담보권을 실행하여 그 담보목적부동산의 소유권을 취득하기 위하여 채무자에게 담보권 실행을 통지하고 2월의 청산기간이 경과한 후에도 채무자는 정당하게 평가된 청산금을 지급받을 때까지 목적부동산의 소유권이전등기 및 인도채무의 이행을 거절하면서 피담보채무 전액과 그 이자 및 손해금을 지급하고 그 채권담보의 목적으로 경료된 가등기의 말소를 청구할 수 있다'고 합니다(94다3087).

다만 이 경우에도 채무의 변제기로부터 10년이 경과하거나 선의의 제3자가 소유권을 취득한 경우에는 말소청구를 할 수 없습니다(가담법 제11조).

나아가 그 절차에 위배하여 가등기에 기한 본등기가 이루어진 경우의 효력에 관하여 판례는, '가등기담보등에관한법률 제3조, 제4조의 각 규정에 비추어 볼 때 그 각 규정을 위반하여 담보가등기에 기한 본등기가 이루어진 경우에는 그 본등기는 무효라고 할 것이고, 설령 그와 같은 본등기가 가등기권리자와 채무자 사이에 이루어진 특약에 의하여 이루어졌다고 할지라도 만일 그 특약이 채무자에게 불리한 것으로서 무효라고 한다면 그 본등기는 여전히 무효일 뿐, 이른바 약한 의미의 양도담보로서 담보의 목적 내에서는 유효하다고 할 것이 아니고, 다만 가등기권리자가 가등기담보등에관한법률 제3조, 제4조에 정한 절차에 따라 청산금의 평가액을 채무자 등에게 통지한 후 채무자에게 정당한 청산금을 지급하거나 지급할 청산금이 없는 경우에는 채무자가 그 통지를 받은 날로부터 2월의 청산기간이 경과하면 위 무효인 본등기는 실체적 법률관계에 부합하는 유효한 등기가 될 수 있다'고 합니다(2002다42001).

따라서 귀하가 채무원리금을 변제하지 못하면 채권자는 2월의 기간 동안 목적부동산에 대한 청산절차를 거쳐 목적부동산의 가액에서 채무원리금을 공제한 금원(청산금)을 돌려준 후 가등기에 기한 본등기를 할 수 있습니다.

■ 가등기담보등에 관한 법률

1. 적용범위

1) 가등기담보법은 소비대차(민법 제598조)에 기한 채권을 담보하는 경우에 한정하여 적용되기 때문에(동법 제1조, 2조), 토지매매대금채권(88다카20392)·공사대금채권(91다45356·45363)등을 담보하기 위한 가등기에는 적용되지 않는다.

2) 가등기담보 등에 관한 법률은 재산권 이전의 예약에 의한 가등기담보에 있어서 그 재산의 예약 당시의 가액이 차용액 및 이에 붙인 이자의 합산액을 초과하는 경우에 적용되는 것이므로(동법 제1조), 가등기담보부동산의 매매예약 당시의 시가가 피담보채권액(차용액 및 이에 붙인 이자의 합산액)에 미치지 못하는 경우에는 그 적용이 없다(89다카21125).

2. 가등기담보권 실행 방법

1) 권리취득에 의한 방법

이는 가등기담보권자가 담보부동산의 소유권을 취득하는 방법에 의한 담보권

실행으로서 가등기담보법상 다음과 같은 절차를 밟아서 소유권을 취득한다.

① 실행통지(동법 제3조)

② 청산기간(2월)의 경과(동법 제3조)

③ 청산(동법 제4조)

i) 목적부동산의 가액이 채무원리금을 넘는 경우에는 그 차액을 청산금으로 채무자에게 지급하여야 한다.

ii) 청산의 방법으로는 귀속청산을 하여야 한다.

즉, 가등기담보등에 관한법률이 제3조와 제4조에서 가등기담보권의 사적 실행방법으로 귀속정산의 원칙을 규정함과 동시에 제12조와 제13조에서 그 공적 실행방법으로 경매의 청구 및 우선변제청구권 등 처분정산을 별도로 규정하고 있는 점, 위 제4조가 제1항 내지 제3항에서 채권자의 청산금 지급의무, 청산기간 경과와 본등기청구, 청산금의 지급의무와 부동산의 소유권이전등기 및 인도 채무의 동시이행관계 등을 순차로 규정한 다음, 제4항에서 제1항 내지 제3항에 반하는 특약으로서 채무자 등에게 불리한 것은 그 효력이 없다(다만, 청산기간 경과 후에 행하여진 특약으로서 제3자의 권리를 해하지 아니하는 경우는 제외된다)고 규정하고 있는 점, 나아가 제11조는 채무자 등이 청산금 채권을 변제받을 때까지 그 채무액을 채권자에게 지급하고 그 채권담보의 목적으로 경료된 소유권이전등기의 말소를 청구할 수 있다고 규정하고 있는 점 등을 종합하여 보면, 가등기담보권의 사적 실행에 있어서 채권자가 청산금의 지급 이전에 본등기와 담보목적물의 인도를 받을 수 있다거나 청산기간이나 동시이행관계를 인정하지 아니하는 '처분정산'형의 담보권실행은 가등기담보등에 관한법률상 허용되지 아니한다(2001다81856).

④ 소유권취득(동법 제4조)

⑤ 법정지상권(동법 제10조)

2) 경매에 의한 방법

가등기담보권자는 권리취득에 의한 실행을 하지 않고 가등기담보권에 기한 경매를 청구하여 그 매각대금에서 우선변제를 받을 수도 있으며, 그 경우 가등기담보권을 저당권으로 본다(동법 제12조).

78 양도담보의 효력

질문

저는 채무자에게 돈을 빌려주면서 그 담보로 채무자 소유의 기계에 대하여 양도담보계약의 공증을 해 두었습니다. 그런데 채무자의 또 다른 채권자가 강제경매를 신청하였다고 하는데, 이 경우 제가 우선권이 있지 않는가요?

답변

양도담보란 물건의 소유권을 채권자에게 이전하는 방법에 의하여 채권을 담보하는 제도로서, 채무자가 채무를 이행하면 목적물을 반환받지만 이를 이행하지 아니하면 채권자는 청산절차를 거쳐서 우선변제를 받는 제도를 말하는 것으로서, 양도담보는 민법이 규정하고 있지는 않지만 관습법상 인정된 담보물권입니다(67다61).

양도담보는 부동산 양도담보와 동산 양도담보로 나누어지며 부동산양도담보와 등기·등록으로 공시되는 재산권을 목적으로 하는 양도담보의 경우는 가등기담보등에 관한 법률이 적용되어 양도담보권자가 곧바로 소유권을 취득하지 못하나, 이건과 같은 동산양도담보의 경우에는 동법이 적용되지 아니하여 양도담보권자는 외부적으로는 적법한 소유자로 인정됩니다(98다47283).

그런데 이건과 같이 채권자가 채무자 소유의 동산에 대하여 양도담보계약을 하면서 그 점유는 채무자가 계속 하도록 하는 소위 점유개정의 방법으로 하는 경우에 양도담보권자와 제3자(강제집행을 한 다른 채권자) 중 누구의 권리가 우선하는지가 문제됩니다.

판례는, '동산에 관하여 양도담보계약이 이루어지고 점유개정의 방법으로 인도를 받았다면 그 청산절차를 마치기 전이라 하더라도 담보목적물에 대한 사용수익권은 없지만 제3자에 대한 관계에 있어서는 그 물건의 소유자임을 주장하고 그 권리를 행사할 수 있다 할 것이다. 따라서 강제집행의 목적물에 관한 양도담보권자는 강제집행을 한 제3자에 대하여 그 소유권을 주장하여 제3자이의의 소를 제기함으로써 그 강제집행의 배제를 구할 수 있다'고 합니다(93다44739).

따라서 귀하는 위 기계에 대한 양도담보권자로서 위 기계의 소유권이 귀하에게 있음을 이유로 강제집행절차정지 가처분 및 제3자이의의 소를 제기하여 다른 채권자에 의한 강제집행절차를 저지하여야 합니다.

참고로 제3자이의의소란 기계에 대한 소유권이 채무자가 아니라 귀하에게 있으므로 채무자의 소유임을 전제로 한 강제경매는 부당하다는 내용의 소송을 말합니다.

나아가 제3자에 의한 강제경매절차가 완료된 경우에 있어서의 법률관계에 대하여는, '채무자 이외의 자의 소유에 속하는 동산을 경매한 경매절차에서 그 동산을 경락받아 경락대금을 납부하고 이를 인도받은 경락인이 동산의 소유권을 선의취득한 경우, 그 동산의 매득금은 채무자의 것이 아니어서 채권자가 이를 배당을 받았다고 하더라도 채권은 소멸하지 않고 계속 존속하므로, 배당을 받은 채권자는 이로 인하여 법률상 원인 없는 이득을 얻고 소유자는 경매에 의하여 소유권을 상실하는 손해를 입게 되었다고 할 것이니 그 동산의 소유자는 배당을 받은 채권자에 대하여 부당이득으로서 배당받은 금원의 반환을 청구할 수 있고, 이러한 이치는 제3자 소유의 기계·기구가 그의 동의 없이 공장저당법 제4조, 제5조의 규정에 의한 저당권의 목적이 되어 같은 법 제7조의 목록에 기재되는 바람에 공장에 속하는 토지 또는 건물과 함께 일괄 경매되어 경락되고 채권자가 그 기계·기구의 경락대금을 배당받은 경우에도 경락인이 그 기계·기구의 소유권을 선의취득 하였다면 마찬가지라고 보아야 한다'고 합니다(98다6800).

● ● ●

■ 양도담보의 법적 성질

양도담보는 그 목적이 채권담보임에도 불구하고 그에 대한 담보권을 설정하지 않고 소유권이전이라는 형식을 취하고 있기 때문에 그 법적성질이 문제된다.

1) 담보물권설

가담법은 가등기담보뿐만 아니라 일정한 경우의 양도담보에도 적용되는데, 부동산 양도담보 가운데 그것이 소비대차에 기한 채권을 담보하기 위한 것이고 또한 부동산의 가액이 차용액과 이자의 합산액을 초과하는 경우에는 그 명칭여하를 불문하고 그 적용이 있다(동법 제1조, 2조).

나아가 가담법상 양도담보의 경우에 채권자 명의로 소유권이전등기가 되어 있어도 가담법이 정한 청산절차를 거쳐야 비로소 채권자가 소유권을 취득하므로(동법 제4조, 11조), 결국 가담법의 적용을 받는 양도담보의 법적성질은 일종의 담보물권이라고 보며 가담법이 적용되지 않는 부동산 양도담보의 경우에도 가담법을 유추적용하여 담보물권의 일종으로 본다(91다21770).

이 경우 양도담보가 있더라도 채권자는 진정한 의미의 소유권을 취득하는 것이 아니라 소유권은 여전히 채무자에게 있되 채권자는 양도담보권이라는 제한물권을 취득할 뿐이라고 본다.

사례 77 가등기담보의 효력 참조

2) 신탁적 소유권이전설

양도담보권자는 목적물의 소유권을 취득하지만 채무자에 대하여 담보목적을 넘어서 소유권을 행사하지 않을 채무를 부담하며, 이를 위반하면 채무불이행으로서 손해배상책임을 지게 될 뿐이며, 다만 부동산양도담보의 경우에는 가담법 제11조 단서에 의하여 선의의 제3자만 유효하게 소유권을 취득할 뿐이라고 본다(동산양도담보의 경우에는 제3자는 선의·악의를 불문하고 소유권을 취득한다).

판례는 동산양도담보의 경우 신탁적 소유권이전설의 입장을 견지하고 있다(93다44739).

79 동산의 이중 양도담보

물권법

질문

저는 채무자에게 돈을 빌려주면서 그 담보로 채무자 소유의 기계에 대하여 점유개정의 방법으로 양도담보계약의 공증을 해 두었는데, 그 후 채무자는 또 다른 채권자에게 이중으로 양도담보계약을 체결하고 이를 인도해 주었습니다. 이 경우 선순위 양도담보권자인 제가 기계에 대한 우선권이 있는 것이 아닌지요?

답변

양도담보란 물건의 소유권을 채권자에게 이전하는 방법에 의하여 채권을 담보하는 제도로서, 채무자가 채무를 이행하면 목적물을 반환받지만 이를 이행하지 아니하면 채권자는 청산절차를 거쳐서 우선변제를 받는 제도를 말하는 것으로서, 양도담보는 민법이 규정하고 있지는 않지만 관습법상 인정된 담보물권입니다.

한편 이건과 같은 동산양도담보의 효력에 대하여 판례는 소위 신탁적 소유권이전설의 입장에서, '동산에 관하여 양도담보계약이 이루어지고 양도담보권자가 점유개정의 방법으로 인도를 받았다면 그 청산절차를 마치기 전이라 하더라도 담보목적물에 대한 사용수익권은 없지만 제3자에 대한 관계에 있어서는 그 물건의 소유자임을 주장하고 그 권리를 행사할 수 있다'고 합니다(93다44739).

나아가 채무자가 이중으로 양도담보계약을 체결한 경우의 효력에 관하여 판례는, '동산에 대하여 점유개정의 방법으로 양도담보를 일단 설정한 후에는 양도담보권자나 양도담보설정자가 그 동산에 대한 점유를 상실하였다고 하더라도 그 양도담보의 효력에는 아무런 영향이 없다 할 것이고, 양도담보권 실행을 위한 환가절차에 있어서는 환가로 인한 매득금에서 환가비용을 공제한 잔액 전부를 양도담보권자의 채권변제에 우선 충당하여야 하고 양도담보설정자의 다른 채권자들은 양도담보권자에 대한 관계에 있어서 안분배당을 요구할 수 없으며, 동산에 대하여 점유개정의 방법으로 이중양도담보를 설정한 경우 원래의 양도담보권자는 뒤의 양도담보권자에 대하여 배타적으로 자기의 담보권을 주장할 수 있으므로, 뒤의 양도담보권자가 양도담보의 목적물을 처분함으로써 원래의 양도담보권자로 하여금 양도담보권을 실행할 수 없도록 하는 행위는, 이중양도담보 설정행위가 횡령죄나 배임죄를 구성하는지 여부나 뒤의 양도담보권자가 이중양도담보 설정행위에 적극적으로 가담하였는지 여부와 관계없이, 원래의 양도담보권자의 양도담보권을 침해하는 위법한 행위이다'고 합니다(99다65066).

따라서 이중으로 양도담보계약을 체결한 사람의 선의취득(제249조)이 인정되지 않는 한 먼저 양도담보계약을 체결한 귀하에게 기계의 소유권이 있으므로 귀하는 위 기계를 인수해 간 이중 양도담보권자를 상대로 기계의 반환을 청구할 수 있습니다.

■ 양도담보의 효력이 미치는 범위

양도담보의 효력이 미치는 범위는 양도담보계약에서 정하여지지만 특별한 약정이 없으면 부합물·종물에도 미친다(제358조).

따라서 돼지를 양도담보의 목적물로 하여 소유권을 양도하되 점유개정의 방법으로 양도담보설정자가 계속하여 점유·관리하면서 무상으로 사용·수익하기로 약정한 경우, 양도담보 목적물로서 원물인 돼지가 출산한 새끼 돼지는 천연과실에 해당하고 그 천연과실의 수취권은 원물인 돼지의 사용·수익권을 가지는 양도담보설정자에게 귀속되므로, 다른 특별한 약정이 없는 한 천연과실인 새끼 돼지에 대하여는 양도담보의 효력이 미치지 않는다(96다25463).

80 공동저당의 효력

물권법

질문

저는 공동저당 되어 있는 부동산의 일부에 대하여 후순위저당권을 가지고 있는데, 이 경우 동시경매와 이시경매에 따라 제가 보호받는 범위는 달라지는지요?

답변

공동저당이란 동일한 채권의 담보로 복수의 부동산 위에 설정된 저당권을 말하며 따라서 공동저당의 경우에는 부동산의 수만큼 저당권이 복수로 존재하게 됩니다.

민법상 공동저당 부동산의 경매시 그 배당방법에 관하여 '동일한 채권의 담보로 수 개의 부동산에 저당권을 설정한 경우에 그 부동산의 경매대가를 동시에 배당하는 때에는 각 부동산의 경매대가에 비례하여 그 채권의 분담을 정하며, 저당부동산 중 일부의 경매대가를 먼저 배당하는 경우에는 그 대가에서 그 채권전부의 변제를 받을 수 있고, 이 경우에 그 경매한 부동산의 차순위저당권자는 선순위저당권자가 동시배당 하였더라면 다른 부동산의 경매대가에서 변제를 받을 수 있는 금액의 한도에서 선순위자를 대위하여 저당권을 행사할 수 있습니다(제368조).

이는 공동저당권자의 자유선택권을 인정하면서도 아울러 동시배당·이시배당이라는 우연한 결과에 따라 후순위저당권자의 권리가 침해받지 않도록 보호하기 위한 규정을 둔 것입니다.

판례도 '공동저당권의 목적인 수개의 부동산이 동시에 경매된 경우 공동저당권자로서는 어느 부동산의 경매대가로부터 배당받든 우선변제권이 충족되기만 하면 되지만, 각 부동산의 소유자나 차순위 담보권자 기타의 채권자에게는 어느 부동산의 경매대가가 공동저당권자에게 배당되는지에 관하여 중대한 이해관계를 갖게 되므로, 민법 제368조 제1항은 공동저당권의 목적물의 전체 환가대금을 동시에 배당하는 이른바 동시배당의 경우에 공동저당권자의 실행선택권과 우선변제권을 침해하지 않는 범위 내에서 각 부동산의 책임을 안분시킴으로써 각 부동산상의 소유자와 차순위 저당권자 기타의 채권자의 이해관계를 조절하고, 같은 조 제2항은 대위제도를 규정하여 공동저당권의 목적 부동산 중 일부의 경매대가를 먼저 배당하는 이른바 이시배당의 경우에도 최종적인 배당의 결과가 동시배당의 경우와 같게 함으로써 공동저당권자의 실행선택권 행사로 인하여 불이익을 입은 차순위 저당권자를 보호하는 데에 그 취지가 있다'고 합니다(2005다14502).

따라서 귀하의 경우에도 동시배당이나 이시배당 모두 최종적인 배당결과는 동일하게 이루어지게 됩니다.

■ 공동저당의 효력

1) 동시배당의 경우

동일한 채권의 담보로 수 개의 부동산에 저당권을 설정한 경우에 그 부동산의 경매대가를 동시에 배당하는 때에는 각 부동산의 경매대가에 비례하여 그 채권의 분담을 정하며(제368조1항), 여기서 말하는 '각 부동산의 경매대가'라 함은 매각대금에서 당해 부동산이 부담할 경매비용과 선순위채권을 공제한 잔액을 말한다(2001다66291).

예컨대 A의 B에 대한 3억 원의 채권에 대하여 B소유의 시가 4억 원의 X토지와 시가 2억 원의 Y건물에 각각 1번 저당권을 가지고, C가 X토지에 2억 원의 채권에 관하여 2번 저당권을 취득하며, D가 Y건물에 1억 원의 채권으로 2번 저당권을 경료한 경우에, A가 X토지와 Y건물을 모두 경매하여 배당을 받는 때에는 X토지로부터 2억 원, Y토지로부터 1억 원을 변제받는다. C는 X토지로부터 2억 원을, D는 Y건물로부터 1억 원을 각 변제받게 된다.

2) 이시배당의 경우

공동저당부동산중 일부의 경매대가를 먼저 배당하는 경우에는 그 대가에서 그 채권전부의 변제를 받을 수 있고, 이 경우에 그 경매한 부동산의 차순위저당권자는 선순위저당권자가 동시배당 하였더라면 다른 부동산의 경매대가에서 변제를 받을 수 있는 금액의 한도에서 선순위자를 대위하여 저당권을 행사할 수 있다(제368조2항).

앞의 예에서 A가 X토지만을 먼저 경매하여 그 대금 4억 원으로부터 3억 원의 채권을 변제받은 때에는, C는 일단 X토지의 경매대금 중 잔금 1억 원을 변제받은 후, 위와 같이 동시배당 하였다면 A가 Y건물에 대하여 받았을 1억 원에 대하여 A의 1번 저당권을 대위행사한다.

3) 공동저당의 목적 부동산 중 일부가 물상보증인의 소유인 경우

물상보증인 소유의 부동산이 경매된 경우에는 물상보증인은 변제에 의한 대위

규정에 의하여 구상권을 취득하여(제481조, 482조) 다른 부동산에 대하여 공동저당권자를 대위하므로 결과적으로 후순위저당권자의 대위에 우선하게 된다.

따라서 공동저당의 목적인 채무자 소유의 부동산과 물상보증인 소유의 부동산에 각각 채권자를 달리하는 후순위 저당권이 설정되어 있는 경우, 물상보증인 소유의 부동산에 대하여 먼저 경매가 이루어져 그 경매대금의 교부에 의하여 1번 저당권자가 변제를 받은 때에는 물상보증인은 채무자에 대하여 구상권을 취득함과 동시에 민법 제481조, 제482조의 규정에 의한 변제자대위에 의하여 채무자 소유의 부동산에 대한 1번 저당권을 취득하고, 이러한 경우 물상보증인 소유의 부동산에 대한 후순위저당권자는 물상보증인에게 이전한 1번 저당권으로 우선하여 변제를 받을 수 있다(2001다21854).

4) 공동저당의 법리의 유추적용

주택임대차보호법 제8조에 규정된 소액보증금반환청구권은 임차목적 주택에 대하여 저당권에 의하여 담보된 채권, 조세 등에 우선하여 변제받을 수 있는 이른바 법정담보물권으로서, 주택임차인이 대지와 건물 모두로부터 배당을 받는 경우에는 마치 그 대지와 건물 전부에 대한 공동저당권자와 유사한 지위에 서게 되므로 대지와 건물이 동시에 매각되어 주택임차인에게 그 경매대가를 동시에 배당하는 때에는 민법 제368조 제1항을 유추적용하여 대지와 건물의 경매대가에 비례하여 그 채권의 분담을 정하여야 한다(2001다66291).

81 특정물 매매에 있어서의 목적물관리보존비 부담의무

채권법

Q 질문

저는 부동산을 매수하면서 계약금과 중도금을 지급하였으나 잔대금을 마련하지 못하여 그 기일을 넘기고 말았으며, 부동산은 여전히 매도인이 점유 및 소유하고 있습니다. 이 경우 제가 목적 부동산에 대한 제반 관리비 등과 매매대금의 이자상당액을 배상하여야 하는지요?

A 답변

민법상 특정물 채권의 채무자는 목적물을 인도할 때 까지 선량한 관리자의 주의의무로 보존하여야 합니다(제374조). 여기서 말하는 '선량한 관리자의 주의의무(선관주의의무)'란 행위자의 직업 및 사회적 지위 등에 따라서 거래상 보통 일반적으로 요구되는 정도의 주의를 말합니다.

한편 민법상 매매계약 후에도 인도하지 아니한 목적물로부터 생기는 과실은 매도인에게 속하며, 매수인은 목적물의 인도를 받은 날로부터 대금의 이자를 지급하여야 합니다(제587조).

나아가 이건과 같이 귀하가 아직까지 잔대금을 지급하지 못하여 그 기일을 넘겼으며, 그래서 매도인이 부동산에 대한 점유 및 소유를 여전히 하고 있으므로 매매의 목적물인 부동산의 관리보존비 등의 지급의무가 누구에게 있으며, 매매계약 대금지급채무에 대한 이자의 발생시점이 언제부터인지가 문제됩니다.

이에 대하여 판례는, '특정물의 매매에 있어서 매수인의 대금지급 채무가 이행지체에 빠졌다 하더라도 그 목적물이 매수인에게 인도될 때 까지는 매도인은 그 목적물에서 생기는 과실을 수취할 수 있는 한편 그 목적물의 관리 보존의 비용도 자기가 부담하여야 하는 것이고, 그 반면 매수인은 매매대금의 이자를 지급할 필요가 없는 것이므로 매도인은 매수인의 대금지급의무 이행의 지체를 이유로 하여 그 목적물의 인도가 이루어지기 이전의 기간 동안의 목적물의 관리보존의 비용의 상환이나 매매대금의 이자 상당액의 손해배상청구를 할 수 없다'고 합니다(80다211).

따라서 비록 매수인인 귀하가 부동산매매 잔대금 지급기일을 넘겨 이를 지체하였다 하더라도 현실적으로 위 부동산을 인도받기 전에는 부동산의 관리보존비와 매매대금의 이자상당손해를 배상할 필요는 없습니다.

다만 귀하가 위 부동산을 취득하려면 잔대금 및 잔대금지급이 지체된 기일만큼의 이자상당을 손해로 배상하여야 할 것입니다.

- 특정물채권은 특정물의 인도를 목적으로 하는 채권이며, 구체적인 거래에 있어서 당사자가 물건의 개성을 중요시하여 다른 물건으로 바꾸지 못하게 한 것이 특정물이다. 한편 특정물·불특정물은 당사자의 의사에 의한 주관적 구별에 불과하여 물건의 개성이 중요시되어 동종·동질·동량의 다른 물건으로 바꿀 수 있는지의 여부(대체물·불대체물)에 관계없이 당사자는 특정물·불특정물로 정하여 거래할 수 있으며, 당사자의 의사가 분명하지 않으면 통상 특정물은 불대체물로, 불특정물은 대체물로 된다. 특정물채권은 보통 채권이 성립할 당시에 특정이 되나 종류물채권이나 선택채권의 경우에는 채권의 성립 후 특정이 되면 그 때 특정물채권이 된다(제375조2항, 제380조).

- 선관주의의무규정은 임의규정으로서 당사자의 다른 의사표시(주의의무를 경감하거나 면하는 특약)나, 다른 법률의 규정(제695조)이 있으면 그 적용이 배제되며, 선관주의의무를 게을리 하여 목적물이 멸실·훼손된 경우에는 채무자는 손해배상의 의무를 지며 채무자가 선관주의의무를 게을리 하지 않았음을 입증하여야 한다(91다22605·22612).

- 목적물의 보존에 필요한 비용은 특약이 없는 한 원칙적으로 채무자가 부담하여야 하나, 채권자의 수령지체의 경우에는 증가한 보존비용은 채권자의 부담으로 한다(제403조). 그러나 이건의 경우와 같이 매매의 경우에는 매수인이 수령지체를 하더라도 그 보존비용은 매도인이 부담한다(제587조).

- 특정물의 인도가 채권의 목적인 때에는 채무자는 이행기의 현상대로 그 물건을 인도하여야 하며(제462조), 이 경우 선관주의의무 준수 여하에 따라 위와 같이 손해배상의무를 부담할 수 있다.

82 선택채권

질문

저는 가구공장을 경영할 목적으로 토지를 매수하였으나 토지가 도로에 접하지 않은 맹지여서 공장설립허가를 받을 수 없었으며, 제 토지에 연접한 토지로서 맹지는 아니나 형상이 남북으로 좁고 길어 이를 제대로 활용하지 못하고 있던 상대방이, 먼저 상대방 소유 토지를 제 소유 토지에 합병한 후 합병된 토지 중 상대방 소유 토지 면적에 상응하는 만큼의 토지를 분할하여 상대방에게 이전하여 주기로 하는 내용의 교환계약을 체결하였으나 이전할 토지의 위치에 관하여는 합의를 하지 않았는데, 이 경우 분할해줄 토지의 위치를 제가 정할 수 있는지요?

답변

민법상 채권의 목적이 수 개의 행위 중에서 선택에 좇아 확정될 경우에(선택채권) 다른 법률의 규정이나 당사자의 선택이 없으면 선택권은 채무자에게 있습니다(제380조). 한편 선택권 행사의 기간이 있는 경우에 선택권자가 그 기간 내에 선택권을 행사하지 아니하는 때에는 상대방은 상당한 기간을 정하여 그 선택을 최고할 수 있고, 선택권자가 그 기간 내에 선택하지 아니하면 선택권은 상대방에게 있으며, 선택권 행사의 기간이 없는 경우에 채권의 기한이 도래한 후 상대방이 상당한 기한을 정하여 그 선택을 최고하여도 선택권자가 그 기간 내에 선택하지 아니하여도 선택권은 채권자인 상대방에게 이전됩니다(제381조).

한편 이 건과 같은 경우에 토지를 분할 해 주기로 한 약정이 공유물에 관한 합의인지 아니면 선택채권으로 보아야 하는지가 문제됩니다.

이 경우에 판례는, '토지소유자가 1필 또는 수필의 토지 중 일정 면적의 소유권을 상대방에게 양도하기로 하는 계약을 체결한 경우, 상대방이 토지소유자에 대하여 구체적으로 어떠한 내용의 권리를 가지는지는 원칙적으로 당해 계약의 해석문제로 귀착되는 것이지만, 위치와 형상이 중요시되는 토지의 특성 등을 감안하여 볼 때 특별한 사정이 없는 한 위치가 특정된 일정 면적의 토지 소유권을 양도받을 수 있는 권리를 가지는 것으로 보아야 하고, 따라서 위와 같은 계약에서 양도받을 토지 위치가 확정되지 아니하였다면 상대방이 토지소유자에게 가지는 채권은 민법 제380조에서 정한 선택채권에 해당하는 것으로 보아야 하며, 따라서 가구공장을 경영할 목적으로 부지를 매수하였으나 부지가 도로에 접하지 않은 맹지여서 공장설립허가를 받을 수 없었던 귀하와 위 부지에 연접한 토지로서 맹지는 아니나 형상이 남북으로 좁고 길어 이를 제대로 활용하지 못하고 있던 상대방이, 먼저 상대방 소유 토지를 귀하 소유 토지에 합병한 후 합병된 토지 중 상대방 소유 토지 면적에 상응하는 만큼의 토지를 분할하여 상대방에게 이전하여 주기로 하는 내용의 교환계약을 체결하였으나 이전할 토지의 위치에 관하여는 합의를 하지 않은 사안에서, 위 교환계약은 합병된 토지 중 상대방 소유 토지 면적에 상응하는 만큼의 토지를 선정한 다음 그와 같이 확정된 토지의 소유권을 상대방에게 이전해 주기로 약정한 것이라고 보아야 하고, 따라서 이전받을 토지의 위치가 확정되지 않았다면 상대방이 귀하에게 가지는 채권은 민법 제380조에서 정한 선택채권에 해당하는 것으로 보아야 한다'고 하였습니다(2010다16090).

따라서 귀하의 상대방이 가지는 채권은 선택채권으로서 그 선택권은 채무자인 귀하에게 있으므로 상대방 토지의 면적만큼 분할 해 주는 토지의 위치와 형상은 귀하가 정할 수 있다고 봅니다.

- 선택채권은 채권의 목적이 선택적으로 정하여져 있는 채권으로 선택채권의 선택으로 특정물채권으로 되며, 따라서 선택채권은 복수의 채권이 아니고 하나의 채권이다. 선택채권은 급부가 확정되어 있지 않다는 점에서 종류채권과 같으나 1)급부의 수가 한정되어 있다는 점 2)급부의 개성이 중요시 된다는 점 3)이행불능에 의한 특정이 인정된다는 점 4)선택에 소급효가 있다는 점 등에서 종류채권과 구별된다.

83 외화채권

Q 질문

저는 미국인과 물품거래를 하면서 그 대금은 미화(달러)로 지급하기로 하였습니다. 그런데 제가 대금지급기일을 6개월 정도 늦추는 바람에 미국인이 우리나라 통화로 지급하라는 청구를 하였습니다. 현재의 원화시세는 6개월 전보다 상승(환율하락)하였는데, 이 경우 저는 어느 시점의 환율을 기준으로 하여 지급을 하여야 하는지요?

A 답변

민법상 채권의 목적이 다른 나라 통화로 지급할 것인 경우에는 채무자는 자기가 선택한 그 나라의 각 종류의 통화로 변제할 수 있으며, 채권의 목적이 어느 종류의 다른 나라 통화로 지급할 것인 경우에 그 통화가 변제기에 강제통용력을 잃은 때에는 그 나라의 다른 통화로 지급하여야 합니다(제377조). 나아가 채권액이 다른 나라 통화로 지정된 때에는 채무자는 지급할 때에 있어서의 이행지의 환금시가에 의하여 우리나라 통화로 변제할 수 있습니다(제378조).

그런데 이건의 경우와 같이 채권액이 외국통화로 지정된 금전채권인 외화채권의 경우에 채권자도 제378조의 대용급부청구권을 행사할 수 있는지 여부와 그 환산기준시기가 문제됩니다.

이에 대하여 판례는, '채권액이 외국통화로 지정된 금전채권인 외화채권을 채무자가 우리나라 통화로 변제함에 있어서는 민법 제378조가 그 환산시기에 관하여 외화채권에 관한 같은 법 제376조, 제377조 제2항의 "변제기"라는 표현과는 다르게 "지급할 때"라고 규정한 취지에서 새겨 볼 때 그 환산시기는 이행기가 아니라 현실로 이행하는 때 즉 현실이행시의 외국환시세에 의하여 환산한 우리나라 통화로 변제하여야 한다고 풀이함이 상당하므로 채권자가 위와 같은 외화채권을 대용급부의 권리를 행사하여 우리나라 통화로 환산하여 청구하는 경우에도 법원이 채무자에게 그 이행을 명함에 있어서는 채무자가 현실로 이행할 때에 가장 가까운 사실심 변론종결 당시의 외국환 시세를 우리나라 통화로 환산하는 기준시로 삼아야 한다'고 합니다(90다2147전).

나아가 경매절차에서 외화채권자에 대하여 배당을 함에 있어서도 특별한 사정이 없는 한 변제기가 아닌 배당기일 당시의 외국환시세를 우리나라통화로 환산하는 기준으로 삼아야 합니다(2010다103642).

따라서 귀하는 대금지급기일(변제기)이 아니라 환율이 하락한 현재 환율로 환산한 원화를 지급할 수 있으며, 결과적으로 환율이 하락한 경우에는 귀하가 반사적으로 덕을 보는 셈이 됩니다. 물론 이 경우에도 귀하는 변제기를 경과하여 실제로 변제한 이행기까지의 기간은 이행지체로 인한 이자(약정이자 또는 법정이자)를 지급하여야 하며, 소송촉진 등에 관한 특례법에 따라 소장송달 다음날부터 다 갚는 날까지 연 15%의 지연이자를 아울러 지급하여야 합니다.

■ 소송촉진 등에 관한 특례법

1) 소촉법상 법정이율에 관한 특례규정(제3조제1항)은 ① 금전채무의 이행 또는 금전채무불이행으로 인한 손해배상액 산정의 기준이 되는 법정이율은 소장송달 또는 이에 준하는 서면이 채무자에게 송달된 다음날부터 연 40/100의 범위 내에서 은행이 적용하는 연체금리 등 경제여건을 고려하여 대통령령으로 정하되, ② 채무자에게 그 이행의무가 있음을 선언하는 사실심판결선고 전까지 채무자가 그 이행의무의 존재여부나 범위에 관하여 항쟁함이 타당하다고 인정되는 경우에는 그 타당한 범위에서 위 ① 을 적용하지 아니한다.

2) 소송촉진 등에 관한 특례법 제3조제1항 본문의 법정이율에 관한 규정(시행 2015.10.1)에 따라 소송촉진 등에 관한 특례법 제3조제1항 본문에 따른 법정이율은 연 100분의 15로 한다.

3) 부칙의 경과조치로 이 영의 개정에도 불구하고 이 영 시행당시 법원에 계속 중인 사건으로서 제1심의 변론이 종결된 사건에 대하여는 종전의 규정(연 20%)에 따르며, 제1심의 변론이 종결되지 아니한 사건에 대하여는 2015.9.30.까지는 종전의 법정이율을, 2015.10.1.부터는 연 15%의 법정이율에 의한다.

84 금전채무불이행에 대한 특칙

채권법

질문

저는 돈을 빌리면서 변제기까지 이를 갚지 못하면 연 3%의 지연이자를 물기로 하였습니다. 그런데 이제 와서 채권자는 지연이자는 법정이율인 연 5%로 계산하여야 한다고 주장하는데 사실인지요?

답변

민법상 금전채무불이행의 손해배상액은 법정이율에 의하되, 법령의 제한에 위반하지 아니한 약정이율이 있으면 그 이율에 의하며, 금전채무불이행으로 인한 손해배상액에 관하여는 채권자는 손해의 증명을 요하지 아니하고 채무자는 과실없음을 항변하지 못합니다(금전채무불이행에 관한 특칙: 제397조).

금전채권이란 일정액의 금전의 지급을 목적으로 하는 채권으로서 그 성질상 이행불능은 있을 수 없고 항상 이행지체의 문제만 생기게 됩니다. 그리고 일반적으로 채무불이행의 경우에 채권자가 손해배상을 청구하려면 채권자가 손해의 발생과 그 손해액을 입증하여야 하나, 금전채무의 불이행에 있어서는 그 증명이 없어도 손해배상을 청구할 수 있으며 이때 채무자는 무과실의 항변을 하지 못하며 이를 금전채무불이행에 대한 특칙이라고 합니다. 물론 이 경우에도 민사소송법상의 변론주의(처분권주의)의 특성상 채권자가 손해발생사실 그 자체의 주장은 하여야 합니다(99다49644).

한편 민법상 법정이율은 연 5푼(5%)이며(제379조), 이자제한법상 금전대차에 관한 계약상의 최고이자율은 연 25퍼센트로 제한됩니다.

그런데 이건과 같이 지연이자의 약정이율이 법정이율보다 낮은 경우에도 위 397조 단서조항에 따라 약정이율을 지급하면 되는지가 문제됩니다.

이에 대하여 판례는, '민법 제397조 제1항은 본문에서 금전채무불이행의 손해배상액을 법정이율에 의할 것을 규정하고 그 단서에서 "그러나 법령의 제한에 위반하지 아니한 약정이율이 있으면 그 이율에 의한다"고 정한다. 이 단서규정은 약정이율이 법정이율 이상인 경우에만 적용되고, 약정이율이 법정이율보다 낮은 경우에는 그 본문으로 돌아가 법정이율에 의하여 지연손해금을 정할 것이다. 우선 금전채무에 관하여 아예 이자약정이 없어서 이자청구를 전혀 할 수 없는 경우에도 채무자의 이행지체로 인한 지연손해금은 법정이율에 의하여 청구할 수 있으므로, 이자를 조금이라도 청구할 수 있었던 경우에는 더욱이나 법정이율에 의한 지연손해금을 청구할 수 있다고 하여야 할 것이다. 나아가 원칙으로 보면 금전채권자도 채무자의 채무불이행으로 인하여 입은 구체적인 손해를 주장·입증하여 그 손해가 민법 제393조 등의 배상범위에 있는 것이면 그 배상을 청구할 수 있는 것이나, 오늘날 금전의 범용성으로 인하여 그 이용양태는 무궁무진하므로 금전채무의 불이행으로 인한 이용가능성의 박탈이라는 손해가 채권자에게 발생하리라는 것은 쉽사리 일반적으로 추인되는 반면 위와 같은 일반원칙에 의하면 그 구체적인 배상액의 산정은 매우 다양하여 균형을 잃을 수 있으므로, 금전채무불이행으로 인한 손해배상문제를 균일하게 처리하기 위하여 추상적인 손해로서 법정이율로 산정한 액을 기준으로 하는 민법 제397조 제1항 본문을 마련하였다고 할 것인데, 그러한 균일처리의 필요는 이율을 법정이율보다 낮게 약정한 경우에도 이자가 아니라 손해배상이 문제되는 한 마찬가지로 시인되어야 하는 것이다. 또한 민법 제397조 제1항 단서에서 약정이율이 있으면 이에 좇도록 한 것은 약정이율이 법정이율보다 높은 경우에 법정이율에 의한 지연손해금만으로 족하다고 하면 채권자로서는 위에서 본 대로 원칙적으로는 허용되었을 것보다 많은 손해의 주장이 봉쇄됨으로써 채무자가 이행지체로 오히려 이익을 얻게 되어 불합리하다는 점을 고려한 것으로서, 약정이율이 법정이율보다 낮은 경우에는 그러한 불합리가 운위될 소지가 없다'고 합니다(2009다85342).

따라서 귀하의 경우에도 약정이율에도 불구하고 그보다 높은 법정이율에 따른 지연손해금을 배상하여야 하며, 상대방이 금전채무불이행을 이유로 소송을 제기하여 법원에서 그 지급을 명하는 판결을 선고할 경우에는 금전채무의 이행을 구하는 소장 또는 이에 준하는 서면이 귀하에게 송달된 날의 다음날부터 돈을 지급하는 날까지 소송촉진 등에 관한 특례법 소정의 연 15%의 법정이율을 아울러 지급하여야 합니다.

■ 소송촉진 등에 관한 특례법

1) 소촉법상 법정이율에 관한 특례규정(제3조제1항)은 ① 금전채무의 이행 또는 금전채무불이행으로 인한 손해배상액 산정의 기준이 되는 법정이율은 소장송달 또는 이에 준하는 서면이 채무자에게 송달된 다음날부터 연 40/100의 범

위 내에서 은행이 적용하는 연체금리 등 경제여건을 고려하여 대통령령으로 정하되, ② 채무자에게 그 이행의무가 있음을 선언하는 사실심판결선고 전까지 채무자가 그 이행의무의 존재여부나 범위에 관하여 항쟁함이 타당하다고 인정되는 경우에는 그 타당한 범위에서 위 ① 을 적용하지 아니한다.

2) 소송촉진 등에 관한 특례법 제3조제1항 본문의 법정이율에 관한 규정(시행 2015.10.1)에 따라 소송촉진 등에 관한 특례법 제3조제1항 본문에 따른 법정이율은 연 100분의 15로 한다.

3) 부칙의 경과조치로 이 영의 개정에도 불구하고 이 영 시행당시 법원에 계속중인 사건으로서 제1심의 변론이 종결된 사건에 대하여는 종전의 규정(연 20%)에 따르며, 제1심의 변론이 종결되지 아니한 사건에 대하여는 2015.9.30.까지는 종전의 법정이율을 2015.10.1.부터는 연 15%의 법정이율에 의한다.

■ 변론주의(처분권주의)

변론주의란 민사소송법상 원칙으로 소송자료(사실과 증거)의 수집·제출책임은 당사자에게 있고, 법원은 당사자가 수집하여 제출한 소송자료만으로 재판의 기초로 삼는다는 원칙을 말하며 이는 민법의 사적자치의 원칙을 이론적 근거로 한다.

법원은 이를 기초로 증거재판주의와 자유심증주의에 따라 결론을 내리게 된다.

이에 비하여 형사소송법에서는 실체진실발견을 위하여 당사자주의에 직권주의(피고인신문, 직권증거조사, 공소장변경요구 등)가 가미되어 있으며, 증거능력 등(자백의 증거능력제한, 전문증거의 증거능력제한 등)에서도 민사소송법과 많은 차이가 있다.

85 이자제한법상의 제한초과이자

채권법

Q 질문

저는 지인에게 돈을 빌리면서 연 40%의 이자를 지급하기로 약정하고 지금까지 1년간 그 이자를 지급하였습니다. 제가 앞으로 돈을 다 갚을 때 까지 그 이자도 다 갚아야 하는지요?

A 답변

2007.6.30. 시행된 이자제한법은 금전대차 즉 금전의 소비대차에 있어서의 약정이자에 적용되는 법률로서 대차관계에 기하지 않고서 생긴 금전채권(예컨대 매매잔대금의 이자, 물품대금의 이자 등)에는 적용되지 않습니다(동법 제2조1항). 그리고 동법은 다른 법률에 의하여 인가·허가·등록을 마친 금융업 및 대부업과 대부업 법 제9조의 4에 따른 미등록대부업자에 대하여는 적용하지 않으며(동법 제7조), 대부업 법 및 여신금융기관에 적용되는 이자율은 년 27.9%입니다.

나아가 동 법상 금전대차에 관한 계약상의 최고이자율은 연 25%입니다(동법 제2조1항의 최고이자율에 관한 규정).

그리고 이자가 제한이율에 따라 산정된 금액을 초과하는 경우에는 그 초과부분의 이자는 무효이며(동법 제2조3항), 이 경우에 채무자가 제한초과이자를 임의로 지급한 경우에는 초과 지급된 이자 상당 금액은 원본에 충당되고, 원본이 소멸된 때에는 그 반환을 청구할 수 있습니다(동법 제2조4항).

한편 금전대차에 있어서 선이자를 공제하고 그 잔액만을 차주에게 교부하는 경우에는, 그 공제액이 채무자가 실제 수령한 금액을 원본으로 하여 제한이율에 따라 계산한 금액을 초과하는 때에는 그 초과부분은 원본에 충당한 것으로 봅니다(동법 제3조). 따라서 예컨대 100만원을 빌려주면서 년 40%의 선이자에 해당하는 40만원을 공제하고 60만원만을 교부한 경우에, 채무자가 실제로 받은 60만원을 원본으로 하고 여기에 년25%의 이자(60만원×0.25)15만원을 초과한 부분인 25만원(40만원~15만원)은 원본에 충당한 것으로 보아 결국 채무자가 빌린 원금은 75만원이 됩니다.

또한 이자에 이자를 다시 지급하기로 하는 복리약정은 제한이율을 초과하는 부분에 해당하는 금액에 대하여는 무효로 봅니다(동법 제5조).

따라서 이자제한법상 귀하는 연25%의 이자를 지급하면 되고 이미 납부한 초과이자는 원본으로 충당됩니다.

참고로 위법이 시행되기 전의 대법원전원합의체 판결은, '금전 소비대차계약과 함께 이자의 약정을 하는 경우, 양쪽 당사자 사이의 경제력의 차이로 인하여 그 이율이 당시의 경제적·사회적 여건에 비추어 사회통념상 허용되는 한도를 초과하여 현저하게 고율로 정하여졌다면, 그와 같이 허용할 수 있는 한도를 초과하는 부분의 이자 약정은 대주가 그의 우월한 지위를 이용하여 부당한 이득을 얻고 차주에게는 과도한 반대급부 또는 기타의 부당한 부담을 지우는 것이므로 선량한 풍속 기타 사회질서에 위반한 사항을 내용으로 하는 법률행위로서 무효이며, 선량한 풍속 기타 사회질서에 위반하여 무효인 부분의 이자 약정을 원인으로 차주가 대주에게 임의로 이자를 지급하는 것은 통상 불법의 원인으로 인한 재산 급여라고 볼 수 있을 것이나, 불법원인급여에 있어서도 그 불법원인이 수익자에게만 있는 경우이거나 수익자의 불법성이 급여자의 그것보다 현저히 커서 급여자의 반환청구를 허용하지 않는 것이 오히려 공평과 신의칙에 반하게 되는 경우에는 급여자의 반환청구가 허용되므로, 대주가 사회통념상 허용되는 한도를 초과하는 이율의 이자를 약정하여 지급받은 것은 그의 우월한 지위를 이용하여 부당한 이득을 얻고 차주에게는 과도한 반대급부 또는 기타의 부당한 부담을 지우는 것으로서 그 불법의 원인이 수익자인 대주에게만 있거나 또는 적어도 대주의 불법성이 차주의 불법성에 비하여 현저히 크다고 할 것이어서 차주는 그 이자의 반환을 청구할 수 있다'고 하였습니다(2004다50426전).

86 이행지체

채권법

Q 질문

채무불이행의 하나로서의 이행지체가 성립하는 일반적인 경우를 알려 주세요.

A 답변

채무불이행이라 함은 채무자에게 책임 있는 사유로 채무의 내용에 좇은 이행이 이루어지지 않고 있는 상태를 말하며, 통상 이행지체, 이행불능, 불완전이행 등이 이에 속한다고 보면 됩니다.

이행지체는 채무의 이행기가 되었고 그 이행이 가능함에도 불구하고 고의·과실 등 채무자(채무자의 법정대리인·이행보조자 포함)의 책임 있는 사유(유책사유·귀책사유)로 이행을 하지 않고 있는 것을 말합니다.

이행지체가 되면 채권자는 이행청구 및 손해배상(지연배상·전보배상), 계약해제 등의 청구를 할 수 있으며, 이행지체 중에 생긴 손해에 대하여는 채무자에게 유책사유가 없는 때에도 이를 배상하여야 하나 채무자가 이행기에 이행하여도 손해를 면할 수 없는 경우에는 그러하지 아니합니다(제392조).

한편 채무의 이행에 관하여 확정기한이 있는 경우에는 그 기한이 도래한 때로부터 지체책임이 있으며, 불확정한 기한이 있는 경우에는 채무자는 기한이 도래함을 안 때로부터 지체책임을 지고, 기한이 없는 경우에는 이행청구를 받은 때로부터 지체 책임을 집니다(제387조).

이행지체의 시기에 대하여 판례는, '채무이행의 확정기한이 있는 경우에는 그 기한이 도래한 다음날부터 이행지체의 책임을 지고 기한의 정함이 없는 경우에는 그 이행의 청구를 받은 다음날로부터 이행지체의 책임을 진다'고 하며(88다3253), 불확정기한부채무에서 말하는 기한의 도래는 불확정한 사실이 발생한 때는 물론이고 그 사실의 발생이 불가능하게 된 때에도 인정됩니다(2001다41766: 화해계약을 체결하면서 지원금은 상호협의를 거쳐 지원하기로 하였으나 의무자가 파산한 경우).

나아가 기한 없는 채무는 이행청구를 받은 때로부터 지체책임이 있으므로 이행지체가 성립하려면 채권자의 최고가 있어야 하며(68다2313), 이 경우에 채무자가 지체책임을 지는 것은 채권자로부터 이행청구를 받은 다음날부터임은 앞서 본바와 같습니다.

그런데 소비대차에 있어서 반환시기의 약정이 없는 때에는 대주는 상당한 기간을 정하여 반환을 최고하여야 하고(제603조2항), 따라서 그 기간이 지나야 지체책임을 지며 만약에 대주가 상당한 기간을 정하지 아니하고 최고한 경우에는 최고 후 상당 기간이 경과한 때에 지체책임을 집니다(63다131).

그리고 불법행위로 인한 손해배상채무의 지연손해금의 기산일은 불법행위가 성립한 당일입니다(2010다18829).

한편 채무자가 담보를 손상, 감소 또는 멸실하게 한 때나 담보제공의 의무를 이행하지 아니한 때에는 기한의 이익을 상실하므로 채권자는 기한이 있음에도 불구하고 즉시 이행을 청구할 수 있습니다(제388조).

그런데 기한이익상실규정은 임의규정이므로 당사자가 이와는 다른 약정을 할 수 있습니다(99다56192).

■ 지연배상

이행지체에 있어서 손해배상은 원칙적으로 이행의 지체로 인하여 생긴 손해의 배상 즉 지연배상이다(금전채무의 지연이자 등). 이 경우 채권자는 지연배상과 함께 본래 채무의 이행을 구할 수 있음은 당연하다. 따라서 채무자는 이들 모두를 제공하여야 채무내용에 좇은 이행의 제공을 한 것으로 된다(제460조).

■ 전보배상

이행지체의 경우에 채권자는 일정한 요건이 갖추어진 때(채권자가 상당한 기간을 정하여 이행을 최고하여도 그 기간 내에 이행하지 아니하거나 지체 후의 이행이 채권자에게 이익이 없는 때)에는 예외적으로 이행에 갈음하는 손해의 배상 즉 전보배상을 청구할 수 있다.

■ 손해배상의 범위(제393조)

1) 통상손해 2) 특별손해

■ 손해배상의 방법(제394조)

금전배상주의

■ 조건과 기한(제147조~154조)

87 이행보조자의 과실

채권법

질문

저는 냉동창고의 소유자로부터 이를 임차하여 냉동창고업을 경영하였는데, 냉동시설이 제대로 가동되지 아니하여 임대차계약에 기하여 임대인인 소유자에게 이를 수리해 줄 것을 요구하였습니다. 그런데 수리업자가 수리 중 실수로 불을 내서 제가 타인으로부터 임치받아 보관 중이던 물품들이 모두 소실되었는데, 이 경우 제가 창고 임대인을 상대로 손해배상을 받을 수 있는지요?

답변

민법상 채무자의 법정대리인이 채무자를 위하여 이행하거나 채무자가 타인을 사용하여 이행하는 경우에는 법정대리인 또는 피용자의 고의나 과실은 채무자의 고의나 과실로 봅니다(제391조). 따라서 채무불이행의 요건인 '채무자의 귀책사유'는 채무자의 고의·과실은 물론 채무자의 법정대리인 또는 이행보조자의 고의·과실도 채무자의 고의·과실로 간주되므로 그 범위가 넓어집니다.

민법이 이와 같이 이행보조자의 고의·과실을 채무자의 고의·과실로 간주하는 이유는 타인을 사용하여 이익을 얻는 자는 동시에 그로부터 발생한 위험도 부담케 하는 것이 공평의 원칙에 부합하기 때문입니다.

한편 위 제391조의 이행보조자의 고의·과실에 대하여 채무자가 책임지는 것은 계약상의 채권관계가 존재하고 있는 경우에 관하여 적용되는 것이고, 채권관계가 아닌 단순한 피용자의 불법행위에 대하여는 756조의 사용자책임을 지게 됩니다. 다시 말하면 민법제391조는 채권자와 채무자의 계약관계를 전제로 하여 이행보조자의 고의·과실을 채무자의 고의·과실로 본다는 것으로 여기에는 채무자의 면책규정이 없으며, 민법 제756조의 사용자책임은 피용자의 업무 수행 중의 고의·과실로 인한 위법행위로 타인에게 손해를 가한 경우에 사용자가 면책사유가 없으면 피용자의 불법행위에 대하여 사용자가 그 책임을 지는 것으로 성립요건이 다르며, 민법 제35조의 법인의 불법행위책임도 대표기관의 불법행위에 대하여 법인 자신의 책임을 인정하는 것으로 피용자의 행위에 대하여 사용자가 책임을 지는 756조와 다릅니다.

판례도 '이행보조자의 행위가 채무자에 의하여 그에게 맡겨진 이행업무와 객관적, 외형적으로 관련을 가지는 경우에는 채무자는 그 행위에 대하여 책임을 져야 하고, 채무의 이행에 관련된 행위이면 가사 이행보조자의 행위가 채권자에 대한 불법행위가 된다고 하더라도 채무자가 면책될 수는 없다'(2005다69458)고 합니다.

나아가 제391조의 이행보조자로서의 피용자라 함은 반드시 채무자에 대하여 종속적인 지위에 있어야 하는지 아니면 독립적인 지위에서 일시적으로 이행을 보조하는 경우에도 해당되는지가 문제됩니다.

이에 대하여 판례는, '민법 제391조에서의 이행보조자로서의 피용자라 함은 일반적으로 채무자의 의사관여 아래 그 채무의 이행행위에 속하는 활동을 하는 사람이면 족하고, 반드시 채무자의 지시 또는 감독을 받는 관계에 있어야 하는 것은 아니므로 채무자에 대하여 종속적인가 독립적인 지위에 있는가는 문제되지 않으며, 따라서 임대인이 임차인과의 임대차계약상의 약정에 따라 제3자에게 도급을 주어 임대차목적 시설물을 수선한 경우에는 그 수급인도 임대인에 대하여 종속적인지 여부를 불문하고 이행보조자로서의 피용자라고 보아야 할 것이고, 이러한 수급인이 시설물 수선 공사 등을 하던 중 수급인의 과실로 인하여 화재가 발생한 경우에는 임대인은 민법 제391조에 따라 위 화재발생에 귀책사유가 있다 할 것이어서 임차인에 대한 채무불이행상의 손해배상책임이 있다'고 합니다(2001다44338).

따라서 귀하는 임대차계약상의 채무불이행을 이유로 임대인인 창고소유자에게 손해배상을 청구할 수 있습니다. 이 경우에 소유자가 그 배상을 한 후에 수리업자를 상대로 구상을 할 수 있음은 물론입니다.

88 이행불능

채권법

질문

저는 부동산을 매수하고 중도금까지 지급하였는데 매도인이 잔대금 지급기일 전에 제3자에게 부동산 시가의 3/4에 해당하는 금액의 저당권 설정을 해 버렸습니다. 이 경우에도 제가 잔대금 이행의 제공을 하면서 매도인에게 그 이행을 최고하여야 하는지요?

답변

채무불이행의 하나로서의 이행불능이란 채권이 성립한 후에 채무자에게 책임있는 사유(귀책사유)로 그 이행을 할 수 없게 된 경우를 말하며(제390조, 546조), 이 경우 채권자는 전보배상청구권과 계약해제권 및 대상청구권을 가지게 됩니다(99다23901).

한편 여기서 말하는 '불능'이란 사회의 거래통념에 따라 정할 것이며, 반드시 물리적 불능 만에 한할 것이 아니고 일반 거래실정에서 이행하는 것이 극히 곤란한 사정이 있다면 이 또한 불능이라고 할 것입니다(73다1133). 나아가 그 불능은 후발적 불능이어야 하며 원시적 불능의 경우에는 계약체결상의 과실(제535조)이 문제될 뿐입니다.

나아가 그 이행이 가능한지 불가능한지의 여부는 채무의 이행기를 표준으로 하여 결정하여야 하므로 이행기 전에만 일시적으로 불능인 경우에는 이행불능이 되지 않습니다. 그리고 이행지체 후에 이행불능으로 되면 이는 이행불능으로 봅니다.

한편 이건과 같이 부동산 매도인이 잔대금 지급기일 전에 제3자에게 저당권을 설정해 준 행위가 이행불능이 되는지가 문제됩니다.

이에 대하여 판례는, '부동산의 매도인은 원칙적으로 아무 부담 없는 완전한 소유권을 이전하여야 할 의무가 있으므로 매매계약체결 후 타에 근저당권과 지상권을 설정했다면 별다른 사정이 없는 이상 그 매매는 이행 불능이며 계약의 목적을 달성할 수 없게 되었다고 할 것이므로 이를 이유로 매수인은 매매계약을 해제할 수 있다'고 합니다(73다1133).

나아가 매도인의 매매계약상의 소유권이전등기의무가 이행불능이 되어 이를 이유로 매매계약을 해제함에 있어서는 상대방의 잔대금지급의무가 매도인의 소유권이전등기의무와 동시이행관계에 있다고 하더라도 그 이행의 제공을 필요로 하는 것이 아니며(2000다22850), 이를 최고할 필요도 없습니다(제546조).

한편 매매계약의 이행불능으로 인한 전보배상책임의 범위는 이행불능 당시의 매매목적물의 시가에 의하여야 하고 그와 같은 시가 상당액이 곧 통상의 손해라 할 것이고, 그 후 시가의 등귀는 채무자가 알거나 알 수 있었을 경우에 한하여 이를 특별사정으로 인한 손해로 보아 그 배상을 청구할 수 있는 것이므로 이행불능 당시의 시가가 계약 당시의 그것보다 현저하게 앙등되었다 할지라도 그 가격을 이른바 특별사정으로 인한 손해라고 볼 수 없습니다(92다20163).

따라서 이 건 부동산 매도인의 소유권이전의무는 이미 이행불능상태에 빠졌으므로 귀하가 그 이행을 최고하거나 잔대금 등의 이행제공을 할 필요도 없이 매매계약을 해제하고 이행불능 당시의 부동산의 시가 상당의 손해배상(90다카20210) 등의 청구를 할 수 있습니다.

■ 원시적 불능·후발적 불능

■ 이행불능의 구체적 사례

1) 임차건물이 소실된 경우에는 임차목적물반환의무는 이행불능(2002다39456). 임대인이 소유권을 상실하였다는 이유만으로는 임대인이 부담하는 목적물을 사용·수익하게 할 의무는 이행불능으로 단정할 수 없지만(93다37977), 임대인이 소유권을 제3자에게 양도하여 그 소유권을 취득한 제3자가 임차인에게 임대차목적물의 인도를 요구하여 이를 인도한 경우는 이행불능(95다15087).

2) 부동산의 이중매매(81다225), 이중양도(84다카1542·1543)

■ 대상청구권

1) 의의

대상청구권이란 이행을 불능하게 하는 사정의 결과로 채무자가 이행의 목적물에 대신하는 이익을 취득하는 경우에 채권자가 채무자에 대하여 그 이익을 청구할 수 있는 권리로서, 민법상 명문규정은 없으나 민법을 관통하는 일반원칙 내지 조리상 이를 부정할 이유가 없다(92다4581·4598).

cf) 물상대위권(제342조)

2) 요건

① 이행불능사유가 발생(채무자의 유책사유 불문)

② 채권의 목적물에 관하여 그것에 대신하는 이익의 취득(손해배상금, 수용보상금, 보험금 등)

③ ①과 ②사이에는 상당인과관계가 존재

④ 이행불능이 된 객체와 채무자가 그에 관하여 대신 취득한 이익과의 사이에 동일성이 존재

3) 법적 성질

대상청구권은 채권적 청구권으로서 대상청구권의 요건이 갖추어졌다고 해서 수용보상금 등의 대신하는 이익이 곧바로 채권자에게 이전되지는 않는다. 예컨대 소유권이전등기의무의 목적 부동산이 수용되어 그 소유권이전등기의무가 이행불능이 된 경우, 등기청구권자는 등기의무자에게 대상청구권의 행사로써 등기의무자가 지급받은 수용보상금의 반환을 구하거나 또는 등기의무자가 취득한 수용보상금청구권의 양도를 구할 수 있을 뿐 그 수용보상금청구권 자체가 등기청구권자에게 귀속되는 것은 아니다(95다56910).

89 불완전이행

채권법

질문

저는 종자판매소에서 채소종자를 매수하여 파종을 하였으나, 그 중 30%만 발아되고 나머지는 발아되지 않는 불량종자였고 더구나 양호한 것과 불량한 것이 혼재되어 있어 결과적으로 그 전부를 못 쓰게 되었습니다. 이 경우 제가 종자구입대금 전부를 손해로 청구할 수 있는지요?

답변

채무불이행의 하나로서의 불완전이행이란 채무자가 이행행위를 하였으나 그 이행에 하자가 있는 경우를 말합니다. 다시 말하면 급부의 이행행위가 있었다는 점에서 이행지체나 이행불능(소극적 채권침해)과는 다르며 그 이행행위가 완전하지 못하여 하자(물건의 용도에 따라 통상 객관적으로 요구되는 성질 또는 상태의 결여)가 발생하였기 때문에 이를 불완전이행(적극적 채권침해)이라고 합니다.

그런데 매매의 경우에는 원칙적으로 매도인이 하자담보책임을 지게 되며(제580조, 581조), 증여의 경우에는 증여자가 그 하자나 흠결을 알고 수증자에게 고지하지 아니한 때를 제외하고는 담보책임을 지지 않습니다(제559조).

그런데 하자담보책임은 무과실책임이며 그 손해의 범위도 신뢰이익에 한정되지만, 불완전이행은 채무불이행의 한 유형으로서 그 하자가 채무자의 유책사유로 발생하게 되면 확대손해가 발생한 경우에도 그 책임을 물을 수 있어서 그 점에서 차이가 있습니다.

나아가 불완전이행이 성립되면 먼저 완전이행이 가능한 경우에는, 완전이행청구권과 아울러 추완청구권이 생기게 되고 그 외에 이행지체로 인한 손해배상과 확대손해 등을 청구할 수 있으며, 완전이행이 불가능한 경우에는 전보배상과 확대손해 등을 청구할 수 있습니다.

한편 이건과 같은 경우에 매도인의 하자담보책임 또는 불완전이행이 성립할 수 있으나, 그 손해의 범위를 어디까지로 볼 것인지가 문제됩니다.

판례는, '매수한 채소종자를 파종한 결과 30퍼센트만 발아되고 나머지는 발아되지 아니한 경우 채소종자와 같이 그 일부가 불량한 경우 그를 양호한 것과 분류할 수 없는 상태로 상호 혼합되어 있는 물건의 거래에 있어서는 특별한 사유가 없는 한 그 일부가 불량한 경우에 그로 인하여 매수인이 받게 되는 손해를 일률적으로 불량한 부분에 대한 비율에 상당한 채소종자의 가격이라 할 수 없고 그 전량이 불량성을 갖게 된다고 봄이 상당하다'고 합니다(76다3056).

따라서 귀하의 경우와 같이 불양한 종자와 양호한 종자가 혼재되어 있는 경우에는 가사 그 일부가 양호하다고 하더라도 그 전량이 불량하다고 보아 그 전부에 대한 손해배상을 청구할 수 있으며, 만약에 이로 인하여 확대손해가 발생하였다면 그 확대손해까지 청구할 수 있습니다.

■ 불완전 이행의 구체적 사례

1) 감자종자가 잎말림병에 감염된 경우(89다카15298)

2) 수입한 면제품 셔츠가 세탁 후 심하게 줄어든 경우(91다29972)

3) 농업용 공기조화기에 하자가 생긴 경우(2002다35676)

■ 신뢰이익·이행이익(제535조)

신뢰이익(소극적 이익)은 법률행위의 유효를 믿었는데, 계약이 무효로 된 경우에 입은 손해를 말하고, 이행이익(적극적 이익)은 유효한 계약이 이행되지 않음으로써 생긴 손해를 말한다. 어떤 계약이 유효하다고 믿음으로써 그보다 더 유리한 계약을 체결을 포기하는 경우처럼 신뢰이익이 이행이보다 더 큰 경우도 있지만 이때에도 신뢰이익은 이행이익을 넘지 못한다고 본다. 왜냐하면 손해는 유효한 계약이 이행되지 않음으로서 인정되는 이행이익을 한도로 하기 때문이다(99다13621).

90 물건의 멸실·훼손으로 인한 손해의 범위

채권법

질문

제 소유의 건물이 임차인의 부주의로 훼손된 경우에 손해배상을 받을 수 있는 범위에 대하여 알려 주세요.

답변

민법상 임차인은 선량한 관리자의 주의의무로 임차물을 관리하여야 하며(제374조), 따라서 임차인의 과실로 임차물이 멸실·훼손된 경우에는 임차인은 채무불이행으로 인한 손해배상책임을 집니다(제390조).

한편 채무불이행(또는 불법행위)으로 인한 손해배상은 통상의 손해를 그 한도로 하며, 특별한 사정으로 인한 손해는 채무자가 그 사정을 알았거나 알 수 있었을 때에 한하여 배상의 책임이 있습니다(제393조, 제763조).

여기서 말하는 '통상의 손해'란 통상 어떤 채무불이행이 있으면 보통·일반적으로 발생한다고 생각되는 손해를 의미하고, '특별손해'란 특별손해를 발생시킨 특별사정, 즉 당사자들의 개별적·구체적 사정에 따른 손해를 의미하는 것으로 이는 채무자가 이를 알았거나 알 수 있었을 경우, 즉 특별한 사정에 관한 예견가능성이 있는 경우에 한하여 배상책임이 있습니다.

그리고 건물의 멸실·훼손에 따른 손해의 범위에 대하여 판례는, '건물이 화재로 인하여 수선 가능한 정도로 손괴되어 건물의 통상용법에 따른 사용이 불가능하게 되었다면 수선에 소요되는 상당한 기간 중 이를 사용하지 못함으로 인한 손해는 손괴로 인한 통상의 손해라 할 것이고, 또 이와 같은 손괴에 대하여 사회통념상 곧바로 수선에 착수할 수 없는 특별한 사정이 있는 경우에는 수선의 착수가 가능한 시점까지 이를 사용을 하지 못함으로 인한 손해 역시 통상의 손해'로 보며(2000다38718, 38725), '일반적으로 불법행위로 인한 손해는 물건이 멸실되었을 때에는 멸실 당시의 시가를, 물건이 훼손되었을 때에는 수리 또는 원상회복이 가능한 경우에는 수리비 또는 원상회복에 드는 비용을, 수리 또는 원상회복이 불가능하거나 그 비용이 과다한 경우에는 훼손으로 인하여 교환가치가 감소된 부분을 통상의 손해'로 보아야 한다고 합니다(2005다44633).

그리고 채무불이행으로 인한 위자료청구가 가능한지에 대하여 판례는, '일반적으로 임대차계약에 있어서 임대인의 채무불이행으로 인하여 임차인이 임차의 목적을 달할 수 없게 되어 손해가 발생한 경우, 이로 인하여 임차인이 받은 정신적 고통은 그 재산적 손해에 대한 배상이 이루어짐으로써 회복된다고 보아야 할 것이므로, 임차인이 재산적 손해의 배상만으로는 회복될 수 없는 정신적 고통을 입었다는 특별한 사정이 있고, 임대인이 이와 같은 사정을 알았거나 알 수 있었을 경우에 한하여 정신적 고통에 대한 위자료를 인정할 수 있다'고 합니다(93다59779).

■ 손해배상의 방법

다른 의사표시가 없으면 손해는 금전으로 배상한다(제394조: 금전배상주의).

■ 손해배상의 범위

1) 통상손해·특별손해(제393조)

2) 특별손해의 구체적 경우

① 채무자의 채무불이행으로 얻지 못한 전매이익(91다29972)

② 채무자의 채무불이행으로 채권자(매도인)이 제3자와 체결한 매매대금을 지급하지 못하여 그 계약금을 몰수당한 경우(91다25369)

③ 이행불능 이후에 목적물의 가격이 상승한 경우(94다61359·61366)

■ 손해배상범위의 결정기준

객관적으로 보아 어떤 전행사실로부터 보통 일반적으로 초래되는 후행사실이 있을 때 양자는 상당인과관계에 있으며, 채무불이행(또는 불법행위)과 상당인과관계가 있는 손해를 배상하여야 한다(상당인과관계설: 2001다53059).

91 특별손해

질문

저는 제 소유 부동산을 상대방에게 매도하면서 받은 계약금으로 제3자 소유의 부동산을 매수하면서 계약금을 지급하였습니다. 그런데 상대방이 나머지 매매대금을 지급하지 아니하여 제가 제3자로부터 매수한 부동산의 중도금 등을 지급하지 못하여 제3자로부터 계약해제를 당하고 제가 지급한 계약금도 몰수당하였습니다. 이 경우 제가 제 부동산의 매수인인 상대방을 상대로 제3자에게 몰수당한 계약금 상당액도 손해배상으로 청구할 수 있는지요?

답변

민법상 채무불이행으로 인한 손해배상은 통상의 손해를 그 한도로 하며(통상손해), 특별한 사정으로 인한 손해(특별손해)는 채무자가 그 사정을 알았거나 알 수 있었을 때에 한하여 배상의 책임이 있습니다(제393조).

여기서 말하는 통상손해란 그 종류의 채무불이행이 있으면 보통·일반적으로 발생한다고 보여지는 손해를 말합니다.

이에 비하여 특별손해란 특별한 사정으로 인한 손해, 다시 말하면 그것을 발생시킨 특별한 사정이 있어서 발생하는 손해를 말하며, 이는 채무자가 알았거나 알 수 있었을 경우에 한하여 이를 배상할 책임이 있습니다. 즉 특별손해의 경우에는 특별한 사정에 관하여 예견가능성이 있어야 그 책임이 있습니다(2002다23598).

그리고 민법 제393조 제2항 소정의 특별사정으로 인한 손해배상에 있어서 채무자가 그 사정을 알았거나 알 수 있었는지의 여부를 가리는 시기는 계약체결당시가 아니라 채무의 이행기까지를 기준으로 판단하여야 합니다(84다카1532).

한편 이건의 경우와 같이 매도한 부동산의 대금이 정상적으로 지급될 것을 기대하고 또 그 대금으로 다른 부동산을 매수하기로 하는 계약을 체결하고 계약금을 지급하였으나 매도된 부동산의 대금이 제 때 지급되지 아니하여 새로 계약한 부동산의 대금을 치루지 못하여 그 계약금을 몰수당한 경우에 매수인을 상대로 몰수당한 계약금을 손해배상으로 청구할 수 있는지가 문제됩니다.

이 경우에 판례는, '매도인이 매수인으로부터 매매대금을 약정된 기일에 지급받지 못한 결과 제3자로부터 부동산을 매수하고 그 잔대금을 지급하지 못하여 그 계약금을 몰수당함으로써 손해를 입었다고 하더라도 이는 특별한 사정으로 인한 손해이므로 매수인이 이를 알았거나 알 수 있었던 경우에만 그 손해를 배상할 책임이 있다' 고 합니다(91다25369).

따라서 귀하의 부동산의 매수인이 귀하가 그 매매대금으로 다른 부동산을 매수한 계약을 체결한 사실에 대한 예견가능성이 없었다면 이는 특별손해로서 그 배상을 받기가 어려울 것으로 보입니다.

92 손해배상액의 예정

채권법

질문

저는 제 소유의 부동산을 매도하면서 만약 매수인이 매매대금을 지급하지 아니하면 계약금(매매대금의 10%)상당액을 손해배상으로 간주하여 되돌려 주지 않기로 약정했습니다. 그런데 매수인이 이를 이행하지 아니하여 저는 매매계약을 해제하였는데, 이제 와서 매수인은 손해배상액이 너무 많으므로 감액하여 달라고 요구하고 있으나, 실제로 저는 그보다 더 큰 손해를 입었습니다. 이 경우 감액을 해 주어야 하는지, 아니면 제가 입은 실손해 만큼 더 받을 수 있는지요?

답변

민법상 당사자는 채무불이행에 관한 손해배상액을 예정할 수 있으며, 그 금액이 부당히 과다한 경우에는 법원은 적당히 감액할 수 있고, 나아가 손해배상의 예정을 하였더라도 채권자는 본 계약에 따라 이행청구를 할 수도 있고, 아니면 채무불이행을 이유로 계약을 해제할 수도 있습니다(제398조).

민법 제398조에서 손해배상액의 예정에 관하여 규정한 목적은 손해의 발생사실과 손해액에 대한 입증의 곤란을 덜고 분쟁의 발생을 미리 방지하여 법률관계를 쉽게 해결할 뿐 아니라 채무자에게 심리적 경고를 함으로써 채무의 이행을 확보하려는 것이고, 한편 제2항에 규정된 손해배상예정액의 감액제도는 국가가 계약 당사자들 사이의 실질적 불평등을 제거하고 공정을 보장하기 위하여 계약의 내용에 간섭한다는 데에 그 취지가 있습니다(92다41719).

따라서 채무불이행으로 인한 손해배상액의 예정이 있는 경우에는 채권자는 채무불이행 사실만 증명하면 손해의 발생 및 그 액을 증명하지 아니하고 예정배상액을 청구할 수 있습니다(2000다50350).

나아가 손해배상의 예정액이 부당히 과다하다 하여 법원이 이를 감액하려면 채권자와 채무자의 경제적 지위, 계약의 목적과 내용, 손해배상액을 예정한 경위(동기), 채무액에 대한 예정액의 비율, 예상 손해액의 크기, 당시의 거래 관행과 경제상태

등을 참작한 결과 손해배상 예정액의 지급이 경제적 약자의 지위에 있는 채무자에게 부당한 압박을 가하여 공정을 잃는 결과를 초래한다고 인정되는 경우라야 할 것이며(94다18140), 법원이 손해배상의 예정액이 부당하게 과다하다고 하여 감액을 한 경우 손해배상액의 예정에 관한 약정 중 감액부분에 해당하는 부분은 처음부터 무효라고 할 것입니다(91다11490). 다만 예정액이 부당하게 과소한 경우에는 명문규정이 없을 뿐만 아니라 계약자유의 원칙에 비추어 이를 증액할 수 없다고 봅니다.

그리고 손해배상의 예정액이 부당히 과다한지 여부는 사실심 변론종결 당시를 기준으로 하여 판단합니다(2000다35771).

한편 계약 당시 손해배상액을 예정한 경우에는 다른 특약이 없는 한 채무불이행으로 인하여 입은 통상손해는 물론 특별손해까지도 예정액에 포함되므로 채권자의 실 손해가 예정액을 초과한다 하더라도 초과부분을 따로 청구할 수 없습니다(92다41719).

따라서 매수인의 채무불이행으로 귀하가 계약금상당액보다 더 많은 손해를 입었다고 하더라도 손해배상 예정액을 초과하여 청구할 수 없으며, 오히려 손해배상액의 예정이 위에서 본 여러 사정에 비추어 과다한 경우에는 법원이 적당히 감액할 수 있습니다.

■ 손해배상액의 예정과 과실상계(제396조) 허용 여부

손해배상액의 예정액을 감액할 때 여러 가지 사정을 참작하여 결정하므로 여기에 다시 과실상계를 할 필요없다(99다57126).

■ 위약금 약정과 손해배상액예정의 추정(제398조제3항)

1) 위약금은 채무불이행의 경우에 채무자가 채권자에게 지급할 것을 약속한 금전이며, 당사자가 금전이 아닌 것을 손해배상으로 예정한 경우에도 이를 준용한다.

2) 위약금은 손해배상액의 예정으로 추정되므로 위약금이 위약벌로 되려면 별도로 이를 주장·입증하여야 하며(2000다35771), 위약벌로 인정되면 배상액의 예정에 관한 규정이 적용되지 아니하여 그것이 부당히 과다하다는 이유로 감액할 수 없다(92다46905). 판례는 ‘도급계약에 있어 계약이행보증금과 지체상금의 약정이 있는 경우에는 특별한 사정이 없는 한 계약이행보증금은 위약벌 또는 제재금의 성질을 가지고, 지체상금은 손해배상의 예정으로 봄이 상당하다(97다21932)’고 하면서도 ‘의무의 강제에 의하여 얻어지는 채권자의 이익에 비하여 약정된 벌이 과도하게 무거울 때에는 그 일부 또는 전부가 공서양속에 반하여 무효(92다46905)’라고 한다.

■ 계약금의 성질(제565조)

계약금은 계약 당사자 일방이 계약 당시에 상대방에게 지급하는 금전 기타의 물건으로서 당사자 간 다른 약정이 없으면 해약금 즉 계약해제권을 보류하기 위하여 수수된 것으로 민법 제565조는 규정하고 있다.

한편 당사자 간 계약금을 수수하면서 채무불이행이 있으면 계약금을 교부한 자는 이를 몰수당하고 계약금을 교부받은 자는 그 배액을 상환하기로 하는 위약금약정을 한 경우는 해약금의 성질과 더불어 이를 손해배상액의 예정으로 보지만(91다2151), 위약금약정이 없으면 설사 당사자 일방의 유책사유로 계약이 해제되더라도 상대방은 계약불이행으로 입은 실제 손해만을 배상받을 수 있을 뿐 계약금이 위약금으로서 상대방에게 당연히 귀속된다고 할 수 없을 뿐만 아니라(92다23209), 그것이 부당히 과다하다고 하여 감액할 수도 없다(80다2499).

사례 125 매매계약에 있어서의 계약금의 성질 참조

93 채권자지체

채권법

질문

저는 잘 알고 지내는 사람으로부터 농산물을 잠시 보관해 달라는 부탁을 받고 보관을 해 오던 중 날씨가 더워져서 농산물의 변질이 우려되므로 속히 인도받아 갈 것을 요구하였으나 그는 차일피일 이를 미루다 급기야 농산물이 변질되고 벌레가 먹어 상품으로서의 가치가 전혀 없게 되자 도리어 저에게 농산물의 시세에 해당하는 손해를 배상하라고 하는데, 제가 이에 응해야 하는지요?

답변

채무의 이행에 급부의 수령 등 채권자의 협력을 필요로 하는 경우에 채무자가 채무의 내용에 좇은 이행의 제공을 하였음에도 불구하고 채권자가 그것의 수령 기타의 협력을 하지 않거나 또는 협력을 할 수 없기 때문에 그 이행이 지연되고 있는 것을 채권자지체라고 합니다(제400조).

채권자지체 중에는 채무자는 고의 또는 중대한 과실이 없으면 불이행으로 인한 모든 책임이 없으며(제401조), 이자있는 채권이라도 이자를 지급할 의무가 없고(402조), 채권자지체로 인하여 그 목적물의 보관 또는 변제의 비용이 증가된 때에는 그 증가액은 채권자의 부담으로 합니다(제403조).

나아가 쌍무계약의 당사자 일방의 채무가 채권자지체 중에 당사자 쌍방의 책임없는 사유로 이행할 수 없게 된 때에는 채권자가 위험을 부담하게 됩니다(제538조).

한편 이건과 같은 경우에 판례는, '수치인이 적법하게 임치계약을 해지하고 임치인에게 임치물의 회수를 최고하였음에도 불구하고 임치인의 수령지체로 반환하지 못하고 있는 사이에 임치물이 멸실 또는 훼손된 경우에는 수치인에게 고의 또는 중대한 과실이 없는 한 채무불이행으로 인한 손해배상책임이 없으며, 수치인이 임치인에게 보관중인 건고추를 속히 처분하지 않으면 벌레가 먹어 못쓰게 되니 빨리 처분하든지 인도받아 가라고 요구하였다면 이는 임치계약을 해지하고 임치물의 회수를 최고한 의사표시라고 볼 여지가 있고 이에 대하여 임치인이 시세가 싸다는 등의 이유로 그 회수를 거절하였다면 이때로부터 수령지체에 빠진 것이다(83다카1476)' 라고 하였습니다.

따라서 이건 농산물이 변질되고 벌레가 먹어서 피해가 발생한 것은 귀하의 고의 또는 중대한 과실에 기인한 것이 아니라 농산물의 주인이 이를 빨리 처분하거나 인도받아 가지 아니함으로써, 즉 채권자지체 중에 일어난 일이므로 귀하는 이에 대한 손해를 배상할 책임이 없습니다.

■ 채권자지체의 법적 성질

1) 채무불이행책임설

2) 법정책임설

3) 절충설

채무불이행책임설과 법정책임설의 차이점은 채권자지체의 요건으로서 채권자의 유책사유와 위법성이 필요한지 여부(채무불이행설은 필요하다고 함) 및 채권자지체의 효과로서 손해배상청구권과 계약해제권이 인정되느냐의 여부(채무불이행설은 인정된다고 함)에 있다.

94 채권자대위권

채권법

질문

저는 채무자에 대하여 대여금 채권이 있으나 채무자는 별 다른 재산이 없으며, 다만 채무자는 제3자에 대하여 물품대금 채권을 가지고 있는데, 이 경우 제가 취할 수 있는 방법은 무엇인지요?

답변

채권자는 기한이 도래한 자기의 채권을 보전하기 위하여 채무자의 권리를 행사할 수 있으며(채무자의 일신전속권은 제외), 채권의 기한이 도래하기 전에는 법원의 허가를 받아 이를 행사할 수 있으며, 이 경우에도 보전행위는 언제나 법원의 허가 없이도 행사할 수 있으며. 이러한 권리를 채권자대위권이라고 합니다(제404조).

일반적으로 채권자라고 하여도 채무자의 모든 재산에 대하여 일일이 간섭할 수 없는 것은 자명한 이치입니다. 그러나 일정한 경우에 채무자가 이행기에 이르러서도 채무를 이행하지 아니하고 있으며, 채무자 또한 제3자에 대한 권리를 가지고 있음에도 불구하고 이를 행사하지 않고 있을 때에는 채권자가 자기 채권의 보전을 위하여 채무자의 권리를 대위행사할 필요가 있으며, 이것이 바로 채권자대위권의 존재이유입니다.

한편 채권자대위권을 행사하려면 우선 채권자의 채권이 존재하여야 하는데, 여기서 말하는 채권이라 함은 일반적인 채권은 물론 물권적 청구권(2006다82700·82717), 토지거래허가 신청절차의 협력의무의 이행청구권(95다22917)도 포함됩니다. 다만 이혼으로 인한 재산분할 청구권은 협의 또는 심판에 의하여 그 구체적 내용이 형성되기까지는 그 범위 및 내용이 불명확·불확정하기 때문에 구체적으로 권리가 발생하였다고 할 수 없으므로 이를 보전하기 위하여 채권자대위권을 행사할 수 없습니다(98다58016).

그리고 보전되는 채권의 발생원인은 이를 묻지 않으며, 그것이 제3자에게 대항할 수 있는 것일 필요도 없으며(87다카961), 채권자취소권과 달리 대위할 권리보다 먼저 성립하고 있지 않아도 무방합니다.

나아가 채권자 대위권은 채권보전의 필요성이 있어야 이를 행사할 수 있는데, 통상(일부 예외가 있음) 피보전채권이 금전채권이거나 금전채권이 아니더라도 손해배상채권으로 귀착할 수밖에 없는 것인 때에는 '채무자가 무자력하여 그 일반재산이 감소되는 것을 방지할 필요가 있는 경우'에만 보전의 필요성이 인정됩니다(63다122).

다만 피보전채권이 등기청구권과 같이 특정채권인 경우에는 채무자의 무자력은 채권자대위권 행사의 요건은 아니며, 채권자가 보전하려는 권리와 대위하여 행사하려는 채무자의 권리가 밀접하게 관련되어 있고 채권자가 채무자의 권리를 대위하여 행사하지 않으면 자기 채권의 완전한 만족을 얻을 수 없게 될 위험이 있어 채무자의 권리를 대위하여 행사하는 것이 자기 채권의 현실적 이행을 유효·적절하게 확보하기 위하여 필요한 경우에는 채권자대위권의 행사가 채무자의 자유로운 재산관리행위에 대한 부당한 간섭이 된다는 등의 특별한 사정이 없는 한 채권자는 채무자의 권리를 대위하여 행사할 수 있습니다(99다38699).

한편 채권자대위권을 행사하는 경우에 채권자는 채무자에게 변제할 것을 청구할 수 있음은 물론이나 제3채무자에 대하여 직접 자기에게 이행할 것을 청구할 수도 있으며, 이것이 가능하지 않으면 채권자대위권을 행사할 실익(사실상 우선 변제권을 가짐)도 없다고 할 것입니다(2004다70024).

따라서 귀하의 경우와 같은 금전채권의 보전을 위하여 채권자대위권을 행사하는 경우에는 채무자가 무자력한 사실(채권자대위권 행사의 객체가 되는 채무자의 제3자에 대한 채권이외에는 채무자의 일반재산이 없다는 사실)만 있으면 채권자대위권을 행사하여 책임재산을 보전할 수 있습니다.

■ 채권자대위권의 유용성

1) 강제집행절차(판결 등 집행절차가 복잡하고 비용과 시간이 많이 소요됨)에 나아가지 않고서도 채권을 확보할 수 있다.

2) 강제집행은 청구권만 가능하지만 채권자대위권의 대상이 되는 채권은 취소권·해제권·환매권 등도 가능하다.

3) 특정채권(금전채권이 아니라는 의미이며 특정물채권을 말하는 것이 아님)의 보전을 위하여, 예컨대 등기청구권을 보전하기 위하여 채무자의 등기청구권(69다1351)과 환매로 인하여 취득하게 된 토지의 매수인이 매도인의 환매청구권(91다483)및 임차권보전을 위하여 임대인의 반환청구권(64다804)을 각 대위행사하는 경우와 같이, 채권자대위권제도가 활용되고 있다.

■ 채권자대위권의 요건

1) 채권자대위권의 대상이 되는 채권은 채무자의 제3채무자에 대한 권리가 대위행사에 적합하여야 하므로 채무자의 일신전속권(제404조제1항단서)이나 압류가 금지되는 권리(민사집행법 제246조, 공무원연금법 제32조 등)는 제외된다. 한편 일신전속권에는 '귀속상의 일신전속권'(비양도성·비상속성)과 '행사상의 일신전속권'(비법정대리성·비채권자대위성)이 있으며 이중 채권자대위권의 대상이 되지 않는 권리는 '행사상의 일신전속권'이며 순수한 비재산적 권리인 가족권·인격권 등이 이에 속하고, 재산적 색채가 있는 권리라도 주로 인격적 이익을 위한 것(인격권침해로 인한 위자료 청구권 등) 역시 이에 해당한다.

2) 채권자대위권은 채권자취소권과 달리 반드시 재판상 행사할 필요는 없으며, 이 때 채권자는 채무자의 이름으로가 아니라 채권자 자신의 이름으로 행사하여 직접 자기에게 이행하도록 청구할 수 있으며, 이것이 채권자평등의 원칙에 어긋나는 것도 아니다(2004다70024).

3) 채권자대위권행사를 한 때에는 채무자에게 이를 통지하여야 하며, 채무자가 그 통지를 받은 때에는 그 권리를 처분하여도 이로써 채권자에게 대항하지 못하며(제405조), 통지가 없었지만 채무자가 채권자대위권을 행사한 사실을 안 때에도 통지가 있었던 것과 마찬가지다(2006다85921).

95 채권자취소권

질문

저는 채무자에 대하여 대여금 채권이 있었는데, 채무자는 그의 유일한 재산인 토지를 그의 처남에게 증여하였습니다 이 경우 제가 채권자로서 그 토지에 대한 권리를 행사할 수 있는 방법은 없는지요?

답변

채무자가 채권자를 해함을 알고 재산권을 목적으로 한 법률행위를 한 때에는 채권자는 그 취소 및 원상회복을 법원에 청구할 수 있으나, 그 행위로 인하여 이익을 받은 자나 전득자가 그 행위 또는 전득당시에 채권자를 해함을 알지 못한 경우에는 그러하지 아니하며, 채권자의 이러한 권리를 채권자취소권이라고 하며(제406조1항), 채권자취소권은 채권자가 취소원인을 안 날로부터 1년, 법률행위가 있은 날로부터 5년 내에 제소(제척기간: 95다50875)하여야 합니다(제406조2항).

민법상 채무자의 책임재산을 보전하기 위한 제도로 채권자대위권과 채권자취소권이 있으며, 이 중 채권자대위권은 채무자가 스스로 그의 권리행사를 하지 아니하여 책임재산이 감소될 우려가 있는 경우에 채권자가 재판상 또는 재판외에서 채무자의 권리를 대위하여 행사하는 것임에 비하여, 채권자취소권은 채무자가 적극적으로 제3자와 짜고서 책임재산을 감소시키는 행위를 한 경우 재판상 이를 취소하여 원상회복시킨다는 점에서 차이가 있습니다.

한편 채권자취소권을 행사하려면 우선 채권자의 채권이 존재하여야 하며, 여기서 말하는 채권은 일반적으로 금전채권을 말하며(60다436), 금전채권이 아니더라도 그 채무불이행으로 인한 손해배상채권은 이에 포함되고(65다477), 물적 담보를 수반하는 채권은 우선 변제를 받지 못하는 범위에서만 취소권을 행사할 수 있으며(97다10864), 재산분할청구권을 보전하기 위하여서도 취소권을 행사할 수 있습니다(제839조의3). 그러나 채권자대위권과 달리 등기청구권과 같은 특정채권의 보전을 위하여 채권자취소권을 행사할 수는 없습니다(94다2534).

그리고 채권자의 채권은 채무자의 사해행위가 있기 전에 발생한 것이어야 하지만(62다634), 그 사해행위 당시에 이미 채권 성립의 기초가 되는 법률관계가 발생되어 있고, 가까운 장래에 그 법률관계에 기하여 채권이 성립되리라는 점에 대한 고도의 개연성이 있으며, 실제로 가까운 장래에 그 개연성이 현실화되어 채권이 성립된 경우에는, 그 채권도 채권자취소권의 피보전채권이 될 수 있습니다(99다53704).

나아가 채권자취소권이 성립하려면 채무자의 사해행위가 있어야 하며, 여기서 말하는 '사해행위'란 채무자의 행위로 말미암아 채무자의 적극재산이 소극재산인 채무의 총액보다 적어지는 상태, 말하자면 채무초과 또는 무자력인 상태를 채무자가 알고 있는 것을 말합니다(62다634).

한편 채권자취소권은 반드시 재판상 청구하여야 하며, 그 상대방은 채무자가 아니라 수익자 또는 전득자입니다(60다263). 따라서 사해행위가 채무면제와 같은 단독행위인 경우에도 수익자만을 상대로 하여야 하며, 수익자 이외에 전득자도 있는 경우에는 그들 모두가 악의인지 여부에 따라 상대방이 다르게 됩니다. 만약에 둘 모두가 악의인 때에는 전득자를 상대로 재산의 반환을 청구할 수도 있고, 수익자를 상대로 이익의 반환을 청구할 수도 있습니다. 그러나 수익자만이 악의인 때에는 수익자를 상대로 이익의 반환을, 전득자만이 악의인 때에는 전득자를 상대로 재산의 반환을 각 청구하여야 합니다.

그리고 취소의 범위는 채권자의 채권액을 표준으로 하므로 다른 채권자가 있더라도 원칙적으로 자신의 채권액을 넘어서 취소권을 행사하지는 못합니다(2000다64441).

따라서 이건과 같은 경우 채무자는 그의 유일한 재산인 토지를 처남에게 증여함으로써 채권자를 해하는 행위를 하였고, 수익자인 그의 처남은 이를 증여받음으로써 수익자의 악의는 추정된다고 할 것이므로 귀하는 수익자인 채무자의 처남을 상대로 채무자와 처남 사이에 이루어진 토지 증여계약을 취소하고 토지의 소유권을 채무자에게로 원상회복시킨 이후에 채권을 만족시킬 수 있습니다.

• • •

■ 채권자취소권의 대상이 되는 사해행위 여부

1) 변제

변제는 채무자가 특히 일부의 채권자와 통모하여 다른 채권자를 해할 의사로 변제한 경우를 제외하고는 원칙적으로 사해행위가 되지 않는다(2000다66034). 변제는 적극재산과 소극재산의 감소를 동시에 가져오기 때문이다.

2) 대물변제

대물변제도 채무자가 특히 일부의 채권자와 통모하여 다른 채권자를 해할 의사로 변제한 경우를 제외하고는 상당한 가격으로 행하여진 경우에는 변제의 경우와 같이 사해행위가 아니다(2000다1205). 다만 채무자가 그의 유일한 부동산으로 대물변제 하였다면 그러한 행위는 특별한 사정이 없는 한 사해행위가 되며(96다23207), 채무자가 특정채권자에게만 채무의 이행과 관련하여 그 채무의 본래 목적이 아닌 다른 채권 기타 적극재산을 양도하는 행위는 채무자가 특정채권자에게 채무본지에 따른 변제를 하는 경우와는 달리 원칙적으로 사해행위가 된다(2007다2718).

3) 물적담보의 제공

이미 채무초과의 상태에 빠져있는 채무자가 그의 유일한 재산인 부동산을 채권자중의 어느 한 사람에게 채권담보로 제공하는 행위는 다른 특별한 사정이 없는 한 다른 채권자들에 대한 관계에서 사해행위가 된다(86다카83).

4) 인적담보의 제공

주채무에 관하여 주채무자 또는 제3자 소유의 부동산에 대하여 채권자 앞으로 근저당권이 설정되어 있는 등으로 채권자에게 우선변제권이 확보되어 있는 경우가 아닌 이상, 채무자가 채무초과상태에서 보증채무나 연대채무를 부담하는 행위는 사해행위가 된다(2003다13246).

5) 부동산의 매각 기타 양도

채무자의 재산이 채무의 전부를 변제하기에 부족한 경우에 채무자가 그의 유일한 재산인 부동산을 무상양도하거나 일부 채권자에게 대물변제로 제공하였다면, 특별한 사정이 없는 한 이러한 행위는 사해행위가 되며(97다57320), 채무초과상태의 채무자가 유일한 재산인 토지를 제3자에게 매도하고 소유권이전등기를 경료해 준 것은 특별한 사정이 없는 한 채권자를 해한다는 사정을 알고서 한 사해행위에 해당한다(2002다62036).

- 채무자의 사해의 의사(악의)에 대한 입증책임은 원칙적으로 채권자에게 있으나 예외적으로 채무자가 유일한 부동산을 처분한 경우 등은 채무자의 악의가 추정된다(2010다12067). 수익자 또는 전득자의 악의는 추정되므로 그들이 선의에 대한 입증을 하여야 한다(2007다74621).

- 채권자취소권행사의 효과

1) 채무자의 책임재산으로의 환원

사해행위의 취소와 원상회복은 모든 채권자의 이익을 위하여 그 효력이 있으므로(민법 제407조), 채권자취소권의 행사로 채무자에게 회복된 재산에 대하여 취소채권자가 우선변제권을 가지는 것이 아니라 다른 채권자도 총채권액 중 자기의 채권에 해당하는 안분액을 변제받을 수 있는 것이지만, 이는 채권의 공동담보로 회복된 채무자의 책임재산으로부터 민사집행법 등의 법률상 절차를 거쳐 다른 채권자도 안분액을 지급받을 수 있다는 것을 의미하는 것일 뿐, 다른 채권자가 이러한 법률상 절차를 거치지 아니하고 취소채권자를 상대로 하여 안분액의 지급을 직접 구할 수 있는 권리를 취득한다거나, 취소채권자에게 인도받은 재산 또는 가액배상금에 대한 분배의무가 인정된다고 볼 수는 없다. 가액배상금을 수령한 취소채권자가 이러한 분배의무를 부담하지 아니함으로 인하여 사실상 우선변제를 받는 불공평한 결과를 초래하는 경우가 생기더라도, 이러한 불공평은 채무자에 대한 파산절차 등 도산절차(채무자회생 및 파산에 관한 법률상의 부인권 행사)를 통하여 시정하거나 가액배상금의 분배절차에 관한 별도의 법률 규정을 마련하여 개선하는 것은 별론으로 하고, 현행 채권자취소 관련 규정의 해석상으로는 불가피하다(2007다37837).

2) 상대적 효력

채권자가 사해행위의 취소와 함께 수익자 또는 전득자로부터 책임재산의 회복을 명하는 사해행위취소의 판결을 받은 경우 그 취소의 효과는 채권자와 수익자 또는 전득자 사이에만 미치므로, 수익자 또는 전득자가 채권자에 대하여 사해행위의 취소로 인한 원상회복 의무를 부담하게 될 뿐, 채무자와 사이에서 그 취소로 인한 법률관계가 형성되거나 취소의 효력이 소급하여 채무자의 책임재산으로 회복되는 것은 아니다(2005다1407).

따라서 채무자나 제3자에게는 아무런 영향이 없으며, 다만 채무자는 수익자 또는 전득자의 손실로 부당이득을 한 셈이 되므로 수익자 등은 그 범위에서 부당이득의 반환을 구할 수는 있다.

96 분할채권관계

채권법

질문

부동산 소유자인 매도인이 4인의 매수인에게 부동산을 매도하였으나 매매계약의 무효를 원인으로 계약금 상당의 부당이득을 청구하는 경우에 1인의 매수인이 매도인을 상대로 계약금 전액을 청구할 수 있는지요?

답변

채권자나 채무자가 수인인 경우에 특별한 의사표시가 없으면 각 채권자 또는 각 채무자는 균등한 비율로 권리·의무가 있습니다(제408조).

따라서 다수당사자의 채권관계는 채권의 목적이 그 성질상 분할이 불가능하거나 또는 당사자의 특별한 의사표시가 없으면 일반적으로 분할채권관계로 됩니다.

이 경우 각 채권자·채무자의 채권·채무는 독립되어 있으므로 1인의 채권자·채무자와 상대방과의 사이에 생긴 사유(변제·이행청구·면제 등)는 다른 채권자·채무자에 대하여 영향을 미치지 않습니다. 다만 계약의 해제·해지의 경우에는 해제·해지의 불가분성으로 말미암아 해제·해지는 그 전원으로부터 또는 그 전원에 대하여 하여야 하며, 해제·해지의 권리가 당사자1인에 대하여 소멸한 때에는 다른 당사자에 대하여도 소멸하게 됩니다(제547조).

따라서 분할채권관계에 있어서는 각 채권자는 자기가 가지는 채권액 이상을 청구할 수 없으며, 각 채무자도 자기가 부담하는 채무액 이상을 변제할 수 없습니다. 채권자가 자기의 채권액 이상을 변제받으면 그것은 부당이득으로 채무자에게 반환하여야 하며, 채무자가 자기의 채무액 이상으로 변제하면 그것은 이해관계 없는 제3자의 변제가 됩니다(제469조).

한편 이건과 같은 경우에 판례는, '채권자나 채무자가 여러 사람인 경우에 특별한 의사표시가 없으면 각 채권자 또는 각 채무자는 균등한 비율로 권리가 있고 의무를 부담한다고 할 것이므로, 피고를 포함한 4인의 매도인이 원고를 포함한 4인의 매수인에게 임야를 매도하기로 하는 계약을 체결한 경우 매매계약의 무효를 원인으로로 부당이득으로서 계약금의 반환을 구하는 채권은 특별한 사정이 없으면 불가분채권채무관계가 될 수 없으므로 매도인 중의 1인에 불과한 피고가 매수인 중의 1인에 불과한 원고에게 위 계약금 전액을 반환할 의무가 있다고 할 수 없다'고 합니다(91다41316).

참고로 '토지의 매도인은 2인의 공동매수인에게 특별한 사정이 없는 한 각 1/2씩의 지분권에 관하여 각 소유권이전등기절차를 이행할 의무가 있는 것이므로 잔대금지급을 지체하고 있던 위 공동매수인중의 1인이 잔대금 전액을 지급하였다고 하더라도 그러한 사정만으로는 동인에게 다른 공동매수인의 지분부분에 관해서까지 소유권이전등기 소요서류를 교부할 수 있는 특별한 사정이 있다고 할 수 없다'면서 토지의 공동매수인이 각 지분 1/2에 대하여 매도인에 대하여 가지는 소유권이전등기청구권은 분할채권·채무관계라고 하였습니다(79다14).

• • •

■ 분할채권·채무관계의 예

1) 토지공유자는 그 지분에 대응하는 비율의 범위 내에서만 그 차임상당의 부당이득금반환의 청구권을 행사할 수 있다(78다2088).

2) 수인의 채권자가 채무자에게 별개로 금전을 차용하여 주고서 2필지의 토지에 대하여 공동으로 담보목적의 소유권이전등기를 경료받았다가 담보권을 실행함에 있어 합의에 의한 공유물분할 방법으로 각 채권자들의 대여금 비율에 따라 각 단독소유로 소유권이전등기를 마친 다음 각각 따로 자기 몫의 담보부동산을 처분하였다면, 금전소비대차에 있어서 수인의 채권자가 각기 일정한 돈을 빌려주는 경우에 특별한 의사표시가 없으면 이 채권은 분할채권인 점에 비추어 그 정산금을 채무자에게 반환함에 있어서는 위 각 채권자들이 공동으로 담보목적의 소유권이전등기를 경료받은 사유를 가지고 연대에 관한 특별한 의사표시로 풀이 할 수 없을 뿐만 아니라 그와 같은 사유가 연대채무를 발생시키는 법률상 요인이 된다고도 볼 수 없다(85다카1146).

3) 금전채무와 같이 급부의 내용이 가분인 채무가 공동상속된 경우 각 공동상속인의 채무(97다8809).

97 불가분채무

채권법

질문

저는 건물을 공동으로 소유하고 있는 임대인들로부터 건물을 임차하면서 임차보증금을 지급하였는데, 임차기한이 만료되면 임대인들의 각 지분에 따라 임차보증금을 따로 돌려받아야 하는지요?

답변

채무가 그 성질 또는 당사자의 의사표시에 의하여 불가분인 경우를 불가분채무라 하며, 수인이 불가분채무를 부담한 경우에는 불가분채권에 관한 민법 제410조와 연대채무에 관한 여러 규정이 준용됩니다(제411조).

따라서 채권자는 채무자 1인에 대하여 또는 채무자 전원에 대하여 동시에 또는 순차로 채무의 전부나 일부의 이행을 청구할 수 있으며, 채무자 1인이 그의 채무를 이행하면 모든 채무자의 채무는 소멸하게 됩니다(제411조, 413조, 414조).

나아가 불가분채무에 있어서는 채무자 1인에게 생긴 사유 가운데 절대적 효력이 인정되는 경우가 연대채무에 있어서보다 적기 때문에 결과적으로 연대채무보다 채권의 담보력이 그만큼 더 커지게 됩니다(제411조 참조).

그리고 불가분채무자들 상호간의 관계는 연대채무자에 관한 규정이 준용되므로, 변제(채무의 이행)를 한 채무자는 다른 채무자에 대하여 그들의 부담부분에 관하여 구상을 할 수 있습니다.

한편 이건과 같이 부동산 공유자의 임차보증금반환채무가 가분인지 불가분인지가 문제됩니다.

판례는, '건물의 공유자가 공동으로 건물을 임대하고 보증금을 수령한 경우, 특별한 사정이 없는 한 그 임대는 각자 공유지분을 임대한 것이 아니고 임대목적물을 다수의 당사자로서 공동으로 임대한 것이고 그 보증금 반환채무는 성질상 불가분채무에 해당된다'고 합니다(98다43137).

따라서 귀하는 임차기간 만료 후 임대인 모두는 물론, 임대인 중 어느 누구에게도 임차보증금 전액의 반환을 청구할 수 있습니다.

참고로 판례는 공유자의 상대방에 대한 권리는 대체적으로 가분채권으로(78다2088, 79다14), 상대방의 공유자에 대한 권리는 이건과 같이 불가분채권으로 봅니다.

■ 불가분채무의 예

1) 공유자가 공유물에 대한 관계에서 부당이득을 한 경우 그 이득을 상환하는 의무(92누2202)

2) 공동상속인들의 건물철거의무(80다756)

3) 국토이용관리법상 토지거래허가지역 내에 있는 토지에 관한 매매계약을 체결함에 있어서 매도인들이 매매계약 당시 특약사항으로 분묘의 이장과 같은 여러 가지 불가분채무를 부담하였을 뿐만 아니라 매도인들 상호간에 밀접한 신분관계를 가지고 있어 계약 이행에 관하여 전원의 의사나 능력이 일체로서 고려되었다고 할 것이므로 매매계약이 확정적으로 무효로 되면서 발생한 매도인들의 매수인들에 대한 부당이득반환채무(97다7356).

98 연대채무

채권법

질문

저는 연대채무자 2인에 대하여 2,000만원의 채권이 있었는데, 그 중 1인의 사정이 딱하여 그의 채무를 면제하였습니다. 이 경우 제가 나머지 1인에 대하여 2,000만원 전액을 청구할 수 있는지요?

답변

연대채무란 수인의 채무자가 동일한 내용의 채무를 각자 이행할 의무가 있고, 그 중 1인의 채무자가 전부 의무를 이행하면 모든 채무자의 채무가 소멸하는 다수당사자의 채무를 말합니다(제413조).

연대채무는 채무자 수만큼의 복수의 독립한 채무가 존재하며 그 채무들 상호간에는 보증채무와 달리 주종관계가 없습니다. 따라서 어느 연대채무자에 대한 법률행위의 무효나 취소의 원인은 다른 연대채무자의 채무에 영향을 미치지 아니합니다(제415조).

그런데 연대채무는 각 채무자의 채무가 주관적으로 공동의 목적에 의하여 연결되어 있으므로 채무자 1인에 대하여 생긴 사유는 일정한 경우에 다른 채무자에게도 영향을 미치게 되며, 이를 연대채무의 절대적 효력이라고 하고(제416조 내지 재422조), 민법상 규정은 없지만 변제·대물변제·공탁 등은 모두 채권자를 만족시키는 사유가 되므로 당연히 절대적 효력이 있습니다.

한편 민법상 어느 연대채무자에 대한 채무면제는 그 채무자의 부담부분에 한하여 다른 연대채무자의 이익을 위하여 효력이 있다고 규정하여 면제의 절대적 효력을 인정하고 있습니다(제419조).

따라서 이건의 경우 연대채무자 2인의 부담부분이 동일하다면(제424조에 의하여 부담부분은 균등한 것으로 추정) 귀하의 채무자 1인에 대한 면제로 나머지 1인은 면제받은 채무자의 부담부분인 1,000만원을 제하고 나머지 1,000만원의 채무만 부담하게 되는 것입니다.

참고로 연대채무의 면제에 관한 민법 제419조의 규정은 임의규정이라고 할 것이므로 채권자가 의사표시 등으로 위 규정의 적용을 배제하여 어느 한 연대채무자에 대하여서만 채무면제를 할 수 있습니다(91다37553).

하지만 연대보증의 경우에는 연대보증인이라고 할지라도 주채무자에 대하여는 보증인에 불과하여 연대채무에 관한 면제의 절대적 효력을 규정한 민법 제419조의 규정은 주채무자와 보증인 사이에는 적용되지 아니하는 것이므로, 채권자가 연대보증인에 대하여 그 채무의 일부 또는 전부를 면제하였다 하더라도 그 면제의 효력은 주채무자에 대하여 미치지 아니합니다(91다37553).

- 구상권

1) 어느 연대채무자가 변제 기타 자기의 출재로 공동면책이 되면 다른 연대채무자의 부담부분에 대하여 구상권을 행사할 수 있다(제425조).

2) 구상요건으로서의 통지

면책행위를 한 연대채무자가 그 사실을 통지하지 아니하면 구상권이 제한된다(제426조).

3) 상환무자력자의 부담부분(제427조)

- 임의규정(제105조)

법령 중의 선량한 풍속 기타 사회질서에 관계없는 규정

cf) 강행규정

99 부진정연대채무

질문

저는 제가 운영하는 점포의 경비용역을 경비용역전문회사에 맡겼는데, 간밤에 도둑이 들어 점포의 물건을 다 가져가 버렸습니다. 그 후 도둑이 검거되었으나 피해변제를 할 능력이 전혀 없는데다가 그의 처가 와서 눈물로 호소하여 저는 그의 채무를 면제하여 주었으며, 이 경우에도 제가 경비회사를 상대로 피해전액을 받을 수 있는지요?

답변

우선 귀하는 경비용역회사를 상대로 용역계약상의 채무불이행을 이유로 한 손해배상청구를, 절도범을 상대로 불법행위를 이유로 한 손해배상청구를 각 할 수 있습니다.

이처럼, 경비용역계약상 채무불이행으로 인한 손해배상채무와 절도라는 불법행위로 인한 손해배상채무는 서로 별개의 원인으로 발생한 독립된 채무이긴 하지만 둘 다 동일한 경제적 목적을 가진 채무로서 서로 중첩되는 부분에 관하여는 일방의 채무가 변제 등으로 소멸하면 타방의 채무도 소멸하는 것으로 이를 연대채무와 구별하여 부진정연대채무라고 합니다.

민법은 연대채무에 관하여만 규정하고 있으나 부진정연대채무는 통설과 판례가 이를 인정하고 있으며, 부진정연대채무는 연대채무와 달리 채무자간에 주관적인 공동관계가 없어서 채무자 1인에게 생긴 사유는 다른 채무자에게 영향을 미치지 않는 것이 원칙입니다.

즉 채권을 만족시키는 사유인 변제·대물변제·공탁·상계(2008다97218전)등은 절대적 효력이 있으나 면제 등 그 밖의 사유는 상대적 효력밖에 없어서(결과적으로 연대채무에 비해서 절대적 효력이 미치는 사유가 적어서) 연대채무에 비하여 채권의 담보력이 강하게 되는 실익이 있습니다.

따라서 사안과 같이 부진정연대채무자 1인에 대하여 채무를 면제하더라도 다른 채무자를 상대로 채권액 전부를 청구할 수 있습니다.

판례도, '부진정연대채무자 상호간에 있어서 채권의 목적을 달성시키는 변제와 같은 사유는 채무자 전원에 대하여 절대적 효력을 발생하지만 그 밖의 사유는 상대적 효력을 발생하는 데에 그치는 것이므로 피해자가 채무자 중의 1인에 대하여 손해배상에 관한 권리를 포기하거나 채무를 면제하는 의사표시를 하였다 하더라도 다른 채무자에 대하여 그 효력이 미친다고 볼 수는 없다 할 것이고, 이러한 법리는 채무자들 사이의 내부관계에 있어 1인이 피해자로부터 합의에 의하여 손해배상채무의 일부를 면제받고도 사후에 면제받은 채무액을 자신의 출재로 변제한 다른 채무자에 대하여 다시 그 부담 부분에 따라 구상의무를 부담하게 된다 하여 달리 볼 것은 아니다'라고 합니다(2005다19378).

이 경우 부진정연대채무의 관계에 있는 복수의 책임주체 내부관계에 있어서는 형평의 원칙상 일정한 부담 부분이 있을 수 있으며, 그 부담 부분은 각자의 고의 및 과실의 정도에 따라 정하여지는 것으로서 부진정연대채무자 중 1인이 자기의 부담 부분 이상을 변제하여 공동의 면책을 얻게 하였을 때에는 다른 부진정연대채무자에게 그 부담 부분의 비율에 따라 구상권을 행사할 수 있습니다(2005다19378).

■ 부진정연대채무의 예

1) 피용자의 불법행위책임과 사용자책임(제756조: 75다1193)

2) 법인의 불법행위책임과 이사 기타 대표자 자신의 책임(제35조: 2006다37465)

3) 이행보조자의 불법행위책임과 채무자의 채무불이행책임(제391조: 94다22446)

4) 공동불법행위(제760조: 80다2555)

사례 139 교통사고와 의료사고의 경합으로 인한 공동불법행위책임 참조

100 보증채무

질문

저는 2012.5.경 친구의 부탁으로 친구가 채권자로부터 변제기를 1년으로 하여 돈을 빌릴 때 보증인이 되었습니다. 그런데 저는 그 사실을 깜빡 잊고 있었는데, 얼마 전 채권자로부터 연락이 와서 친구가 아직 대여금 채권을 변제하지 아니하고 있으므로 원본은 물론 그동안의 약정이자와 연체이자 전부의 변제를 요구하고 있습니다. 제가 그 돈 전부를 갚아야 하는지요?

답변

민법상 보증인은 주채무자가 이행하지 아니하는 채무를 이행할 의무가 있습니다(제428조).

다만 보증채무는 연대채무 등과 달리 주채무에 종속하는 성질, 즉 부종성이 있어서 주채무가 소멸하면 보증채무도 소멸하고, 주채무가 무효 또는 취소된 때에는 보증채무도 무효가 되며(제436조), 주채무의 내용에 변경이 생기면 보증채무의 내용도 변경되고(제429조), 보증인의 부담이 주채무의 목적이나 형태보다 중한 때에는 주채무의 한도로 감축됩니다(제430조).

그리고 보증채무는 수반성이 있어서 주채무자에 대한 채권이 이전하는 때에는(채권양도 등) 원칙적으로 보증인에 대한 채권도 이전합니다. 다만 당사자는 주채무자에 대한 채권만을 이전하는 특약을 할 수는 있으나(이 경우에는 보증채무는 소멸) 보증인에 대한 채권만을 이전하는 특약은 무효입니다(2002다21509). 또한 채무인수 등에 의하여 주채무자가 변경되면 보증채무는 원칙적으로 소멸합니다(제459조).

나아가 보증채무는 보충성이 있어서 주채무가 이행되지 않는 경우에 이행할 의무가 있으며(제428조), 채권자가 보증인에게 먼저 채무의 이행을 청구한 때에는 보증인은 주채무자의 변제자력이 있는 사실 및 그 집행이 용이할 것을 증명하여 먼저 주채무자에게 청구할 것과 그 재산에 대하여 집행할 것을 항변할 수 있으며, 이를 보증인의 최고·검색의 항변권이라고 합니다(제437조).

한편 2012.3.2. 시행된 '보증인 보호를 위한 특별법'은 보증에 관하여 민법에 대한 특례를 규정함으로써 아무런 대가 없이 호의(好意)로 이루어지는 보증으로 인한 보증인의 경제적·정신적 피해를 방지하고, 금전채무에 대한 합리적인 보증계약 관행을 확립함으로써 신용사회 정착에 이바지함을 목적으로 제정되었습니다(동법 제1조).

이에 의하면 보증계약이란 그 형식이나 명칭에 관계없이 채무자가 채권자에 대한 금전채무를 이행하지 아니하는 경우에 보증인이 그 채무를 이행하기로 하는 채권자와 보증인 사이의 계약을 말하며(동법 제2조의2), 보증은 그 의사가 보증인의 기명날인 또는 서명이 있는 서면으로 표시되어야 효력이 발생하며, 보증인의 채무를 불리하게 변경하는 경우에도 같은 방식으로 이루어져야 하고(동법 제3조), 보증채무 최고액을 특정하여야 합니다(동법 제4조).

나아가 채권자는 주채무자가 원본, 이자 그 밖의 채무를 3개월 이상 이행하지 아니하는 경우 또는 주채무자가 이행기에 이행할 수 없음을 미리 안 경우에는 지체 없이 보증인에게 그 사실을 알려야 하고, 채권자로서 보증계약을 체결한 금융기관은 주채무자가 원본, 이자 그 밖의 채무를 1개월 이상 이행하지 아니하는 경우에는 지체 없이 그 사실을 보증인에게 알려야 하며, 채권자는 보증인의 청구가 있으면 주채무의 내용 및 그 이행 여부를 보증인에게 알려야 하는데, 채권자가 이와 같은 의무를 위반한 경우에는 보증인은 그로 인하여 손해를 입은 한도에서 채무를 면하게 됩니다(동법 제5조).

따라서 귀하의 경우 채권자의 통지의무 위반으로 발생한 손해(변제기 이후 발생한 지연이자 등)부분만큼은 채무를 면하게 됩니다.

한편 위 특별법에 따라 위 보증계약이 서면으로 이루어진 것이 아니라면 보증계약 자체가 무효로 되므로 귀하는 위 채무 원리금 전부를 변제할 의무가 없습니다.

■ 시효중단의 보증인에 대한 효력(제440조)

원칙적으로 시효의 중단은 당사자 및 그 승계인 간에만 효력이 있으나(제169조), 예외적으로 주채무자에 대한 시효중단의 효력은 보증인에게 미친다(제440조: 86다카1569).

cf) 보증채무에 대한 소멸시효가 중단되었다고 하더라도 이로써 주채무에 대한 소멸시효가 중단되는 것은 아니고, 주채무가 소멸시효 완성으로 소멸된 경우에는 보증채무도 그 채무 자체의 시효중단에 불구하고 부종성에 따라 당연히 소멸된다(2000다62476).

■ 수탁보증인의 구상권(제441조), 사전구상권(제442조)
부탁없는 보증인의 구상권(제444조)

■ 구상요건으로서의 통지(제445조), 주채무자의 보증인에 대한 면책통지의무(제446조)

민법 제446조의 규정은 같은 법 제445조 제1항의 규정을 전제로 하는 것이어서 같은 법 제445조 제1항의 사전 통지를 하지 아니한 수탁보증인까지 보호하는 취지의 규정은 아니므로, 수탁보증에 있어서 주채무자가 면책행위를 하고도 그 사실을 보증인에게 통지하지 아니하고 있던 중에 보증인도 사전 통지를 하지 아니한 채 이중의 면책행위를 한 경우에는 보증인은 주채무자에 대하여 민법 제446조에 의하여 자기의 면책행위의 유효를 주장할 수 없다고 봄이 상당하고 따라서 이 경우에는 이중변제의 기본 원칙으로 돌아가 먼저 이루어진 주채무자의 면책행위가 유효하고 나중에 이루어진 보증인의 면책행위는 무효로 보아야 하므로 보증인은 민법 제446조에 기하여 주채무자에게 구상권을 행사할 수 없다(95다46265).

■ 연대보증

1) 연대보증이란 보증인이 주채무자와 연대하여 채무를 부담하는 것을 말하고, 연대채무도 보증채무의 일종이므로 부종성·수반성이 있으나 보충성은 없으며(제437조 단서), 연대보증인 간 분별의 이익(제448조2항)도 없어서 채권자는 어느 연대보증인에 대하여도 전액을 청구할 수 있으므로 채권의 담보력이 크다(93다4656).

2) 연대보증인에 대한 면제의 효력

① 연대보증인이라고 할지라도 주채무자에 대하여는 보증인에 불과하므로 연대채무에 관한 면제의 절대적 효력을 규정한 민법 제419조의 규정은 주채무자와 보증인 사이에는 적용되지 아니하므로, 채권자가 연대보증인에 대하여 그 채무의 일부 또는 전부를 면제하였다 하더라도 그 면제의 효력은 주채무자에 대하여 미치지 아니한다.

② 수인의 연대보증인이 있는 경우, 연대보증인들 사이에 연대관계의 특약이 있는 경우가 아니면 채권자가 연대보증인의 1인에 대하여 채무의 전부 또는 일부를 면제하더라도 다른 연대보증인에 대하여는 그 효력이 미치지 아니한다 할 것이다(91다37553).

사례 98 연대채무 참조

101 채권양도

질문

저는 A의 B에 대한 채권을 양도받아 B에게 이를 청구하였으나, B는 A가 C에게 동일한 채권을 양도하면서 내용증명으로 이를 통보하였다면서 이를 거절하고 있는데, 이 경우 저와 C 중 누구의 권리가 우선하는지요?

답변

채권은 다음과 같은 경우를 제외하면 양도성이 있습니다(제449조).

우선 채권의 성질상 양도가 제한되는 경우가 있습니다. 예컨대 채권자가 변경되면 채권의 내용이 달라지거나 특정의 채권자와의 사이에서 이루어져야 할 급부 등입니다.

그리고 당사자가 반대의 의사표시를 하면 채권양도는 제한되나, 이 경우에는 선의의 제3자에게 대항하지 못할 뿐입니다(판례는 선의의 제3자도 중대한 과실이 있으면 악의의 제3자로 확대해석함: 2010다8310).

마지막으로 부양청구권(제979조), 각종의 연금청구권(공무원연금법제32조, 사립학교교직원연금법제40조, 군인연금법제7조, 국민연금법제58조 등)등은 채권의 양도금지를 명문으로 규정하고 있습니다.

한편 지명채권(채권자가 특정되어 있는 채권을 말하며, 민법상 보통 채권이라고 함은 지명채권을 말함)의 양도는 양도인이 채무자에게 통지하거나(양수인이 양도인의 대리인으로 통지하는 것은 가능: 94다19242), 채무자가 이를 승낙하지 아니하면 채무자 기타 제3자에게 대항하지 못하며, 그 통지나 승낙은 확정일자 있는 증서에 의하지 아니하면 채무자이외의 제3자에 대항하지 못합니다(제450조). 이와 같은 지명채권양도의 대항요건을 둔 이유는, 채권양도는 양도인과 양수인 사이에서 이루어지게 되어 채권양도에 관여하지 아니한 채무자와 제3자가 뜻밖의 손해를 입지 않도록 그들을 보호할 필요가 있으며, 이건과 같이 채권이 이중으로 양도된 경우에 그 채권 상호간의 우열을 정하기 위하여서도 필요하기 때문입니다.

한편 여기서 말하는 확정일자란 사문서에 공증인 또는 법원서기가 일정한 절차에 따라서 확정일자인을 찍은 경우의 일자, 공정증서에 기입한 일자, 공무소에서 사문서에 어느 사항을 증명하고, 기입한 일자 등을 말합니다(민법 부칙 제3조).

그리고 여기서 통지나 승낙을 확정일자 있는 증서로 하라는 것은 통지행위나 승낙행위 자체를 확정일자 있는 증서로 하여야 한다는 뜻입니다(2009다49469).

따라서 귀하가 A의 B에 대한 채권을 먼저 양도받았다고 하더라도 내용증명 등의 확정일자 있는 증서에 의하여 통지를 하거나 승낙을 받지 아니하면 설사 A의 C에 대한 이중의 채권양도가 귀하보다 뒤늦게 이루어 졌다고 하더라도 확정일자를 갖춘 이상 C가 귀하보다 우선하게 됩니다.

■ 채권의 성질에 의한 양도제한의 예

1) 부동산의 매매로 인한 소유권이전등기청구권은 물권의 이전을 목적으로 하는 매매의 효과로서 매도인이 부담하는 재산권이전의무의 한 내용을 이루는 것이고, 매도인이 물권행위의 성립요건을 갖추도록 의무를 부담하는 경우에 발생하는 채권적 청구권으로 그 이행과정에 신뢰관계가 따르므로, 소유권이전등기청구권을 매수인으로부터 양도받은 양수인은 매도인이 그 양도에 대하여 동의하지 않고 있다면 매도인에 대하여 채권양도를 원인으로 하여 소유권이전등기절차의 이행을 청구할 수 없고, 따라서 매매로 인한 소유권이전등기청구권은 특별한 사정이 없는 이상 그 권리의 성질상 양도가 제한되고 그 양도에 채무자의 승낙이나 동의를 요한다고 할 것이므로 통상의 채권양도와 달리 양도인의 채무자에 대한 통지만으로는 채무자에 대한 대항력이 생기지 않으며 반드시 채무자의 동의나 승낙을 받아야 대항력이 생긴다(2000다51216).

2) 근로기준법 제36조 제1항(현행 근기법 제43조1항)에서 임금직접지급의 원칙을 규정하는 한편 동법 제109조에서 그에 위반하는 자는 처벌을 하도록 하는 규정을 두어 그 이행을 강제하고 있는 취지가 임금이 확실하게 근로자 본인의 수중에 들어가게 하여 그의 자유로운 처분에 맡기고 나아가 근로자의 생활을 보호하고자 하는데 있는 점에 비추어 보면 근로자가 그 임금채권을 양도한 경우라 할지라도 그 임금의 지급에 관하여는 같은 원칙이 적용되어 사용자는 직접 근로자에게 임금을 지급하지 아니하면 안되는 것이고 그 결과 비록 양수인이라고 할지라도 스스로 사용자에 대하여 임금의 지급을 청구할 수는 없다(87다카2803).

■ 채권의 이중양도와 그 우열관계(93다24223전)

1) 채권이 이중으로 양도된 경우의 양수인 상호간의 우열은 통지 또는 승낙에 붙여진 확정일자의 선후에 의하여 결정할 것이 아니라, 채권양도에 대한 채무자의 인식, 즉 확정일자 있는 양도통지가 채무자에게 도달한 일시 또는 확정일자 있는 승낙의 일시의 선후에 의하여 결정하여야 할 것이고, 이러한 법리는 채권양수인과 동일 채권에 대하여 가압류명령을 집행한 자 사이의 우열을 결정하는 경우에 있어서도 마찬가지이므로, 확정일자 있는 채권양도 통지와 가압류결정 정본의 제3채무자(채권양도의 경우는 채무자)에 대한 도달의 선후에 의하여 그 우열을 결정하여야 한다.

2) 채권양도 통지, 가압류 또는 압류명령 등이 제3채무자에 동시에 송달되어 그들 상호간에 우열이 없는 경우에도 그 채권양수인, 가압류 또는 압류채권자는 모두 제3채무자에 대하여 완전한 대항력을 갖추었다고 할 것이므로, 그 전액에 대하여 채권양수금, 압류전부금 또는 추심금의 이행청구를 하고 적법하게 이를 변제받을 수 있고, 제3채무자로서는 이들 중 누구에게라도 그 채무 전액을 변제하면 다른 채권자에 대한 관계에서도 유효하게 면책되는 것이며, 만약 양수채권액과 가압류 또는 압류된 채권액의 합계액이 제3채무자에 대한 채권액을 초과할 때에는 그들 상호간에는 법률상의 지위가 대등하므로 공평의 원칙상 각 채권액에 안분하여 이를 내부적으로 다시 정산할 의무가 있다.

3) 채권양도의 통지와 가압류 또는 압류명령이 제3채무자에게 동시에 송달되었다고 인정되어 채무자가 채권양수인 및 추심명령이나 전부명령을 얻은 가압류 또는 압류채권자 중 한 사람이 제기한 급부소송에서 전액 패소한 이후에도 다른 채권자가 그 송달의 선후에 관하여 다시 문제를 제기하는 경우 기판력의 이론상 제3채무자는 이중지급의 위험이 있을 수 있으므로, 동시에 송달된 경우에도 제3채무자는 송달의 선후가 불명한 경우에 준하여 채권자를 알 수 없다는 이유로 변제공탁을 함으로써 법률관계의 불안으로부터 벗어날 수 있다.

4) 채권양도 통지와 채권가압류결정 정본이 같은 날 도달되었는데 그 선후관계에 대하여 달리 입증이 없으면 동시에 도달된 것으로 추정한다.

102 채무인수

채권법

질문

저는 친구의 채권자에 대한 대여금채무의 담보로 제 소유 부동산에 대하여 근저당권을 설정해 주었습니다. 그 후 제가 그 채권자와의 계약으로 채무자의 채무를 인수하였는데, 그렇다면 종래의 채무를 담보하는 근저당권도 채무인수로 소멸하는 것이 아닌지요?

답변

채무인수는 채무를 그 동일성을 유지하면서 인수인에게 이전시키는 계약으로서(이 점에서 채무의 중요한 부분이 변경되는 제501조의 채무자변경으로 인한 경개와 구별), 이에 따라 종래의 채무자는 채무를 면하게 되고 인수인이 새로운 채무자가 됩니다(면책적 채무인수).

채무인수는 먼저 채권자와 인수인간의 계약으로 이루어질 수 있고(제453조), 채무자와 인수인이 계약 당사자가 된 경우에는 채권자의 승낙(묵시적인 승낙도 가능하며, 채권자가 채무인수인에게 채무이행을 청구한 것은 묵시적 승낙: 88다카29962)을 얻어야 하며(제454조), 민법상 규정은 없지만 계약자유의 원칙상 채권자·채무자·인수인 3자간의 계약으로 성립할 수도 있습니다.

그런데 민법 제459조는 '채무인수로 전채무자의 채무에 대한 보증이나 제3자가 제공한 담보는 소멸하지만, 보증인이나 제3자(물상보증인)가 채무인수에 동의한 경우에는 그러하지 아니하다'라고 규정하고 있어서 이건과 같이 물상보증인(제370조, 341조)이 채무를 인수한 경우에도 담보로 제공한 근저당권이 소멸하는지가 문제됩니다.

이에 대하여 판례는, '면책적 채무인수라 함은 채무의 동일성을 유지하면서 이를 종래의 채무자로부터 제3자인 인수인에게 이전하는 것을 목적으로 하는 계약을 말하는바, 채무인수로 인하여 인수인은 종래의 채무자와 지위를 교체하여 새로이 당사자로서 채무관계에 들어서서 종래의 채무자와 동일한 채무를 부담하고 동시에 종래의 채무자는 채무관계에서 탈퇴하여 면책되는 것일 뿐 종래의 채무가 소멸하는 것이 아니므로, 채무인수로 종래의 채무가 소멸하였으니 저당권의 부종성으로 인하여 당연히 위 소멸한 채무를 담보하는 저당권도 소멸한다는 법리는 성립하지 아니하는 것이다. 다만 제3자가 그 소유의 부동산 위에 저당권을 설정하는 등 채무에 대한 담보를 제공한 경우에는 그 제3자는 채무자의 지급능력을 고려하여 담보를 제공한 것이므로 채무인수로 채무자가 변경되어 필연적으로 책임재산에 변화가 생기면 예상하지 못한 불이익을 입게 될 위험성이 있는바, 따라서 채무인수의 경우의 물상보증인을 보호하기 위하여 민법 제459조에서 제3자가 제공한 담보는 그의 동의가 없는 한 채무인수로 인하여 소멸하는 것으로 규정하고 있을 뿐이다.

나아가 민법 제459조 단서는 보증인이나 제3자가 채무인수에 동의한 경우에는 전 채무자의 채무에 대한 보증이나 제3자가 제공한 담보는 채무인수로 인하여 소멸하지 아니하는 것으로 규정하고 있는바, 위 조항에 규정된 채무인수에 대한 동의는 인수인을 위하여 새로운 담보를 설정하도록 하는 의사표시를 의미하는 것이 아니라 기존의 담보를 인수인을 위하여 계속시키는데 대한 의사표시를 의미한다 할 것이므로, 물상보증인이 채무인수에 동의함으로써 소멸하지 아니하는 담보는 당연히 기존의 담보와 동일한 내용을 갖는 것이다'고 하였습니다(96다27476).

따라서 물상보증인인 귀하가 채무자의 채무를 인수하면 제459조 단서에 의하여 담보로 제공한 근저당권은 소멸되지 않게 됩니다.

■ 면책적 채무인수를 내용으로 하는 정리계획이 인가·확정된 경우, 보증인의 책임이 면제되는지 여부(2005다28273)

회사정리절차에서 제3자가 주채무를 면책적으로 인수하는 내용의 정리계획이 인가·확정되었다고 하더라도, 그 채무인수 자체에 의하여 채권에 대한 실질적인 만족을 얻은 것으로는 볼 수 없는 것이므로, 회사정리법 제240조 제2항(개정된 채무자회생법 제250조제2항)에 따라 보증인의 책임 범위에는 아무런 영향이 없다고 할 것이고, 한편 면책적 채무인수에 있어 보증책임의 소멸을 규정하고 있는 민법 제459조는 이 경우 그 적용이 배제된다.

103 중첩적 채무인수(병존적 채무인수)

질문

저는 채권자로부터 돈을 빌리면서 채권자의 요구로 친구에게 부탁하여 친구명의의 약속어음을 발행·교부받아 채권자에게 교부하였습니다. 그런데 친구가 하던 사업의 부도로 약속어음이 지급기일에 지급정지 되었습니다. 이 경우 저의 차용금 채무는 친구의 약속어음 발행·교부로 소멸한 것이 아닌지요?

답변

채무인수는 그 동일성을 유지하면서 채무를 인수인에게 이전시키는 계약으로서, 이에 따라 종래의 채무자는 채무를 면하게 되고 인수인이 새로운 채무자가 됩니다(제453조).

채무인수가 있으면 원래의 채무자는 채무를 면하게 되고 인수인이 새로운 채무자가 된다는 점에서 이를 면책적 채무인수라고 합니다.

그에 비하여 인수인이 원래의 채무자와 더불어 동일한 내용의 채무를 부담하는 것을 병존적 채무인수 또는 중첩적 채무인수라고 하며, 이와 같은 중첩적 채무인수가 있더라도 원래의 채무자는 채무를 면하는 것이 아니라 인수인과 함께 같은 내용의 채무를 부담하게 됨으로써 중첩적 채무인수는 보증채무나 연대채무와 같이 인적담보로서의 역할을 하게 됩니다.

그런데 어떤 경우에 당사자 사이의 채무인수가 면책적 채무인수인지 아니면 중첩적 채무인수인지가 문제됩니다.

판례는, '채무인수의 효력이 생기기 위하여 채권자의 승낙을 요하는 것은 면책적 채무인수의 경우에 한하고, 채무인수가 면책적인가 중첩적인가 하는 것은 채무인수계약에 나타난 당사자 의사의 해석에 관한 문제'라고 하면서(98다33765), '채무의 인수에 있어서 면책적 인수인지, 중첩적 인수인지가 분명하지 아니한 때에는 이를 중첩적으로 인수한 것으로 본다'고 합니다(87다카3104).

왜냐하면 면책적 채무인수의 경우에는 원래의 채무자가 채무를 면하게 되므로 인수의 내용이 불분명한 경우에는 함부로 면책적 채무인수를 인정할 것이 아니라 오히려 병존적 채무인수로 보는 것이 합리적인 해석이기 때문입니다.

그리고 이건과 같이 채무자의 채무를 위하여 제3자가 약속어음을 발행한 것이 면책적 채무인지 아니면 중첩적 채무인수인지가 문제됩니다.

이 경우에 판례는, '금전소비대차계약으로 인한 채무에 관하여 제3자가 채무자를 위하여 약속어음을 발행하는 것은 특별한 사정이 없는 한 동일한 채무를 중첩적으로 인수한 것으로 봄이 타당하다'고 합니다(88다카13806).

따라서 위 약속어음의 지급정지로 말미암아 귀하는 여전히 차용금 채무를 변제하여야 합니다.

■ 중첩적 채무인수계약의 당사자

1) 채권자·채무자·인수인 3자간 계약

2) 채권자와 인수인간 계약

이 경우 중첩적 채무인수는 보증채무와 유사하므로(제444조, 453조 참조) 채무자의 의사에 반하여서도 할 수 있다(87다카1836).

3) 채무자와 인수인간 계약

이 경우 중첩적 채무인수는 일종의 제3자를 위한 계약(제539조)으로서 채권자가 인수인에 대하여 수익의 의사표시를 하면 권리가 발생한다(94다47469).

사례 121 제3자를 위한 계약 참조

■ 중첩적 채무인수에 있어서 채무자의 채무와 인수인의 채무와의 관계

중첩적 채무인수에서 인수인이 채무자의 부탁 없이 채권자와의 계약으로 채무를 인수하는 것은 매우 드문 일이므로 채무자와 인수인은 원칙적으로 주관적 공동관계가 있는 연대채무관계에 있고, 인수인이 채무자의 부탁을 받지 아니하여 주관적 공동관계가 없는 경우에는 부진정연대관계에 있는 것으로 보아야 한다(2009다32409).

104 이행인수

질문

저는 제 소유의 부동산에 대한 근저당권이 설정되어 있는 상태 그대로 이를 매도하면서 매매대금 중 근저당채무액만큼 공제하여 매수인이 이를 인수하기로 하는 내용의 계약을 체결하였습니다. 이 경우 근저당권자는 매수인에게 직접 근저당채무의 변제를 요구할 수 있는 것이 아닌지요?

답변

이행인수는 인수인이 채무자에 대하여 그 채무를 이행할 것을 약정하는 인수인과 채무자 간의 계약으로서, 중첩적 채무인수와 달리 이행인수가 있더라도 인수인이 직접 채권자에 대하여 채무를 부담하지는 아니하고 단지 채무자에 대하여서만 이행의무를 부담할 뿐이며 이 경우 채무자는 여전히 채권자에게 채무를 변제할 의무가 있습니다.

이건과 같이 부동산의 매수인이 매매목적물에 관한 근저당채무를 인수하는 한편, 그 채무액을 매매대금에서 공제하기로 약정한 경우에 관하여 판례는, '근저당권이 설정된 부동산에 관하여 그 매수인이 소유자 겸 채무자와의 계약으로 그 피담보채무를 인수하는 경우 그 채무인수에 관하여 채권자의 묵시의 승낙이 있는 것으로 보아야 할 경험칙이 있다고 할 수 없고, 또 그러한 거래의 관행이 있다고 인정할 증거도 없다면 채권자의 승낙이 없는 이상 채무자를 면책시키는 채무인수로 볼 수 없고 이행인수로 보아야 한다'고 합니다(88다카29467).

따라서 귀하의 경우에 근저당권자는 근저당채무의 변제를 채무자인 귀하에게 요구할 수는 있어도 매수인인 인수인을 상대로 이를 청구할 권리는 없습니다. 다만 근저당채무의 변제가 없으면 근저당권자는 이에 기하여 경매를 해서 어느 정도 채권의 만족을 누릴 수 있으므로 인수인도 이런 점에서 채권자로부터 완전 자유로울 수는 없다고 할 것입니다.

참고로 병존적 채무인수와 이행인수의 구별기준에 관하여 판례는, '채무자와 인수인의 계약으로 체결되는 병존적 채무인수는 채권자로 하여금 인수인에 대하여 새로운 권리를 취득하게 하는 것으로 제3자를 위한 계약의 하나로 볼 수 있고, 이와 비교하여 이행인수는 채무자와 인수인 사이의 계약으로 인수인이 변제 등에 의하여 채무를 소멸케 하여 채무자의 책임을 면하게 할 것을 약정하는 것으로 인수인이 채무자에 대한 관계에서 채무자를 면책케 하는 채무를 부담하게 될 뿐 채권자로 하여금 직접 인수인에 대한 채권을 취득케 하는 것이 아니므로 결국 제3자를 위한 계약과 이행인수의 판별 기준은 계약 당사자에게 제3자 또는 채권자가 계약 당사자 일방 또는 인수인에 대하여 직접 채권을 취득케 할 의사가 있는지 여부에 달려 있다 할 것이고, 구체적으로는 계약 체결의 동기, 경위 및 목적, 계약에 있어서의 당사자의 지위, 당사자 사이 및 당사자와 제3자 사이의 이해관계, 거래 관행 등을 종합적으로 고려하여 그 의사를 해석하여야 한다'고 합니다(97다28698).

그러나 인수의 대상으로 된 채무의 책임을 구성하는 권리관계도 함께 양도한 경우이거나 채무인수인이 그 채무부담에 상응하는 대가를 얻을 때에는 특별한 사정이 없는 한 원칙적으로 이행인수가 아닌 병존적 채무인수로 보아야 한다고 합니다(2007다54627).

■ 이행인수의 예

부동산의 매수인이 매매목적물에 관한 근저당권의 피담보채무, 가압류채무, 임대차보증금 반환채무를 인수하는 한편 그 채무액을 매매대금에서 공제하기로 약정한 경우, 다른 특별한 사정이 없는 이상, 이는 매도인을 면책시키는 채무인수가 아니라 이행인수로 보아야 하고, 매수인이 그 채무를 현실적으로 변제할 의무를 부담한다고도 해석할 수 없으며, 특별한 사정이 없는 한 매수인이 매매대금에서 그 채무액을 공제한 나머지를 지급함으로써 잔금지급의무를 다한 것으로 보아야 하고, 또한 이 약정의 내용은 매도인과 매수인과의 계약으로 매수인이 매도인의 채무를 변제하기로 하는 것으로서 매수인은 제3자의 지위에서 매도인에 대하여만 그의 채무를 변제할 의무를 부담함에 그치며, 한편 이와 같이 부동산매매계약과 함께 이행인수계약이 이루어진 경우 매수인이 인수한 채무는 매매대금 지급채무에 갈음한 것으로서 매도인이 매수인의 인수채무불이행으로 말미암아 또는 임의로 인수채무를 대신 변제하였다면 그로 인한 손해배상채무 또는 구상채무는 인수채무의 변형으로서 매매대금 지급채무에 갈음한 것의 변형으로 보아야 한다(2000다18578).

105 계약인수

Q 질문

저는 연립주택 1채를 분양받았으나 건축회사의 부도로 공사가 중단되었으며, 그 후 회사의 다른 채권자들이 회사를 신설하여 기존 회사가 분양계약에 따라 피분양자들에 대하여 부담하는 소유권이전등기 채무의 이행뿐만 아니라 잔대금 채권까지도 함께 양수하기로 하는 약정을 하였다면서 준공검사서류에 동의해 줄 것을 요구하여 이에 협조하였습니다. 이 경우 제가 신설회사를 상대로 주택의 소유권이전등기를 청구할 수 있는지요?

A 답변

계약인수는 계약당사자의 지위를 인수하는 계약으로서 이러한 계약인수가 있으면 원래의 계약당사자 일방이 가지고 있던 권리와 의무가 그대로 인수인에게 이전됩니다(예컨대 아파트분양계약 후 전매한 경우의 양수인).

채무인수가 있으면 기존의 채무자는 채무를 면하고 인수인이 동일한 채무를 부담하게 되지만 이러한 채무인수에 있어서는 계약인수와 달리 원래의 채무자가 채권자에 대하여 가지고 있던 계약상의 지위는 행사할 수 없다는 점에서 양자는 차이가 납니다.

즉 계약인수가 되면 인수인이 원래의 계약상의 해제권이나 취소권을 행사할 수 있으며(85다카733·734), 인수 이전에 이미 발생한 채권·채무는 물론이고(2007다63089·63096전), 장래에 발생할 채권·채무도 이전되며 이 때 양도인은 종전의 계약관계에서 해방이 됩니다(2007다31990).

나아가 계약 당사자로서의 지위 승계를 목적으로 하는 계약인수는 본래의 계약당사자와 양수인간의 3면계약은 물론이고, 계약상 지위에 관한 양도인과 양수인 사이의 합의와 나머지 당사자가 이를 동의 내지 승낙하는 방법으로도 할 수 있으며, 나머지 당사자가 동의 내지 승낙을 함에 있어 양도인의 면책을 유보하였다는 등의 특별한 사정이 없는 한 양도인은 계약관계에서 탈퇴하고, 따라서 나머지 당사자와 양도인 사이에는 계약관계가 존재하지 아니하게 되어 그에 따른 채권채무관계도 소멸하게 됩니다(2007다31990).

한편 이건과 같이 부도난 회사의 권리·의무를 승계한 신설회사의 피분양자에 대한 소유권이전등기의무에 대하여 판례는, '회사가 공사 도중 자금난으로 부도가 나자 그 회사의 채권자들이 자신들의 대여금 채권의 확보를 위하여 신설 회사를 설립하여 기존 회사가 분양계약에 따라 피분양자들에 대하여 부담하는 소유권이전등기채무의 이행뿐만 아니라 잔대금 채권까지도 함께 양수하기로 하는 약정을 하였다면, 이는 분양계약의 분양자로서의 지위의 승계를 목적으로 하는 이른바 계약인수약정을 한 것으로 보는 것이 경험칙상 상당하고, 신설 회사가 피분양자들에게 공사를 인수하였다면서 준공검사가 나면 소유권이전등기를 해주겠으니 준공검사 동의서에 날인해 달라고 요청하여 피분양자들이 이에 응한 행위는 바로 신설 회사와 기존 회사 사이의 계약인수에 동의한 것으로 볼 수 있으므로, 기존 회사의 분양계약상의 지위는 신설 회사에 의해 유효하게 인수되었다고 보아야 한다'고 합니다(95다21662).

따라서 귀하는 연립주택 분양자의 지위를 인수한 신설회사를 상대로 주택의 소유권이전등기청구를 할 수 있습니다.

106 기존채무의 변제조로 지급한 약속어음의 효력

채권법

질문

저는 부동산을 매도하면서 잔대금은 매수인 명의의 약속어음을 받으면서 잔대금을 수령하였다는 영수증을 작성해 주었으나 그 어음이 지급기일에 지급정지 되었습니다. 이 경우 제가 매수인을 상대로 다시 잔대금청구를 할 수 없는지요?

답변

채권은 변제·대물변제·공탁·상계·경개·면제·혼동 등에 의하여 소멸하게 됩니다. 그리고 변제는 채무내용에 좇은 현실제공으로 이를 하여야 하며(제460조), 이 경우 채무자가 변제자가 됨은 물론이고 제3자도 일정한 경우를 제외하고는 변제자가 될 수 있습니다(제469조).

한편 변제제공의 방법으로 민법상 현실의 제공과 구두의 제공 두 가지가 인정되고 있습니다(제460조). 현실의 제공이란 채무자가 이행하여야 할 급부행위를 채무의 내용에 좇아 현실적으로 하는 것이며, 구두의 제공은 채권자가 미리 변제받기를 거절하거나 채무의 이행에 채권자의 행위를 요하는 경우에 변제준비의 완료를 통지하고 그 수령을 최고하면 됩니다.

그런데 이 건과 같이 기존채무의 이행을 위하여 약속어음을 발행·교부한 것이 채무의 변제가 되어 기존채무는 소멸하는 것인지가 문제됩니다.

이 경우에 판례는, '기존채무에 관하여 채무자가 약속어음을 발행하거나 타인이 발행한 약속어음을 교부한 때에는 당사자 간에 특별한 의사표시가 없는 한 기존채무의 변제확보를 위하여, 또는 그 지급방법으로 발행하거나 교부한 것으로 추정하여야 하는 것이고, 한편 채권자는 기존의 금전채권에 대한 지급방법으로 약속어음을 교부받으면서 그 어음이 장차 결제될 것을 예상하여 미리 금전을 수령하였다는 뜻의 영수증을 교부하는 경우도 있는 것이므로, 어음의 수령과 상환으로 위와 같은 영수증을 작성 교부하였다거나 채권자가 그 어음을 제3자에게 양도하면서 채무자에게 자기 채무의 이행을 하였다고 하더라도 그것만으로 어음금의 지급 이전에 어음의 수수만으로 대금지급이 완결된 것으로 단정할 수는 없다'고 합니다(89다카13322).

따라서 귀하는 현실적으로 어음금을 지급받지 못했으므로 기존의 잔대금채권을 행사할 수 있다고 할 것이므로 매수인을 상대로 잔대금청구를 다시 할 수 있습니다.

참고로 '기존채무의 이행을 위하여 교부된 약속어음의 소지인인 은행이 어음 되막기 방법에 의하여 그 약속어음을 결제된 것으로 처리하는 경우 외관상 그 은행에 위 어음금 상당의 금액이 입금된 것으로 보이고, 또 어음 발행인 등은 종전의 어음금채무 대신 새로운 어음에 의하여 또 다른 어음금채무를 부담하게 되는 것이므로 은행은 이미 결제된 것으로 처리되어 소멸된 종전 어음 자체의 어음금청구는 할 수 없을 것이고, 새로운 어음에 기한 어음금청구만을 할 수 있을 것이나, 그 기존채무는 쌍방 간의 약정에 따라 새로운 어음의 지급기일까지 그 지급을 유예해 준 것일 뿐 기존채무가 소멸되는 것은 아니고, 새로운 어음이 만기에 지급되어야만 기존채무가 소멸된다'고 합니다(91다14192).

변제자

1) 채무자

이행행위가 사실행위인 때에는 이행보조자가 변제할 수도 있고(99다13515), 법률행위인 때에는 대리인이 할 수도 있다.

2) 제3자

채무의 변제는 제3자도 할 수 있는 것이 원칙이나 ① 채무의 성질 ② 당사자의 의사표시 ③ 이해관계 없는 제3자의 변제의 제한이 있다(제469조).

연대채무자·보증인·물상보증인·저당부동산의 제3취득자(94다44620) 등과 같이 법률상 이해관계 있는 제3자는 채무자의 의사에 반하여서도 변제할 수 있다(2009다29137).

3) 이해관계 없는 제3자의 대위변제에 있어 채무자의 의사에 반하는지 여부의 판단

이해관계 없는 제3자의 대위변제가 채무자의 의사에 반하는지의 여부를 가림에 있어서 채무자의 의사는 제3자가 변제할 당시의 객관적인 제반사정에 비추어 명확하게 인식될 수 있는 것이어야 하며 함부로 채무자의 반대의사를 추정함으로써 제3자의 변제효과를 무효화시키는 일은 피하여야 한다(87다카1644).

변제수령자

1) 채권자는 원칙적으로 변제수령권한을 가진다.

그러나

① 채권이 압류(또는 가압류)된 경우(민사집행법 제227조, 제296조제3항)

② 채권이 입질된 경우(제352조~제354조)

③ 채권자가 파산선고를 받은 경우(채무자회생 및 파산에 관한 법률 제384조, 332조, 334조) 등에는 채권자는 수령권한이 없다.

2) 채권자 이외의 변제수령자

① 채권자의 임의 대리인 등 채권자에 의하여 그 권한을 부여받은 자, 또는 법률의 규정이나 법원의 선임에 의한 법정대리인(무능력자의 법정대리인, 부재자재산관리인 등), 채권자대위권자(제404조) 등

② 표현수령권자

i) 채권의 준점유자(제470조)

채권의 준점유자란 채권을 사실상 행사하는 자로서, 이는 거래관념상 채권을 행사할 정당한 권한을 가진 것으로 믿을만한 외관을 가진 자를 말한다(2003다24598).

예금증서 기타의 채권증서와 인장을 소지한 자(2006다44791), 무효인 전부명령을 받은 자(96다44747), 표현상속인(93다32996) 등이 이에 해당하나 금융실명제 이후 예금명의자도 아니고 예금통장도 소지하지 않은 예금행위자는 채권의 준점유자가 아니다(2000다38992).

채권의 준점유자에 대한 변제는 유효하므로 변제자는 준점유자에 대하여 그 반환청구를 하지 못하며, 진정한 채권자가 준점유자를 상대로 부당이득의 반환청구를 할 수 있을 뿐이다(사례 109 채권압류가 경합된 경우에 제3채무자가 선의·무과실로 한 전부채권자에 대한 변제의 효력 참조).

ii) 영수증소지자(제471조)

107 매매계약해제를 위하여 필요한 매도인의 이행제공의 정도

채권법

질문

저는 제 소유의 부동산을 매도하였으나 매수인이 잔대금지급기일을 넘겨도 이를 이행하지 아니하고 있습니다. 이 경우에 제가 매수인의 채무불이행을 이유로 매매계약을 해제하기 위하여 필요한 이행제공은 어디까지 해야 하는지요?

답변

채무소멸의 원인인 변제라 함은 채무자가 채무의 내용인 급부를 실현하는 것을 말하며(채무의 이행), 그 중 금전채무의 변제는 이를 특히 지급이라고 합니다.

변제는 채무내용에 좇은 현실제공이 원칙이나, 채권자가 미리 변제받기를 거절하거나 채무의 이행에 채권자의 행위를 요하는 경우에는 구두제공 즉, 변제준비의 완료를 통지하고 그 수령을 최고하면 됩니다(제460조). 그러나 채권자가 변제를 수령하지 않을 의사가 객관적으로 명백하고 또한 그것을 번복할 가능성이 없는 경우에는 구두의 제공도 필요하지 않습니다(94다16083).

한편 동시이행 관계에 있는 쌍무계약에 있어서는 상대방의 채무불이행을 이유로 계약을 해제하려고 하는 자는 동시이행 관계에 있는 자기채무의 이행을 제공하여야 하고 그 채무를 이행함에 있어 상대방의 행위를 필요로 할 때에는 언제든지 현실로 이행할 수 있는 준비를 완료하고 그 뜻을 상대방에게 통지하여 그 수령을 최고하여야만 상대방으로 하여금 이행지체에 빠지게 할 수 있고 단순히 이행의 준비태세를 갖추고 있는 것만으로는 부족하며, 따라서 계약 후 당사자 쌍방의 계약실현의사의 결여 또는 포기로 인하여 쌍방 모두 이행의 제공이나 최고에 이름이 없이 장기간 이를 방치하였다면 그 계약은 당사자 쌍방이 계약을 실현하지 아니할 의사의 일치로 묵시적으로 합의해제 되었다고 해석함이 상당합니다(85다카2197).

나아가 이건의 경우와 같이 매수인이 이행지체에 빠진 경우에 매매계약해제를 위하여 필요한 매도인의 이행제공의 정도가 어디까지인지가 문제됩니다.

이에 대하여 판례는, '쌍무계약인 부동산매매계약에 있어서는 특별한 사정이 없는 한 매수인의 잔대금지급의무와 매도인의 소유권이전등기서류 교부의무는 동시이행관계에 있다 할 것이고, 이러한 경우에 매도인이 매수인에게 지체의 책임을 지워 매매계약을 해제하려면 매수인이 이행기일에 잔대금을 지급하지 아니한 사실만으로는 부족하고, 매도인이 소유권이전등기신청에 필요한 일체의 서류를 수리할 수 있을 정도로 준비하여 그 뜻을 상대방에게 통지하여 수령을 최고함으로써 이를 제공하여야 하는 것이 원칙이고, 또 상당한 기간을 정하여 상대방의 잔대금채무이행을 최고한 후 매수인이 이에 응하지 아니한 사실이 있어야 하는 것이며, 매도인이 제공하여야 할 소유권이전등기신청에 필요한 일체의 서류라 함은 등기권리증, 위임장 및 부동산매도용 인감증명서 등 등기신청행위에 필요한 모든 구비서류를 말한다.

이 경우 매수인의 잔대금의 준비나 제공 여부와는 관계없이 매도인에게 일률적으로 즉시 소유권이전등기가 가능할 정도로 구비서류를 완성하여 매수인에게 현실의 제공을 할 의무까지는 없다고 할 것이고, 매수인으로서는 매도인이 이와 같은 모든 구비서류를 완비하여 제공하지 아니한 때에는 그 잔대금의 지급을 거절할 수 있고 매도인으로서는 매수인이 이와 같은 이유로 잔대금의 지급을 거절할 때에는 이를 이유로 매수인을 지체에 빠뜨릴 수 없다고 할 것이나, 매수인이 매매대금을 준비하지 아니하고 대금지급기일을 넘기는 등 계약을 이행함과 동시에 소유권이전등기를 수령할 준비를 하지 아니한 경우에는 매도인으로서는 부동산매도용 인감증명서를 발급받아 놓고, 인감도장이나 등기권리증 등을 준비하여 놓아, 잔대금수령과 동시에 법무사 등에게 위임하여 이전등기신청행위에 필요한 서류를 작성할 수 있도록 준비함으로써 이행의 제공을 하고 잔대금지급의 최고를 할 수 있다고 보아야 할 것이고, 이와 같은 경우 위의 서류 등은 자신의 집에 소지하고 있음으로써 족하다고 할 것이며, 그 이유는 이와 같은 경우에도 쌍무계약에 있어 일방 당사자의 자기채무에 관한 이행의 제공을 엄격히 요구하면 오히려 불성실한 상대 당사자에게 구실을 주는 것이 될 수도 있을 것이므로, 일방 당사자가 하여야 할 제공의 정도는 그 시기와 구체적인 상황에 따라 신의성실의 원칙에 어긋나지 않게 합리적으로 정하여야 할 것이다'고 합니다(92다5713).

따라서 귀하는 소유권이전에 필요한 위와 같은 서류 등을 갖추어 매수인에게 잔대금지급과 동시 이를 수령할 것을 통보하여야 하며, 그래도 매수인의 잔대금지급이 이루어지지 않으면 매매계약을 해제하고 손해배상을 청구할 수 있습니다.

108 대물변제

질문

저는 채무자로부터 차용금채무의 변제조로 채무자 소유의 부동산을 넘겨 받아 제 명의로 소유권이전등기를 하였는데, 이 경우에 제가 그 부동산 시가에서 차용원리금을 공제한 돈을 청산금으로 채무자에게 지급하여야 하는지요?

답변

채무자가 채권자의 승낙을 얻어 본래의 채무이행에 갈음하여 다른 급여를 한 때에는 변제와 같은 효력이 있으며(제466조), 이를 대물변제라고 합니다. 따라서 대물변제는 본래의 급부와 다른 급부를 현실적으로 하여야 하는 요물계약으로서(63다168), 단순히 새로운 채무를 부담하게 되는 경개(제500조)와는 다릅니다.

한편 민법 제607조,608조는 대물변제의 예약을 한 경우에 그 재산의 예약당시의 가액이 차용액 및 이에 붙인 이자의 합산액을 넘지 못하며, 이에 위반한 약정은 무효라고 규정하였으며, 나아가 '가등기 담보 등에 관한 법률'은 소비대차에 기한 채권을 담보하기 위하여 대물변제예약 등이 체결되고 이에 따라 가등기 또는 소유권이전등기가 경료된 경우에 그 부동산 가액이 차용액 및 이자의 합산액을 초과하면 2월의 기간 동안 청산절차를 거쳐서 채무자에게 청산금을 지급한 후에 소유권이전을 할 수 있도록 규정하였습니다.

그런데 차용금 채무의 담보를 위한 가등기 또는 소유권이전등기가 아니라 이건과 같이 차용금채무에 대한 대물변제조로 부동산의 소유권을 넘긴 경우에도 민법 제607, 608조 및 '가등기 담보 등에 관한 법률' 규정에 따라 청산절차를 거쳐야 하는지가 문제됩니다.

이에 대하여 판례는, '대물변제 계약이 불공정한 행위로서 무효라고 주장하는 자는 대물변제로서 이전된 권리의 시가가 그 채무액에 비하여 현저한 차이가 있을 뿐 아니라, 채무자가 궁박. 경솔. 무경험하였고, 채권자가 위와 같은 사실을 인식하면서 채무액보다 현저히 고가한 권리를 그 채무에 가름하여 변제 받았다는 사실을 입증하여야 한다고 함이 종래 본원의 판례이며, 나아가 민법 제607조, 제608조의 규정은 차용물의 반환에 관하여 차용자가 그 차용물에 갈음하여 다른 재산권을 이전할 것을 예약한 경우에 그 재산의 예약당시의 가격이 차용액과 그에 관한 이자를 합산한 액을 초과 할 때는 위와 같은 계약이 환매 기타 어떠한 명목으로 하였던 간에 차용자에게 불리한 것은 효력이 없다고 규정 하였고, 위와 같은 무효는 위의 대물반환 예약 전체가 무효인 것이 아니고, 그 채무액과 이자를 합산한 액을 초과한 부분에 한하여 무효라고 함이 종래 본원의 판례인바, 위와 같은 규정은 당사자 간에 대차 관계가 있고, 그 채무이행의 담보의 의미로 차용물에 갈음된 다른 재산권의 이전을 예약한다거나, (후일 변제하지 못함으로써 그 예약에 따라 대물변제가 되었다 하여도 이는 역시 위의 규정에 따라 그 초과액에 대하여는 무효) 그 차용물의 반환에 관한 의무이행을 담보하는 의무로 상대방에게 형식상 다른 재산권을 이전하고 후일 위 채무를 이행한 때에는 그 사실상 담보로 제공된 권리를 다시 찾아온다는 의미의 환매특약을 한다거나 그 외에 형식상 어떠한 명목으로든지 상대방에게 권리를 이전하였다 하여도 그것이 사실상 당사자 간의 채무이행을 담보하는 의미에서 이루어진 것이라면, 그것이 환매 기타 여하한 명목으로 되어 있다 하여도 그 이전된 권리의 예약 당시의 시가가 그 차용금의 원리금을 초과하는 한도에서는 무효라는 취지로 해석 하여야 하고, 가사 차용물에 갈음 하여 다른 재산권을 상대방에게 이전하였다 하여도 위에서 말한바와 같이 그 채무의 이행을 담보하기 위한 것이 아니고 그 채무에 갈음하여 완전히 그 권리를 상대방에게 이전하는 경우에는 가사 갈음된 권리의 시가가 그 채무의 원리금을 초과한다 하여도 이는 민법 104조에 의하여 무효가 됨은 별문제로 하더라도 이를 민법 607조, 608조에 의하여 무효라고는 할 수 없다'고 합니다(67다2227).

따라서 귀하는 목적 부동산을 종래의 차용금채무에 대한 대물변제조로 소유권이전을 받았으므로 가등기 담보 등에 관한 법률 규정에 따른 청산절차를 거칠 필요가 없이 귀하의 소유로 인정됩니다. 다만 이러한 대물변제계약이 위에서 본바와 같이 민법 제104조의 폭리행위가 되면 대물변제계약이 무효가 될 소지는 있습니다.

■ 대물변제의 예약과 가등기담보 등에 관한 법률

사례 77 가등기담보의 효력 참조

■ 대물변제한 채권의 부존재 또는 무효·취소와 목적물인 부동산 소유권이전의 효과

변제자는 소유권에 기한 물권적 청구권(물권행위의 유인성)을 행사할 수 있다(92다19163).

사례 54 물권행위의 유인성 참조

■ 기존채무의 변제를 위하여 어음·수표를 교부한 경우와 대물변제의 성부

특별한 사정이 없으면 변제를 위하여 지급된 것으로 보아 대물변제의 효력을 부정한다(89다카13322).

사례 106 기존채무의 변제조로 지급한 약속어음의 효력 참조

109 채권압류가 경합된 경우에 제3채무자가 선의·무과실로 한 전부채권자에 대한 변제의 효력

채권법

Q 질문

제가 운영하는 가게의 종업원에 대한 물품대금 채권자가 종업원에 대한 월급을 채권가압류 하였고, 그 후 종업원에 대한 또 다른 채권자가 집행력 있는 공정증서 정본에 의한 대여금 채권으로 종업원의 월급을 압류하였습니다. 그리고 물품대금 채권자는 종업원을 상대로 한 물품대금청구의소를 제기하여 확정판결을 받아 가압류한 채권의 압류 및 전부명령을 받아 저에게 청구하였습니다. 그래서 저는 전부명령에 따라 전부금을 물품대금 채권자에게 변제하였으나, 공정증서 정본에 의한 대여금 채권자가 자기에게도 채권비율에 따른 돈을 지급하라고 하는데 어떻게 해야 하는지요?

A 답변

채권의 준점유자에 대한 변제는 변제자가 선의·무과실인 때에는 효력이 있으며(제470조), 여기서 말하는 채권의 준점유자란 채권을 사실상 행사하는 자, 다시 말하면 거래관념상 채권을 행사할 정당한 권한을 가진 것으로 믿을만한 외관을 가지는 자를 말합니다(2003다24598). 이 경우에 변제자의 선의·무과실에 대한 입증은 변제의 유효를 주장하는 자가 하여야 합니다(91다9244).

한편 이건의 경우와 같이 채권압류가 경합된 경우에 전부채권자가 채권의 준점유자인지가 문제됩니다.

이에 대하여 판례는, '채권압류가 경합된 경우에 그 압류채권자 중의 한 사람이 전부명령을 얻은 경우 그 전부명령은 무효이지만 제3채무자가 선의·무과실로 그 전부 채권자에게 전부금을 변제하였다면 이는 채권의 준점유자에 대한 변제로서 유효하므로 제3채무자의 채무자에 대한 채무는 소멸되고 제3채무자는 압류채권자에 대하여 2중 변제의 의무를 부담하지 아니하며 전부채권자에 대하여 전부명령의 무효를 주장하여 부당이득반환청구도 할 수 없다. 이 경우에 경합압류채권자는 전부채권자에 대하여 자기가 배당받아야 할 금액범위 안에서 부당이득반환청구를 할 수 있고 이 때 제3채무자가 압류채권자에게 그 배당받아야 할 금액을 대위 변제하였다면 이는 이해관계 없는 제3자의 변제로서 임의대위권(제480조)을 행사할 수밖에 없다. 나아가 제3채무자가 전부채권자에게 전부금을 변제함에 있어서 선의·무과실이 아니라면 제3채무자의 변제는 효력이 없는 것이고 경합압류채권자에 대하여는 불법행위가 되는 것인 바 제3채무자가 그 손해금을 경합 압류자에게 배상하였다면 이는 이해관계 있는 제3자의 변제로서 그 변제자는 법정대위권(제481조)에 의하여 전부채권자에 대하여 부당이득금의 반환을 구할 수 있다'고 합니다(78다1292).

따라서 귀하의 전부채권자에 대한 변제가 선의·무과실이면 귀하는 경합압류 채권자에 대한 이중지급을 할 필요가 없으며 이 경우에는 경합압류 채권자가 전부채권자에 대하여 그 채권액 비율 상당을 부당이득으로 청구할 수 있으며, 만약 귀하의 변제가 선의·무과실이 아니라면 귀하는 여전히 경합압류채권자에게 채권비율상당액을 변제할 책임이 있고, 전부채권자에 대하여 법정대위권을 행사하여(제481조) 채권안분비율에 따른 금액상당의 부당이득을 청구할 수 있습니다.

■ 채권의 압류(민사집행법 제223조)

■ 채권의 가압류(민사집행법 제276조, 296조)
cf) 가처분(민사집행법 제300조)

■ 전부명령(민사집행법 제229조)

전부명령은 채무자가 제3채무자에 대하여 가지는 압류한 금전채권을 집행채권과 집행비용청구권의 변제에 갈음하여 압류채권자에게 이전시키는 집행법원의 결정이다.

1) 전부명령이 있는 때에는 압류된 채권은 지급에 갈음하여 압류채권자에게 이전한다.
2) 전부명령은 제3채무자와 채무자에게 송달하여야 하며, 이 때 전부명령의 효력이 생긴다.
3) 전부명령은 확정되어야 효력을 가지며, 전부명령이 제3채무자에게 송달될 때까지 그 금전채권에 관하여 다른 채권자가 압류·가압류 또는 배당요구를 한 경우에는 전부명령은 무효이다.
4) 전부명령이 확정된 경우에는 전부명령이 제3채무자에게 송달된 때에 채무자가 채무를 변제한 것으로 보지만, 이전된 채권이 존재하지 아니한 때에는 그러하지 아니하다(민사집행법 제231조).
   cf) 추심명령(민사집행법 제229조, 제232조)

110 예금계약의 당사자

Q 질문

저는 아내를 대리하여 금융기관과 아내의 실명확인 절차를 거쳐 아내 명의의 예금계약을 체결하였지만, 사실은 그 돈은 제 수중에서 나온 것이며 그래서 거래인감과 비밀번호의 등록·관리는 물론 예금의 이자 등의 인출도 제가 계속하여 왔는데 지금 아내와 불화가 생겨서 제가 그 돈을 인출하려고 하니 금융기관에서는 제가 예금주가 아니라면서 이를 거절하고 있습니다. 이 경우 제가 진정한 예금계약의 당사자가 아닌가요?

A 답변

금융기관과 예금계약을 체결하려는 사람이 다른 사람의 명의를 빌려 예금계약을 체결한 경우에 금융기관에 대한 관계에서 그 예금계약의 당사자, 즉 예금주가 누구인지가 문제됩니다.

일반적으로 계약의 당사자가 누구인지는 그 계약에 관여한 당사자의 의사해석의 문제에 해당하며, 의사표시의 해석은 당사자가 그 표시행위에 부여한 객관적인 의미를 명백하게 확정하는 것으로서, 계약당사자 사이에 어떠한 계약 내용을 처분문서인 서면으로 작성한 경우에는 그 서면에 사용된 문구에 구애받는 것은 아니지만 어디까지나 당사자의 내심적 의사의 여하에 관계없이 그 서면의 기재 내용에 의하여 당사자가 그 표시행위에 부여한 객관적 의미를 합리적으로 해석하여야 합니다(94다51222).

뿐만 아니라, 대량적·반복적으로 이루어지는 예금계약과 같은 금융거래는 금융기관에 의하여 정형적이고 신속하게 취급되어야 하며, 예금계약에 기한 예금반환청구권 등이 누구에게 귀속되는지를 명확히 하여 금융거래를 투명하게 함으로써 금융거래의 정상화를 기할 필요가 있으며, 이를 위하여 제정된 금융실명거래 및 비밀보장에 관한 법률은 예금계약에 기한 예금반환청구권을 갖는 예금주 등이 누구인지를 명확히 하기 위하여 실명확인 절차를 마련하였고, 그에 따라 예금계약의 체결에 앞서 실명확인 절차를 거쳐야 하게 되었으므로, 예금계약에 의하여 발생되는 예금반환청구권을 갖는 예금주가 누구인지는 실명확인 절차에 의하여 객관적으로 확인된 당사자의 의사에 기초하여 해석하여야 합니다.

나아가 이 건과 같은 경우에 판례는 '금융실명거래 및 비밀보장에 관한 법률에 따라 실명확인 절차를 거쳐 예금계약을 체결하고 그 실명확인 사실이 예금계약서 등에 명확히 기재되어 있는 경우에는, 일반적으로 그 예금계약서에 예금주로 기재된 예금명의자나 그를 대리한 행위자 및 금융기관의 의사는 예금명의자를 예금계약의 당사자로 보려는 것이라고 해석하는 것이 경험법칙에 합당하고, 예금계약의 당사자에 관한 법률관계를 명확히 할 수 있어 합리적이다.

그리고 이와 같은 예금계약 당사자의 해석에 관한 법리는, 예금명의자 본인이 금융기관에 출석하여 예금계약을 체결한 경우나 예금명의자의 위임에 의하여 자금 출연자 등의 제3자(이하 '출연자 등'이라 한다)가 대리인으로서 예금계약을 체결한 경우 모두 마찬가지로 적용된다고 보아야 한다. 따라서 본인인 예금명의자의 의사에 따라 예금명의자의 실명확인 절차가 이루어지고 예금명의자를 예금주로 하여 예금계약서를 작성하였음에도 불구하고, 예금명의자가 아닌 출연자 등을 예금계약의 당사자라고 볼 수 있으려면, 금융기관과 출연자 등과 사이에서 실명확인 절차를 거쳐 서면으로 이루어진 예금명의자와의 예금계약을 부정하여 예금명의자의 예금반환청구권을 배제하고 출연자 등과 예금계약을 체결하여 출연자 등에게 예금반환청구권을 귀속시키겠다는 명확한 의사의 합치가 있는 극히 예외적인 경우로 제한되어야 한다.

나아가 이러한 의사의 합치는 금융실명거래 및 비밀보장에 관한 법률에 따라 실명확인 절차를 거쳐 작성된 예금계약서 등의 증명력을 번복하기에 충분할 정도의 명확한 증명력을 가진 구체적이고 객관적인 증거에 의하여 매우 엄격하게 인정하여야 한다'고 합니다(2008다45828전).

따라서 귀하의 경우에도 예금명의자가 귀하의 아내로 되어 있다면 설사 그 돈이 귀하의 것이고 그 관리도 귀하가 해 왔더라도 귀하가 아닌 아내를 예금주로 볼 수 밖에 없으며, 따라서 금융기관은 귀하에게 예금지급을 거절할 수 있으며, 이 경우 귀하는 민법 제470조의 채권의 준점유자에 해당하지도 않습니다.

111 공탁의 요건

질문

저는 A에게 상거래상의 물품대금채무를 지고 있었는데, A에 대한 차용금채권을 이유로 B가 저의 A에 대한 물품대금채무에 대하여 채권가압류를 하였습니다. 물품대금채무에 대하여 지급기일이 다가 오고 있으며, 저는 복잡한 법률관계로부터 해방되고 싶은데 이 경우에 법원에 변제공탁을 할 수는 없는지요?

답변

금전·유가증권 기타의 물건을 공탁소에 임치하는 것을 공탁이라 하며, 이에는 변제공탁(제487조 이하), 담보공탁(제353조3항), 집행공탁(민사집행법 제222조), 보관공탁(상법 제70조), 변제와 아울러 집행을 위한 혼합공탁(2003다12311) 등이 있으나, 채무소멸의 원인이 되는 것은 민법 제487조 이하의 변제공탁입니다.

변제공탁은 채권자가 변제를 받지 아니하거나(실무상 민·형사사건에서 합의금 액수를 둘러싸고 합의가 이루어지지 아니할 때 등), 받을 수 없는 때에는 변제자는 채권자를 위하여 변제의 목적물을 공탁하여 그 채무를 면할 수 있으며, 변제자가 과실없이 채권자를 알 수 없는 경우에도 마찬가지입니다(제487조). 그러므로 위의 3가지 요건에 해당하지 아니하면 채무자가 목적물을 공탁하더라도 채무자는 그 채무를 면하지 못합니다.

나아가 채권자의 태도로 보아 채무자가 설사 채무의 이행제공을 하였더라도 그 수령을 거절하였을 것이 명백한 경우에는 채무자는 민법 제460조 단서의 이행의 제공을 하지 않고 바로 변제공탁할 수 있습니다(80다2851).

한편 민법 제487조 후단의 '변제자가 과실 없이 채권자를 알 수 없는 경우'라 함은 객관적으로 채권자 또는 변제수령권자가 존재하고 있으나 채무자가 선량한 관리자의 주의를 다하여도 채권자가 누구인지를 알 수 없는 경우를 말합니다(2000다55904).

따라서 예컨대 채권양도금지특약에 반하여 채권양도가 이루어진 경우, 그 양수인이 양도금지특약이 있음을 알았거나 중대한 과실로 알지 못하였던 경우에는 채권양도는 효력이 없게 되고, 반대로 양수인이 중대한 과실 없이 양도금지특약의 존재를 알지 못하였다면 채권양도는 유효하게 되어 채무자로서는 양수인에게 양도금지특약을 가지고 그 채무이행을 거절할 수 없게 되어 양수인의 선의·악의 등에 따라 양수채권의 채권자가 결정되는바, 이와 같이 양도금지의 특약이 붙은 채권이 양도된 경우에 양수인의 악의 또는 중과실에 관한 입증책임은 채무자가 부담하지만, 그러한 경우에도 채무자로서는 양수인의 선의 등의 여부를 알 수 없어 과연 채권이 적법하게 양도된 것인지에 관하여 의문이 제기될 여지가 충분히 있으므로 특별한 사정이 없는 한 민법 제487조 후단의 채권자 불확지를 원인으로 하여 변제공탁을 할 수 있습니다.

다만 채권자가 누구인지를 전혀 알 수 없는 절대 불확지 공탁은 허용되지 않습니다(96다11747전).

그리고 공탁은 채무이행지의 공탁소에 하여야 하며(제488조), 공탁소는 지방법원·지방법원 지원·시법원·군법원에 있습니다(공탁법 제2조).

그런데 이건과 같이 채권의 가압류가 있는 경우에 제3채무자가 이행지체책임을 면하는지 여부 및 제3채무자가 민법 제487조의 규정에 의한 변제공탁을 할 수 있는지 여부가 문제됩니다.

이에 대하여 판례는 '채권의 가압류는 제3채무자에 대하여 채무자에게 지급하는 것을 금지하는 데 그칠 뿐 채무 그 자체를 면하게 하는 것이 아니고, 가압류가 있다 하여도 그 채권의 이행기가 도래한 때에는 제3채무자는 그 지체책임을 면할 수 없다고 보아야 할 것이다. 이 경우에 가압류에도 불구하고 제3채무자가 채무자에게 변제를 한 때에는 나중에 채권자에게 이중으로 변제하여야 할 위험을 부담하게 되므로 제3채무자로서는 민법 제487조의 규정에 의하여 공탁을 함으로써 이중변제의 위험에서 벗어나고 이행지체의 책임도 면할 수 있다고 보아야 할 것이다. 왜냐하면 민법상의 변제공탁은 채무를 변제할 의사와 능력이 있는 채무자로 하여금 채권자의 사정으로 채무관계에서 벗어나지 못하는 경우를 대비할 수 있도록 마련된 제도로서 그 제487조 소정의 변제공탁의 요건인 "채권자가 변제를 받을 수 없는 때"의 변제라 함은 채무자로 하여금 종국적으로 채무를 면하게 하는 효과를 가져다 주는 변제를 의미하는 것이므로 채권이 가압류된 경우와 같이 형식적으로는 채권자가 변제를 받을 수 있다고 하더라도 채무자에게 여전히 이중변제의 위험부담이 남는 경우에는 마찬가지로 "채권자가 변제를 받을 수 없는 때"에 해당한다고 보아야 할 것이기 때문이다. 그리고 제3채무자가 이와 같이 채권의 가압류를 이유로 변제공탁을 한 때에는 그 가압류의 효력은 채무자의 공탁금출급청구권에 대하여 존속한다고 할 것이므로 그로 인하여 가압류 채권자에게 어떤 불이익이 있다고도 할 수 없다'고 합니다(93다951전).

따라서 귀하가 제3채무자로서 채권이 가압류되면 이를 이유로 변제공탁을 하여 채무를 면할 수 있으며, 따라서 공탁을 한 이후로는 지체책임도 지지 않게 됩니다.

■ 일부공탁은 무효

변제공탁이 유효하려면 채무 전부에 대한 변제의 제공 및 채무 전액에 대한 공탁이 있어야 하고, 채무 전액이 아닌 일부에 대한 공탁은 그 부족액이 아주 근소하다는 등의 특별한 사정이 있는 경우를 제외하고는 채권자가 이를 수락하지 않는 한 그 공탁 부분에 관하여서도 채무소멸의 효과가 발생하지 않는바, 근저당권의 피담보채무에 관하여 전액이 아닌 일부에 대하여 공탁한 이상 그 피담보채무가 계속적인 금전거래에서 발생하는 다수의 채무의 집합체라고 하더라도 공탁금액에 상응하는 범위에서 채무소멸의 효과가 발생하는 것은 아니다(98다17046).

■ 조건부공탁은 무효

변제공탁에 있어서 채권자에게 반대급부 기타조건의 이행의무가 없음에도 불구하고 채무자가 이를 조건으로 공탁한 때에는 채권자가 이를 수락하지 않는 한 그 변제공탁은 무효이다(2001다2846).

그러나 변제공탁이 반대급부를 붙인 조건부의 공탁으로서 부적법한 것이라 할지라도 공탁자가 위 조건표시의 정정신청을 하고 공탁공무원이 이를 인가하여 공탁물 수령자가 이와 같은 사실을 알았다면 적법한 공탁이라 할 수 있다(74다166).

112 상계제도와 신의칙

채권법

질문

저는 제 소유의 부동산을 A백화점에 임대하여 영업 중 A백화점의 부도로 백화점이 발행한 약속어음을 시가의 40%가 채 안 되는 가격으로 취득한 후 A백화점의 저에 대한 임대차보증금반환채권을 양수한 금융기관에 그 약속어음채권을 자동채권으로, 임대차보증금반환채권을 수동채권으로 하여 상계의 의사표시를 하였습니다. 그러나 금융기관에서는 저의 상계주장이 부당하다고 하는데요?

답변

민법상 상계란 쌍방이 서로 같은 종류를 목적으로 한 채무를 부담한 경우에 그 쌍방의 채무의 이행기가 도래한 때에는 각 채무자는 대등액에 관하여 채무소멸을 주장할 수 있는 단독행위를 말합니다(제492조).

상계제도는 채권자·채무자가 서로의 채권·채무를 주고받아야 하는 번거로움을 피하여 이를 간소화 하는 기능이 있을 뿐만 아니라 상대방이 무자력이 된 경우에도 상계로써 상대방에 대한 자신의 채무를 면함으로써 사실상 우선변제를 받는 결과가 되어 수동채권의 존재가 사실상 자동채권에 대한 담보기능을 하기도 합니다.

한편 상계는 상대방에 대한 의사표시(단독행위)로 하며, 이 의사표시에는 조건이나 기한을 붙이지 못하고, 상계의 의사표시로 각 채무는 대등액에서 소멸하게 됩니다(제493조). 상계는 단독행위지만 계약자유의 원칙상 당사자 간 계약에 의하여서도 성립이 가능하며, 상법상 상호계산(상법 제72조)이 이에 해당합니다.

그리고 상계의 의사표시를 한 채권을 자동채권이라고 하고, 상대방의 채권을 수동채권이라고 합니다.

그런데 이건과 같은 상계권의 행사가 신의칙에 위반되어 허용될 수 없는 것인지가 문제됩니다.

이에 대하여 판례는, '일반적으로 당사자 사이에 상계적상이 있는 채권이 병존하고 있는 경우에는 이를 상계할 수 있는 것이 원칙이고, 이러한 상계의 대상이 되는 채권은 상대방과 사이에서 직접 발생한 채권에 한하는 것이 아니라, 제3자로부터 양수 등을 원인으로 하여 취득한 채권도 포함한다 할 것인바, 이러한 상계권자의 지위가 법률상 보호를 받는 것은, 원래 상계제도가 서로 대립하는 채권, 채무를 간이한 방법에 의하여 결제함으로써 양자의 채권채무관계를 원활하고 공평하게 처리함을 목적으로 하고 있고, 상계권을 행사하려고 하는 자에 대하여는 수동채권의 존재가 사실상 자동채권에 대한 담보로서의 기능을 하는 것이어서 그 담보적 기능에 대한 당사자의 합리적 기대가 법적으로 보호받을 만한 가치가 있음에 근거하는 것이므로 당사자가 상계의 대상이 되는 채권이나 채무를 취득하게 된 목적과 경위, 상계권을 행사함에 이른 구체적·개별적 사정에 비추어, 그것이 위와 같은 상계 제도의 목적이나 기능을 일탈하고, 법적으로 보호받을 만한 가치가 없는 경우에는, 그 상계권의 행사는 신의칙에 반하거나 상계에 관한 권리를 남용하는 것으로서 허용되지 않는다고 함이 상당하고, 상계권 행사를 제한하는 위와 같은 근거에 비추어 볼 때 일반적인 권리 남용의 경우에 요구되는 주관적 요건을 필요로 하는 것은 아니다'고 합니다(2002다59481).

따라서 귀하의 경우에도, A백화점의 부도로 인하여 A백화점이 발행한 약속어음의 가치가 현저하게 하락된 사정을 잘 알면서 오로지 귀하가 A백화점에 대하여 부담하는 임대차보증금반환채무와 상계할 목적으로 A백화점이 발행한 약속어음을 액면가의 40%에도 미치지 못하는 가격으로 할인·취득하고, 그 약속어음채권을 자동채권으로 하여 상계를 한 것은 귀하가 위 약속어음 채권을 취득한 목적과 경위, 그 대가로 지급한 금액, 상계권을 행사하게 된 위와 같은 사정에 비추어, 법적으로 보호받을 만한 대립하는 채권·채무의 담보적 기능에 대한 정당한 기대가 없는 경우에 해당하여 신의칙에 반하거나 상계에 관한 권리를 남용하는 것으로서 허용되지 않는다고 할 것입니다.

■ **사례 6** 송전선 철거청구와 권리남용 참조

■ 상계가 금지되는 경우

1) 채권의 성질상 금지

부작위채무나 하는채무는 채권의 성질상 상계가 금지되며, 매매대금채권에 동시이행의 항변권이 붙어 있는 경우처럼 자동채권에 항변권이 붙어 있는 경우도 금지되나(75다48), 수동채권에 항변권이 붙어 있는 경우에는 채무자는 항변권을 포기하여 상계할 수 있다.

2) 당사자의 의사표시에 의한 금지(제492조2항)

당사자의 의사표시로 상계금지 특약을 할 수 있으나 선의의 제3자에게는 대항하지 못합니다. 따라서 채권양수인이나 채무인수인이 그러한 상계금지특약을 알지 못한 경우에는 그들이 상대방이 대하여 가지고 있는 채권·채무로 상계할 수 있다.

3) 법률상 금지

① 고의의 불법행위채권을 수동채권으로 하는 상계 금지(제496조)

채무자의 무자력을 이유로 폭력행위를 한 채권자가 채무자의 손해배상청구에 대하여 상계를 주장하는 경우와 같이 이를 허용하면 법이 불법을 조장할 우려가 있으며, 나아가 불법행위의 피해자에게 현실적인 변제를 받게 하기 위하여서다(93다52808).

따라서 불법행위의 피해자가 스스로 상계를 하는 경우, 즉 불법행위채권을 자동채권으로 하는 경우는 허용되며(75다103), 고의가 아닌 과실로 인한 불법행위채권(90다카23387)이나 중과실로 인한 경우에는(93다52808) 이를 수동채권으로 하여 상계가 가능하다.

② 압류금지채권을 수동채권으로 하는 상계의 금지(제497조)

압류금지채권(민사집행법 제246조, 공무원연금법 제32조 등)을 수동채권으로 하여 상계를 금지하는 이유는 압류금지취지를 살려서 상대방으로 하여금 현실적인 변제를 받게 함에 있으므로 이를 자동채권으로 상계하는 것은 가능하다.

민사집행법 제246조는 급료·연금·봉급·상여금·퇴직연금, 기타 이와 비슷한 성질을 가진 급여채권(임금채권)의 1/2에 해당하는 금액의 압류를 금지하고 있으며, 한편 근로기준법 제21조는 사용자는 전차금이나 그 밖에 근로할 것을 조건으로 하는 전대채권과 임금을 상계하지 못한다고 하고, 동법 제43조는 임금은 통화로 근로자에게 그 전액을 지급하여야 한다고 하여 특별규정을 두고 있어서 어디까지 상계가 허용되는지가 문제된다.

이 경우에는 원칙적으로 근로자의 퇴직금채권을 수동채권으로 하여 사용자의 불법행위채권과 상계할 수 없으나(77다309), 예외적으로 일정한 경우에는(사용자와 근로자가 매월 지급하는 월급이나 매일 지급하는 일당과 함께 퇴직금으로 일정한 금원을 미리 지급하기로 약정한 경우, 그 '퇴직금 분할 약정'은 원칙적 무효이며 무효인 위 약정에 의하여 이미 지급한 퇴직금 명목의 금원이 부당이득에 해당하며, 사용자가 근로자에게 이미 퇴직금 명목의 금원을 지급하였으나 그것이 퇴직금 지급으로서의 효력이 없어 사용자가 같은 금원 상당의 부당이득반환채권을 갖게 된 경우, 이를 자동채권으로 하여 근로자의 퇴직금채권과 상계할 수 있음)상계가 가능하며(2007다90760전), 나아가 근로자의 동의를 얻어 상계를 하는 경우에는 그 동의가 자유로운 의사에 터잡아 이루어진 것이라고 인정될 때에는 허용된다(2001다25184).

③ 지급금지채권을 수동채권으로 하는 상계의 금지(제498조)

지급을 금지하는 명령(압류 또는 가압류된 채권)을 받은 제3채무자는 그 후에 취득한 채권에 의한 상계로 그 명령을 신청한 채권자에게 대항하지 못한다.

따라서 채권가압류명령을 받은 제3채무자는 그 후에 취득한 채권에 의한 상계로 그 가압류채권자에게 대항하지 못하지만 수동채권이 가압류될 당시 자동채권과 수동채권이 상계적상에 있거나 자동채권의 변제기가 수동채권의 그것과 동시 또는 그보다 먼저 도래하는 경우에는 제3채무자는 자동채권에 의한 상계로 가압류채권자에게 대항할 수 있다(88다카25120).

④ 질권이 설정된 채권을 수동채권으로 하는 상계금지

질권이 설정된 채권은 질권의 효력으로 지급금지가 되므로, 그 채권의 채무자(제3채무자)는 입질채권을 수동채권으로 하여 질권설정의 통지(제349조)후에 채권자(질권자)에 대하여 취득한 채권과 상계할 수 없다.

113 불법행위채권을 수동채권으로 하는 상계의 금지

질문

저는 채무자에 대한 1,000만원의 대여금채권이 있어 수차 이를 이행할 것을 독촉하였으나 채무자가 차일피일 미루고 있던 중, 하루는 채무자의 집을 찾아가서 이를 따지다가 시비가 되어 채무자에게 전치3주, 치료비 300만원의 손해를 입혔습니다. 그래서 저는 치료비만큼 상계하고 나머지 700만원의 채무를 이행하라고 하였으나 채무자는 막무가내로 치료비를 먼저 달라고 요구합니다. 채무자는 현재 무일푼인데, 그래도 제가 상계주장을 할 수 없는지요?

답변

민법상 쌍방의 채권이 동종의 목적을 가진 것으로서 모두 다 변제기에 있으며, 채권의 성질이 상계를 허용하는 경우에는 그 대등액에서 상계를 할 수 있고, 이 경우에 그 대등액만큼 채무는 소멸하게 하는 제도가 상계입니다(제492조).

그러나 상계는 당사자의 의사표시로 이를 금지할 수 있을 뿐만 아니라(이 경우에는 그 의사표시로 선의의 제3자에게 대항하지는 못합니다), 법률로써 수동채권에 일정한 사유가 있을 때에는 상계자의 상대방이 현실의 변제를 받게 하기 위하여 상계를 금지하고 있습니다.

여기에는 불법행위채권을 수동채권으로 하는 상계의 금지(제496조), 압류금지채권을 수동채권으로 하는 상계의 금지(제497조), 지급금지채권을 수동채권으로 하는 상계의 금지(제498조) 등이 있습니다.

이건과 같은 불법행위채권을 수동채권으로 하는 상계를 금지하는 이유에 대하여 판례는, '민법 제496조의 취지는, 고의의 불법행위에 의한 손해배상채권에 대하여 상계를 허용한다면 고의로 불법행위를 한 자까지도 상계권 행사로 현실적으로 손해배상을 지급할 필요가 없게 되어 보복적 불법행위를 유발하게 될 우려가 있고, 또 고의의 불법행위로 인한 피해자가 가해자의 상계권 행사로 인하여 현실의 변제를 받을 수 없는 결과가 됨은 사회적 정의관념에 맞지 아니하므로 고의에 의한 불법행위의 발생을 방지함과 아울러 고의의 불법행위로 인한 피해자에게 현실의 변제를 받게 하려는 데 있다'고 합니다(2001다52506).

따라서 귀하는 채무자(피해자)의 불법행위로 인한 치료비 채권을 수동채권으로 하여 귀하의 대여금채권과 상계를 할 수 없으며, 따라서 치료비상당액을 현실적으로 지급하여야 합니다.

그러나 불법행위채권이라도 수동채권이 아니라 자동채권으로 상계하는 것은(상대방이 치료비 상당액의 상계를 주장하는 경우) 허용됩니다(83다카542).

그리고 상계가 금지되는 것은 고의의 불법행위채권이며 과실에 의한 불법행위채권은 수동채권으로 하여 상계가 허용되며(90다카23387), 중과실에 의한 경우도 마찬가지입니다(93다52808).

• • •

■ 사례 112 상계제도와 신의칙 참조

114 채권양도와 경개의 구별기준

채권법

질문

저는 1991.1.30. A의 주택을 임차보증금 2,000만원에 임차하여 거주하던 중 1994. 1.10.처와 협의이혼을 하면서 A의 승낙을 받아 임차보증금을 처에게 양도하였습니다 (확정일자 있는 증서로 A에게 통지하거나 A가 확정일자 있는 통지로 승낙하지는 아니함). 그런데 B가 1994.1.25. 저에 대한 집행력있는 공정정서원본에 기하여 위 임차보증금채권에 대하여 채권압류 및 전부명령을 받아 그 무렵 A에게 송달하였습니다. 이 경우 저의 처와 B 중 누가 임차보증금반환채권에 대하여 우선권이 있는지요?

답변

경개는 채무의 중요한 부분을 변경함으로써 신 채무를 성립시키는 동시에 구 채무를 소멸시키는 계약이며(제500조), 여기서 '채무의 중요한 부분'이란 채무의 동일성을 결정하는 부분을 말하는 것으로 채권의 발생원인(물품대금채무를 차용금채무로 변경하는 경우 등)· 채권자·채무자·채권의 목적 등의 변경을 뜻합니다. 그래서 채권양도·채무인수와 달리 경개의 경우에는 신·구채무 사이에 동일성이 없습니다.

한편 이건과 같이 기존의 채권이 제3자에게 이전된 경우에, 그 법적 성질이 채권양도인지 아니면 경개인지가 문제됩니다.

이에 관하여 판례는, '기존의 채권이 제3자에게 이전된 경우 이를 채권의 양도로 볼 것인가 또는 경개로 볼 것인가는 일차적으로 당사자의 의사에 의하여 결정되고, 만약 당사자의 의사가 명백하지 아니할 때에는 특별한 사정이 없는 한 동일성을 상실함으로써 채권자가 담보를 잃고 채무자가 항변권을 잃게 되는 것과 같이 스스로 불이익을 초래하는 의사를 표시하였다고는 볼 수 없으므로 일반적으로 채권의 양도로 볼 것이다'고 합니다(96다16612).

따라서 이건의 경우처럼 귀하가 처에게 임차보증금채권을 양도한 것은 채권양도로 인정되므로 민법 제450조에 따라 확정일자 있는 증서에 의한 통지나 확정일자 있는 증서에 의하지 아니한 A의 승낙은 제3자인 B에게 대항하지 못하므로 결과적으로 위 임차보증금 반환채권에 대하여는 B가 우선한다고 봅니다.

가사 백보를 양보하여 귀하의 처에 대한 임차보증금의 이전을 경개로 본다고 하더라도 채권자의 변경으로 인한 경개는 확정일자 있는 증서로 하지 아니하면 이로써 제3자에게 대항하지 못하므로(제502조), 어느 경우에나 B가 우선하게 됩니다.

참고로 경개와 준소비대차의 구별기준에 대하여 판례는, '준소비대차(제605조)는 당사자 쌍방이 소비대차에 의하지 아니하고 금전 기타의 대체물을 지급할 의무가 있는 경우에 당사자가 그 목적물을 소비대차(제598조)의 목적으로 할 것을 약정한 때에 성립하는 것으로서, 기존채무를 소멸케 하고 신채무를 성립시키는 계약인 점에 있어서는 경개와 동일하지만 경개에 있어서는 기존채무와 신채무 사이에 동일성이 없는 반면, 준소비대차에 있어서는 원칙적으로 동일성이 인정된다는 점에 차이가 있고, 기존채권·채무의 당사자가 그 목적물을 소비대차의 목적으로 할 것을 약정한 경우 그 약정을 경개로 볼 것인가 또는 준소비대차로 볼 것인가는 일차적으로 당사자의 의사에 의하여 결정되고, 만약 당사자의 의사가 명백하지 않을 때에는 특별한 사정이 없는 한 동일성을 상실함으로써 채권자가 담보를 잃고 채무자가 항변권을 잃게 되는 것과 같이 스스로 불이익을 초래하는 의사를 표시하였다고는 볼 수 없으므로 일반적으로 준소비대차로 보아야 하지만, 신채무의 성질이 소비대차가 아니거나 기존채무와 동일성이 없는 경우에는 준소비대차로 볼 수 없다'고 합니다(2004다37669).

사례 101 채권양도 참조

경개계약에 관한 판례

1) 경개계약은 구채무를 소멸시키고 신채무를 성립시키는 처분행위로서 구채무의 소멸은 신채무의 성립에 의존하므로, 경개로 인한 신채무가 원인의 불법 또는 당사자가 알지 못한 사유로 인하여 성립하지 아니하거나 취소된 때에는 구채무는 소멸하지 않는 것이며(민법 제504조), 특히 경개계약에 조건이 붙어 있는 이른바 조건부 경개의 경우에는 구채무의 소멸과 신채무의 성립 자체가 그 조건의 성취 여부에 걸려 있다(2005다31316).

2) 경개계약은 신채권을 성립시키고 구채권을 소멸시키는 처분행위로서 신채권이 성립되면 그 효과는 완결되고 경개계약 자체의 이행의 문제는 발생할 여지가 없으므로 경개에 의하여 성립된 신채무의 불이행을 이유로 경개계약을 해제할 수는 없으나 계약자유의 원칙상 경개계약의 성립 후에 그 계약을 합의해제하

여 구채권을 부활시키는 것은 적어도 당사자 사이에서는 가능하다(2002다62333).

3) 민법 제505조(신채무에의 담보이전)는 "경개의 당사자는 구 채무의 담보를 그 목적의 한도에서 신 채무의 담보로 할 수 있다. 그러나 제3자가 제공한 담보는 그 승낙을 얻어야 한다."고 규정하고 있는바, 이 규정은 경개에 의하여 구 채무가 소멸하기 때문에 이에 따르는 인적·물적 담보 또한, 부종성의 원리에 따라 당연히 함께 소멸하고, 당사자가 신 채무에 관하여 저당권 등을 설정하기로 합의하여도 구 채무에 관하여 존재하던 저당권 등은 어차피 소멸하여 그 순위의 보전이 불가능하나, 이러한 결과가 많은 경우 당사자의 의도에 반하는 것인 점을 고려하여 당사자의 편의를 위하여 부종성에 대한 예외를 인정한 것으로서, 경개계약의 경우 구 채무에 관한 저당권 등이 신 채무에 이전되기 위하여는 당사자 사이에 그러한 뜻의 특약이 이루어져야 하지만, 반드시 명시적인 것을 필요로 하지는 않고, 묵시적인 합의로도 가능하다(2001다7445).

115 채무면제

질문

저는 제 소유의 부동산을 A에게 매도하면서 받은 매매대금으로 B소유의 부동산을 매수하기로 각 계약하였습니다. 그래서 A로부터 받은 매매계약의 계약금을 B에 대한 매매계약의 계약금으로 지급할 당시 A도 입회하여 그 사실을 잘 알고 있었습니다. 그런데 다음 날 A가 찾아와서 일방적으로 계약을 해제하겠다면서 지급한 계약금의 반환을 요구하였으나 저는 그 돈으로 이미 B에게 계약금으로 바로 지급하였으므로 이에 응할 수 없다고 하였습니다. 그러자 A가 돌연 저를 사기 등 죄로 고소하여 경찰조사를 받던 중 할 수 없이 A에게 계약금을 돌려주기로 약정한 것은 사실입니다. 그러나 저는 A 때문에 B와의 계약에 따른 매매대금을 지급할 돈이 없어서 제가 B에게 지급한 계약금을 몰수당하였습니다. 비록 제가 A에게서 받은 계약금은 돌려주기로 하였으나 B에게 몰수당한 계약금 상당의 손해를 입었으므로 이를 배상하라고 A에게 요구하자 A는 자신의 계약금을 돌려받기로 하면서 이미 저의 손해배상채권을 포기 내지 채무면제한 것이라면서 이를 거절하고 있는데, 제가 그 손해배상을 받을 수 없는지요?

답변

채무면제는 채권자가 채무자에 대하여 가진 채권을 무상으로 소멸시키는 채권자의 단독행위로서(제506조), 채무면제는 채무자에 대한 일방적 의사표시로 하되, 명시적으로 뿐만 아니라 묵시적으로도 할 수 있습니다(79다705). 그러나 묵시적인 채무면제 사실을 인정하기 위하여서는 의사표시의 해석을 더욱 엄격하게 하여야 하되(2004다50426전), 채무면제의 방식은 반드시 처분문서로 하여야 하는 것은 아닙니다(2004다45400).

한편 이건과 같은 경우에, 건물매도인이 계약금을 매수인에게 반환하기로 약정한 사실만으로 그 매매계약불이행으로 인한 손해배상채권을 포기(채무면제)한 것으로 볼 수 있는지 여부가 문제됩니다.

이에 대하여 판례는, '채권의 포기(또는 채무의 면제)는 반드시 명시적인 의사표시 만에 의하여야 하는 것이 아니고 채권자의 어떠한 행위 내지 의사표시의 해석에 의하여 그것이 채권의 포기라고 볼 수 있는 경우에도 이를 인정하여야 할 것이기는 하나 이와 같이 인정하기 위하여서는 당해 권리관계의 내용에 따라 이에 대한 채권자의 행위 내지 의사표시의 해석을 엄격히 하여 그 적용여부를 결정하여야 하는 것이며 상대방에 대한 반대채권이 있음에도 불구하고 자신의 채무이행을 약정하였다는 사실만으로는 반대채권을 포기한 것으로 볼 수는 없으므로 건물매도인이 매수인의 매매계약불이행으로 인한 손해배상채권에 충당할 수 있는 계약금을 매수인에게 반환하기로 약정한 사실만으로는 그 손해배상채권을 포기하였다고 단정할 수 없다'고 합니다(86다카1907·1908).

따라서 귀하는 A를 상대로 귀하가 입은 손해의 배상(B에게 지급한 계약금 상당액 등)을 청구할 수 있습니다.

116 혼동

채권법

Q 질문

저는 부동산을 매수하면서 그 대금을 다 지급하였으나 사정상 바로 소유권이전등기를 할 수 없어서 장차 소유권이전등기청구권 보전을 위한 가등기를 경료해 두었습니다. 그 후 저는 가등기에 기한 본등기절차에 의하지 아니하고 별도로 매도인을 상대로 소송을 제기하여 의제자백에 의한 승소판결을 받아 이에 기하여 제 앞으로 소유권이전등기를 경료하였습니다. 그런데 이제와서 보니 가등기와 별도로 경료된 소유권이전등기 사이에 제3자 명의의 가압류등기가 되어 있었습니다. 이 경우 제가 가등기에 기한 본등기청구를 새로이 하여 가압류등기를 말소할 수 있는지요?

A 답변

채권과 채무가 동일인에게 귀속하는 때에는 채권은 소멸하며, 이를 혼동이라 합니다(제507조). 혼동을 채권의 소멸사유로 인정하는 것은 자기 자신에 대한 채권은 무의미하여 권리관계를 간소화하려는 데 그 목적이 있기 때문입니다. 그러므로 채권과 채무가 동일인에게 귀속되더라도 그 채권이 제3자의 권리의 목적인 때에는 그 채권은 혼동으로 소멸하지 아니하며(제507조 단서), 이는 채권의 존속을 인정하여야 할 정당한 이익이 있기 때문입니다(93다48373).

한편 이건의 경우와 같이 가등기를 경료 한 가등기권자가 그 가등기와는 상관없이 소유권이전등기를 넘겨받은 경우, 그 가등기에 기한 본등기 절차의 이행을 구할 수 있는지 여부, 즉 가등기에 기한 본등기청구권이 혼동으로 소멸하는 것이 아닌지가 문제됩니다.

이에 대하여 판례는, '채권은 채권과 채무가 동일한 주체에 귀속한 때에 한하여 혼동으로 소멸하는 것이 원칙이므로, 어느 특정의 물건에 관한 채권을 가지는 자가 그 물건의 소유자가 되었다는 사정만으로는 채권과 채무가 동일한 주체에 귀속한 경우에 해당한다고 할 수 없어 그 물건에 관한 채권이 혼동으로 소멸하는 것은 아닌바, 토지를 을에게 명의신탁하고 장차의 소유권이전의 청구권 보전을 위하여 자신의 명의로 가등기를 경료한 갑이, 을에 대하여 가지는 가등기에 기한 본등기청구권은 채권으로서, 갑이 을을 상속하거나 을의 가등기에 기한 본등기 절차 이행의 의무를 인수하지 아니하는 이상, 갑이 가등기에 기한 본등기 절차에 의하지 아니하고 을로부터 별도의 소유권이전등기를 경료받았다고 하여 혼동의 법리에 의하여 갑의 가등기에 기한 본등기청구권이 소멸하는 것은 아니며, 부동산에 관한 소유권이전청구권 보전을 위한 가등기 경료 이후에 다른 가압류등기가 경료 되었다면, 그 가등기에 기한 본등기 절차에 의하지 아니하고 별도로 가등기권자 명의의 소유권이전등기가 경료되었다고 하여 가등기 권리자와 의무자 사이의 가등기 약정상의 채무의 본지에 따른 이행이 완료되었다고 할 수는 없으니, 특별한 사정이 없는 한, 가등기권자는 가등기의무자에 대하여 그 가등기에 기한 본등기 절차의 이행을 구할 수도 있다'고 합니다(95다29888).

따라서 귀하는 가등기에 기한 본등기절차이행을 구할 수 있으며, 이에 따라 가등기 이후에 경료된 제3자명의의 가압류등기는 직권말소 됩니다.

■ 피해자의 보험회사에 대한 직접청구권이 있는 경우, 교통사고로 운행자와 동승한 그의 친족이 사망하여 손해배상채권과 채무가 상속으로 동일인에게 귀속되는 때 피해자의 운행자에 대한 손해배상청구권이 혼동으로 소멸되는지 여부(93다48373)

민법 제507조가 혼동을 채권의 소멸사유로 인정하고 있는 것은 채권과 채무가 동일한 주체에 귀속한 때에 채권과 채무의 존속을 인정하여서는 안 될 적극적인 이유가 있어서가 아니고 그러한 경우에 채권과 채무의 존속을 인정하는 것이 별다른 의미를 가지지 않기 때문에 채권·채무의 소멸을 인정함으로써 그 후의 권리의무 관계를 간소화하려는 데 그 목적이 있는 것이라고 여겨지므로, 채권과 채무가 동일한 주체에 귀속하게 되더라도 그 채권의 존속을 인정하여야 할 특별한 이유가 있는 때에는 그 채권은 혼동에 의하여 소멸되지 아니하고 그대로 존속한다고 봄이 상당함에 비추어, 채권과 채무가 동일인에게 귀속되는 경우라도 그 채권의 존재가 채권자 겸 채무자로 된 사람의 제3자에 대한 권리행사의 전제가 되는 관계로 채권의 존속을 인정하여야 할 정당한 이익이 있을 때에는 그 채권은 혼동에 의하여 소멸하는 것이 아니라고 봄이 상당하다.

자동차 운행 중 교통사고가 일어나 자동차의 운행자나 동승한 그의 친족이 사망하여 자동차손해배상보장법 제3조에 의한 손해배상채권과 채무가 상속으로 동일인에게 귀속하게 되는 때에, 교통사고를 일으킨 차량의 운행자가 자동차 손해배상 책임보험에 가입하였다면, 가해자가 피해자의 상속인이 되는 등의 특별한 경우를 제외하고는 생존한 교통사고 피해자나 사망자의 상속인에게 책임보험에 의한 보험의 혜택을 부여하여 이들을 보호할 사회적 필요성이 있는 점은 다른 교통사고와 다를 바 없고, 다른 한편 원래 자동차 손해배상 책임보험의 보험자는 상속에 의한 채권. 채무의 혼동 그 자체와는 무관한 제3자일 뿐 아니라 이미 자신의 보상의무에 대한 대가인 보험료까지 받고 있는 처지여서 교통사고의 가해자와 피해자 사이에 상속에 의한 혼동이 생긴다는 우연한 사정에 의하여 자기의 보상책임을 면할 만한 합리적인 이유가 없으므로, 자동차 책임보험의 약관에 의하여 피해자가 보험회사에 대하여 직접 보험금의 지급청구를 할 수 있는 이른바 직접청구권이 수반되는 경우에는 그 직접청구권의 전제가 되는 자동차손해배상보장법 제3조에 의한 피해자의 운행자에 대한 손해배상청구권은 상속에 의한 혼동에 의하여 소멸되지 아니한다고 보아야 한다.

■ 의제자백

피고가 원고의 소장의 부본을 송달받은(공시송달의 방법이 아닌)날로부터 30일 내에 이를 다투는 내용의 답변서를 제출하지 않은 경우에는 청구의 원인된 사실을 자백한 것으로 보고 변론없이 재판할 수 있으며, 이를 실무상 의제자백판결이라고 한다(민사소송법 제256조, 257조).

117 아파트 분양광고 내용의 일반적 법적 성질

채권법

Q 질문

저는 아파트건축회사와 아파트 1채를 분양받아 입주하였으나 분양광고와 달리 아파트바닥을 원목마루로 시공하지 않았으며, 단지 내 테마공원 조성도 하지 않았습니다. 분양계약서상에는 바닥재를 원목마루로 한다든지, 테마공원을 조성한다든지 하는 구체적 내용은 없었지만 분양광고와 모델하우스의 견본주택에는 분명 이를 명시하거나 설치하였기 때문에 이를 이유로 제가 손해를 배상받을 수 있는지요?

A 답변

계약이 성립하려면 청약과 이에 응하는 승낙이 있어야 하며, 이 때 청약은 승낙이 있으면 곧바로 계약을 성립시킬 수 있을 정도로 내용적으로 확정되어 있거나 여러 가지 기준에 의하여 확정될 수 있어야 합니다(97누14132).

그리고 청약은 청약의 유인과는 다릅니다. 청약의 유인은 타인으로 하여금 청약을 하게 하려는 행위에 불과하고 따라서 청약이 아니므로 상대방이 그에 대하여 계약체결을 원하는 의사표시를 하면 그것이 비로소 청약이 되고, 청약의 유인을 한 자는 이에 대하여 승낙을 하면 그때 비로소 계약이 성립하게 되는 것입니다. 이러한 청약의 유인의 예로는 물품판매광고·구인광고 등이 있습니다.

한편 이건과 같은 아파트 분양광고가 청약인지 청약의 유인인지 여부가 문제됩니다.

이에 대하여 판례는, '청약은 이에 대응하는 상대방의 승낙과 결합하여 일정한 내용의 계약을 성립시킬 것을 목적으로 하는 확정적인 의사표시인 반면 청약의 유인은 이와 달리 합의를 구성하는 의사표시가 되지 못하므로 피유인자가 그에 대응하여 의사표시를 하더라도 계약은 성립하지 않고 다시 유인한 자가 승낙의 의사표시를 함으로써 비로소 계약이 성립하는 것으로서 서로 구분되는 것이다. 그리고 위와 같은 구분 기준에 따르자면, 상가나 아파트의 분양광고의 내용은 청약의 유인으로서의 성질을 갖는 데 불과한 것이 일반적이라 할 수 있다. 그런데 선분양·후시공의 방식으로 분양되는 대규모 아파트단지의 거래 사례에 있어서 분양계약서에는 동·호수·평형·입주예정일·대금지급방법과 시기 정도만이 기재되어 있고 분양계약의 목적물인 아파트 및 그 부대시설의 외형·재질·구조 및 실내장식 등에 관하여 구체적인 내용이 기재되어 있지 아니한 경우가 있는바, 분양계약의 목적물인 아파트에 관한 외형·재질 등이 제대로 특정되지 아니한 상태에서 체결된 분양계약은 그 자체로서 완결된 것이라고 보기 어렵다 할 것이므로, 비록 분양광고의 내용, 모델하우스의 조건 또는 그 무렵 분양회사가 수분양자에게 행한 설명 등이 비록 청약의 유인에 불과하다 할지라도 그러한 광고 내용이나 조건 또는 설명 중 구체적 거래조건, 즉 아파트의 외형·재질 등에 관한 것으로서 사회통념에 비추어 수분양자가 분양자에게 계약 내용으로서 이행을 청구할 수 있다고 보이는 사항에 관한 한 수분양자들은 이를 신뢰하고 분양계약을 체결하는 것이고 분양자들도 이를 알고 있었다고 보아야 할 것이므로, 분양계약 시에 달리 이의를 유보하였다는 등의 특단의 사정이 없는 한, 분양자와 수분양자 사이에 이를 분양계약의 내용으로 하기로 하는 묵시적 합의가 있었다고 봄이 상당하다. 따라서 분양계약의 목적물인 아파트의 외형·재질에 관하여 별다른 내용이 없는 분양계약서는 그 자체로서 완결된 것이라고 보기 어려우므로 위 아파트 분양계약은 목적물의 외형·재질 등이 견본주택(모델하우스) 및 각종 인쇄물에 의하여 구체화될 것을 전제로 하는 것이라고 보아, 광고 내용 중 도로확장 등 아파트의 외형·재질과 관계가 없을 뿐만 아니라 사회통념에 비추어 보더라도 수분양자들 입장에서 분양자가 그 광고 내용을 이행한다고 기대할 수 없는 것은 그 광고 내용이 그대로 분양계약의 내용을 이룬다고 볼 수 없지만, 이와 달리 온천광고, 바닥재(원목마루) 광고, 유실수단지 광고 및 테마공원 광고는 아파트의 외형·재질 등에 관한 것으로서, 아파트에 관한 것은 아니지만 부대시설에 준하는 것이고 또한 이행 가능하다는 점에서, 각 분양계약의 내용이 된다'고 합니다(2005다5812·5829·5836).

따라서 귀하는 아파트건축회사를 상대로 원목마루 및 테마공원 시설 등의 설치 등의 청구를 할 수 있으며, 원목마루 등의 설치비용을 손해배상으로 청구할 수도 있습니다.

■ 청약의 유인의 예

1) 상가를 분양하면서 그 곳에 첨단 오락타운을 조성·운영하고 전문경영인에 의한 위탁경영을 통하여 분양계약자들에게 일정액 이상의 수익을 보장한다는 광고를 하고, 분양계약 체결 시 이러한 광고내용을 계약상대방에게 설명하였더라도, 체결된 분양계약서에는 이러한 내용이 기재되지 않은 점과, 그 후의 위

상가 임대운영경위 등에 비추어 볼 때, 위와 같은 광고 및 분양계약 체결시의 설명은 청약의 유인에 불과할 뿐 상가 분양계약의 내용으로 되었다고 볼 수 없고, 따라서 분양 회사는 위 상가를 첨단 오락타운으로 조성·운영하거나 일정한 수익을 보장할 의무를 부담하지 않는다고 한 사례(99다55601·55618).

2) 공사금액이 수백억이고 공사기간도 14개월이나 되는 장기간에 걸친 대규모 건설하도급공사에 있어서는 특별한 사정이 없는 한 공사금액 외에 구체적인 공사시행 방법과 준비, 공사비 지급방법 등과 관련된 제반 조건 등 그 부분에 대한 합의가 없다면 계약이 체결되지 않았으리라고 보이는 중요한 사항에 관한 합의까지 이루어져야 비로소 그 합의에 구속되겠다는 의사의 합치가 있었다고 볼 수 있고, 하도급계약의 체결을 위하여 교섭당사자가 견적서, 이행각서, 하도급보증서 등의 서류를 제출하였다는 것만으로는 하도급계약이 체결되었다고 볼 수 없으며, 하도급계약을 체결하려는 교섭당사자가 견적서를 제출하는 행위는 통상 주문자의 발주를 권유하는 영업행위의 수단으로서 계약체결의 준비·교섭행위 즉 청약의 유인에 해당한다고 할 것이고, 견적서와 함께 제출한 이행각서는 그 문면에 의하더라도 하도급계약이 성립될 경우 최초 견적서 기재 금액 범위 내에서 공사를 수행하겠다는 취지에 불과한 것이고, 하도급보증서 또한 앞으로 하도급계약이 성립되면 그 이행을 담보하려는 목적으로 청약 유인의 차원에서 교부된 것에 불과하다고 한 사례(99다40418).

118 사직의 의사표시의 철회

채권법

질문

저는 회사에 재직 중 개인적인 사정에 의하여 사직서를 제출하였으나 심경의 변화를 일으켜 이를 철회하였습니다. 그런데 그 후 회사는 저의 사직서를 이유로 저를 의원면직 처리하였는데, 제가 구제받을 길이 없는지요?

답변

계약의 청약은 이를 철회하지 못하며(제527조), 이를 청약의 구속력이라고 합니다. 청약에 구속력을 주는 이유는, 청약자가 임의로 청약을 철회할 수 있으면 거래의 안전을 해하거나 상대방에게 불측의 손해를 입힐 수가 있기 때문입니다. 물론 이 규정은 임의규정이므로 청약자가 청약을 하면서 철회의 의사표시를 유보한 경우에는 그 적용이 배제됩니다(제105조 참조).

한편 청약은 그에 대한 승낙에 의하여 곧바로 계약의 성립에 필요한 의사합치에 이를 수 있을 정도로 내용적으로 확정되어 있거나 해석에 의하여 확정될 수 있어야 합니다(97누14132).

그런데 이건의 경우와 같이 고용계약에 있어서 근로자가 사직원의 제출방법에 의하여 근로계약관계의 합의해지를 청약하고 이에 대하여 사용자가 승낙함으로써 당해 근로관계를 종료시키게 되는 경우에 근로자가 위 사직의 의사표시를 철회할 수 있는지 여부(청약의 구속력 여부)가 문제됩니다.

이에 대하여 판례는, '근로자가 일방적으로 근로계약관계를 종료시키는 해약의 고지방법에 의하여 임의사직하는 경우가 아니라, 근로자가 사직원의 제출방법에 의하여 근로계약관계의 합의해지를 청약하고 이에 대하여 사용자가 승낙함으로써 당해 근로관계를 종료시키게 되는 경우에 있어서는, 근로자는 위 사직원의 제출에 따른 사용자의 승낙의사가 형성되어 확정적으로 근로계약 종료의 효과가 발생하기 전에는 그 사직의 의사표시를 자유로이 철회할 수 있다고 보아야 할 것이며, 다만 근로계약 종료의 효과발생 전이라고 하더라도 근로자가 사직의 의사표시를 철회하는 것이 사용자에게 불측의 손해를 주는 등 신의칙에 반한다고 인정되는 특별한 사정이 있는 경우에 한하여 그 철회가 허용되지 않는다고 해석함이 상당하다'고 하여, 고용계약에 있어서의 특수성을 고려하여 청약의 구속력을 배제하고 있습니다(91다43138).

따라서 귀하의 사직의사 철회는 적법하며, 이에 반하여 회사의 사직처리는 부당하므로 귀하는 회사를 상대로 해고무효확인의 소를 제기하여 복직할 수 있습니다.

나아가 명예퇴직의 경우에도 명예퇴직 신청의 임의철회가 가능하지만(2002다1145), 명예퇴직 합의 후에는 임의철회가 불가합니다(98다42172).

참고로 소비자 보호를 위하여 '할부거래에 관한 법률'이나 '방문판매 등에 관한 법률' 등에서는 계약체결 후 일정기간 내에 청약을 철회할 수 있도록 규정하였습니다.

■ 사직의 의사표시와 진의 아닌 의사표시 여부

사용자가 근로자로부터 사직서를 제출받고 이를 수리하는 의원면직의 형식을 취하여 근로계약관계를 종료시킨 경우, 사직의 의사 없는 근로자로 하여금 어쩔 수 없이 사직서를 작성·제출케 하였다면 실질적으로 사용자의 일방적인 의사에 의하여 근로계약관계를 종료시키는 것이어서 해고에 해당한다고 할 것이나, 그렇지 않은 경우에는 사용자가 사직서 제출에 따른 사직의 의사표시를 수락함으로써 사용자와 근로자의 근로계약관계는 합의해지에 의하여 종료되는 것이므로 사용자의 의원면직 처분을 해고라고 볼 수 없고(2002다60528), 진의 아닌 의사표시에 있어서의 '진의'란 특정한 내용의 의사표시를 하고자 하는 표의자의 생각을 말하는 것이지 표의자가 진정으로 마음속에서 바라는 사항을 뜻하는 것은 아니므로 표의자가 의사표시의 내용을 진정으로 마음속에서 바라지는 아니하였다고 하더라도 당시의 상황에서는 그것이 최선이라고 판단하여 그 의사표시를 하였을 경우에는 이를 내심의 효과의사가 결여된 진의 아닌 의사표시라고 할 수 없다(2002다11458).

119 계약교섭의 중도파기

채권법

질문

조형작가인 A는 B가 건축하는 건축물 부지 내에 설치할 예정인 조형물의 시안 제작을 의뢰받은 5인 중의 한 명이었고, 그 후 A의 시안이 최종 선정되어 B와 조형물의 제작·납품 및 설치 계약을 체결하기로 하였다. 그런데 B는 여러 가지 사정을 들어 계약 체결을 미루다가 3년이 지난 시점에 와서 A에게 위 조형물 설치 계획을 취소한다고 통보하였다. 이 경우 A와 B사이에는 계약이 성립되었다고 볼 수 있는지요? 만약 계약이 성립되지 않았다면 A가 B를 상대로 계약불성립을 이유로 손해배상 등의 청구를 할 수 있는지요?

답변

계약이 성립하기 위하여서는 당사자의 서로 대립하는 수개의 의사표시의 객관적 합치가 필요하고 객관적 합치가 있다고 하기 위하여서는 당사자의 의사표시에 나타나 있는 사항에 관하여는 모두 일치하고 있어야 하는 한편, 계약 내용의 '중요한 점' 및 계약의 객관적 요소는 아니더라도 특히 당사자가 그것에 중대한 의의를 두고 계약 성립의 요건으로 할 의사를 표시한 때에는 이에 관하여 합치가 있어야 계약이 적법·유효하게 성립하며, 따라서 계약이 성립하기 위한 법률요건인 청약은 그에 응하는 승낙만 있으면 곧 계약이 성립하는 구체적·확정적 의사표시여야 하므로, 청약은 계약의 내용을 결정할 수 있을 정도의 사항을 포함시키는 것이 필요합니다(2001다53059).

그런데 이건의 경우, 비록 B가 작가들에게 시안 제작을 의뢰할 때 시안이 당선된 작가와의 사이에 이 사건 계약을 체결할 의사를 표명하였다 하더라도 그 의사표시안에 이 사건 조형물의 제작·납품 및 설치에 필요한 제작대금·제작시기·설치장소를 구체적으로 명시하지 아니하였던 이상 B의 A등에 대한 시안제작 의뢰는 이 사건 계약의 청약이라고 할 수 없고, 나아가 A가 시안을 제작하고 B가 이를 당선작으로 선정하였다 하더라도 A와 B 사이에 구체적으로 이 사건 계약의 청약과 승낙이 있었다고 보기는 어렵다고 할 것입니다.

그러나 계약체결을 위한 교섭이 상당한 정도로 진행되어 당사자 일방이 계약을 체결할 것이라는 확신을 준 뒤에 상당한 이유 없이 이건과 같이 교섭을 부당파기한 경우에 이를 이유로 불법행위책임을 물을 수 있는지가 문제됩니다.

이에 관하여 판례는, ' 어느 일방이 교섭단계에서 계약이 확실하게 체결되리라는 정당한 기대 내지 신뢰를 부여하여 상대방이 그 신뢰에 따라 행동하였음에도 상당한 이유 없이 계약의 체결을 거부하여 손해를 입혔다면 이는 신의성실의 원칙에 비추어 볼 때 계약자유원칙의 한계를 넘는 위법한 행위로서 불법행위를 구성하며, 이 경우 그러한 불법행위로 인한 손해는 일방이 신의에 반하여 상당한 이유 없이 계약교섭을 파기함으로써 계약체결을 신뢰한 상대방이 입게 된 상당인과관계 있는 손해로서 계약이 유효하게 체결된다고 믿었던 것에 의하여 입었던 손해 즉 신뢰손해에 한정된다고 할 것이고, 이러한 신뢰손해란 예컨대, 그 계약의 성립을 기대하고 지출한 계약준비비용과 같이 그러한 신뢰가 없었더라면 통상 지출하지 아니하였을 비용상당의 손해라고 할 것이며, 아직 계약체결에 관한 확고한 신뢰가 부여되기 이전 상태에서 계약교섭의 당사자가 계약체결이 좌절되더라도 어쩔 수 없다고 생각하고 지출한 비용, 예컨대 경쟁입찰에 참가하기 위하여 지출한 제안서, 견적서 작성비용 등은 여기에 포함되지 아니하며, 침해행위와 피해법익의 유형에 따라서는 계약교섭의 파기로 인한 불법행위가 인격적 법익을 침해함으로써 상대방에게 정신적 고통을 초래하였다고 인정되는 경우라면 그러한 정신적 고통에 대한 손해에 대하여는 별도로 배상을 구할 수 있다'고 합니다(2001다53059).

나아가 그 손해배상의 유형과 범위에 관하여 보건대, 이 사건과 같은 B의 계약교섭의 부당파기는 조형물 작가로서의 A의 명예감정 및 사회적 신용과 명성에 대한 직간접적인 침해를 가한 불법행위에 해당된다고 할 것이므로 B는 그로 인하여 A가 입은 정신적 고통에 대하여 이를 금전으로 위자할 책임이 있다고 할 것이지만, A가 재산적 손해라고 주장하는 추정 총 제작비의 일부인 창작비 지출상당의 손해는 결과적으로 이 사건 계약이 정당하게 체결되어 그 이행의 결과에 따라 A가 얻게 될 이익을 상실한 손해와 같은 성질의 것이어서 계약교섭이 중도파기되었을 뿐 종국에 가서 적법한 계약이 체결되지 아니한 이 사건에 있어서 A로서는 계약의 이행을 청구할 수도 없고 또한 그 불이행책임을 청구할 아무런 법적 지위에 놓여 있지 아니하게 된 이상 계약의 체결을 전제로 한 이와 같은 손해의 배상을 구할 수는 없다고 할 것이고, 또한 이 사건 조형물의 제작을 준비하기 위하여 지출하였다는 비용 중 B의 공모에 응하여 시안을 제작하는 데 소요된 비용은 아직 B로부터 계약체결에 관한 확고한 신뢰가 부여되기 이전 상황에서 지출된 것으로서 A로서는 그 대가로 예정된 당선금을 지급받는 것에 만족하고 그 공모에 응하여 당선되지 않더라도 무방하다고 생각하고 지출한 비용에 불과하여 이 사건에서 용인될 수 있는 신뢰손해의 범위에 속한다고 볼 수도 없다고 할 것입니다.

따라서 A는 B를 상대로 계약교섭의 부당파기로 인한 불법행위책임을 물어서 위자료청구를 할 수는 있습니다.

■ 불법행위책임(제750조)과 채무불이행책임(제390조)

1) 불특정인 사이에 발생하는 일반적 책임: 특정의 채권자와 채무자 사이의 책임

2) 입증책임

피해자(원고): 채무자(피고)가 자기에게 귀책사유 없음을 입증하여야 하므로 양 책임이 경합하는 경우(청구권경합설) 채무불이행책임을 묻는 것이 유리할 수 도 있으며, 특수불법행위의 경우 무과실책임 인정.

3) 소멸시효

제766조: 제162조~165조

4) 상계

고의의 불법행위로 인한 손해배상채권을 수동채권으로 상계금지(제496조): 제492조(동종, 상계적상)

120 동시이행의 항변권

채권법

질문

저는 부동산을 매수하면서 계약금과 중도금을 지급하였습니다. 그 후 잔대금 지급기일에 이르러 목적 부동산에 대한 제3자명의의 가압류등기가 경료되어 있어서 제가 매도인에게 가압류등기를 말소하면 잔대금을 지급하겠다고 하였으나 매도인은 잔대금을 먼저 받아 가압류를 말소하겠다고 합니다. 이 경우 제가 잔대금을 먼저 지급하여야 하는지요?

답변

쌍무계약(계약의 당사자가 서로 대가적인 의미를 가지는 채무를 부담하는 계약)의 당사자 일방은 상대방이 그 채무이행을 제공할 때 까지 자기의 채무이행을 거절할 수 있으며, 이를 동시이행의 항변권이라고 합니다(제536조). 쌍무계약의 경우 당사자 쌍방의 채무는 서로 대가적인 의무를 가지므로 어느 일방 당사자가 자기 채무는 이행하지 않으면서 상대방에 대하여 이행을 청구하는 것은 공평의 원칙에 반하기 때문이며, 따라서 동시이행의 항변권은 당사자 쌍방의 채무가 모두 변제기에 있는 경우에 성립하는 것이 원칙입니다(제536조단서 참조)

동시이행의 항변권은 소위 연기적 항변권으로서 상대방의 청구권의 존재를 전제로 하여 그 청구권의 행사를 저지하는 것으로 이를 행사하지 아니하면 효력이 생기기 아니하지만(2005다53187), 동시이행항변권의 존재 그 자체만으로도 이행지체책임을 지지 않으며(2001다3764), 동시이행의 항변권이 붙은 채권(매매대금채권에 동시이행의 항변권이 있는 경우 등)을 자동채권으로 한 상계도 금지됩니다(75다48).

한편 민법 제568조 제2항은 유상계약의 전형인 매매계약에서 매도인의 권리이전의무와 매수인의 대금지급의무는 특별한 사정이나 관습이 없는 한 동시이행관계에 있다고 규정하고, 민법 제567조는 이러한 동시이행관계는 계약의 성질상 허용하지 아니하는 경우를 제외하고는 모든 유상계약에 준용된다고 규정하고 있으므로, 대가적 교환이 이루어지는 모든 계약은 원칙적으로(즉 다른 약정이나 관습이 없는 한)

동시이행관계가 원칙입니다.

나아가 부동산 매매에 있어서 당사자 사이에 다른 특약이 있는 등 특별한 사정이 없다면 소유권이전등기의무는 물론, 매매 부동산의 인도 및 명도의무도 그 잔대금 지급의무와 동시이행의 관계에 있습니다(80다725).

그런데 이건의 경우와 같이 매도인의 소유권이전등기의무와 아울러 가압류말소등기의무도 매수인의 대금지급의무와 동시이행관계에 있는지 여부가 문제됩니다.

이에 대하여 판례는, '부동산의 매매계약이 체결된 경우에는 매도인의 소유권이전등기의무, 인도의무와 매수인의 잔대금지급의무는 동시이행의 관계에 있는 것이 원칙이고, 이 경우 매도인은 특별한 사정이 없는 한 제한이나 부담이 없는 완전한 소유권이전등기의무를 지는 것이므로 매매목적 부동산에 가압류등기 등이 되어 있는 경우에는 매도인은 이와 같은 등기도 말소하여 완전한 소유권이전등기를 해 주어야 하는 것이고, 따라서 가압류등기 등이 있는 부동산의 매매계약에 있어서는 매도인의 소유권이전등기 의무와 아울러 가압류등기의 말소의무도 매수인의 대금지급의무와 동시이행 관계에 있다'고 합니다(2000다8533).

따라서 귀하의 잔대금지급의무와 매도인의 부동산인도 및 명도의무·소유권이전등기의무·가압류등기말소의무는 동시이행의 관계에 있으므로 귀하가 잔대금을 선 지급할 필요가 없으며, 이 경우에 가압류등기의 말소가 되지 아니하면 잔대금지급기일을 넘겨도 귀하는 이에 대한 지체책임을 지지 않습니다.

■ 선이행의무자에게 동시이행의 항변권이 있는 경우

1) 불안의 항변권(제536조2항)

민법 제536조 제2항은 쌍무계약의 당사자 일방이 상대방에게 먼저 이행을 하여야 하는 의무를 지고 있는 경우에도 "상대방의 이행이 곤란할 현저한 사유가 있는 때"에는 동시이행의 항변권을 가진다고 하여, 이른바 '불안의 항변권'을 규정한다.

여기서 '상대방의 이행이 곤란할 현저한 사유'란 선이행채무를 지게 된 채무자가 계약 성립 후 채권자의 신용불안이나 재산상태의 악화 등의 사정으로 반대급부를 이행 받을 수 없는 사정변경이 생기고 이로 인하여 당초의 계약내용에 따른 선이행의무를 이행하게 하는 것이 공평과 신의칙에 반하게 되는 경우를 말하고, 이와 같은 사유가 있는지 여부는 당사자 쌍방의 사정을 종합하여 판단되어야 한다(2011다93025).

2) 선이행의무자가 이행하지 않고 있는 동안에 상대방의 채무가 변제기에 이른 때에는 선이행의무자의 동시이행항변권 인정

예컨대 매수인이 선이행의무 있는 중도금을 이행하지 않았다 하더라도 계약이 해제되지 않은 상태에서 잔대금지급기일이 도래하여 그때까지 중도금과 잔대금이 지급되지 아니하고 잔대금과 동시이행관계에 있는 매도인의 소유권이전등기소요서류가 제공된 바 없이 그 기일이 도과하였다면 매수인의 위 중도금 및 잔대금의 지급과 매도인의 소유권이전등기소요서류의 제공은 동시이행관계에 있다 할 것이어서 그때부터는 매수인은 위 중도금을 지급하지 아니한데 대한 이행지체의 책임을 지지 아니한다(87다카1029).

■ 동시이행항변권의 유추적용

1) 당사자 쌍방의 채무가 비록 쌍무계약에 의하여 발생하지는 않았지만 서로 견련적으로 이행하는 것이 공평의 원칙에 부합하는 경우(92다25656)

2) 당사자가 부담하는 각 채무가 쌍무계약에 있어 고유의 대가관계가 있는 채무가 아니라고 하더라도 구체적인 계약관계에서 각 당사자가 부담하는 채무에 관한 약정내용에 따라 그것이 대가적 의미가 있어 이행상의 견련관계를 인정하여야 할 사정이 있는 경우(91다30927)

■ 동시이행의 항변권과 유치권의 차이

사례 68 유치권의 법적 성질 참조

121 제3자를 위한 계약

채권법

질문

A는 B로부터 B소유의 기계설비를 매수하면서 그 매매대금은 B가 C에 대하여 부담하는 대여금채무 상당액을 A가 C에게 지급하기로 약정하였고, 그 후 A가 매매대금 중 일부를 C에게 지급하였습니다. 그런데 그 당시 B는 이미 D에게 기계설비를 매도하여 인도해 버려 이행불능상태에 빠졌고, A는 이를 이유로 B와의 매매계약을 해제하였습니다. 이 경우 A는 C에게 지급한 매매대금 중 일부를 매매계약의 해제를 이유로 반환받을 수 있는지요?

답변

제3자를 위한 계약이라 함은 통상의 계약이 그 효력을 당사자 사이에서만 발생시킬 의사로 체결되는 것과는 달리, 계약 당사자가 자기들 명의로 체결한 계약에 의하여 제3자로 하여금 직접 계약 당사자의 일방에 대하여 권리를 취득하게 하는 것을 목적으로 하는 계약인바, 어떤 계약이 제3자를 위한 계약에 해당하는지 여부는 당사자의 의사가 그 계약에 의하여 제3자에게 직접 권리를 취득하게 하려는 것인지에 관한 의사해석의 문제로서 이는 계약 체결의 목적, 계약에 있어서의 당사자의 행위의 성질, 계약으로 인하여 당사자 사이 또는 당사자와 제3자 사이에 생기는 이해득실, 거래 관행, 제3자를 위한 계약제도가 갖는 사회적 기능 등 제반 사정을 종합하여 계약 당사자의 합리적 의사를 해석함으로써 판별할 수 있습니다.

한편 이 건의 경우와 같이, 유체동산(기계설비)을 매매하면서 매도인(B)과 매수인(A)사이에 매매대금을 매도인의 채권자(C)에게 직접 지급하기로 약정한 경우, 이는 매도인의 채권자로 하여금 매매대금청구권을 취득하게 하는 제3자를 위한 계약임과 동시에 병존적 채무인수에도 해당됩니다.

그리고 제3자를 위한 계약관계에서 낙약자(A)와 요약자(B) 사이의 법률관계(이른바 기본관계)를 이루는 계약이 해제된 경우, 낙약자(A)가 이미 제3자(C)에게 급부한 것에 대해 계약해제에 기한 원상회복 또는 부당이득을 원인으로 제3자를 상대로 그 반환을 구할 수 있는지 여부가 문제됩니다.

이에 대하여 판례는, '기본관계를 이루는 매매계약이 적법하게 해제된 경우, 그 계약관계의 청산은 매매계약의 당사자인 낙약자와 요약자 사이에 이루어져야 할 것이므로 이미 제3자(수익자)에게 급부한 것이 있더라도 낙약자는 제3자를 상대로 해제에 따른 원상회복 또는 부당이득을 이유로 그 반환을 구할 수 없다'고 합니다(2005다7566·7573).

그 이유는, 기본관계를 이루는 이 사건 매매계약이 적법하게 해제되었다고 하더라도, ① C에 대한 A의 모든 급부는 기본관계를 이루는 이 사건 매매계약의 당사자인 A와 B사이의 채권관계에 기한 급부일 뿐이므로(제3자인 C는 이와 직접적인 관련이 없다), 이로 인한 부당이득반환의무는 당연히 A와 B 사이에서만 발생한다고 봄이 타당한 점, ② 기본관계는 해제로 인하여 무효라 하더라도 대가관계(요약자와 제3자 사이의 관계를 말하며, 제3자 수익의 원인관계라고도 한다)에 아무런 하자가 없는 경우 제3자(C)의 급부수령은 요약자(B)와의 관계에 기한 정당한 수령으로서 부당이득반환의 대상이 되지 아니한다 할 것이고, 또한 제3자에 대한 낙약자(A)의 급부에 의하여 요약자가 채무를 면하게 되며, 요약자와 제3자 사이의 유효한 결제를 부인할 필요가 없으므로, 낙약자로서는 제3자가 아닌 요약자에 대하여 부당이득의 반환을 청구하여야 한다고 봄이 상당한 점, ③ 또한, A가 C에 대하여 직접 부당이득반환청구를 할 수 있다고 보면, 자기 책임 하에 체결된 계약에 따른 위험부담을 제3자에게 전가시키는 것이 되어 계약법의 기본원리에 반하는 결과를 초래하게 되는 점 등에 비추어 볼 때, 그 계약관계의 청산은 이 사건 매매계약의 당사자인 A와 B사이에 이루어져야 할 것이고, 제3자인 C를 상대로 하여 해제에 따른 원상회복 또는 위 매매대금을 지급받은 것이 부당이득이라는 이유로 그 반환을 구할 수는 없다 할 것이기 때문입니다.

물론 이 경우에 기본관계를 이루는 매매계약이 해제된 경우, 낙약자는 민법 제542조에 의하여 위 매매계약의 해제를 항변사유로 하여 제3자(수익자)에게 대항할 수 있으므로 아직 이행되지 아니한 잔금의 지급을 거절할 수 있습니다.

■ 제3자를 위한 계약의 3자간 법률관계

1) 요약자·낙약자의 관계(기본관계·보상관계)

기본관계는 제3자를 위한 계약의 출발점으로서 이를 기초로 하여 제3자가 수익의 의사표시(제539조2항)를 하면 제3자의 권리가 발생하지만, 기본관계가 무효이면 제3자는 채권을 취득하지 못한다.

2) 낙약자·제3자의 관계(급부관계·실행관계)

제3자의 수익의 의사표시로 제3자는 낙약자에 대하여 직접 채권을 취득하게 되고, 그 후 낙약자의 채무불이행이 있으면 제3자는 이를 이유로 손해배상을 청구할 수 있다(66다674).

3) 요약자·제3자의 관계(대가관계·원인관계)

제3자를 위한 계약의 체결 원인이 된 요약자와 제3자(수익자) 사이의 법률관계의 효력은 제3자를 위한 계약 자체는 물론 그에 기한 요약자와 낙약자 사이의 법률관계의 성립이나 효력에 영향을 미치지 아니하므로 낙약자는 요약자와 수익자 사이의 법률관계에 기한 항변으로 수익자에게 대항하지 못하고, 요약자도 대가관계의 부존재나 효력의 상실을 이유로 자신이 기본관계에 기하여 낙약자에게 부담하는 채무의 이행을 거부할 수 없다(2003다49771).

사례 103 중첩적 채무인수(병존적 채무인수) 참조

122 부동산 매매계약에 있어서 잔대금 지급기일을 넘기면 자동해제 된다는 약정의 의미

채권법

Q 질문

저는 제 소유의 부동산을 매도하면서 계약금 및 중도금을 지급받았으며, 잔대금 지급기일에 소유권이전에 필요한 서류를 갖추어 매수인을 만났으나 매수인이 자금을 마련하지 못했다면서 한 차례 기일을 연기해 달라고 요청하여 이를 승낙하면서 만약 연기해 준 잔대금 지급기일에도 잔금을 마련하지 못하면 본 계약은 자동해제된다고 특약으로 명시하였습니다. 그럼에도 불구하고 매수인은 잔금을 마련하지 못하였는데, 그렇다면 매매계약은 자동해제 되는 것인지요?

A 답변

당사자 일방이 그 채무를 이행하지 아니하는 때에는 상대방은 상당한 기간을 정하여 그 이행을 최고하고 그 기간 내에 이행하지 아니한 때에는 계약을 해제할 수 있으며, 이 때 채무자가 이행하지 아니할 의사를 표시한 경우에는 최고를 요하지 아니합니다(제544조).

그런데 이 건의 경우와 같이 부동산 매매계약에 매수인이 잔대금지급기일까지 대금을 지급하지 못하면 계약이 자동해제 된다는 취지의 약정이 있는 경우 계약의 자동해제를 위하여 매도인이 잔대금지급기일에 자기 채무의 이행제공을 하여 매수인을 이행지체에 빠지게 하여야 하는지 여부가 문제됩니다.

이에 대하여 판례는, '부동산 매매계약에 있어서 매수인이 잔대금지급기일까지 그 대금을 지급하지 못하면 그 계약이 자동적으로 해제된다는 취지의 약정이 있더라도 특별한 사정이 없는 한 매수인의 잔대금지급의무와 매도인의 소유권이전등기의무는 동시이행의 관계에 있으므로 매도인이 잔대금지급기일에 소유권이전등기에 필요한 서류를 준비하여 매수인에게 알리는 등 이행의 제공을 하여 매수인으로 하여금 이행지체에 빠지게 하였을 때에 비로소 자동적으로 매매계약이 해제된다고 보아야 하고 매수인이 그 약정기한을 도과하였더라도 이행지체에 빠진 것이 아니라면 대금 미지급으로 계약이 자동해제된다고는 볼 수 없으며, 다만 위와 같은 자동해제 약정을 한 경우에 있어 매도인이 이전등기 소요서류를 갖추었는지 여부를 묻지 않고 매수인의 지급기한도과사실 자체만으로 계약을 실효시키기로 특약을 하였다고 볼 특별한 사정이 있는 경우에는 예외적으로 매도인이 소유권이전에 필요한 서류를 갖출 필요도 없이 그 계약은 해제된 것으로 본다'고 합니다(95다55467).

따라서 귀하는 잔대금 지급기일을 한번 연기해 주면서 그래도 매수인이 연기해 준 잔대금 지급기일을 넘기면 그 때는 그 계약은 자동해제 된다고 특약을 하였으므로 이 경우에는 귀하의 소유권이전등기 서류 구비여하를 묻지 아니하고 매수인의 잔대금 지급기일도과사실 그 자체만으로 이건 계약은 자동해제 된다고 봅니다.

한편 매매계약이 해제되면 각 당사자는 상대방에 대하여 원상회복의 의무가 있으며(제548조), 계약해제로 인하여 손해가 발생하면 손해배상청구도 아울러 할 수 있습니다(제551조).

■ 해제·해지의 의의

1) 계약의 해제란 유효하게 성립하고 있는 계약의 효력을 당사자 일방의 의사표시에 의하여 처음부터 없었던 것과 같은 상태로 돌아가게 하는 것으로 상대방 있는 단독행위이다(해제계약·합의해제와 구별). 이에 비하여 계약의 해지는 계속적 계약에 있어서 계약의 효력을 장래에 향하여 소멸하게 하는 단독행위로서 소급효가 없다는 점에서도 해제와는 구별된다.

2) 민법상 해제권은 계약(약정해제권)이나 법률의 규정(법정해제권)에 의하여 발생한다(제543조).

3) 해제·해지의 의사표시는 철회하지 못한다(제543조2항).
그러나 당사자의 합의로 철회하는 것은 계약자유의 원칙상 허용된다.

■ 법정해제권의 발생사유(채무불이행)

1) 이행지체(제544조, 545조)
사례 86 이행지체 참조

2) 이행불능(제546조)
사례 88 이행불능 참조

3) 불완전이행
사례 89 불완전이행 참조

4) 사정변경으로 인한 계약해제
사례 3 회사 임원으로 있을 때 체결한 계속적 보증계약의 퇴사 후 해지 참조

123 계약해제와 제3자 보호

채권법

질문

저는 A에게 제 소유의 부동산을 매도하면서 중도금을 지급받음과 동시 A에게 소유권을 이전해 주면 A가 이를 담보로 타에 대출을 받아서 잔대금을 치르기로 특약을 하였습니다. 그럼에도 불구하고 A는 자기 앞으로 소유권을 넘겨받은 후 임의로 이를 B에게 처분하여 B앞으로 소유권을 넘겨 준 후 행방을 감추어 버렸습니다. 이 경우 제가 A와의 매매계약을 해제하고 B앞으로 경료된 부동산의 소유권을 되찾을 수 있는지요?

답변

계약이 해제되면 그 계약은 소급하여 무효로 되며(75다1394), 각 당사자는 상대방에 대하여 원상회복의 의무가 있습니다(제548조).

다만 그 계약이 소급하여 무효로 된다고 할 때에 물권도 계약의 해제로 인하여 당연히 복귀하는지가 문제됩니다.

이에 대하여 판례는, '민법 548조 1항 본문에 의하면 계약이 해제되면 각 당사자는 상대방을 계약이 없었던 것과 같은 상태에 복귀케 할 의무를 부담한다는 뜻을 규정하고 있는바, 계약에 따른 채무의 이행으로 이미 등기나 인도를 하고 있는 경우에 그 원인행위인 채권계약이 해제됨으로써 원상회복 된다고 할 때 그 이론 구성에 관하여 소위 채권적 효과설과 물권적 효과설이 대립되어 있으나 우리의 법제가 물권행위의 독자성과 무인성을 인정하고 있지 않는 점과 민법 548조 1항 단서가 거래안정을 위한 특별규정이란 점을 생각할 때 계약이 해제되면 그 계약의 이행으로 변동이 생겼던 물권은 당연히 그 계약이 없었던 원상태로 복귀한다'고 합니다(75다1394).

따라서 계약 당사자 사이에서는 계약의 해제의 효과로서 이전된 소유권도 등기 없이 원 소유자에게 복귀합니다(물권적효과설).

그런데 민법 제548조 단서는 계약해제로 인하여 제3자의 권리를 해하지 못한다고 규정하고 있으며(제3자 보호를 위한 특별규정), 여기서 말하는 제3자는 통상 '해제가 있기 전에' 해제된 계약을 기초로 새로이 이해관계를 맺은 자를 말하며, 이 경우에는 제3자의 선의·악의를 불문합니다.

나아가 '계약해제로 인한 원상회복등기 등이 이루어지지 전에 계약의 해제를 주장하는 자와 양립되지 아니한 법률관계를 가지게 되었고 그 계약해제 사실을 몰랐던 선의의 제3자'도 여기서 보호받는 제3자의 범위에 들어갑니다(84다카130·131).

따라서 귀하의 경우 B는 귀하의 해제의 의사표시 이전에 A로부터 귀하 소유의 부동산에 대한 소유권을 이전해 간 제3자로서 선의·악의를 불문하고 소유권을 적법하게 취득하므로 귀하는 B를 상대로 부동산의 소유권이전 등을 청구할 수 없습니다.

물론 이 경우에 계약 당사자인 A를 상대로 계약해제로 인한 손해배상 등의 청구는 가능합니다.

다만 A·B의 행위가 제103조의 반사회적 행위에 해당하거나 제108조의 허위표시에 해당하는 경우에는 무효가 되므로 부동산을 되찾을 수도 있습니다.

■ 해제의 효과

1) 직접효과설

해제로 인하여 계약은 소급적으로 소멸하므로 이미 이행한 부분을 원상회복하여야 하며, 이 경우에 등기 또는 인도된 권리가 당연히 복귀하는지 여부에 따라 학설이 나뉜다.

① 채권적 효과설(물권행위의 무인성)

계약이 해제되더라도 이행행위(물권행위)는 유효하므로 원상회복으로서 부당이득반환청구한다.

② 물권적 효과설(물권행위의 유인성: 판례)

계약이 해제되면 그 계약의 이행으로 변동이 생겼던 물권도 당연히 복귀하므로 원상회복으로서 물권적 청구권을 행사한다.

사례 54 물권행위의 유인성 참조

2) 청산관계설

해제로 인하여 계약은 소급적으로 소멸하는 것이 아니라 청산관계로 변경되어 그 청산절차로서 이행된 부분을 원상회복한다.

124 증여와 해제

채권법

질문

저는 제 소유의 부동산을 장남에게 증여하면서 그 소유권이전등기도 필하였습니다. 그런데 장남은 이를 증여받은 후 태도를 돌변하여 부양의무를 이행하지 아니하고 있는데, 이를 이유로 제가 증여계약을 해제하고 부동산을 되찾아 올 수 있는지요?

답변

민법상 증여는 당사자 일방이 무상으로 재산을 상대방에 수여하는 의사를 표시하고 상대방이 이를 승낙함으로써 그 효력이 생깁니다(제554조). 통상의 의미로서의 증여란 증여하는 행위(증여자의 단독행위)를 말하지만 민법에서 말하는 증여란 위와 같이 증여계약을 의미합니다.

다만 현실에 있어서는 동산의 증여와 같이 계약과 동시 목적물이 인도되는 경우가 많은데(부의금·결혼축의금 등), 이를 '현실증여'라고 하며 이러한 현실증여의 경우에는 채권행위(증여계약)와 물권행위(인도)가 합쳐져서 행하여진 것으로 이해됩니다.

그리고 증여는 증여자만이 채무를 부담하는 편무계약으로, 증여자는 증여의 목적인 물건 또는 권리에 하자나 흠결이 있어도 원칙적으로 담보책임을 지지 않습니다(제559조).

나아가 첫째 증여의 의사가 서면으로 표시되지 아니한 경우에는 각 당사자는 이를 해제할 수 있으며(제555조), 이는 증여자가 경솔하게 증여하는 것을 방지함과 동시에 증여자의 의사를 명확하게 하여 뒤에 분쟁이 생기는 것을 사전에 방지하고자 함이며(92다18481), 둘째 수증자가 ① 증여자 또는 그 배우자나 직계혈족에 대한 범죄행위를 하거나, ② 증여자에 대하여 부양의무 있는 경우에 이를 이행하지 아니하는 등 망은행위를 한 때에도 이를 해제할 수 있습니다(제556조). 그리고 셋째 증여계약 후에 증여자의 재산상태가 현저히 변경되고 그 이행으로 인하여 생계에 중대한 영향을 미칠 경우에도 증여를 해제할 수 있습니다(557조).

여기서 말하는 부양의무란 민법 제974조에 규정되어 있는 직계혈족 및 그 배우자 또는 생계를 같이 하는 친족 간의 부양의무를 가리키는 것으로서, 친족 간이 아닌 당사자 사이의 약정에 의한 부양의무는 이에 해당하지 아니하며(95다43358), 위와 같은 망은행위를 이유로 한 해제권은 망은행위가 있었음을 안 날로부터 6개월이 경과하거나 증여자가 수증자에 대하여 용서의 의사를 표시한 때에는 소멸합니다(제556조2항).

한편 위와 같이 증여계약을 해제할 수 있는 경우에도 증여계약에 기하여 이미 이를 이행한 경우에는 해제를 할 수 없습니다(제558조).

따라서 이건과 같은 경우에 판례도 '토지에 대한 증여는 증여자의 의사에 기하여 수증자에게 소유권이전등기가 경료됨으로써 이행이 완료되므로 증여자가 그 이행 후 증여계약을 해제하였다 하더라도 증여계약이나 그에 의한 소유권이전등기의 효력에 아무런 영향을 받지 아니한다'고 합니다(90다6729).

따라서 귀하는 장남의 부양의무 위반을 이유로 이미 장남명의로 소유권이전을 마친 부동산에 대한 증여계약을 해제하고 부동산을 되찾아 올 수 없습니다.

그러나 소위 효도계약서를 작성하고 이에 따라 부동산을 증여 받은 후 효도계약서에 명시된 내용대로 부양의무를 다하지 아니한 경우에는 증여계약을 해제할 수 있습니다. 즉 효도계약서란 민법 제561조의 부담부 증여(증여를 받되 부양의무 등 효도의 부담을 진다는 의미)에 해당하여 이 경우에는 쌍무계약에 관한 규정이 적용되어 민법 제555조와 558조는 적용되지 않고, 따라서 증여계약을 해제할 수 있습니다(97다2177).

그러므로 매사에 문서(서면)로 당사자의 의사를 명확히 해두는 것이 가족 간은 물론 사회생활에 따른 법적분쟁을 피할 수 있을 것입니다.

■ 부담부 증여(제561조)

부담부 증여란 수증자가 증여를 받으면서 일정한 급부를 하기로 하는 증여를 말한다.

증여에 상대부담(민법 제561조) 등의 부관이 붙어 있는지 또는 증여와 관련하여 상대방이 별도의 의무를 부담하는 약정을 하였는지 여부는 당사자 사이에 어떠한 법률효과의 발생을 원하는 대립하는 의사가 있고 그것이 말 또는 행동 등에 의하여 명시적 또는 묵시적으로 외부에 표시되어 합치가 이루어졌는가를 확정하는 것으로서 사실인정의 문제에 해당하므로, 이는 그 존재를 주장하는 자가 증명하여야 하며, 甲이 乙에게 증여한 A 부동산에 관한 상속세를 乙이 부담하기로 하는 묵시적 의사합치가 있었는지 여부가 문제된 사안에서, 증여계약이 체결될 무렵을 전후하여 甲

과 乙 사이에는 위 증여 부동산에 관한 상속세를 누가 부담할 것인지에 관하여 아무런 논의조차 없었던 것으로 보이고, 설령 甲이 내심으로 乙이 상속세를 부담할 것으로 희망 내지 기대하였고 나아가 乙 또한 이를 자신이 부담하리라고 생각하였다고 하더라도, 위와 같은 두 사람의 의사가 명시적 또는 묵시적으로 외부에 표시되었다고 볼 아무런 증거가 없는 이상, 그와 같은 사정만으로 두 사람 사이에 묵시적 의사합치가 이루어져 그것이 위 증여계약의 내용이 되었다거나 또는 별도의 약정이 체결되었다고 볼 수는 없다고 한 사례(2010다5878).

■ 정기증여(제560조)

정기증여란 정기적으로 무상으로 재산을 주는 증여(매달 100만원 지급)를 말하며, 정기증여는 증여자 또는 수증자가 사망하면 그 효력을 상실한다.

■ 사인증여(제562조)

사인증여란 증여자의 사망으로 인하여 효력이 생기는 증여를 말하며, 사인증여에는 유증(제1073조 이하)에 관한 규정을 준용한다.

민법 제562조는 사인증여에 관하여는 유증에 관한 규정을 준용하도록 규정하고 있지만, 유증의 방식에 관한 민법 제1065조 내지제1072조는 그것이 단독행위임을 전제로 하는 것이어서 계약인 사인증여에는 적용되지 아니하며, 민법 제562조가 사인증여에 관하여 유증에 관한 규정을 준용하도록 규정하고 있다고 하여, 이를 근거로 포괄적 유증을 받은 자는 상속인과 동일한 권리의무가 있다고 규정하고 있는 민법 제1078조가 포괄적 사인증여에도 준용된다고 해석하면 포괄적 사인증여에도 상속과 같은 효과가 발생하게 된다. 그러나 포괄적 사인증여는 낙성·불요식의 증여계약의 일종이고, 포괄적 유증은 엄격한 방식을 요하는 단독행위이며, 방식을 위배한 포괄적 유증은 대부분 포괄적 사인증여로 보여질 것인바, 포괄적 사인증여에 민법 제1078조가 준용된다면 양자의 효과는 같게 되므로, 결과적으로 포괄적 유증에 엄격한 방식을 요하는 요식행위로 규정한 조항들은 무의미하게 된다. 따라서 민법 제1078조가 포괄적 사인증여에 준용된다고 하는 것은 사인증여의 성질에 반하므로 준용되지 아니한다고 해석함이 상당하다(94다37714·37721).

■ 사인증여와 태아의 권리능력

1) 긍정설

사인증여에는 유증에 관한 규정이 준용(제562조, 1064조, 1000조3항).

2) 부정설

사인증여는 계약이고, 유증은 단독행위이므로 그 성질상 준용불가.

125 매매계약에 있어서의 계약금의 성질

Q 질문

저는 제 소유의 부동산을 매도하는 매매계약을 체결하면서 만약 매수인이 이를 위약할 경우에는 계약금을 포기하고 매도인인 제가 위약할 경우에는 계약금의 배액을 상환하기로 약정하였습니다. 그런데 매수인은 계약 그 다음날 사정상 계약을 해제한다면서 자신이 지급한 계약금을 돌려달라고 요구하는데, 계약서 내용대로 제가 매수인으로부터 받은 계약금은 돌려줄 필요가 없는 것이 아닌지요?

A 답변

매매의 당사자 일방이 계약 당시에 금전 기타 물건을 계약금, 보증금 등의 명목으로 상대방에게 교부한 때에는 당사자 간에 다른 약정이 없는 한 당사자의 일방이 이행에 착수할 때 까지 교부자는 이를 포기하고 수령자는 그 배액을 상환하여 매매계약을 해제할 수 있으며, 이 경우는 채무불이행으로 인한 해제가 아니므로 별도의 손해배상을 청구할 수 없습니다(제565조).

그러므로 매매계약에 있어서 계약금은 당사자 일방이 이행에 착수할 때까지 매수인은 이를 포기하고 매도인은 그 배액을 상환하여 계약을 해제할 수 있는 해약금의 성질을 가지고 있고 다만 당사자의 일방이 위약한 경우 그 계약금을 위약금으로 하기로 하는 특약이 있는 경우에만 손해배상액의 예정으로서의 성질을 갖는 것입니다(86누438).

따라서 매매당사자가 계약금으로 수수한 금액에 관하여 매수인이 위약하면 이를 무효로 하고 매도인이 위약하면 그 배액을 상환하기로 하는 뜻의 약정을 한 경우(통상 부동산거래서식에 부동문자로 인쇄되어 있음)에 있어서 그 위약금의 약정은 민법 제398조 제4항이 정한 손해배상의 예정으로 추정되는 것이고, 이와 같은 약정이 있는 경우에는 채무자에게 채무불이행이 있으면 채권자는 실제손해액을 증명할 필요 없이 그 예정액을 청구할 수 있는 반면에 실제손해액이 예정액을 초과하더라도 그 초과액을 청구할 수 없습니다(87다카3101).

나아가 매매계약을 체결함에 있어서 계약금이 수수된 경우 계약금은 해약금의 성질을 가지고 있어서 이를 위약금으로 하기로 하는 특약이 없는 이상 계약이 당사자 일방의 귀책사유로 인하여 해제되었다 하더라도 상대방은 계약불이행으로 입은 실제 손해만을 배상받을 수 있을 뿐 계약금이 위약금으로서 상대방에게 당연히 귀속된다고 할 수 없습니다(92다23209).

그리고 손해배상액의 예정이 부당히 과다한 경우에는 법원은 적당히 이를 감액할 수 있으며(제398조), 그 예정액이 부당히 과다한지 여부는 채권자와 채무자의 각 지위, 계약의 목적 및 내용, 손해배상액을 예정한 동기, 채무액에 대한 예정액의 비율, 예상 손해액의 크기, 그 당시의 거래관행 등 모든 사정을 참작하여 일반 사회관념에 비추어 그 예정액의 지급이 경제적 약자의 지위에 있는 채무자에게 부당한 압박을 가하여 공정성을 잃는 결과를 초래한다고 인정되는 경우를 뜻하는 것으로 보아야 하고, 한편 위 규정의 적용에 따라 손해배상의 예정액이 부당하게 과다하여 그에 대한 적당한 감액의 범위를 판단하는 데 있어서는, 법원이 구체적으로 그 판단을 하는 때 즉, 사실심의 변론종결 당시를 기준으로 하여 그 사이에 발생한 위와 같은 모든 사정을 종합적으로 고려하여야 합니다(2000다35771).

따라서 이 건과 같이 계약금을 위약금으로 하기로 하는 특약이 있는 경우에는 손해배상액 예정의 성질도 함께 가지게 되므로 귀하는 매수인으로부터 받은 계약금을 돌려줄 필요가 없으나, 계약 바로 다음 날 이를 해약한 점 등 위와 같은 제반사정을 참작하여 법원이 적당히 감액을 할 수도 있습니다.

사례 92 손해배상액의 예정 참조

계약금의 의의

1) 계약금은 계약체결 시 당사자 일방이 상대방에게 교부하는 금전 기타의 유가물이다.

2) 계약금은 금전 기타의 유가물의 교부를 요건으로 하는 '요물계약'이며(91다9251), 매매 기타의 계약에 부수하여 행하여지는 '종된계약'으로 주된 계약이 무효·취소되거나 해제된 때에는 계약금계약도 무효로 되고 따라서 계약금은 부당이득으로서 반환하여야 한다. 따라서 계약이 일단 성립한 후에는 당사자의 일방이 이를 마음대로 해제할 수 없는 것이 원칙이고, 다만 주된 계약과 더불어 계약금계약을 한 경우에는 민법 제565조 제1항의 규정에 따라 임의 해제를 할 수 있기는 하나, 계약금계약은 금전 기타 유가물의 교부를 요건으

로 하므로 단지 계약금을 지급하기로 약정만 한 단계에서는 아직 계약금으로서의 효력, 즉 위 민법 규정에 의해 계약해제를 할 수 있는 권리는 발생하지 않는다고 할 것이다. 따라서 당사자가 계약금의 일부만을 먼저 지급하고 잔액은 나중에 지급하기로 약정하거나 계약금 전부를 나중에 지급하기로 약정한 경우, 교부자가 계약금의 잔금이나 전부를 약정대로 지급하지 않으면 상대방은 계약금 지급의무의 이행을 청구하거나 채무불이행을 이유로 계약금약정을 해제할 수 있고, 나아가 위 약정이 없었더라면 주계약을 체결하지 않았을 것이라는 사정이 인정된다면 주계약도 해제할 수도 있을 것이나, 교부자가 계약금의 잔금 또는 전부를 지급하지 아니하는 한 계약금계약은 성립하지 아니하므로 당사자가 임의로 주계약을 해제할 수는 없다 할 것이다(2007다73611).

3) 해약금의 추정

계약금이 어떤 성질의 것인지는(증약금·위약금·해약금 등) 계약금계약의 해석에 의하여 결정될 것이지만 그것이 불분명할 때에는 민법 제565조에 의하여 해약금으로 추정된다.

4) 해약금에 기하여 해제할 수 있는 시기는 '당사자의 일방이 이행에 착수할 때까지'이다. 여기에서 이행에 착수한다는 것은 객관적으로 외부에서 인식할 수 있는 정도로 채무의 이행행위의 일부를 하거나 또는 이행을 하기 위하여 필요한 전제행위를 하는 경우를 말하는 것으로서 단순히 이행의 준비를 하는 것만으로는 부족하나 반드시 계약내용에 들어맞는 이행의 제공의 정도에까지 이르러야 하는 것은 아니다(93다1114). 그리고 민법 제565조 제1항에서 말하는 당사자의 일방이라는 것은 매매 쌍방 중 어느 일방을 지칭하는 것이고, 상대방이라 국한하여 해석할 것이 아니므로, 비록 상대방인 매도인이 매매계약의 이행에는 전혀 착수한 바가 없다 하더라도 매수인이 중도금을 지급하여 이미 이행에 착수한 이상 매수인은 민법 제565조에 의하여 계약금을 포기하고 매매계약을 해제할 수 없다(99다62074).

126 매매 목적물의 하자로 인한 담보책임

채권법

질문

저는 토지 소유자로부터 그 소유의 담장 안 토지 3필지 도합 1,000평을 매수한 후 이를 인도받아 측량을 해 보니 등기부상의 기재와 달리 그 중 100평이 부족한 사실을 알게 되었습니다. 그래서 매도인에게 100평에 해당하는 토지대금을 돌려 달라고 요구하자 매도인은 제가 사전에 이를 확인하지 아니한 잘못이 있다면서 이를 거부하고 있는데, 제가 돌려받지 못하는지요?

답변

매매의 목적물에 하자가 있는 경우 매수인이 과실없이 이를 알지 못한 때에는 이로 인하여 계약의 목적을 달성할 수 없을 경우에는 계약해제를, 기타의 경우에는 손해배상을 청구할 수 있으며, 종류매매의 경우에도 그 목적물이 특정되면 마찬가지로 하자로 인한 손해배상을 청구할 수 있습니다(제580조, 581조, 575조).

이를 매도인의 하자담보책임(제580조)이라고 부르며, 여기서 말하는 '하자'란 매매의 목적물이 거래통념상 기대되는 객관적 성질·성능을 결여하거나, 당사자가 예정 또는 보증한 성질을 결여한 경우를 말하며, 하자의 존부는 매매계약 성립시를 기준으로 판단합니다(98다18506).

통상 매도인의 담보책임은 채무불이행책임과 달리 매도인의 고의·과실을 필요로 하지 않는 무과실법정책임이지만, 그렇다고 매매의 목적물에 하자가 있는 경우에 매도인은 하자담보책임만을 지는 것은 아니고, 매도인에게 귀책사유가 있는 때에는 불완전이행으로서 채무불이행책임을 질수도 있습니다(2002다51586).

이 경우에 매도인의 하자담보책임은 상대방이 하자가 없다고 믿은데 대한 손해 즉, 신뢰이익에 대한 배상책임이며 이는 채무불이행으로 인한 손해 즉, 이행이익을 넘지 못합니다(판례는 타인의 권리의 매매는 이행이익을 배상하여야 한다고 함: 66다2618).

한편 이건과 같이 매매목적물인 토지의 평수와 실제 평수가 다른 경우에 매매목적물이 무엇인지와 매수인이 부족한 평수만큼 매도인의 하자담보책임을 물을 수 있는지 여부가 문제됩니다.

판례는 이에 대하여 '토지매매계약서에서 등기부상 1필 또는 수필의 토지를 매매목적물로 표시한 경우에는 특단의 사정이 없는 한 매매의 대상은 그 1필 또는 수필의 토지 전체라고 보는 것이 타당하고, 매매당사자가 매매 당시 현장답사를 하여 담장 등으로 사실상 경계표시가 된 토지의 일부분을 매매목적물의 전체로 잘못 알고 매매계약을 체결하였다고 하여도 이러한 사실만으로 현장답사에서 확인한 토지부분만이 매매의 대상이 된다고는 할 수 없으며, 토지매매에 있어서 특단의 사정이 없는 한 매수인에게 측량 또는 지적도와의 대조 등 방법으로 매매목적물이 지적도상의 그것과 정확히 일치하는지의 여부를 미리 확인하여야 할 주의의무가 있다고 볼 수 없다'고 합니다(84다카2344).

따라서 귀하는 매도인의 하자담보책임을 물어 100평에 해당하는 토지대금 상당액을 돌려받을 수 있습니다.

다만 이 경우에도 귀하가 그 사실을 안 날로부터 6월내에 이를 행사하여야 하며(제582조), 이 기간은 재판상 또는 재판외의 권리행사기간이며 반드시 재판상 청구하여야만 하는 출소기간(出訴期間)은 아닙니다(84다카2344).

● ● ●

■ 담보책임의 발생원인

1) 권리에 하자가 있는 경우
   ① 권리의 전부가 타인에게 속한 경우(제569조~571조)
   ② 권리의 일부가 타인에게 속한 경우(제572조, 573조)
   ③ 권리의 일부가 존재하지 않는(목적물의 수량부족·일부멸실) 경우(제574조)
   ④ 권리가 타인의 권리에 의하여 제한받고 있는 경우(제575조~577조)

2) 물건(매매의 목적물)에 하자가 있는 경우(하자담보책임)
   ① 특정물매매의 경우(제580조~582조)
   ② 불특정물매매의 경우(제581조~582조)

3) 채권매매의 경우(제579조)

4) 경매의 경우(제578조)

제580조의 매도인의 하자담보책임은 경매의 경우에는 적용하지 아니한다(제580조2항).

■ 담보책임과 동시이행(제583조)

■ 담보책임면제의 특약(제584조)

당사자가 매도인의 담보책임을 면하는 특약을 한 경우에도 매도인이 알고 고지하지 아니한 사실 및 제3자에게 권리를 설정 또는 양도한 행위에 대하여는 책임을 면하지 못한다.

■ 매도인의 하자담보책임과 과실상계

수급인의 하자담보책임에 관한 민법 제667조는 법이 특별히 인정한 무과실책임으로서 여기에 민법 제396조의 과실상계 규정이 준용될 수는 없다 하더라도 담보책임이 민법의 지도이념인 공평의 원칙에 입각한 것인 이상 하자 발생 및 그 확대에 가공한 도급인의 잘못을 참작하여 손해배상의 범위를 정함이 상당하며, 하자담보책임으로 인한 손해배상 사건에 있어서는 배상 권리자에게 그 하자를 발견하지 못한 잘못으로 손해를 확대시킨 과실이 인정된다면 법원은 손해배상의 범위를 정함에 있어서 이를 참작하여야 하며, 이 경우 손해배상책임을 다투는 배상 의무자가 배상 권리자의 과실에 따른 상계항변을 하지 아니하더라도 소송에 나타난 자료에 의하여 그 과실이 인정되면 법원은 직권으로 이를 심리·판단하여야 한다(99다12888).

■ 토지의 매매가 민법 제574조 소정의 '수량을 지정한 매매'인지 여부의 판단 방법(98다13914)

민법 제574조에서 규정하는 '수량을 지정한 매매'라 함은 당사자가 매매의 목적인 특정물이 일정한 수량을 가지고 있다는 데 주안을 두고 대금도 그 수량을 기준으로 하여 정한 경우를 말하는 것이므로, 토지의 매매에 있어서 목적물을 공부상의 평수에 따라 특정하고 단위면적당 가액을 결정하여 단위면적당 가액에 공부상의 면적을 곱하는 방법으로 매매대금을 결정하였다고 하더라도 이러한 사정만으로 곧바로 그 토지의 매매를 '수량을 지정한 매매'라고 할 수는 없는 것이고, 만일 당사자가 그 지정된 구획을 전체로서 평가하였고 평수에 의한 계산이 하나의 표준에 지나지 아니하여 그것이 당사자들 사이에 대상 토지를 특정하고 대금을 결정하기 위한 방편이었다고 보일 때에는 '수량을 지정한 매매'가 아니라고 할 것이며, 반면 매수인이 일정한 면적이 있는 것으로 믿고 매도인도 그 면적이 있는 것을 명시적 또는 묵시적으로 표시하고, 나아가 당사자들이 면적을 가격 결정 요소 중 가장 중요한 요소로 파악하고 그 객관적인 수치를 기준으로 가격을 정하였다면 그 매매는 '수량을 지정한 매매'라고 하여야 할 것이다.

나아가 매매계약서에 토지의 면적을 등기부상 기재에 따라 기재하고 그 면적에 평당 가격을 곱한 금액에서 우수리 돈을 감액하는 방법으로 매매대금을 결정하였으나 그 토지가 도로, 잡목 등으로 인근 토지와 경계가 구분되어 있으며 매수인이 매매계약 체결 전 그 토지를 현장답사하여 현황을 확인한 경우, 그 토지 매매는 '수량을 지정한 매매'가 아니라 구획된 경계에 따라 특정하여 매매한 것이라고 본 사례.

127 주택임대차보호법의 적용범위

질문

저는 동네에서 주택겸용의 마트를 임차하여 전입신고를 마친 후 장사를 하면서 그곳에서 온 가족이 숙식을 하면서 지내고 있습니다. 이 경우 제가 영업 중인 마트의 면적이 주택보다 더 넓은 경우에도 주택임대차보호법의 적용을 받는지요?

답변

주거용 건물의 임대차에 관하여 민법에 대한 특례를 규정하고 있는 주택임대차보호법상 임차인이 주택의 인도와 전입신고를 마치고, 임대차계약서상 확정일자를 갖춘 경우에는 임대차등기를 하지 아니하더라도 제3자에 대하여 효력(대항력)이 생깁니다(동법 제3조).

주택임대차보호법은 주거용 건물의 전부 또는 일부의 임대차에도 이를 적용하며, 그 임차주택의 일부가 주거외의 목적으로 사용되는 경우에도 마찬가지로 적용됩니다(동법 제2조).

한편 주거용 건물의 개념과 그 판단시점에 대하여 판례는, '주택임대차보호법 제2조 소정의 주거용 건물이란 공부상의 표시에 불구하고 그 실지용도에 따라서 정하여야 하고 또한 한 건물의 비주거용 부분과 아울러 주거용 부분이 함께 임대차의 목적이 되어 각기 그 용도에 따라 사용되는 경우 그 주거용 부분에 관하여 본법이 적용되느냐의 여부는 구체적인 경우에 따라 합목적적으로 결정하여야 하며, 더욱이 위 주택임대차보호법이 적용되려면 먼저 임대차계약 체결당시를 기준으로 하여 그 건물의 구조상 주거용 또는 그와 겸용될 정도의 건물의 형태가 실질적으로 갖추어져 있어야 하고, 만일 그 당시에는 주거용 건물부분이 존재하지 아니하였는데 임차인이 그 후 임의로 주거용으로 개조하였다면 임대인이 그 개조를 승낙하였다는 등의 특별한 사정이 없는 한 위 법의 적용은 있을 수 없다'고 합니다(85다카1367).

그리고 실제 주택을 사용·수익할 목적이 없이 단지 소액임차인으로서 보호받기 위하여 거주하거나(2001다14733), 주택임대차보호법의 적용을 받기 위한 외관을 만든데 지나지 아니한 경우(2000다24184·24191)에는 그 적용이 없으며, 자연인이 아닌 법인은 그 보호대상이 아니어서 법인이 직원명의로 주민등록을 하였더라도 그 적용이 없으나(2003다2918), 국민주택기금을 재원으로 하여 저소득층 무주택자에게 주거생활안정을 위하여 전세임대주택을 지원하는 법인이 주택을 임차한 후 지방자치단체의 장 또는 그 법인이 선정한 입주자가 그 주택을 인도받고 주민등록을 마친 때에는 그 효력이 있습니다(동법 제3조2항).

나아가 이건과 같이 주거용 건물에 비하여 점포의 면적이 더 넓은 경우에도 동법의 적용이 될 것인지가 문제됩니다.

이 경우에 판례는, '단순히 비주거용 건물의 면적이 주거용 건물의 면적보다 넓다고 하더라도 실제로 주거용으로 사용하면서 그 부분이 유일한 주거장소인 경우에도 주택임대차보호법이 적용되는 주거용 건물의 일부에 해당한다'고 합니다(94다52522).

따라서 귀하의 경우는 주택임대차보호법상 보호받는 주거용 건물로 인정됩니다.

한편 귀하의 마트에 대하여 사업자등록을 마친 경우에는 상가임대차보호법(2003. 11.1.시행)에 의한 보호도 가능할 것으로 보입니다.

나아가 주택임대차보호법은 비주거용 건물의 일부가 주거용으로 사용되는 경우, 예컨대 여인숙을 경영할 목적으로 방 10개를 임차하여 현관 앞의 방 하나를 내실로 사용한 경우(86다카2407), 다방으로 사용하면서 방 하나를 주거용으로 사용한 경우(95다51953)에는 적용되지 않음을 주의해야 합니다.

다만 이 경우에도 위 상가임대차보호법이 시행된 이후에는 동법의 적용을 받아 대항력이 생기는 것은 자명한 이치입니다.

그리고 소액임차인은 보증금 중 일정액을 다른 담보물권자보다 우선하여 변제받을 권리가 있으며(동법 제8조1항), 그 범위는 대통령으로 정하게 되나(동법 제8조3항 본문) 보증금 중 일정액의 범위와 기준은 주택가액의 1/2을 넘지 못합니다(동법 제8조3항 단서).

■ 미등기 또는 무허가 건물도 주택임대차보호법의 적용대상이 되는지 여부

주택임대차보호법은 주택의 임대차에 관하여 민법에 대한 특례를 규정함으로써 국민의 주거생활의 안정을 보장함을 목적으로 하고 있고, 주택의 전부 또는 일부의 임대차에 관하여 적용된다고 규정하고 있을 뿐 임차주택이 관할관청의 허가를 받은 건물인지, 등기를 마친 건물인지 아닌지를 구별하고 있지 아니하므로, 어느 건물이 국민의 주거생활의 용도로 사용되는 주택에 해당하는 이상 비록 그 건물에 관하여 아직 등기를 마치지 아니하였거나 등기가 이루어질 수 없는 사정이 있다고 하더라도 다른 특별한 규정이 없는 한 같은 법의 적용대상이 된다(2004다26133).

따라서 옥탑방을 주거용으로 임차한 경우에도 주택임대차보호법의 적용대상이 된다(98나1163).

128 주택임대차보호법상의 주민등록

채권법

질문

주택임대차보호법상의 대항요건으로서의 주민등록의 효력에 대하여 알려주세요.

답변

주택임대차보호법상 주택임대차는 그 등기가 없는 경우에도 임차인이 주택의 인도와 주민등록을 마친 때에는 그 익일부터 제3자에 대하여 효력이 생기며, 이 때 전입신고를 한 때에 주민등록이 된 것으로 보며(동법 제3조), 임대차계약서상의 확정일자를 갖춘 경우에는 후순위권리자나 다른 채권자보다 우선하여 보증금을 변제받을 수 있습니다(동법 제3조의2).

주택임대차보호법 제3조 제1항에서 주택의 인도와 더불어 대항력의 요건으로 규정하고 있는 주민등록은 거래의 안전을 위하여 임차권의 존재를 제3자가 명백히 인식할 수 있게 하는 공시방법으로 마련된 것으로서, 주민등록이 어떤 임대차를 공시하는 효력이 있는가의 여부는 그 주민등록으로 제3자가 임차권의 존재를 인식할 수 있는가에 따라 결정된다고 할 것이므로, 주민등록이 대항력의 요건을 충족시킬 수 있는 공시방법이 되려면 단순히 형식적으로 주민등록이 되어 있다는 것만으로는 부족하고, 주민등록에 의하여 표상되는 점유관계가 임차권을 매개로 하는 점유임을 제3자가 인식할 수 있는 정도는 되어야 합니다(98다32939: 아파트 소유자가 등기와 전입신고를 하고 거주하다가 아파트를 타인에게 매도하고 다시 그로부터 이를 임차하되 매매잔금 지급기일부터 매도인이 임차인의 자격으로 거주하는 것으로 약정하고 거주하여 왔으나, 매수인이 나중에야 소유권이전등기를 한 경우에는 그 이전의 매도인의 주민등록이 유효한 공시방법이 될 수 없다).

나아가 주민등록이 어떤 임대차를 공시하는 효력이 있는가의 여부는 일반 사회통념상 그 주민등록으로 당해 임대차 건물에 임차인이 주소 또는 거소를 가진 자로 등록되어 있는지를 인식할 수 있는가의 여부에 따라 결정된다 할 것이고, 그 판단은 임차인이 전입신고를 한 당시의 지번을 기준으로 하여 일반 사회통념에 따라서

하여야 할 것입니다(99다44762·44779).

따라서 건물대지의 지번을 잘못 기재한 경우(87다카1573), 동·호수를 잘못 기재하거나 누락한 경우(89다카18648)는 그 적용이 없으나, 다가구용 단독주택의 경우에는 건축법이나 주택건설촉진법상 공동주택이 아닌 단독주택으로 보아 전입신고 시 그 지번만 기재하는 것으로 충분하고, 건물거주자의 편의상 구분하여 놓은 호수까지 기재할 의무나 필요는 없다 할 것입니다(97다29530).

한편, 주택임차인이 그 임대차로서 제3자에게 대항하기 위한 요건으로서의 주택임대차보호법 제3조 소정의 주민등록(임차인 본인뿐만 아니라 그 배우자나 자녀 등 가족의 주민등록을 포함: 95다30338)은 그 대항력 취득 시 뿐만 아니라 그 대항력을 유지하기 위하여서도 계속 존속하고 있어야 하며, 임차인이 그 가족과 함께 그 주택에 대한 점유를 계속하고 있으면서 그 가족의 주민등록은 그대로 둔 채 임차인만 주민등록을 일시 다른 곳으로 옮긴 경우라면 전체적으로나 종국적으로 주민등록의 이탈이라고 볼 수 없는 만큼 임대차의 제3자에 대한 대항력을 상실하지 아니합니다(88다카143).

나아가 임차권의 적법한 양도나 전대의 경우에도 그 양수인이나 전차인은 그 점유와 주민등록으로 원래의 임차권에 대한 공시방법에 갈음할 수 있으므로 그 임대차 자체에 대한 공시방법은 계속 된다고 봅니다(87다카2509).

그러나 주택의 임차인이 그 주택의 소재지로 전입신고를 마치고 그 주택에 입주함으로써 일단 임차권의 대항력을 취득한 후 어떤 이유에서든지 그 가족과 함께 일시적이나마 다른 곳으로 주민등록을 이전하였다면 이는 전체적으로나 종국적으로 주민등록의 이탈이라고 볼 수 있으므로 그 대항력은 그 전출 당시 이미 대항요건의 상실로 소멸되는 것이고, 그 후 그 임차인이 얼마 있지 않아 다시 원래의 주소지로 주민등록을 재전입하였다 하더라도 이로써 소멸되었던 대항력이 당초에 소급하여 회복되는 것이 아니라 그 재전입한 때부터 그와는 동일성이 없는 새로운 대항력이 재차 발생하는 것일 뿐입니다(97다43468).

- 주택임대차보호법상 주택의 임차인이 주택의 인도와 주민등록을 마친 당일 또는 그 이전에 임대차계약증서상에 확정일자를 갖춘 경우, 같은 법 제3조의2에 의한 우선변제권의 발생 시기는 같은 법 제3조에 의한 대항력과 마찬가지로 주택의 인도와 주민등록을 마친 다음날을 기준으로 발생한다(98다46938).

- 다세대주택의 동·호수 표시 없이 그 부지 중 일부 지번으로만 주민등록을 한 경우의 주택임대차보호법 적용여부

임차인들이 다세대주택의 동·호수 표시 없이 그 부지 중 일부 지번으로만 주민등록을 한 경우, 그 주민등록으로써는 일반의 사회통념상 그 임차인들이 그 다세대주택의 특정 동·호수에 주소를 가진 것으로 제3자가 인식할 수는 없는 것이므로, 임차인들은 그 임차 주택에 관한 임대차의 유효한 공시방법을 갖추었다고 볼 수 없다(95다48421).

129 임차인의 지상물매수청구권

채권법

질문

저는 토지 소유자와 임대차계약을 체결하여 토지를 사용하던 중 그 지상에 토지 소유자의 승낙을 얻어 창고를 신축하여 그 등기까지 마쳤습니다. 그 후 계약기간이 만료되자 토지 소유자는 창고를 철거하여 토지를 인도해 달라고 하는데, 제가 창고 건물에 대한 시가상당액을 돌려받을 수는 없는지요?

답변

임대차는 당사자 일방이 상대방에게 목적물을 사용·수익하게 할 것을 약정하고 상대방이 이에 대하여 차임을 지급할 것을 약정함으로써 성립하는 계약으로서(제618조), 그 목적물이 부동산인 경우에는 이를 등기함으로써 제3자에 대하여도 효력이 생깁니다(제621조, 622조).

한편 이 건과 같은 건물 기타 공작물의 소유를 목적으로 한 토지임대차의 기간이 만료한 경우에 임대인이 계약의 경신을 원하지 아니하면 임차인은 상당한 가액으로 건물 등의 매수를 청구할 수 있으며(제643조, 제283조), 이는 강행규정으로서 이에 위반하여 임차인에게 불리한 것은 효력이 없습니다(제652조).

그러므로 토지 임대인이 귀하와의 임대차계약의 경신을 원하지 아니하면 귀하가 토지상에 건축한 창고를 시가상당으로 매수할 것을 임대인에게 청구할 수 있습니다.

매수청구권의 법적 성질에 대하여 판례는, '지상물매수청구권은 이른바 형성권으로서 그 행사로 임대인·임차인 사이에 지상물에 관한 매매가 성립하게 되며, 임차인이 지상물의 매수청구권을 행사한 경우에는 임대인은 그 매수를 거절하지 못하고, 이 규정은 강행규정이므로 이에 위반하는 것으로서 임차인에게 불리한 약정은 그 효력이 없다'고 합니다(94다34265).

다만 매수청구의 대상이 되는 건물에는 임차인이 임차토지상에 그 건물을 소유하면서 그 필요에 따라 설치한 것으로서 건물로부터 용이하게 분리될 수 없고 그 건물을 사용하는 데 객관적인 편익을 주는 부속물이나 부속시설 등이 포함되는 것이지만, 이와 달리 임차인이 자신의 특수한 용도나 사업을 위하여 설치한 물건이나 시설은 이에 해당하지 않으며, 건물매수시가는 건물 자체의 가격 외에 건물의 위치, 주변토지의 여러 사정 등을 종합적으로 고려하여 매수청구권 행사 당시 건물이 현재하는 대로의 상태에서 평가된 시가를 말합니다(2002다46003·46027·46010).

또한 임차인의 매수청구권은 임차인에게 부여된 권리로서 경제적 가치의 존부나 그 건물이 임대인에게 소용이 있는지 여부는 매수청구권의 행사요건이 아니며(2001다42080), 매수청구권의 대상이 되는 건물은 그것이 토지의 임대목적에 반하여 축조되고, 임대인이 예상할 수 없을 정도의 고가의 것이라는 특별한 사정이 없는 한 임대차기간 중에 축조되었다고 하더라도 그 만료시에 그 가치가 잔존하고 있으면 그 범위에 포함되는 것이고, 반드시 임대차계약 당시의 기존건물이거나 임대인의 동의를 얻어 신축한 것에 한정된다고는 할 수 없습니다(93다34589).

나아가 임차인의 매수청구권의 행사시기에 관하여는 '건물의 소유를 목적으로 하는 토지 임대차에 있어서, 임대차가 종료함에 따라 토지의 임차인이 임대인에 대하여 건물매수청구권을 행사할 수 있음에도 불구하고 이를 행사하지 아니한 채, 토지의 임대인이 임차인에 대하여 제기한 토지인도 및 건물철거청구 소송에서 패소하여 그 패소판결이 확정되었다고 하더라도, 그 확정판결에 의하여 건물철거가 집행되지 아니한 이상 토지의 임차인으로서는 건물매수청구권을 행사하여 별소로 임대인에 대하여 건물매매대금의 지급을 구할 수 있다'고 합니다(95다42195).

그러나 임차인의 채무 불이행등 사유로 인하여 임대차계약이 해지되었을 때에는 임차인에게 계약갱신권이나 매수청구권이 발생할 수 없습니다(72다2013).

한편 건물의 소유를 목적으로 하는 토지 임차인의 건물매수청구권 행사의 상대방은 원칙적으로 임차권 소멸 당시의 토지소유자인 임대인이고, 임대인이 임차권 소멸 당시에 이미 토지소유권을 상실한 경우에는 그에게 지상건물의 매수청구권을 행사할 수는 없으며, 이는 임대인이 임대차계약의 종료 전에 토지를 임의로 처분하였다 하여 달라지는 것은 아닙니다(93다59717·59724).

● ● ●

■ 주택임대차보호법

사례 128 주택임대차보호법의 적용범위
사례 129 주택임대차보호법상의 주민등록 참조

■ 상가임대차보호법

상가건물(부가가치세 등 세법상의 사업자등록의 대상이 되는 건물)에 대한 특례

상가건물 임대차보호법의 목적과 같은 법 제2조 제1항 본문, 제3조 제1항에 비추어 보면, 상가건물 임대차보호법이 적용되는 상가건물 임대차는 사업자등록 대상이 되는 건물로서 임대차 목적물인 건물을 영리를 목적으로 하는 영업용으로 사용하는 임대차를 가리킨다. 그리고 상가건물 임대차보호법이 적용되는 상가건물에 해당하는지는 공부상 표시가 아닌 건물의 현황·용도 등에 비추어 영업용으로 사용하느냐에 따라 실질적으로 판단하여야 하고, 단순히 상품의 보관·제조·가공 등 사실행위만이 이루어지는 공장·창고 등은 영업용으로 사용하는 경우라고 할 수 없으나 그곳에서 그러한 사실행위와 더불어 영리를 목적으로 하는 활동이 함께 이루어진다면 상가건물 임대차보호법 적용대상인 상가건물에 해당한다(2009다40967).

130 건축공사도급계약 해제 시의 법률관계

채권법

질문

저는 다세대주택 공사를 도급받아 공사 중, 자금난으로 공사가 50%정도 진척된 상황에서 중단되자 도급인은 저의 채무불이행을 이유로 도급계약을 해제하였습니다. 이 경우 제가 공사 기성고 비율(50%)에 따른 공사대금은 받을 수 있는지요?

답변

도급은 당사자 일방이 어느 일을 완성할 것을 약정하고 상대방이 그 일의 결과에 대하여 보수를 지급할 것을 약정함으로써 그 효력이 생기며(제664조), 도급도 고용(제655조)처럼 노무공급계약에 해당하지만 '일의 완성"을 목적으로 하는 점에서 고용과는 다릅니다.

한편 이건과 같은 건축공사계약은 전형적인 도급계약으로 당사자 간에 특별한 약정이 없으면 완성된 목적물의 인도와 보수의 지급은 동시이행관계에 있으며(제665조), 수급인이 일을 완성할 의무를 게을리 하는 경우에는 도급인은 채무불이행을 이유로 도급계약을 해제할 수 있습니다(제544조).

나아가 완성된 목적물의 하자로 인하여 계약의 목적을 달성할 수 없는 때에는 계약을 해제할 수 있으나, 이 경우에도 건물 기타 공작물에 대하여는 이를 이유로 계약을 해제할 수 없으며(제668조), 도급인은 하자보수 및 손해배상만을 청구할 수 있습니다(제667조).

그리고 이건과 같이 건축공사 도중 수급인의 채무불이행을 이유로 공사도급계약이 해제된 경우에 공사기성부분을 둘러싸고 일어나는 법률문제를 어떻게 해결하는 것이 타당한지가 문제됩니다.

이에 대하여 판례는, '건축공사도급계약에 있어서 공사가 완성되지 못한 상태에서 당사자 중 일방이 상대방의 채무불이행을 이유로 계약을 해제한 경우에 공사가 상당한 정도로 진척되어 그 원상회복이 중대한 사회적, 경제적 손실을 초래하게 되고 완성된 부분이 도급인에게 이익이 되는 때에는 도급계약은 미완성부분에 대해서만 실효되고 수급인은 해제된 상태 그대로 그 건물을 도급인에게 인도하고 도급인은 인도받은 건물에 대한 보수를 지급하여야 할 의무가 있고, 이와 같은 경우 도급인이 지급하여야 할 미완성건물에 대한 보수는 특별한 사정이 없는 한 당사자 사이에 약정한 총공사비를 기준으로 하여 그 금액에서 수급인이 공사를 중단할 당시의 공사 기성고 비율에 의한 금액이 된다'고 합니다(93다25080).

따라서 귀하의 경우에도 귀하의 채무불이행을 이유로 공사도급계약이 해제되더라도 50%의 공사기성부분에 대하여는 약정한 총공사비의 50%상당을 보수로 청구할 수 있습니다.

참고로 신축된 건물의 소유권 귀속관계에 대하여 판례는, '일반적으로 자기의 노력과 재료를 들여 건물을 건축한 사람은 그 건물의 소유권을 원시취득하는 것이고, 다만 도급계약에 있어서는 수급인이 자기의 노력과 재료를 들여 건물을 완성하더라도 도급인과 수급인 사이에 도급인명의로 건축허가를 받아 소유권보존등기를 하기로 하는 등 완성된 건물의 소유권을 도급인에게 귀속시키기로 합의한 것으로 보여 질 경우에는 그 건물의 소유권은 도급인에게 원시적으로 귀속된다'고 합니다(89다카18884).

■ 제작물공급계약의 법적성질

당사자의 일방이 상대방의 주문에 따라 자기소유의 재료를 사용하여 만든 물건을 공급할 것을 약정하고 이에 대하여 상대방이 대가를 지급하기로 약정하는 이른바 제작물공급계약은 그 제작의 측면에서는 도급의 성질이 있고 공급의 측면에서는 매매의 성질이 있어 이러한 계약은 대체로 매매와 도급의 성질을 함께 가지고 있는 것으로서 그 적용법률은 계약에 의하여 제작공급하여야 할 물건이 대체물인 경우에는 매매로 보아서 매매에 관한 규정이 적용된다고 할 것이나 물건이 특정의 주문자의 수요를 만족시키기 위한 불대체물인 경우에는 당해 물건의 공급과 함께 그 제작이 계약의 주목적이 되어 도급의 성질을 강하게 띠고 있다 할 것이므로 이 경우에는 매매에 관한 규정이 당연히 적용된다고 할 수 없으며, 한편 상법 제69조 제1항의 매수인의 목적물의 검사와 하자통지의무에 관한 규정의 취지는 상인간의 매매에 있어 그 계약의 효력을 민법 규정과 같이 오랫동안 불안정한 상태로 방치하는 것은 매도인에 대하여는 인도 당시의 목적물에 대한 하자의 조사를 어렵게 하고 전매의 기회를 잃게 될 뿐만 아니라, 매수인에 대하여는 그 기간 중 유리한 시기를 선택하여 매도인의 위험으로 투기를 할 수 있는 기회를 주게 되는 폐단 등이 있어 이를 막기 위하여 하자를 용이하게 발견할 수 있는 전문적 지식을 가진 매수인에게 신속한 검사와 통지의 의무를 부과함으로써 상거래를 신속하게 결말짓도록 한 것이므로 그 목적물이 불대체물이면 위 상법규정이 적용될 수 없다(86다카2446).

■ 건설공사도급계약에 있어서의 지체상금의 법적성질

공사도급계약을 체결하면서 건설교통부 고시 '민간건설공사 표준도급계약 일반조건'을 계약의 일부로 편입하기로 합의하였고, 위 일반조건에서 지체상금에 관한 규정과 별도로 계약의 해제·해지로 인한 손해배상청구에 관한 규정을 두고 있는 경우, 채무불이행에 관한 손해배상액의 예정은 당사자의 합의로 행하여지는 것으로서, 그 내용이 어떠한가, 특히 어떠한 유형의 채무불이행에 관한 손해배상을 예정한 것인가는 무엇보다도 당해 약정의 해석에 의하여 정하여지는바, 위 일반조건의 지체상금약정은 수급인이 공사완성의 기한 내에 공사를 완성하지 못한 경우에 완공의 지체로 인한 손해배상책임에 관하여 손해배상액을 예정하였다고 해석할 것이고, 수급인이 완공의 지체가 아니라 그 공사를 부실하게 한 것과 같은 불완전급부 등으로 인하여 발생한 손해는 그것이 그 부실공사 등과 상당인과관계가 있는 완공의 지체로 인하여 발생한 것이 아닌 한 위 지체상금약정에 의하여 처리되지 아니하고 도급인은 위 일반조건의 손해배상약정에 기하여 별도로 그 배상을 청구할 수 있다. 이 경우 손해배상의 범위는 민법 제393조 등과 같은 그 범위획정에 관한 일반법리에 의하여 정하여지고, 그것이 위 지체상금약정에 기하여 산정되는 지체상금액에 제한되어 이를 넘지 못한다고 볼 것이 아니다.

한편 수급인이 완공기한 내에 공사를 완성하지 못한 채 공사를 중단하고 계약이 해제된 결과 완공이 지연된 경우에 있어서 지체상금은 약정 준공일 다음날부터 발생하되 그 종기는 수급인이 공사를 중단하거나 기타 해제사유가 있어 도급인이 공사도급계약을 해제할 수 있었을 때(실제로 해제한 때가 아니다)부터 도급인이 다른 업자에게 맡겨서 공사를 완성할 수 있었던 시점까지이고, 수급인이 책임질 수 없는 사유로 인하여 공사가 지연된 경우에는 그 기간만큼 공제되어야 한다(2009다41137·41144).

■ 공사 도급계약에 있어 공사의 미완성과 공사를 완성하였으나 하자가 있음에 불과한 경우의 구별 기준

공사가 도중에 중단되어 예정된 최후의 공정을 종료하지 못한 경우에는 공사가 미완성된 것으로 볼 것이지만, 공사가 당초 예정된 최후의 공정까지 일응 종료되고 그 주요 구조 부분이 약정된 대로 시공되어 사회통념상 일이 완성되었고 다만 그것이 불완전하여 보수를 하여야 할 경우에는 공사가 완성되었으나 목적물에 하자가 있는 것에 지나지 아니한다고 해석함이 상당하고, 예정된 최후의 공정을 종료하였

는지 여부는 수급인의 주장이나 도급인이 실시하는 준공검사 여부에 구애됨이 없이 당해 공사 도급계약의 구체적 내용과 신의성실의 원칙에 비추어 객관적으로 판단할 수밖에 없고, 이와 같은 기준은 공사 도급계약의 수급인이 공사의 준공이라는 일의 완성을 지체한 데 대한 손해배상액의 예정으로서의 성질을 가지는 지체상금에 관한 약정에 있어서도 그대로 적용된다(2009다7212·7229).

■ 수급인의 담보책임과 도급인의 하자보수청구권·손해배상청구권(제667조)

도급계약에 있어서 완성된 목적물에 하자가 있을 경우에 도급인은 수급인에게 그 하자의 보수나 하자의 보수에 갈음한 손해배상을 청구할 수 있으나, 다만 하자가 중요하지 아니하면서 동시에 보수에 과다한 비용을 요할 때에는 하자의 보수나 하자의 보수에 갈음하는 손해배상을 청구할 수는 없고 하자로 인하여 입은 손해의 배상만을 청구할 수 있다고 할 것이고, 이러한 경우 하자로 인하여 입은 통상의 손해는 특별한 사정이 없는 한 도급인이 하자 없이 시공하였을 경우의 목적물의 교환가치와 하자가 있는 현재의 상태대로의 교환가치와의 차액이 된다 할 것이므로, 교환가치의 차액을 산출하기가 현실적으로 불가능한 경우의 통상의 손해는 하자 없이 시공하였을 경우의 시공비용과 하자 있는 상태대로의 시공비용의 차액이라고 봄이 상당하다(97다54376).

131 부동산 중개의 법률관계

채권법

Q 질문

저는 부동산 중개사의 소개로 부동산의 소유자와 매매계약을 체결하고 계약금과 중도금을 지급하였습니다. 그런데 그 후 부동산 중개사로부터 연락이 와서 부동산 매도인이 부동산의 실소유자를 사칭한 사실(실소유자의 주민등록표등본을 제시하여 거래를 중개할 당시 실소유자로 오인했다고 함)을 뒤늦게 알았다고 합니다. 그래서 제가 이를 항의하자 중개인은 오히려 매수인인 제가 실소유자를 제대로 확인하지 아니한 잘못이 더 크다면서 손해배상을 거부하고 있는데, 이 경우 누구의 잘못이 더 큰지요?

A 답변

민법상 위임은 당사자 일방이 상대방에 대하여 사무의 처리를 위탁하고 상대방이 이를 승낙함으로써 성립하는 계약으로(제680조), 위임도 노무공급계약에 해당하나 위임인이 신뢰를 바탕으로 맡긴 사무를 수임인이 자주적으로 처리하는 점에서 고용이나 도급과 구별됩니다.

위임계약에는 통상 대리권이 수여되지만 관념상으로는 기초적 내부관계인 위임과 대리권수여행위는 별개이며(수권행위의 독자성), 물론 대리권은 위임의 종료에 따라 소멸하게 되며 이를 수권행위의 유인성이라고 합니다(제128조).

한편 위임은 특별한 약정이 없으면 원칙적으로 편무·무상계약이지만(제686조1항), 보수지급의 특약을 하게 되면 쌍무·유상계약이 됩니다(제686조2항, 3항).

그런데 변호사에게 사건처리의 위임을 하면서 그 보수에 대하여 명시적으로 약정하지 아니한 경우에 관하여 판례는, '변호사에게 계쟁사건의 처리를 위임함에 있어서 그 보수 및 액에 관하여 명시의 약정을 아니 하였다 하여도 무보수로 한다는 등의 특별한 사정이 없는 한 응분의 보수를 지급할 묵시의 약정이 있는 것으로 봄이 상당하며 변호사는 그 수임사건이 승소로 확정된 때와 이와 동일시할 사건귀결이 된 경우에는 무보수로 한다는 특약이 없는 한 민법 686조에 의하여 승소사례금을 청구할 수 있다'고 합니다(75다1637).

한편 이건과 같은 부동산 중개업자와 중개의뢰인과의 법률관계는 위임으로서 수임인은 위임의 본지에 따라서 선량한 관리자의 주의로써 위임사무를 처리하여야 합니다(제681조).

그런데 부동산 중개에 있어서 매도 등 처분을 하려는 자가 진정한 권리자와 동일인 인지의 여부에 관한 부동산 중개업자의 조사·확인의무의 내용과 정도가 어디까지인지가 문제됩니다.

이에 대하여 판례는, '부동산 중개업자와 중개의뢰인과의 법률관계는 민법상의 위임관계와 같으므로 민법 제681조에 의하여 중개업자는 중개의뢰의 본지에 따라 선량한 관리자의 주의로써 의뢰받은 중개업무를 처리하여야 할 의무가 있을 뿐 아니라 공인중개사업법 제25조에 의하여 신의와 성실로써 공정하게 중개행위를 하여야 할 의무를 부담하고 있는바, 동법 제25조의 2항은 중개의뢰를 받은 중개업자는 당해 중개대상물의 권리관계, 법령의 규정에 의한 거래 또는 이용제한사항 기타 대통령령이 정하는 사항을 확인하여 중개의뢰인에게 설명할 의무가 있음을 명시하고 있고 위 권리관계 중에는 당해 중개대상물의 권리자에 관한 사항도 포함되어 있다고 할 것이므로, 중개업자는 선량한 관리자의 주의와 신의·성실로써 매도 등 처분을 하려는 자가 진정한 권리자와 동일인인지의 여부를 부동산등기부와 주민등록증 등에 의하여 조사·확인할 의무가 있다'고 합니다(91다36239).

따라서 귀하는 부동산 중개인을 상대로 위임계약상의 채무불이행 또는 불법행위를 이유로 계약금과 중도금상당액 등을 손해배상으로 청구할 수 있으나, 부동산을 매수하려는 귀하로서도 단순히 중개업자의 말만 믿을 것이 아니라 매도인의 동일성 여부를 확인할 주의의무가 있음에도 이를 게을리 하여 손해를 본 점 등을 참작하면 어느 정도의 과실상계를 당할 여지는 있습니다.

■ 위임과 대리권수여행위

사례 36 부동산 매매계약과 대리권의 범위 참조

■ 위임의 예

1) 일반인이 법무사에게 등기의 신청대리를 의뢰하고 법무사가 이를 승낙하는 법률관계는 민법상의 위임에 해당하는 것인데, 수임인은 위임의 본지에 따라 선량한 관리자의 주의로써 위임사무를 처리하여야 하므로, 수임인인 법무사는 우선적으로 위임인인 의뢰인의 지시에 따라야 할 것이지만 이 지시에 따르는 것

이 위임의 취지에 적합하지 않거나 또는 의뢰인에게 불이익한 때에는 그러한 내용을 의뢰인에게 알려주고 그 지시의 변경을 요구 또는 권고할 수 있다(2000다61671).

2) 아파트 입주자대표회의와 아파트 관리회사 사이의 법률관계는 민법상의 위임관계와 같으므로 아파트 관리회사로서는 아파트를 안전하고 효율적으로 관리하고 입주자의 권익을 보호하기 위하여 선량한 관리자의 주의로써 관리 업무를 수행하여야 하는바, 아파트 관리회사가 아파트를 관리함에 있어서 공동설비 부분에 대한 전기요금 산정 방식이 변경되어 입주자가 다시 선택할 여지가 있음을 알게 되었으면, 비록 전기요금 산정 방식의 선택에 관한 최종적인 결정은 아파트 입주자대표회의가 책임질 사항이라고 하더라도, 어떤 방식이 입주자들에게 유리한지 검토하여 그 내용을 입주자대표회의에 알려 주는 등 입주자대표회의로 하여금 공동설비 부분에 대한 전기요금 산정 방식의 변경 여부에 관하여 합리적인 선택을 할 수 있도록 조치를 취할 의무가 있다(96다22365).

3) 의료계약과 연명치료중단(2009다17417)

① 의료계약에 따른 진료의무의 내용

환자가 의사 또는 의료기관(이하 '의료인'이라 한다)에게 진료를 의뢰하고 의료인이 그 요청에 응하여 치료행위를 개시하는 경우에 의료인과 환자 사이에는 의료계약이 성립된다. 의료계약에 따라 의료인은 질병의 치료 등을 위하여 모든 의료지식과 의료기술을 동원하여 환자를 진찰하고 치료할 의무를 부담하며 이에 대하여 환자 측은 보수를 지급할 의무를 부담한다. 질병의 진행과 환자 상태의 변화에 대응하여 이루어지는 가변적인 의료의 성질로 인하여, 계약 당시에는 진료의 내용 및 범위가 개괄적이고 추상적이지만, 이후 질병의 확인, 환자의 상태와 자연적 변화, 진료행위에 의한 생체반응 등에 따라 제공되는 진료의 내용이 구체화되므로, 의료인은 환자의 건강상태 등과 당시의 의료수준 그리고 자기의 지식경험에 따라 적절하다고 판단되는 진료방법을 선택할 수 있는 상당한 범위의 재량을 가진다. 그렇지만 환자의 수술과 같이 신체를 침해하는 진료행위를 하는 경우에는 질병의 증상, 치료방법의 내용 및 필요성, 발생이 예상되는 위험 등에 관하여 당시의 의료수준에 비추어 상당하다고 생각되는 사항을 설명하여, 당해 환자가 그 필요성이나 위험성을 충분히 비교해 보고 그 진료행위를 받을 것인지의 여부를 선택하도록 함으로써 그 진료행위에 대한 동의를 받아야 한다. 환자의 동의는 헌법 제10조에서 규정한 개인의 인격권과 행복추구권에 의하여 보호되는 자기결정권을 보장하기 위한 것으로서, 환자가 생명과 신체의 기능을 어떻게 유지할 것인지에 대하여 스스로 결정하고 진료행위를 선택하게 되므로, 의료계약에 의하여 제공되는 진료의 내용은 의료인의 설명과 환자의 동의에 의하여 구체화된다.

② 연명치료 중단의 허용 기준

i) 의학적으로 환자가 의식의 회복가능성이 없고 생명과 관련된 중요한 생체기능의 상실을 회복할 수 없으며 환자의 신체상태에 비추어 짧은 시간 내에 사망에 이를 수 있음이 명백한 경우(이하 '회복 불가능한 사망의 단계'라 한다)에 이루어지는 진료행위(이하 '연명치료'라 한다)는, 원인이 되는 질병의 호전을 목적으로 하는 것이 아니라 질병의 호전을 사실상 포기한 상태에서 오로지 현 상태를 유지하기 위하여 이루어지는 치료에 불과하므로, 그에 이르지 아니한 경우와는 다른 기준으로 진료중단 허용 가능성을 판단하여야 한다. 이미 의식의 회복가능성을 상실하여 더 이상 인격체로서의 활동을 기대할 수 없고 자연적으로는 이미 죽음의 과정이 시작되었다고 볼 수 있는 회복 불가능한 사망의 단계에 이른 후에는, 의학적으로 무의미한 신체 침해 행위에 해당하는 연명치료를 환자에게 강요하는 것이 오히려 인간의 존엄과 가치를 해하게 되므로, 이와 같은 예외적인 상황에서 죽음을 맞이하려는 환자의 의사결정을 존중하여 환자의 인간으로서의 존엄과 가치 및 행복추구권을 보호하는 것이 사회상규에 부합되고 헌법정신에도 어긋나지 아니한다. 그러므로 회복 불가능한 사망의 단계에 이른 후에 환자가 인간으로서의 존엄과 가치 및 행복추구권에 기초하여 자기결정권을 행사하는 것으로 인정되는 경우에는 특별한 사정이 없는 한 연명치료의 중단이 허용될 수 있다. 한편, 환자가 회복 불가능한 사망의 단계에 이르렀는지 여부는 주치의의 소견뿐 아니라 사실조회, 진료기록 감정 등에 나타난 다른 전문의사의 의학적 소견을 종합하여 신중하게 판단하여야 한다.

ii) 환자가 회복 불가능한 사망의 단계에 이르렀을 경우에 대비하여 미리 의료인에게 자신의 연명치료 거부 내지 중단에 관한 의사를 밝힌 경우(이하 '사전의료지시'라 한다)에는, 비록 진료 중단 시점에서 자기결정권을 행사한 것은 아니지만 사전의료지시를 한 후 환자의 의사가 바뀌었다고 볼 만한 특별한 사정이 없는 한 사전의료지시에 의하여 자기결정권을 행사한 것으로 인정할 수 있다. 다만, 이러한 사전의료지시는 진정한 자기결정권 행사로 볼 수 있을 정도의 요건을 갖추어야 하므로 의사결정능력이 있는 환자가 의료인으로부터 직접 충분한 의학적 정보를 제공받은 후 그 의학적 정보를 바탕으로 자신의 고유한 가치관에 따라 진지하게 구체적인 진료행위에 관한 의사를 결정하여야 하며, 이와 같은 의사결정 과정이 환자 자신이 직접 의료인을 상대방으로 하여 작성한 서면이나 의료인이 환자를 진료하는 과정에서 위와 같은 의사결정 내용을 기재한 진료기록 등에 의하여 진료 중단 시점에서 명확하게 입증될 수 있어야 비로소 사전의료지시로서의 효력을 인정할 수 있다.

iii) 한편, 환자의 사전의료지시가 없는 상태에서 회복 불가능한 사망의 단계에 진입한 경우에는 환자에게 의식의 회복가능성이 없으므로 더 이상 환자 자신이 자기결정권을 행사하여 진료행위의 내용 변경이나 중단을 요구하는 의사를 표시할 것을 기대할 수 없다. 그러나 환자의 평소 가치관이나 신념 등에 비추어 연명치료를 중단하는 것이 객관적으로 환자의 최선의 이익에 부합한다고 인정되어 환자에게 자기결정권을 행사할 수 있는 기회가 주어지더라도 연명치료의 중단을 선택하였을 것이라고 볼 수 있는 경우에는, 그 연명치료 중단에 관한 환자의 의사를 추정할 수 있다고 인정하는 것이 합리적이고 사회상규에 부합된다. 이러한 환자의 의사 추정은 객관적으로 이루어져야 한다. 따라서 환자의 의사를 확인할 수 있는 객관적인 자료가 있는 경우에는 반드시 이를 참고하여야 하고, 환자가 평소 일상생활을 통하여 가족, 친구 등에 대하여 한 의사표현, 타인에 대한 치료를 보고 환자가 보인 반응, 환자의 종교, 평소의 생활 태도 등을 환자의 나이, 치료의 부작용, 환자가 고통을 겪을 가능성, 회복 불가능한 사망의 단계에 이르기까지의 치료 과정, 질병의 정도, 현재의 환자 상태 등 객관적인 사정과 종합하여, 환자가 현재의 신체상태에서 의학적으로 충분한 정보를 제공받는 경우 연명치료 중단을 선택하였을 것이라고 인정되는 경우라야 그 의사를 추정할 수 있다.

iv) 환자 측이 직접 법원에 소를 제기한 경우가 아니라면, 환자가 회복 불가능한 사망의 단계에 이르렀는지 여부에 관하여는 전문의사 등으로 구성된 위원회 등의 판단을 거치는 것이 바람직하다.

132 조합재산의 법률관계

채권법

질문

저는 친구와 동업으로 레스토랑을 운영하기로 하면서 출자금을 반반씩 투자하되 수익금 배분은 레스토랑을 실질적으로 운영하는 제가 60%를, 친구가 40%를 가져가기로 했습니다. 그런데 동업을 한 지 1년이 지난 지금 경기불황으로 레스토랑이 적자가 나서 수익금 배분을 2개월 지체하자 친구는 동업관계에서 탈퇴한다면서 출자금의 반환을 요구하고 있습니다. 저는 친구가 탈퇴하면 혼자서라도 계속 레스토랑을 운영할 생각인데, 이 경우 제가 친구에게 반환하여야 돈은 어떤 방식으로 계산하여야 하는지요?

답변

민법상 조합은 2인 이상이 상호출자 하여 공동사업을 경영할 것을 약정함으로써 성립하는 단체를 말하며(제703조), 이를 위한 동업계약이 바로 조합계약입니다. 따라서 예컨대 부동산의 공동매수인들이 전매차익을 얻으려는 '공동의 목적 달성'을 위해 상호 협력한 것에 불과하고 이를 넘어 '공동사업을 경영할 목적'이 있었다고 인정되지 않는 경우, 이들 사이의 법률관계는 공유관계에 불과할 뿐 민법상 조합이 아닙니다(2005다5140).

그리고 민법상 조합과 유사한 비법인사단의 구별기준에 관하여 판례는, '민법상의 조합과 법인격은 없으나 사단성이 인정되는 비법인사단을 구별함에 있어서는 일반적으로 그 단체성의 강약을 기준으로 판단하여야 하는바, 조합은 2인 이상이 상호간에 금전 기타 재산 또는 노무를 출자하여 공동사업을 경영할 것을 약정하는 계약관계에 의하여 성립하므로 어느 정도 단체성에서 오는 제약을 받게 되는 것이지만 구성원의 개인성이 강하게 드러나는 인적 결합체인 데 비하여, 비법인사단은 구성원의 개인성과는 별개로 권리의무의 주체가 될 수 있는 독자적 존재로서의 단체적 조직을 가지는 특성이 있다 하겠는데 민법상 조합의 명칭을 가지고 있는 단체라 하더라도 고유의 목적을 가지고 사단적 성격을 가지는 규약을 만들어 이에 근거하여 의사결정기관 및 집행기관인 대표자를 두는 등의 조직을 갖추고 있고, 기관의 의결이나 업무집행방법이 다수결의 원칙에 의하여 행해지며, 구성원의 가입, 탈퇴 등으로 인한 변경에 관계없이 단체 그 자체가 존속되고, 그 조직에 의하여 대표의 방법, 총회나 이사회 등의 운영, 자본의 구성, 재산의 관리 기타 단체로서의 주요사항이 확정되어 있는 경우에는 비법인사단으로서의 실체를 가진다고 할 것이다'고 합니다(92다2431).

한편 조합재산은 조합원의 합유로 하며(제704조, 제271조), 조합재산을 처분·변경함에는 조합원 전원의 동의가 있어야 하고(제272조), 조합원은 조합재산의 분할을 청구하지 못합니다(제273조).

나아가 이건과 같이 2인 조합에서 조합원 1인이 탈퇴하는 경우, 조합재산에 대한 법률관계와 탈퇴자와 잔존자 사이의 탈퇴로 인한 계산의 방법이 문제됩니다.

이에 대하여 판례는, '2인 조합에서 조합원 1인이 탈퇴하면 조합관계는 종료되지만 특별한 사정이 없는 한 조합이 해산되지 아니하고, 조합원의 합유에 속하였던 재산은 남은 조합원의 단독소유에 속하게 되어 기존의 공동사업은 청산절차를 거치지 않고 잔존자가 계속 유지할 수 있다. 이 경우 탈퇴자와 잔존자 사이에 탈퇴로 인한 계산을 함에 있어서는 특단의 사정이 없는 한 민법 제719조 제1항, 제2항의 규정에 따라 '탈퇴 당시의 조합재산상태'를 기준으로 평가한 조합재산 중 탈퇴자의 지분에 해당하는 금액을 금전으로 반환하여야 할 것이고, 이러한 계산은 사업의 계속을 전제로 하는 것이므로 조합재산의 가액은 단순한 매매가격이 아닌 '영업권의 가치를 포함하는 영업가격'에 의하여 평가하되, 당해 조합원의 지분비율은 조합청산의 경우에 실제 출자한 자산가액의 비율(제724조)에 의하는 것과는 달리 '조합내부의 손익분배 비율'을 '기준(제711조 참조)으로 계산하여야 하는 것이 원칙이다'고 합니다(2004다49693·49709).

따라서 귀하와 동업관계(조합)인 친구의 탈퇴로 인한 계산은 레스토랑의 영업권의 가치를 포함하는 영업가격(시가감정 등의 방법으로 확정함)을 기준으로 하여 50:50의 출자비율이 아닌 60:40의 손익분배비율에 따른 금액을 산정하여 친구에게 지급하여야 합니다.

■ 사단과 조합의 차이

1) 단체성(강) → 구성원의 개성 함몰: 단체성(약) → 구성원의 개성 돌출

2) 법인격 가짐(비법인사단은 예외): 법인격 없음

3) 독자적 존재로서의 조직과 기관 가짐: 독자적 존재로서의 조직과 기관 없음

4) 사단법인의 단독소유(비법인사단은 총유): 조합원의 합유

■ 조합채무에 대한 책임

조합채무는 조합원들이 조합재산에 의하여 합유적으로 부담하는 채무이고, 두 사람으로 이루어진 조합관계에 있어 그 중 1인이 탈퇴하면 탈퇴자와의 사이에 조합관계는 종료된다 할 것이나 특별한 사정이 없는 한 조합은 해산되지 아니하고, 조합원들의 합유에 속한 조합재산은 남은 조합원에게 귀속하게 되므로, 이 경우 조합채권자는 잔존 조합원에게 여전히 그 조합채무 전부에 대한 이행을 청구할 수 있다(99다1284).

■ 민법 제272조와 706조의 관계(일반규정: 특별규정)

업무집행자의 선임에 조합원 전원의 찬성이 있을 것을 요하지 아니하고 업무집행자는 업무집행에 관하여 대리권 있는 것으로 추정하도록 한 민법 제706조, 제709조의 규정 취지에 비추어 볼 때, 업무집행자가 없는 경우에도 조합의 업무집행에 조합원 전원의 동의는 필요하지 않다고 하여야 할 것이고, 한편 조합재산의 처분·변경도 조합의 업무집행의 범위에 포함된다고 할 것이므로, 결국 업무집행자가 없는 경우에는 조합의 통상사무의 범위에 속하지 아니하는 특별사무에 관한 업무집행은 원칙적으로 조합원의 과반수로써 결정하는 것이고, 조합재산의 처분·변경에 관한 행위는 다른 특별한 사정이 없는 한 조합의 특별사무에 해당하는 업무집행이라고 보아야 한다. 다만, 조합의 업무집행 방법에 관한 위와 같은 민법 규정은 임의규정이라고 할 것이므로 당사자 사이의 약정에 의하여 조합의 업무집행에 관하여 조합원 전원의 동의를 요하도록 하는 등 그 내용을 달리 정할 수 있고, 그와 같은 약정이 있는 경우에는 조합의 업무집행은 조합원 전원의 동의가 있는 때에만 유효하다(95다30345).

사례 63 동업계약의 법률관계 참조

133 화해의 효력과 착오

채권법

질문

저는 병원을 개원한 지 얼마 되지 않은 의사로서 제 병원에 내원하여 진찰 받고 2시간 만에 환자가 사망하는 사고가 발생하였고, 그 때 저는 환자가 제가 치료의 일환으로 한 주사의 부작용으로 인한 기도폐쇄 등으로 인하여 의료사고가 났다고 단정하면서 잘못 소문이 나면 병원의 이미지에도 안 좋아 보일 수 있으며, 게다가 유족들의 강력한 항의를 못 이겨 사망 2일 만에 서둘러 2억 원에 합의하였습니다. 그런데 그 후 이에 대한 수사가 진행되어 사인규명을 위한 부검결과 환자는 저의 의료과오와는 관계없는 심장성돌연사로 사망한 사실이 밝혀졌습니다. 이 경우 제가 착오를 이유로 그 합의를 취소할 수 있는지요?

답변

화해는 당사자가 상호양보 하여 당사자 간의 분쟁을 종지할 것을 약정함으로써 성립하는 계약입니다(제731조). 화해가 성립하면 화해의 창설적 효력으로 인하여 당사자 사이에 다투어졌던 법률관계는 화해의 내용에 따라서 확정되며, 따라서 종래의 법률관계에 구애됨이 없이 화해가 성립하면 그에 의하여 새로운 권리·의무가 발생하게 됩니다(제732조).

따라서 화해계약은 착오를 이유로 취소하지 못하며, 다만 그 착오가 화해 당사자의 자격 또는 화해의 목적인 분쟁이외의 사항에 관하여 생긴 때에는 그러하지 아니합니다(제733조).

여기서 말하는 '화해의 목적인 분쟁이외의 사항'이란 분쟁의 대상이 아니라 분쟁의 전제 또는 기초가 된 사항으로서, 쌍방 당사자가 예정한 것이어서 상호 양보의 내용으로 되지 않고 다툼이 없는 사실로 양해된 사항을 말합니다(94다22453).

한편 이건과 같이 화해계약 후 의사의 과실이 없는 것으로 밝혀진 경우에 화해계약의 착오를 이유로 이를 취소할 수 있는지가 문제됩니다.

이에 대하여 판례는, '의사의 치료행위 직후 환자가 사망하여 의사가 환자의 유족에게 거액의 손해배상금을 지급하기로 합의하였으나 그 후 환자의 사망이 의사의 치료행위와는 전혀 무관한 것으로 밝혀졌다면, 의사에게 치료행위상의 과실이 있다는 점은 위 합의의 전제이었지 분쟁의 대상은 아니었다고 보아 착오를 이유로 화해계약을 취소할 수 있다'고 합니다(2001다49326).

따라서 이 사건 합의는 귀하의 과실을 전제로 한 것으로서 민사상의 손해배상 책임의 존재 그 자체는 분쟁의 대상이 아니라 합의의 전제였다고 봄이 상당하므로 귀하도 귀하의 의료과실을 전제로 한 이건 화해계약의 착오를 이유로 이를 취소할 수 있을 것입니다.

■ 착오를 이유로 한 취소의 예

1) 상대방을 토지의 적법한 상속권자로 잘못 알고 토지소유권 환원의 합의에 이르렀고 이러한 동기가 합의 당시에 표시되었다면 합의내용의 중요부분에 착오가 있는 경우에 해당하며, 그 합의를 화해계약으로 본다면 상대방이 토지의 적법한 상속권자인지 여부가 화해의 목적인 분쟁의 대상으로 되었는지 여부를 가려 착오 주장의 당부를 판단하여야 한다고 한 사례(94다11217).

2) 근로자가 회사의 경영방침에 따라 사직원을 제출하고 회사가 이를 받아들여 사직처리를 하였다가 즉시 재입사하는 형식을 취함으로써 근로자가 그 퇴직전후에 걸쳐 실질적인 근로관계의 단절없이 계속 근무하였다면 위 사직원제출과 퇴직처리에 따른 효과는 생기지 않으며(비진의표시 또는 허위표시로서 무효), 이 경우 이를 모르고 실제 퇴직금을 잘못 산정해서 실제로 받아야 할 금액보다 현저히 작은 금액을 퇴직금으로 잘못 알고서 화해한 경우(88다카15413).

■ 착오를 이유로 한 취소불가의 예

1) 화해계약의 의사표시에 착오가 있더라도 이것이 당사자의 자격이나 화해의 목적인 분쟁 이외의 사항에 관한 것이 아니고 분쟁의 대상인 법률관계 자체에 관한 것인 때에는 이를 취소할 수 없다(88다10050).

2) 계약 당사자 사이에 수술 후 발생한 새로운 증세에 관하여 그 책임 소재와 손해의 전보를 둘러싸고 분쟁이 있어 오다가 이를 종결짓기 위하여 합의에 이른 것이라면, 가해자의 수술행위와 피해자의 수술 후의 증세 사이의 인과관계의 유무 및 그에 대한 가해자의 귀책사유의 유무는 분쟁의 대상인 법률관계 자체에 관한 것으로서, 가해자는 피해자의 수술 후의 증세가 가해자의 수술행위로 인한 것이 아니라거나 그에 대하여 가해자에게 귀책사유가 없다는 등의 이유를 들어 그 합의를 취소할 수 없다(94다42846).

■ 불법행위로 인한 손해배상에 관하여 피해자가 일정한 금액을 지급받고 나머지 청구를 포기하기로 한 약정(합의)의 해석

불법행위로 인한 손해배상에 관하여 가해자와 피해자 사이에 피해자가 일정한 금액을 지급받고 그 나머지 청구를 포기하기로 합의가 이루어진 때에는 그 후 그 이상의 손해가 발생하였다하여 다시 그 배상을 청구할 수 없는 것이나, 다만 그 합의가 손해발생의 원인인 사고 후 얼마 지나지 아니하여 손해의 범위를 정확히 확인하기 어려운 상황에서 이루어진 것이고 후발손해가 합의당시의 사정으로 보아 예상이 불가능한 것으로서 당사자가 후발손해를 예상하였더라면 사회통념상 그 합의금액으로는 화해하지 않았을 것이라고 보는 것이 상당할 만큼 그 손해가 중대한 것일 때에는 당사자의 의사가 이러한 손해에 대해서까지 그 배상청구권을 포기한 것이라고 볼 수 없으므로 다시 그 배상을 청구할 수 있다고 보아야 할 것이다(90다16078).

134 사무관리

채권법

질문

주방장으로 일하는 저는 친구가 경영하는 레스토랑에 놀러 갔지만 친구는 물론이고 다른 사람도 아무도 없었으나, 그때 마침 손님이 들어오기에 식사를 주문할 것으로 생각하고 친구를 위하여 주방에 들어가 가스레인지에 불을 켜 놓고 나오니 손님이 식사주문을 하지 않고 음료수만을 주문하여 가스레인지에 불이 필요하지 않게 되었음에도 불구하고 저는 깜박하고 가스레인지의 불을 끄지 않고 레스토랑을 나와 버렸습니다. 그런데 가스레인지에 켜 놓은 불로 인하여 화재가 발생하였고 이로 인하여 레스토랑의 주방 및 실내, 가전제품 등이 멸실·훼손되었습니다. 이 경우 제가 친구에게 손해배상을 해야 하는지요?

답변

사무관리란 계약이나 법률의 규정에 의한 의무 없이 타인을 위하여 그의 사무(사람의 생활상의 이익에 영향을 미치는 모든 일을 말하며, 그것이 법률적이건 사실적 행위건 묻지 않음)를 처리하는 행위를 말하며, 사무관리가 일단 성립하면 사무관리자는 그 사무의 성질에 좇아 가장 본인에게 이익 되는 방법으로 이를 관리하여야 하며, 관리자가 본인의 의사를 알거나 알 수 있는 때에는 그 의사에 적합하도록 관리하여야 하고, 만약 관리자가 이에 위반하여 사무를 관리하면 과실 없는 때에도 이로 인한 손해를 배상할 책임이 있습니다(제734조).

따라서 사무관리는 부당이득(제741조), 불법행위(제750조)와 더불어 민법상 법정채권 발생 원인이 됩니다.

한편 이건과 같이 귀하가 친구의 레스토랑 주방에 들어가 가스레인지에 불을 켜 놓은 행위는 법률상 또는 계약상 아무런 의무 없이 친구를 위하여 친구의 사무를 처리한 것이므로 이는 민법상 사무관리에 해당합니다.

나아가 귀하가 친구를 대신하여 손님이 주문할 음식의 조리를 위하여 가스레인지를 점화하여 친구의 사무를 개시한 이상, 가스레인지의 사용이 필요 없게 된 경우에 귀하는 스스로 가스레인지의 불을 끄거나 레스토랑의 종업원으로 하여금 그 불을 끄도록 조치하는 등 그 사무의 성질에 좇아 친구에게 가장 이익이 되는 방법으로 가스레인지의 불을 관리하여야 할 의무가 있습니다.

그럼에도 불구하고 귀하는 가스레인지의 불을 끄지 아니하고 레스토랑을 떠났으므로 친구에게 가장 이익이 되는 방법으로 사무관리를 하였다고 볼 수 없으며, 이로 인하여 친구의 레스토랑에 화재가 발생하여 레스토랑의 주방 및 실내, 가전제품과 같은 집기류 등이 멸실·훼손되는 손해가 발생하였으므로 귀하의 손해배상책임이 인정됩니다(94다13008).

이 경우 집기류 등의 멸실 또는 훼손으로 귀하가 배상할 손해액은 수리가 가능하다면 그 수리비, 그 수리가 불가능하거나 수리비가 과다한 경우(수리비가 교환비용을 초과하는 경우) 그 훼손 당시의 교환가치(시가)가 통상의 손해에 해당합니다.

■ 사무관리 여부

1) 제3자인 원고가 피고의 혼인 외 출생자를 양육 및 교육하면서 그 비용을 지출하였다고 하여도 피고가 동 혼인 외 출생자를 인지하거나 부모의 결혼으로 그 혼인중의 출생자로 간주되지 않는 한 실부인 피고는 동 혼인 외 출생자를 부양할 법률상 의무는 없으므로 피고가 원고의 위 행위로 인하여 부당이득을 하였다거나 원고가 피고의 사무를 관리하였다고 볼 수 없다(80다2515).

2) 사무관리라 함은 의무 없이 타인을 위하여 그의 사무를 처리하는 행위를 말하는 것이므로, 만약 그 사무가 타인의 사무가 아니라거나 또는 사무를 처리한 자에게 타인을 위하여 처리한다는 관리의사가 없는 경우에는 사무관리가 성립될 수 없다(94다59943).

3) 사용자가 근로자의 업무상 부상에 대한 치료비를 지급하는 것은 근로기준법에 따라 부담하는 사용자 자신의 채무를 이행하는 것으로 이는 자신의 사무처리라 할 것이고, 타인의 사무를 처리하는 것으로 볼 수는 없다(본 사안은 사용자가 근로기준법에 의하여 근로자의 업무상 재해에 따른 요양비, 치료비 등을 부담하는 경우에 그 금액을 보험금으로 지급하기로 하는 근로자재해보장책임보험에 관한 사례임: 97다54222).

135 부당이득

채권법

질문

저는 제 소유의 기계를 매도하면서 그 대금을 다 지급받을 때가지 소유권이 저에게 유보되는 것으로 약정하고 기계를 인도하였으나 그 후 매수인이 기계 잔대금을 지급하지 아니하여 매매계약을 해제하였습니다. 그럼에도 불구하고 매수인의 채권자인 금융기관에서 제 소유의 기계를 매수인의 것으로 여기고 이를 경매하여 제3자가 경락받았습니다. 이 경우 저는 누구를 상대로 손해배상을 받을 수 있는지요?

답변

법률상 원인 없이 타인의 재산 또는 노무로 인하여 이익을 얻고 이로 인하여 타인에게 손해를 가한 자는 그 이익을 반환하여야 하며, 이를 부당이득의 반환이라고 합니다(제741조). 그리고 여기서 말하는 '이득'이란 실질적인 이득을 의미하며(임대차계약관계가 소멸된 이후 임차물을 계속 점유하였으나 본래 계약상의 목적에 따라 사용·수익하지 않은 경우, 임차인의 부당이득반환의무가 성립되지 않음: 94다50526), 나아가 부당이득이 성립하기 위하여서는 이득과 손해사이에 인과관계가 있을 것이 요구되며, 이때의 인과관계는 동일한 사실이 한편으로는 손실을 발생시키고 다른 한편으로는 이득을 생기게 할 필요는 없으며(직접적 인과관계일 필요는 없음), 사회관념상 그 연결을 인정할 수 있으면 족합니다(2006다53733·53740).

원래 부당이득제도는 이득자의 재산상 이득이 법률상 원인을 결여하는 경우에 공평·정의의 이념에 근거하여 이득자에게 그 반환의무를 부담시키는 것인바, 예컨대 채무자가 피해자로부터 횡령한 금전을 그대로 채권자에 대한 채무변제에 사용하는 경우 피해자의 손실과 채권자의 이득 사이에 인과관계가 있음이 명백하고, 한편 채무자가 횡령한 금전으로 자신의 채권자에 대한 채무를 변제하는 경우 채권자가 그 변제를 수령함에 있어 악의 또는 중대한 과실이 있는 경우에는 채권자의 금전 취득은 피해자에 대한 관계에 있어서 법률상 원인을 결여한 것으로 봄이 상당하다고 합니다(2003다8862).

한편 이건과 같이 채무자 이외의 자의 소유에 속하는 동산을 경매한 경우, 그 동산의 매득금을 배당받은 채권자가 동산의 소유자에 대하여 부당이득반환의무를 부담하는지 여부가 문제됩니다.

이에 대하여 판례는, '채무자 이외의 자의 소유에 속하는 동산을 경매한 경우에도 경매절차에서 그 동산을 경락받아 경락대금을 납부하고 이를 인도받은 경락인은 특별한 사정이 없는 한 소유권을 선의취득 한다고 할 것이지만, 그 동산의 매득금은 채무자의 것이 아니어서 채권자가 이를 배당 받았다고 하더라도 채권은 소멸하지 않고 계속 존속한다고 할 것이므로, 배당을 받은 채권자는 이로 인하여 법률상 원인 없는 이득을 얻고 소유자는 경매에 의하여 소유권을 상실하는 손해를 입게 되었다고 할 것이니, 그 동산의 소유자는 배당을 받은 채권자에 대하여 부당이득으로서 배당받은 금원의 반환을 청구할 수 있다고 할 것인바, 이와 같은 이치는 제3자 소유의 기계·기구가 그의 동의 없이 공장저당법 제4조, 제5조의 규정에 의한 저당권의 목적이 되어 같은 법 제7조의 목록에 기재되는 바람에 공장에 속하는 토지 또는 건물과 함께 일괄경매 되어 경락되고 채권자가 그 기계·기구의 경락대금을 배당받은 경우에도 경락인이 그 기계·기구의 소유권을 선의취득 하였다면 마찬가지라고 보아야 한다'고 합니다(97다32680).

따라서 귀하는 동산을 경락받은 경락인이 아니라 기계 매수인의 채권자인 금융기관을 상대로 배당받은 기계대금 상당액을 부당이득으로 반환을 청구할 수 있습니다.

● 부당이득 여부

1) 원고가 고양군수 및 벽제면장으로부터 제방공사를 도급받아 그 공사를 완공함으로써 제방관리청인 피고 경기도가 법률상 원인없이 이득하였다 할지라도 원고는 그 보수금전액을 위 도급인들로부터 지급받을 권리를 가지고 있는 것이라 할 것이어서 원고에게는 아무런 손해도 있었다고 할 수 없으니 원고의 피고에 대한 부당이득반환청구는 성립할 수 없다(소위 전용물소권 부정: 70다1012).

2) 지방자치단체가 사인 소유의 토지를 권원 없이 도로로 사용하고 있으면 그 도로가 도로법의 적용을 받는 여부에 관계없이 부당이득이 성립된다(73다1772).

3) 토지의 공유자는 각자의 지분 비율에 따라 토지 전체를 사용·수익할 수 있지만, 그 구체적인 사용·수익 방법에 관하여 공유자들 사이에 지분 과반수의 합의가 없는 이상, 1인이 그 전부를 배타적으로 점유·사용할 수 없는 것이므로, 공유자 중의 일부가 그 전부를 배타적으로 점유·사용하고 있다면, 다른 공유자들 중 지분은 있으나 사용·수익은 전혀 하지 않고 있는 자에 대하여는 그

자의 지분에 상응하는 부당이득을 하고 있다(2000다17803).

4) 원고가 피고들의 강박행위에 의하여 피고들에게 금원을 교부하였다는 이유로 그 의사표시를 취소하고 피고들에 대하여 부당이득반환 또는 불법행위로 인한 손해배상을 구하는 사건에 있어서 원고가 같은 무렵 피고들의 강박에 의하여 다른 토지에 관한 가등기가 경료되었다는 이유로 가등기의 말소청구소송을 제기한 때에는 강박상태에서 벗어나 있었다고 봄이 상당하므로 그로부터 3년의 제소기간이 경과함으로써 원고의 취소권은 소멸하였다 할 것이고, 또한 그 무렵에는 피고들의 위와 같은 강박행위가 위법 한 것임을 알고 이를 이유로 손해배상청구소송을 제기할 수 있었다 할 것 이어서 불법행위를 원인으로 한 손해배상청구권 역시 위 제소일로부터 3년의 소멸시효기간이 경과함으로 인하여 소멸하였다 할 것이다(90다카17153).

5) 국토이용관리법(현행 국토의 계획 및 이용에 관한 법률)상의 규제구역 내의 "토지 등의 거래계약"은 관할관청의 허가를 받아야만 그 효력이 발생하고 허가를 받기 전에는 물권적 효력은 물론 채권적 효력도 발생하지 아니하여 무효라고 보아야 할 것이나 허가받을 것을 전제로 한 거래계약일 경우에는 일단 허가를 받으면 그 계약은 소급하여 유효한 계약이 되고 이와 달리 불허가가 된 때에는 무효로 확정되는 것으로서 허가를 받기까지는 유동적 무효의 상태에 있다고 보아야 하고 당사자 사이에 있어서는 그 계약이 효력 있는 것으로 완성될 수 있도록 서로 협력할 의무가 있음이 당연하므로 계약의 쌍방 당사자는 공동으로 관할 관청의 허가를 신청할 의무가 있으므로 허가받기 전의 매매계약이 유동적 무효라고 하여 매매계약에 관한 계약금을 교부한 상태에 있는 계약당사자 일방이 언제든지 계약의 무효를 주장하여 부당이득으로 계약금의 반환을 구할 수 있다고 할 수는 없을 것이다(91다21435).

6) 부동산실권리자명의등기에관한법률 제4조 제1항, 제2항에 의하면, 명의신탁자와 명의수탁자가 이른바 계약명의신탁약정을 맺고 명의수탁자가 당사자가 되어 명의신탁약정이 있다는 사실을 알지 못하는 소유자와의 사이에 부동산에 관한 매매계약을 체결한 후 그 매매계약에 따라 당해 부동산의 소유권이전등기를 수탁자 명의로 마친 경우에는 명의신탁자와 명의수탁자 사이의 명의신탁약정의 무효에도 불구하고 그 명의수탁자는 당해 부동산의 완전한 소유권을 취득하게 되고, 다만 명의수탁자는 명의신탁자에 대하여 부당이득반환의무를 부담하게 될 뿐이라 할 것인데, 그 계약명의신탁약정이 부동산실권리자명의등기에관한법률 시행 후인 경우에는 명의신탁자는 애초부터 당해 부동산의 소유권을 취득할 수 없었으므로 위 명의신탁약정의 무효로 인하여 명의신탁자가

입은 손해는 당해 부동산 자체가 아니라 명의수탁자에게 제공한 매수자금이라 할 것이고, 따라서 명의수탁자는 당해 부동산 자체가 아니라 명의신탁자로부터 제공받은 매수자금을 부당이득하였다고 할 것이다(2002다66922).

7) 계좌이체는 은행 간 및 은행점포 간의 송금절차를 통하여 저렴한 비용으로 안전하고 신속하게 자금을 이동시키는 수단이고, 다수인 사이에 다액의 자금이동을 원활하게 처리하기 위하여, 그 중개 역할을 하는 은행이 각 자금이동의 원인인 법률관계의 존부, 내용 등에 관여함이 없이 이를 수행하는 체제로 되어 있다. 따라서 현금으로 계좌송금 또는 계좌이체가 된 경우에는 예금원장에 입금의 기록이 된 때에 예금이 된다고 예금거래기본약관에 정하여져 있을 뿐이고, 수취인과 은행 사이의 예금계약의 성립 여부를 송금의뢰인과 수취인 사이에 계좌이체의 원인인 법률관계가 존재하는지 여부에 의하여 좌우되도록 한다고 별도로 약정하였다는 등의 특별한 사정이 없는 경우에는, 송금의뢰인이 수취인의 예금구좌에 계좌이체를 한 때에는, 송금의뢰인과 수취인 사이에 계좌이체의 원인인 법률관계가 존재하는지 여부에 관계없이 수취인과 수취은행 사이에는 계좌이체금액 상당의 예금계약이 성립하고, 수취인이 수취은행에 대하여 위 금액 상당의 예금채권을 취득한다. 이때, 송금의뢰인과 수취인 사이에 계좌이체의 원인이 되는 법률관계가 존재하지 않음에도 불구하고, 계좌이체에 의하여 수취인이 계좌이체금액 상당의 예금채권을 취득한 경우에는, 송금의뢰인은 수취인에 대하여 위 금액 상당의 부당이득반환청구권을 가지게 되지만, 수취은행은 이익을 얻은 것이 없으므로 수취은행에 대하여는 부당이득반환청구권을 취득하지 아니한다(2007다51239).

136 미성년자에 대한 감독의무자의 손해배상책임

채권법

질문

만 17세 9개월 남짓 된 고등학교 3학년생인 저의 아들이 오토바이를 운전하던 중(운전면허는 8개월 전 취득) 부주의로 사고를 내서 횡단보도를 건너던 피해자를 치어 전치 10주, 치료비 1,000만원의 손해를 입혔습니다. 이 경우 제가 아버지로서 손해를 배상할 책임이 있는지요?

답변

미성년자가 타인에게 손해를 가한 경우 그 행위의 책임을 변식할 지능이 없는 때에는 책임이 없고(제753조), 이 경우에 미성년자의 부모 등 법정감독의무가 있는 사람이 감독의무를 게을리 하지 않았다는 점을 입증하지 못하면 그 손해를 배상하여야 합니다(제755조).

한편 책임능력의 기준연령에 대하여 형법과 달리 민법에는 아무런 규정이 없으며, 판례는 대체적으로 12세까지는 책임능력을 부인하고, 15세 이상의 자는 일응 책임능력을 인정하는데, 13세와 14세의 미성년자에 대하여는 구체적인 사안에 따라 책임능력을 인정하기도 부인하기도 합니다.

그런데 이건과 같은 경우에 만 17세 9개월의 책임능력 있는 미성년자에 대한 부모의 손해배상책임이 인정될 것인지가 문제됩니다.

이에 대하여 판례는 '민법 제750조에 대한 특별규정인 민법 제755조 제1항에 의하여 책임능력 없는 미성년자를 감독할 법정의 의무 있는 자가 지는 손해배상책임은 그 미성년자에게 책임이 없음을 전제로 하여 이를 보충하는 책임이고, 그 경우에 감독의무자 자신이 감독의무를 해태하지 아니하였음을 입증하지 아니하는 한 책임을 면할 수 없는 것이나, 반면에 미성년자가 책임능력이 있어 그 스스로 불법행위책임을 지는 경우에도 그 손해가 당해 미성년자의 감독의무자의 의무위반과 상당인과관계가 있으면 감독의무자는 일반불법행위자로서 손해배상책임이 있다 할 것이고, 한편 이 사건 교통사고 당시 만 17세 9개월 남짓 된 고등학교 3학년생은 자기

행위에 대한 책임을 변식할 지능이 있지만, 그 부모들이 자식에 대한 감독의무를 게을리 하여 이 건 사고를 일으켰다는 점에 대한 피해지의 입증이 부족하므로 부모는 이건 사고의 피해자에게 민법 제755조 제1항에 의한 손해배상책임은 물론이고, 제750조에 의한 일반불법행위책임도 없다'고 하였습니다(93다13605전).

따라서 귀하의 경우에도 귀하의 감독의무위반 사실과 손해발생과의 사이에 상당인과관계가 있다면 이를 이유로 부모인 귀하가 그 손해를 배상하여야 할 것이지만, 그렇지 아니할 경우에는 책임이 없다고 보여 집니다.

그러나 무면허 운전으로 인한 사고의 경우에는 '사고 당시 18세 남짓한 미성년자가 운전면허가 없음에도 가끔 숙부 소유의 화물차를 운전한 경우, 부모로서는 미성년의 아들이 무면허운전을 하지 못하도록 보호·감독하여야 할 주의의무가 있음에도 이를 게을리 하여 화물차를 운전하도록 방치한 과실이 있고, 부모의 보호감독상의 과실이 사고 발생의 원인이 되었으므로, 부모들이 피해자가 입은 손해를 배상할 책임이 있다'고 합니다(96다15374).

참고로 '만 14세 8개월의 중학교 3학년생인 아들이 주거지에서 부모와 함께 살고 있고 경제적인 면에서 전적으로 부모에게 의존하면서 부모의 전면적인 보호·감독 아래 있어 그 부모의 영향력은 책임무능력자에 가까우리만큼 크다 할 것인데 아들이 교실에서 동급생인 피해자의 배를 발로 걷어차는 등으로 상해를 입혔다면, 그 부모들로서는 아들에 대하여 타인에게 불법행위를 함이 없이 정상적으로 사회에 적응할 수 있도록 일반적·일상적인 지도·조언 등 감독교육의 의무를 부담하고 있다 할 것인데도, 이를 게을리 하여 결과적으로 위 사고를 일으켜 피해자에게 손해를 가하였다 할 것이고, 아들의 감독의무자로서 위와 같은 감독의무를 해태한 과실과 손해발생 간에는 상당인과관계가 있다고 할 것이므로, 아들의 부모들은 아들의 책임과는 관계없이 피해자에 대한 손해배상책임을 부담하여야 한다'고 합니다(91다37690).

결국 판례의 경향은 미성년자인 자(子)의 고의 또는 중과실로 인한 불법행위의 경우에는(불량 써클 가입하여 폭행을 일삼은 경우·무면허 운전 등 중대한과실이 있는 경우 등) 감독의무를 게을리 한 점을 들어 부모의 책임을 지우며, 그렇지 아니한 경우(모범생인 아들이 길가다 우연히 폭행사건에 연루된 경우 등)에는 책임을 인정하지 않고 있습니다.

■ 미성년 학생의 불법행위에 대한 감독자·대리감독자책임의 주체

대한민국(국가배상법), 시·도지사(초·중등교육법), 학교법인, 학교장, 교사, 학부모(부진정연대책임)

■ 학생들 사이에 일어난 사고에 대한 교장 또는 교사의 보호·감독의무 위반으로 인한 손해배상 책임의 범위 및 그 판단 기준

학교 법인이 설치 경영하는 학교의 교사는 학생을 보호·감독할 의무를 지는 것이나 이러한 교사의 감독의무는 학교 내에서의 학생의 전 생활관계에 미치는 것이 아니고, 학교에서의 교육활동 및 이와 밀접 불가분의 관계에 있는 생활관계에 한하며, 그 의무 범위 내의 생활관계라 하더라도 사고가 학교생활에서 통상 발생할 수 있다고 하는 것이 예측되거나 또는 예측가능성(사고발생의 구체적 위험성)이 있는 경우에 한하여 교장이나 교사는 보호·감독의무 위반에 대한 책임을 진다고 할 것이며, 그 예측가능성에 대하여서는 교육활동의 때, 장소, 가해자의 분별능력, 가해자의 성행, 가해자와 피해자와의 관계, 기타 여러 사정을 고려하여 판단할 필요가 있다.

1) 고교 1학년의 씨름부 학생들이 씨름연습장에서 장난삼아 동료 학생을 집어 던져 척추손상 등의 상해를 입힌 사안에서, 가해자들의 분별능력과 성행, 피해자와의 관계 등을 고려할 때, 씨름연습이 평소보다 빨리 끝나고 자축 회식이 예정되어 있어 학생들의 정신 상태가 해이해지기 쉬운 상황이고 그로 인하여 학생들이 장난 등 돌발적인 행동을 할 가능성이 많다고 하여, 씨름연습장에서 두 사람이 함께 한 사람을 집어 던지는 등으로 신체에 커다란 충격을 줄 수 있는 위험한 장난을 하리라는 구체적인 위험성이 있다거나 지도교사 등이 이를 예견가능 하였다고 보여 지지는 아니한다는 이유로, 그 사고는 돌발적이거나 우연한 사고라고 보아 교사 등에게 보호·감독의무 위반의 책임을 지울 수 없다(95다313).

2) 고등학교 2학년 학생이 점심시간에 장난으로 급우가 앉아 있던 의자를 걷어차 급우로 하여금 뒷머리부분을 교실 벽에 부딪쳐 상해를 입게 한 사고에 대하여 교장이나 담임교사 등에게 보호감독의무위반의 책임을 물을 수 없다(92다13646).

3) 가해자와 피해자가 초등학교 6학년생들로서 비록 책임을 변식할 지능을 갖추지 못하고 있다고 하더라도 초등학교 6학년 정도라면, 대체로 학교생활에 적응하여 상당한 정도의 자율능력, 분별능력을 가지고 있다고 보아야 할 것이고, 가해자의 성격도 친구들과 잘 사귀고, 책임감이 강한 학생이었으며 피해자와도 원만한 사이였고, 이전에는 교실에서 학생들 사이에 아크릴판을 던지는 등의 장난 등은 없었던 경우, 호기심이 많은 학생들이 장난 등 돌발적인 행동을 할 가능성이 많다고 하여 자율학습이 시작되기 전에 교실에서 주인을 찾아주려는 마음에서 실과수업교재인 아크릴판을 던지는 등으로 인하여 잘못되면, 신체에 커다란 충격을 줄 수 있는 위험한 행위를 하리라는 구체적인 위

험성이 있다거나 담임교사 등이 이를 예측하였거나 예측가능 하였다고 보여지지는 아니하다면, 특별한 사정이 없는 한 돌발적이거나 우연한 사고에 대해서까지 교사 등에게 보호·감독의무위반의 책임을 지울 수는 없다(97다15258).

4) 집단따돌림으로 인하여 피해 학생이 자살한 경우, 자살의 결과에 대하여 학교의 교장이나 교사의 보호감독의무 위반의 책임을 묻기 위해서는 피해 학생이 자살에 이른 상황을 객관적으로 보아 교사 등이 예견하였거나 예견할 수 있었음이 인정되어야 한다. 다만, 사회통념상 허용될 수 없는 악질, 중대한 집단따돌림이 계속되고 그 결과 피해 학생이 육체적 또는 정신적으로 궁지에 몰린 상황에 있었음을 예견하였거나 예견할 수 있었던 경우에는 피해 학생이 자살에 이른 상황에 대한 예견가능성도 있는 것으로 볼 수 있을 것이나, 집단따돌림의 내용이 이와 같은 정도에까지 이르지 않은 경우에는 교사 등이 집단따돌림을 예견하였거나 예견할 수 있었다고 하더라도 이것만으로 피해 학생의 자살에 대한 예견이 가능하였던 것으로 볼 수는 없으므로, 교사 등이 집단따돌림 자체에 대한 보호감독의무 위반의 책임을 부담하는 것은 별론으로 하고 자살의 결과에 대한 보호감독의무 위반의 책임을 부담한다고 할 수는 없다.
중학교 3학년 여학생이 급우들 사이의 집단따돌림으로 인하여 자살한 사안에서, 따돌림의 정도와 행위의 태양, 피해 학생의 평소 행동 등에 비추어 담임교사에게 피해 학생의 자살에 대한 예견가능성이 있었다고 인정하지 아니하여 자살의 결과에 대한 손해배상책임은 부정하면서, 다만 학생들 사이의 갈등에 대한 대처를 소홀히 한 과실을 인정하여 교사의 직무상 불법행위로 발생한 집단따돌림의 피해에 대하여 지방자치단체의 손해배상책임을 긍정한 사례(2005다16034).

■ 손해배상의 방법

1) 금전배상이 원칙(제763조, 394조)이나 예외적으로 명예훼손의 경우 법원은 피해자의 청구에 의하여 손해배상에 갈음하거나 또는 손해배상과 함께 명예회복에 적합한 처분을 명할 수 있으며(제764조), 이 경우에도 사죄광고는 허용되지 않고(89헌마160) 정정보도청구등 가능.

2) 인신손해 배상액의 범위

적극적 손해·소극적 손해(일실이익)·위자료(제752조, 752조)

137 사용자책임

채권법

질문

저는 택시를 타고 집으로 가던 중 택시기사가 한적한 곳으로 가서는 저를 강제로 때려 눕혀 강간을 하였습니다. 현재 택시기사는 무일푼이라서 배상을 받을 수 없는 처지인데, 이 경우 제가 택시회사를 상대로 손해배상을 받을 수는 없는지요?

답변

타인을 사용하여 어느 사무에 종사하게 한 자는 피용자가 그 사무집행에 관하여 제3자에게 가한 손해를 배상할 책임이 있으며, 이를 사용자책임이라고 합니다(제756조).

사용자가 기업 활동을 하면서 그의 지배하에 피용자를 사용하는 것은 그 자신의 활동 영역을 넓혀 궁극적으로 자신의 이익을 확대하기 위한 것이므로 이와 같은 피용자의 업무 수행 중에 타인에게 가해진 손해에 대해서도 사용자가 책임을 지는 것이 공평의 원칙에 부합하는 것이므로 756조의 사용자책임이 인정됩니다. 물론 이 경우 사용자는 피용자의 선임 및 사무 감독에 상당한 주의를 한 경우에는 면책이 되나 실무상 면책되는 경우는 거의 없다고 보면 됩니다.

한편 민법제391조는 채권자와 채무자의 계약관계를 전제로 하여 이행보조자의 고의·과실을 채무자의 고의·과실로 본다는 것으로 여기에는 채무자의 면책규정이 없으며, 민법 제756조의 사용자책임은 피용자의 업무 수행 중의 고의·과실로 인한 위법행위로 타인에게 손해를 가한 경우에 사용자가 면책사유가 없으면 피용자의 불법행위에 대하여 사용자가 그 책임을 지는 것으로 성립요건이 다르며, 민법 제35조의 법인의 불법행위책임도 대표기관의 불법행위에 대하여 법인 자신의 책임을 인정하는 것으로 피용자의 행위에 대하여 사용자가 책임을 지는 756조와 다릅니다. 나아가 공무원 또는 공무를 위탁받은 사인(私人)이 그 직무를 집행함에 있어서 불법행위를 한 경우에는 국가배상법(동조 제2조)이 적용됩니다.

그리고 사용자책임은 피용자가 '그 사무집행에 관하여' 제3자에게 가한 손해배상책임이 있으며, 여기서 말하는 사무집행 관련성이란, ① 피용자의 제3자에 대한 행위가 객관적으로 보아 그 피용자의 본래의 사무 또는 그와 관련된 것이라고 일반적으로 보여 지는 경우(71다598), ② 그 구체적인 사무가 피용자의 직무의 집행행위 자체에는 속하지 아니한다 하더라도 그 사무집행행위를 외형적으로 관찰할 때 피용자의 사무집행행위와 유사하여 그 범위 내에 속하는 것으로 보여 지는 경우(84다카979), ③ 피용자의 불법행위가 외형상 객관적으로 사용자의 사업 활동 내지 사무집행행위 또는 그와 관련된 것이라고 보여 질 경우에는, 행위자의 주관적 사정을 고려함이 없이 이를 사무집행에 관하여 한 행위로 본다는 것이고, 외형상 객관적으로 사용자의 사무집행에 관련된 것인지의 여부는 피용자의 본래직무와 불법행위와의 관련정도 및 사용자에게 손해발생에 대한 위험창출과 방지조치 결여의 책임이 어느 정도 있는지를 고려하여 판단하고(86다카1923), 따라서 피용자가 그의 지위를 남용하여 자기의 이익을 꾀할 목적으로 행한 경우에도(90다8954), 나아가 피용자의 행위가 사용자의 명령이나 금지에 위반한 부당한 것이라도 외형상 사무에 속하는 것이면 행위자의 주관적 사정을 고려함이 없이 사무집행 관련성이 있다고 보아 외형을 신뢰한 상대방을 보호합니다(외형이론).

그러나 이 경우에도 상대방이 피용자의 행위가 사무집행에 해당하지 않음을 알았거나 중과실로 알지 못한 경우에는 사용자책임이 인정되지 않으며(2003다36133), 이는 악의의 제3자를 보호할 필요나 이유가 없기 때문입니다.

그리고 이건과 같이 택시운전사가 택시를 운행 중 승객인 부녀를 강간한 경우 택시회사의 사용자책임 유무가 문제됩니다.

이에 대하여 판례는, '사용자의 배상책임을 규정한 민법 제756조 소정의 "그 사무집행에 관하여"라 함은 사용자의 사업집행 자체 또는 이에 필요한 행위뿐만 아니라 이와 관련된 것이라고 일반적으로 보여 지는 행위는 설사 그것이 피용자의 이익을 도모하기 위한 경우라도 이에 포함된다고 보아야 할 것이므로 택시회사의 운전수가 택시의 승객을 태우고 운행 중 차속에서 부녀를 강간한 경우 위 회사는 사용자로서 손해배상책임이 있다'고 합니다(90다8954).

따라서 귀하는 택시회사를 상대로 사용자책임을 물어 손해배상(치료비·일실수입·위자료 등)을 청구할 수 있습니다.

물론 이 경우에 피용자인 택시기사는 당연히 민법 제750조에 의한 불법행위책임을 지며, 사용자책임과는 부진정연대채무의 관계에 있습니다.

■ 사용자책임의 예

1) 합동법무사사무소의 구성원인 법무사들이 위촉된 등기사무를 처리함에 있어서

실제로 그 구성원 법무사 중 누가 사무를 처리하든 관계없이 한 달을 열흘 단위로 나누어 구성원 1인의 이름으로 처리하기로 내부방침을 정하고 있었고, 위 방침에 따라 구성원인 법무사 중 1인이 등기신청 대행 업무를 처리하면서 다른 법무사를 서류상 작성명의인으로 기재한 경우, 서류상 작성명의인인 법무사는 합동사무소에 위촉되어 동업관계에 있는 법무사와 공동으로 처리하여야 할 업무를 위임하여 처리하도록 한 셈이므로 그 업무처리에 있어 실제 업무를 처리한 법무사를 지휘·감독하여야 할 사용자관계에 있다고 보아야 한다(98다36238).

2) 건설기계관리법 및 건설기계관리법시행령이 시행된 후에는 지입차주로서는 지입차량의 등록 명의를 실질관계에 부합하게 자신 앞으로 전환하여 그 차량을 개인이 혼자서 운영하는 개별 건설기계대여업의 형태로 운영하거나 혹은 2인 이상의 법인이나 개인이 공동으로 운영하는 공동 건설기계대여업의 형태로 운영할 수 있음에도 불구하고 여전히 그 등록 명의를 지입회사 앞으로 남겨둔 채 종래의 지입체제를 그대로 유지하여 온 경우, 비록 지입차주가 지입차량의 실질적인 소유자로서 직접 이를 실제로 운영하여 왔다고 할지라도 지입회사는 지입차량의 운행사업에 있어서의 명의대여자로서 제3자에 대하여 그 지입차량이 자기의 사업에 속하는 것임을 표시하였다고 볼 수 있을 뿐만 아니라 객관적으로 지입차주를 지휘·감독하는 사용자의 지위에 있는 것으로 볼 수 있다(97다44676).

3) 불법행위에 있어 사용자책임이 성립하려면 사용자와 불법행위자 사이에 사용관계 즉 사용자가 불법행위자를 실질적으로 지휘·감독하는 관계가 있어야 하는 것으로, 위임의 경우에도 위임인과 수임인 사이에 지휘·감독관계가 있고 수임인의 불법행위가 외형상 객관적으로 위임인의 사무집행에 관련된 경우 위임인은 수임인의 불법행위에 대하여 사용자책임을 진다. 따라서 상속재산 분할 등의 사무를 수임한 변호사가 당해 부동산을 타에 처분하여 매각대금을 편취한 경우 위임인의 사용자책임이 인정된다(96다25500).

4) 일반적으로 도급인과 수급인 사이에는 지휘감독의 관계가 없으므로 도급인은 수급인이나 수급인의 피용자의 불법행위에 대하여 사용자로서의 배상책임이 없는 것이라 하겠으나(제757조 참조), 도급인이 수급인에 대하여 특정한 행위를 지휘하거나 특정한 사업을 도급시키는 경우와 같은 이른바 노무도급의 경우에 있어서는 도급인이라 하더라도 사용자로서의 배상책임이 있다 할 것이다(81다428).

■ 사용자의 피용자에 대한 구상권(제756조3항)의 범위

사용자가 피용자의 업무집행으로 행해진 불법행위로 인하여 직접 손해를 입었거나 또는 사용자로서의 손해배상책임을 부담한 결과로 손해를 입게 된 경우에는 사용자는 그 사업의 성격과 규모, 사업시설의 상황, 피용자의 업무내용, 근로조건이나 근무태도, 가해행위의 상황, 가해행위의 예방이나 손실의 분산에 관한 사용자의 배려정도 등의 제반사정에 비추어 손해의 공평한 분담이라는 견지에서 신의칙상 상당하다고 인정되는 한도 내에서만 피용자에 대하여 위와 같은 손해의 배상이나 구상권을 행사할 수 있다(86다카1045).

138 공작물 점유자 및 소유자의 책임

채권법

질문

인도를 걸어가던 A는 인근 건물에서 떨어진 간판에 머리를 부딪쳐 상해를 입었는데, 간판은 건물의 소유자인 B로부터 임차하여 치킨가게를 운영하던 C가 B의 동의를 얻어 설치하였습니다. 이 경우 A는 누구를 상대로 손해배상을 청구할 수 있는지요?

답변

공작물의 설치·보존상의 하자로 인하여 손해가 발생한 경우 공작물의 점유자가 1차적으로 책임을 지며(간접점유자가 있는 경우에는 직접점유자가 1차적인 책임을 진다: 81다209), 이 경우 점유자가 손해의 방지에 필요한 주의를 해태하지 아니하였음을 증명한 때에는 그 소유자가 최종적으로 책임을 지며 이때 소유자는 면책 항변을 할 수 없고 무조건적으로 책임을 져야 합니다(제758조).

여기서 말하는 '공작물'이란 인공적 작업에 의하여 제작된 물건으로서 건물, 도로 등 토지의 공작물은 물론 건물 내의 시설, 기계류(79다714), 교통수단, 수목의 식재 등이 이에 해당되지만, 국도, 제방 등 공작물이 국가나 지방자치단체가 설치하여 관리하는 경우에는 민법이 아니라 국가배상법(동법 제5조)이 적용됩니다.

그리고 '하자'란 공작물이 그 용도에 따라 객관적으로 요구되는 성질 및 설비를 설치 당시부터 가지고 있지 않거나 또는 설치 후 관리소홀로 필요한 안전성이 결여된 상태를 말합니다(2004다21053).

따라서 여관방의 내부를 엿보기 위해 여관 배수관을 오르던 행인이 배수관 보호벽이 무너져 다친 경우와 같이 공작물에서 발생한 사고가 공작물의 통상의 용법에 따르지 아니한 이례적인 행동 때문에 발생한 사고까지 대비하여 방호조치를 취할 의무는 없으며(97다25118), 나아가 고3학생이 교사의 단속을 피해 담배를 피우기 위하여 3층 건물 화장실 밖의 난간을 지나다가 실족한 경우에도 학교 측이 그러한 이례적인 사고 발생을 방지하기 위한 학교 시설의 설치·관리상의 하자가 있다고 볼 수 없습니다(96다54102).

한편 이건과 같은 경우에 건물 일부의 임차인이 건물 외벽에 설치한 간판이 추락하여 행인을 다치게 한 경우에 그 책임이 소유자에게도 있는지가 문제됩니다.

이에 대하여 판례는, '건물 일부의 임차인이 건물 외벽에 설치한 간판이 추락하여 행인이 부상한 경우, 건물 외벽은 건물임차인을 위한 광고물의 부착 등 광고목적에 통상적으로 사용되는 장소로서 그곳에 설치한 간판이 추락하여 큰 사고가 발생하였다면 위 건물의 외벽은 그 용도에 따라 통상 갖추어야 할 안전성을 갖추지 못한 상태에 있었다고 할 것이므로 건물소유자는 건물 외벽의 직접점유자로서 민법 제758조 제1항 소정의 손해배상책임을 부담한다'고 합니다(2002다65516).

따라서 A는 건물임차인인 C(간판의 점유자)는 물론 건물소유자인 B에게도 간판의 추락으로 입은 모든 손해(재산상손해와 위자료)를 청구할 수 있습니다.

■ 공작물의 설치 후 제3자의 행위에 의하여 본래에 갖추어야 할 안전성에 결함이 발생된 경우, 공작물의 보존상 하자 유무의 판단 기준

공작물의 설치 후 제3자의 행위에 의하여 본래에 갖추어야 할 안전성에 결함이 발생된 경우에는 공작물에 그와 같은 결함이 있다는 것만으로 성급하게 공작물의 보존상의 하자를 인정하여서는 안 되고, 당해 공작물의 구조, 장소적 환경과 이용상황 등 제반 사정을 종합하여 그와 같은 결함을 제거하여 원상으로 복구할 수 있는데도 이를 방치한 것인지 여부를 개별적·구체적으로 심리하여 하자의 유무를 판단하여야 한다. 따라서 인접 토지에서의 건축공사로 인하여 그 공사현장과 경계를 이루는 담장에 발생한 균열 등에 대하여 공사현장을 점유하며 공사를 시행하고 있는 자에게 수차례 보수를 요구한 경우, 공작물인 담장의 위험성에 비례하여 사회통념상 일반적으로 요구되는 정도의 방호조치 의무를 다하였으므로 담장 소유자의 담장의 설치·보존상의 하자로 인한 책임이 부정된다(2003다24499).

■ 공작물 하자에 의한 손해가 천재지변 등 불가항력에 기한 것이라는 점에 관한 입증책임

민법 제758조 제1항에 규정된 공작물의 설치 또는 보존의 하자라 함은 그 공작물 자체가 통상 갖추어야 할 안전성을 결여한 상태를 의미하는 것으로서 그 하자의 존재에 관한 입증책임은 피해자에게 있으나, 일단 하자있음이 인정되는 이상 손해발생이 천재지변의 불가항력에 의한 것으로서 위와 같은 하자가 없었다고 하여도 불가피한 것이었다는 점에 대한 입증책임은 이를 주장하는 공작물의 점유자에게 있다(82다카348).

139 교통사고와 의료사고의 경합으로 인한 공동불법행위책임

채권법

질문

A는 B회사 소유의 택시를 타고가다 택시기사의 과실로 사고를 당하여 C병원에 입원하였으나 사망할 정도의 치명상은 아니었음에도 불구하고 병원 측의 과실로 인하여 수술도중 사망하는 의료사고가 발생하였습니다. 이 경우 손해배상책임은 누구에게 있는지요?

답변

수인이 공동의 불법행위로 타인에게 손해를 가한 때에는 연대하여 그 손해를 배상할 책임이 있으며, 공동 아닌 수인의 행위 중 어느 자의 행위가 그 손해를 가한 것인지를 알 수 없는 때와 교사자·방조자도 마찬가지로 공동불법행위책임을 집니다(제760조).

한편 공동불법행위의 성립에는 공동불법행위자 상호간에 의사의 공통이나 공동의 인식이 필요하지 아니하고 객관적으로 각 행위에 관련 공동성이 있으면 족하므로, 관련 공동성 있는 행위에 의하여 손해가 발생하였다면 그 손해배상책임을 면할 수 없습니다(96다55631). 그 이유는 형법과 달리 손해의 전보를 목적으로 하는 민법은 손해가 발생하였다는 점에서는 고의나 과실을 달리 취급하지 않기 때문에 이와 같이 공동불법행위책임을 넓게 인정하고 있습니다.

그리고 공동불법행위책임은 부진정연대책임으로 연대채무자 1인에게 생긴 사유(제416조~423조)중에서 변제·대물변제·공탁·상계(2008다97218전)등 채권을 만족시키는 사유(절대적 효력)를 제외하고는 상대적 효력밖에 없어서 다른 채무자에게 영향을 주지 않으므로(97다28391), 결과적으로 그 만큼 피해자를 두텁게 보호하게 됩니다.

나아가 손해배상의 범위는 피해자에 대한 관계에서 가해자들 전원의 행위를 전체적으로 함께 평가하여 정해야 하고, 그 손해배상액에 대하여는 가해자 각자가 그 금액의 전부에 대한 책임을 부담하는 것이며, 가해자의 1인이 다른 가해자에 비하여 불법행위에 가담한 정도가 경미하다고 하더라도 피해자에 대한 관계에서 그 가해자의 책임범위를 손해배상의 일부로 제한하여 인정할 수 없으며(2005다32999), 이는 공동불법행위자 상호간 과실비율에 따른 구상권 행사에서 결정될 문제입니다.

따라서 공동불법행위에서 과실상계는 피해자에 대한 공동불법행위자 전원의 과실과 피해자의 공동불법행위자 전원에 대한 과실을 전체적으로 평가하여야 합니다(2005다32999).

다만 부진정연대채무자인 공동불법행위자는 각자의 부담부분을 피해자에 대한 대외관계에서는 주장할 수 없지만, 내부관계에서는 부담부분이 인정되고 이러한 부담부분은 불법행위 및 손해와 관련하여 그 발생 내지 확대에 대한 각 부진정연대채무자의 주의의무의 정도에 상응한 과실의 정도를 비롯한 기여도 등 사고 내지 손해와 직접적으로 관련된 대외적 요소를 고려하여야 함은 물론, 나아가 부진정연대채무자 사이에 특별한 내부적 법률관계가 있어 그 실질적 관계를 기초로 한 요소를 참작하지 않으면 현저하게 형평에 어긋난다고 인정되는 경우에는 그 대내적 요소도 참작하여야 하며, 일정한 경우에는 그와 같은 제반 사정에 비추어 손해의 공평한 분담이라는 견지에서 신의칙상 상당하다고 인정되는 한도 내에서만 구상권을 행사하도록 제한할 수도 있습니다(2000다33607).

한편 이건과 같은 경우에 교통사고로 상해를 입은 피해자가 치료를 받던 중 의료사고로 손해가 확대된 경우, 확대된 손해와 교통사고 사이의 상당인과관계가 인정되어 공동불법행위책임이 인정되는지 여부가 문제됩니다.

이에 대하여 판례는, '교통사고로 인하여 상해를 입은 피해자가 치료를 받던 중 치료를 하던 의사의 과실로 인한 의료사고로 증상이 악화되거나 새로운 증상이 생겨 손해가 확대된 경우, 의사에게 중대한 과실이 있다는 등의 특별한 사정이 없는 한 확대된 손해와 교통사고 사이에도 상당인과관계가 있고, 이 경우 교통사고와 의료사고가 각기 독립하여 불법행위의 요건을 갖추고 있으면서 객관적으로 관련되고 공동하여 위법하게 피해자에게 손해를 가한 것으로 인정되면 공동불법행위가 성립한다'고 합니다(98다32045).

따라서 A의 유족들은 B와 C에 대하여 공동불법행위책임을 물을 수 있습니다.

사례 99 부진정연대채무 참조

■ 형법상 공범

1) 공동정범(형법 제30조)

과실범의 공동정범 → 성수대교 붕괴를 초래한 시공자, 관리자와 감독자(97도1740), 삼풍백화점 붕괴사고(96도1231)

2) 교사범(형법 제31조)

3) 종범(형법 제32조)

4) 간접정범(형법 제34조)

■ 형법상 독립행위의 경합(형법 제19조)

cf) 상해죄의 동시범(형263)

공동정범과 동시범은 상호 의사의 연락 유무에 따라 구별.

■ 의사의 의료행위에 있어서의 주의의무의 내용 및 진단상의 과실 유무의 판단 기준

의사가 진찰·치료 등을 함에 있어서는 사람의 생명·신체·건강을 관리하는 의료행위의 성질에 비추어 환자의 구체적인 증상이나 상황에 따라 위험을 방지하기 위하여 요구되는 최선의 조치를 행하여야 할 주의의무가 있으므로, 진단상의 과실 유무를 판단함에 있어서는 해당 의사가 비록 완전무결한 임상진단의 실시는 불가능할지라도 적어도 임상의학 분야에서 실천되고 있는 진단 수준의 범위 안에서 전문직업인으로서 요구되는 의료상의 윤리와 의학지식 및 경험에 기초하여 신중히 환자를 진찰하고 정확히 진단함으로써 위험한 결과 발생을 예견하고 이를 회피하는 데에 필요한 최선의 주의의무를 다하였는지 여부를 따져 보아야 하고, 진료상의 과실 여부는 그 의사가 환자의 상태에 충분히 주의하고 진료 당시의 의학적 지식에 입각하여 환자에게 발생 가능한 위험을 방지하기 위하여 최선의 주의를 기울여 진료를 실시하였는가 여부에 따라 판단되어야 한다.

따라서 임산부가 예정내원일보다 앞당겨 단기간에 2회에 걸쳐 내원하여 심한 부종 등을 호소하면서 임신중독증을 염려하는 것을 듣고도 기본적인 검사인 체중측정과 소변검사조차 시행하지 아니하고 별 이상이 없다는 진단을 내린 의사와, 급격한 체중증가와 혈압상승에도 불구하고 즉시 입원치료를 하게 하지 않고 앞서 진찰한 의사의 부실한 진단결과와 당일 1회의 간단한 검사결과 만에 의존하여 저염, 고단백식사만을 권유한 채 만연히 귀가케 한 병원장에게 태반조기박리로 인한 신생아의 사망에 대하여 공동불법행위책임을 인정한다(2001다2013).

140 명예훼손으로 인한 불법행위책임

채권법

질문

저는 모신문사가 저에 대한 악의적인 내용의 허위의 기사를 게재함으로 말미암아 명예를 훼손당하였는데, 이 경우 그 신문사와 기사를 작성한 기자를 상대로 손해배상소송과 아울러 정정보도청구도 가능한지요?

답변

명예는 인격권의 내용 중 가장 전형적인 것으로 인격권의 침해라고 하면 곧 명예훼손(공연히 사실 또는 허위의 사실을 적시하는 행위로서 여기서 말하는 공연성이란 불특정 또는 다수인이 직접 인식할 수 있는 상태를 말하며 전파가능성이 있으면 특정인에게 적시하더라도 성립)을 연상할 정도이며, 그래서 현대사회에서 급증하고 있는 손해배상소송의 중요한 부분입니다.

여기서 말하는 명예란 '사람의 품성·덕행·명성·신용 등 세상으로부터 받는 객관적인 평가를 말하는 것이고 특히 법인의 경우 그 사회적 명성·신용을 가리키는 데에 다름이 없는 것이며, 명예를 훼손한다는 것은 곧 사회적 평가를 침해하는 것입니다(87다카1450, 96다38032).

민법은 제750조에서 불법행위에 관하여 포괄적인 일반조항을 두고 있고, 제751조는 재산이외의 손해의 배상에 관하여 규정하고 있으며, 제764조는 명예훼손의 경우 명예회복에 적당한 처분을 할 수 있다고 규정하고 있는데, 이 규정들은 명예훼손 등 인격적 이익이 침해된 경우에 피해자가 구제받을 수 있는 근거가 되고 있습니다.

한편 민주주의 국가는 여론의 형성에 의한 다수 의견에 의하여 민주적 정치 질서가 생성·유지되어 가므로 언론·출판 등 표현의 자유는 민주주의의 필수불가결한 요소이며, 다른 한편 민주 국가는 저마다 인간으로서의 존엄과 가치를 가진 개인의 기본적 인격을 보호하는 것을 목적으로 하므로 경우에 따라서는 표현의 자유와 인격권의 보호라는 양자의 보호법익이 충돌할 수 밖에 없을 것입니다.

이 경우 두 법익이 충돌하였을 때 그 조정을 어떻게 할 것인지는 구체적인 경우에 사회적인 여러 가지 이익을 비교하여 표현의 자유로 얻어지는 이익·가치와 인격의 보호에 의하여 달성되는 가치를 형량하여 그 규제의 폭과 방법을 정해야 할 것이며(85다카29), 이 경우 명예훼손적 표현의 피해자가 공적 인물인지 아닌지, 그 표현이 공적 관심 사안에 관한 것인지 순수한 사적인 영역에 속하는 사안인지의 여부에 따라 심사기준에 차이가 있으며, 따라서 공적 인물의 공적 사안에 관한 것인 때에는 표현의 자유를 더욱 보장하고 있습니다(2002다64384·2002다63558).

공직자의 도덕성·청렴성이나 그 업무처리가 정당하게 이루어지고 있는지 여부는 항상 국민의 감시와 비판의 대상이 되어야 한다는 점을 감안하면, 이러한 감시와 비판 기능은 그것이 악의적이거나 현저히 상당성을 잃은 공격이 아닌 한 쉽게 제한되어서는 안됩니다(2004다35199·2000다37647·2006다53214).

나아가 어떤 표현이 타인의 명예를 훼손하더라도 그 표현이 공공의 이해에 관한 사항으로서 그 목적이 오로지 공공의 이익을 위한 것일 때에는 그 내용이 진실한 사실이거나 행위자가 그것을 진실이라고 믿을만한 상당한 이유가 있는 경우에는 위법성이 없으며(진실성·공공성·상당성), 이 경우 '진실한 사실' 이라 함은 그 내용 전체의 취지를 살펴볼 때 중요한 부분이 객관적 사실과 합치되는 사실이라는 의미로서 세부에 있어서 진실과 약간 차이가 나거나 다소 과장된 표현이 있더라도 무방하며(2000다37524·37531·2003다52142), 보도내용이 진실이라고 믿을만한 상당한 이유가 있는지의 여부는 적시된 사실의 내용·진실이라고 믿게 된 근거나 자료의 확실성과 신빙성·사실확인의 용이성·보도로 인한 피해자의 피해 정도 등 여러 사정을 종합하여 판단하여야 합니다(2005다28365).

통상 명예훼손으로 인한 손해의 방법으로서 위자료 청구가 기본적으로 가장 많을 것이며, 경우에 따라서는 명예회복을 위하여 정정보도청구권을 행사할 수도 있으나, 인격권은 그 성질상 침해된 후의 구제수단 만으로는 그 피해의 완전한 회복이 어렵고 손해전보의 실효성을 기대하기 어려우므로 사전 예방적 구제수단으로 침해행위 정지·방지 등의 금지 청구권도 인정됩니다(93다40614·49621)

따라서 귀하는 신문사와 신문기자를 상대로 명예훼손으로 인한 위자료청구와 아울러 정정보도청구도 가능하며, 경우에 따라서는 사전 예방적 구제수단으로써 침해행위의 정지·방지를 위한 발행금지 가처분 등의 청구도 할 수 있습니다.

- 형법상 명예훼손죄(형법 제307조)·출판물에 의한 명예훼손죄(제309조)는 반의사불벌죄(형법 제312조2항)이나, 사자의 명예훼손죄(형법 제308조)·모욕죄(형법 제311조)는 친고죄(형312조1항)이다.

- 명예훼손죄와 모욕죄의 보호법익은 다 같이 사람의 가치에 대한 사회적 평가인 이른바 외부적 명예인 점에서는 차이가 없으나 다만 명예훼손은 사람의 사회적 평가를 저하시킬 만한 구체적 사실의 적시를 하여 명예를 침해함을 요하는 것으로서, 구체적 사실이 아닌 단순한 추상적 판단이나 경멸적 감정의 표현으로서 사회적 평가를 저하시키는 모욕죄와 다르다(87도739).

- 손해의 개념

1. 의의

1) 위법한 가해행위로 인하여 발생한 재산상 불이익, 즉 그 위법행위가 없었더라면 존재하였을 재산상태와 그 위법행위가 가해진 현재의 재산상태의 차이(차액설: 91다33070전)

2) 현실적인 소득의 감소 내지 상실을 손해의 기초로 보지 아니하고 노동능력의 상실 내지 상실비율 그 자체를 손해로 인식(평가설)

현재 판례는 차액설과 평가설 어느 입장도 가능하다는 태도이나(93다52372), 실무상 향후 소득의 예측이 쉽지 아니하므로 대체로 종전 직업의 소득에 피해자의 노동능력상실율을 곱하는 평가설의 방법으로 일실수입을 산정하고 있다.

2. 손해의 종류

1) 재산적 손해

불법행위로 인한 재산상 손해는 위법한 가해행위로 인하여 발생한 재산상 불이익, 즉 그 위법행위가 없었더라면 존재하였을 재산상태와 그 위법행위가 가해진 현재의 재산상태의 차이를 말하는 것이고, 그것은 기존의 이익이 상실되는 적극적 손해의 형태와 장차 얻을 수 있을 이익을 얻지 못하는 소극적 손해(일실이익)의 형태로 구분된다(91다33070).

2) 비재산적 손해(정신적 손해)

위법한 가해행위로 인하여 발생한 비재산산적 손해, 예컨대 생명·신체·자유·명예·정조·초상권 등 인격권의 침해로 발생하는 손해를 말하며, 이에 대한 배상을 '위자료'라 한다.

민법은 제751조와 제752조에서 정신적 손해를 규정하고 있으나, 위 조항에 열거된 사항에 한하지 않고 정신적 손해가 있는 경우에는 민법 제750조에 의하여 위자료청구권이 발생한다고 보는 것이 일반적 법리이다(2001다36733).

3. 손해3분설(2002다34581)

1) 적극적 손해

2) 소극적 손해

3) 위자료

■ 불법행위에 의하여 재산권이 침해된 경우, 위자료를 인정하기 위한 요건

일반적으로 타인의 불법행위 등에 의하여 재산권이 침해된 경우에는 그 재산적 손해의 배상에 의하여 정신적 고통도 회복된다고 보아야 할 것이므로 재산적 손해의 배상에 의하여 회복할 수 없는 정신적 손해가 발생하였다면, 이는 특별한 사정으로 인한 손해로서 가해자가 그러한 사정을 알았거나 알 수 있었을 경우에 한하여 그 손해에 대한 위자료를 청구할 수 있다(2001다82507전).

■ 재산상 손해액의 확정이 가능한데도 위자료의 명목아래 사실상 손해의 전보를 꾀하는 것이 허용되는지 여부(위자료의 보완적 기능의 한계)

법원은 위자료 액을 산정함에 있어서 피해자 측과 가해자 측의 제반사정을 참작하여 그 금액을 정하여야 하므로 피해자가 가해자로부터 당해 사고로 입은 재산상 손해에 대하여 배상을 받을 수 있는지의 여부 및 그 배상액의 다과 등과 같은 사유도 위자료 액 산정의 참작 사유가 되는 것은 물론이며 특히 재산상 손해의 발생이 인정되는데도 입증곤란 등의 이유로 그 손해액의 확정이 불가능하여 그 배상을 받을 수 없는 경우에 이러한 사정을 위자료의 증액사유로 참작할 수 있다고 할 것이나, 이러한 위자료의 보완적 기능은 재산상 손해의 발생이 인정되는데도 손해액의 확정이 불가능하여 그 손해 전보를 받을 수 없게 됨으로써 피해회복이 충분히 이루어지지 않는 경우에 이를 참작하여 위자료 액을 증액함으로써 손해전보의 불균형을 어느 정도 보완하고자 하는 것이므로 함부로 그 보완적 기능을 확장하여 그 재산상 손해액의 확정이 가능함에도 불구하고 편의한 방법으로 위자료의 명목 아래 사실상 손해의 전보를 꾀하는 것과 같은 일은 허용되어서는 안 될 일이다(84다카722).

141 약혼예물수수의 법적성질

질문

저는 친지의 소개로 만난 남성과 약혼을 하고, 약혼예물로 3부 다이아몬드반지를 받았습니다. 그런데 약혼자는 약혼 후 다른 여자와 성관계를 한 사실이 드러나 제가 이를 이유로 약혼을 해제하였습니다. 그러자 남자는 약혼예물로 준 반지를 돌려달라고 하는데, 제가 이를 돌려주어야 하는지요?

답변

약혼은 당사자가 장차 혼인할 것을 합의함으로써 성립하는 혼인예약으로서(제800조), 18세가 되면 부모나 미성년후견인의 동의를 얻어 약혼할 수 있습니다(제801조).

약혼은 실질적으로는 부부공동생활을 하고 있으나 혼인신고를 하지 아니하여 법률혼으로 인정받지 못하는 사실혼과는 다르며 판례도, '일반적으로 결혼식(또는 혼례식)이라 함은 특별한 사정이 없는 한 혼인할 것을 전제로 한 남녀의 결합이 결혼으로서 사회적으로 공인되기 위하여 거치는 관습적인 의식이라고 할 것이므로, 당사자가 결혼식을 올린 후 신혼여행까지 다녀온 경우라면 단순히 장래에 결혼할 것을 약속한 정도인 약혼의 단계는 이미 지났다고 할 수 있으나, 이어 부부공동생활을 하기에까지 이르지 못하였다면 사실혼으로서도 아직 완성되지 않았다고 할 것이지만, 이와 같이 사실혼으로 완성되지 못한 경우라고 하더라도 통상의 경우라면 부부공동생활로 이어지는 것이 보통이고, 또 그 단계에서의 남녀 간의 결합의 정도는 약혼 단계와는 확연히 구별되는 것으로서 사실혼에 이른 남녀 간의 결합과 크게 다를 바가 없다고 할 것이므로, 이러한 단계에서 일방 당사자에게 책임 있는 사유로 파탄에 이른 경우라면 다른 당사자는 사실혼의 부당 파기에 있어서와 마찬가지로 책임 있는 일방 당사자에 대하여 그로 인한 정신적인 손해의 배상을 구할 수 있다'고 합니다(98므961).

한편 약혼은 강제이행을 청구하지 못하나(제803조), 약혼 후 자격정지 이상의 형을 선고 받거나 성병이나 불치병을 앓고 있는 경우, 약혼 후 다른 사람과 간음한 경우 등에는 약혼을 해제하고(제804조), 이로 인한 재산상 손해배상은 물론 위자료도 청구할 수 있습니다(제805조).

한편 이건과 같은 약혼예물의 법적 성질 및 그 소유권의 귀속관계와 약혼파탄의 유책자가 약혼예물의 반환을 청구할 수 있는지 여부가 문제됩니다.

이에 대하여 판례는, '약혼예물의 수수는 혼인 불성립을 해제조건으로 하는 증여와 유사한 성질의 것이나 약혼의 해제에 관하여 과실이 있는 유책자로서는 그가 제공한 약혼예물을 적극적으로 반환 청구할 권리가 없다'고 합니다(76므41).

따라서 귀하는 약혼파탄의 원인을 제공한 약혼자에게 약혼예물을 반환할 필요가 없으며, 이와는 별도로 약혼해제로 인한 재산상·재산외의 손해에 대한 배상을 아울러 청구할 수 있습니다.

참고로 혼인기간이 상당히 지속된 경우에 약혼예물의 법적성질에 대하여 판례는, '약혼예물의 수수는 약혼의 성립을 증명하고 혼인이 성립한 경우 당사자 내지 양가의 정리를 두텁게 할 목적으로 수수되는 것으로 혼인의 불성립을 해제조건으로 하는 증여와 유사한 성질을 가지므로, 예물의 수령자측이 혼인 당초부터 성실히 혼인을 계속할 의사가 없고 그로 인하여 혼인의 파국을 초래하였다고 인정되는 등 특별한 사정이 있는 경우에는 신의칙 내지 형평의 원칙에 비추어 혼인 불성립의 경우에 준하여 예물반환의무를 인정함이 상당하나, 그러한 특별한 사정이 없는 한 일단 부부관계가 성립하고 그 혼인이 상당 기간 지속된 이상 후일 혼인이 해소되어도 그 반환을 구할 수는 없으므로, 비록 혼인 파탄의 원인이 며느리에게 있더라도 혼인이 상당 기간 계속된 이상 약혼예물의 소유권은 며느리에게 있다'고 합니다(96다5506).

■ 약혼 시 학력과 직장에서의 직종·직급 등을 속인 것이 후에 밝혀진 경우 상대방의 약혼해제가 적법하다고 본 사례(94므1676·1683)

약혼은 혼인할 것을 목적으로 하는 혼인의 예약이므로 당사자 일방은 자신의 학력, 경력 및 직업과 같은 혼인의사를 결정하는 데 있어 중대한 영향을 미치는 사항에 관하여 이를 상대방에게 사실대로 고지할 신의성실의 원칙상의 의무가 있다. 따라서 종전에 서로 알지 못하던 갑과 을이 중매를 통하여 불과 10일간의 교제를 거쳐 약혼을 하게 되는 경우에는 서로 상대방의 인품이나 능력에 대하여 충분히 알 수 없기 때문에 학력이나 경력, 직업 등이 상대방에 대한 평가의 중요한 자료가 된다고 할 것인데 갑이 학력과 직장에서의 직종·직급 등을 속인 것이 약혼 후에 밝혀진 경우에는 갑의 말을 신뢰하고 이에 기초하여 혼인의 의사를 결정하였던 을의 입장에서 보면 갑의 이러한 신의성실의 원칙에 위반한 행위로 인하여 갑에 대한 믿음이 깨어져 갑과의 사이에 애정과 신뢰에 바탕을 둔 인격적 결합을 기대할 수 없어 갑과의 약혼을 유지하여 혼인을 하는 것이 사회생활관계상 합리적이라고 할 수 없으므로 민법 제804조 제8호 소정의 '기타 중대한 사유가 있는 때'에 해당하여 갑에 대한 약혼의 해제는 적법하다.

■ 사례 143 사실혼의 법률관계 참조

142 성전환자의 성별정정 허가기준

친족·상속법

질문

성전환자의 성별정정은 어떤 기준으로 허가가 되는지 궁금합니다. 아울러 성별정정이 되면 다른 성(異性)의 사람과 혼인도 할 수 있는지요?

답변

혼인은 '가족관계의 등록 등에 관한 법률'에 정한 바에 의하여 신고함으로써 그 효력이 생기며(제812조), 여기서 말하는 혼인신고란 당사자가 신고하는 방식에 따라서 혼인의사를 표시해서 이를 합치시킴으로써 혼인이 성립하는 것을 말하는 것으로, 다시 말하면 혼인신고는 혼인(법률혼)의 성립요건입니다.

그리고 혼인의사의 합치는 1남1여의 합치가 있어야 하며 이성이 아닌 동성간의 혼인은 인정되지 아니합니다.

이 경우에 성전환자의 성별정정은 인정되는지 여부 및 만약 인정된다면 어떤 기준으로 인정되는지가 문제되고, 나아가 성전환자가 성별정정허가를 받으면 이성과 혼인을 할 수 있는지도 문제됩니다.

이에 대하여 판례는,

1. 성전환자의 성의 결정과 성전환자에 대한 가족관계등록부상 성별 기재의 정정

가족관계의 등록 등에 관한 법률을 포함하여 현행법 체계는 모든 사람이 남성 또는 여성 중의 하나에 속하는 것을 전제로 하면서도 남성과 여성의 구분, 즉 성의 결정 기준에 관하여 별도의 규정을 두지 않고 있다.

종전에는 사람의 성을 성염색체와 이에 따른 성기 등 생물학적인 요소에 따라 결정하여 왔다. 그러나 근래에 와서는 생물학적인 요소뿐 아니라 개인이 스스로 인식하는 남성 또는 여성으로의 귀속감 및 개인이 남성 또는 여성으로서 적합하다고 사회적으로 승인된 행동·태도·성격적 특징 등의 성 역할을 수행하는 측면, 즉 정신적·사회적 요소들 역시 사람의 성을 결정하는 요소 중의 하나로 인정받게 되었다.

성전환증(Transsexualism)을 가진 사람의 경우에도, 남성 또는 여성 중 어느 한쪽의 성염색체를 보유하고 있고 그 염색체와 일치하는 성기가 형성·발달되어 출생하지만, 출생 당시에는 아직 그 사람의 정신적·사회적인 의미에서의 성을 인지할 수 없으므로, 생물학적인 신체적 성징(성징)에 따라 법률적인 성이 평가될 것이다.

그러나 출생 후 성장과정에서 일관되게 출생 당시의 생물학적인 성에 대한 불일치감 및 위화감·혐오감을 갖고 반대의 성에 귀속감을 느끼면서, 반대의 성으로서의 역할을 수행하며 성기를 포함한 신체 외관 역시 반대의 성으로 형성된 사람들에 대해서는 일정한 경우 법률적인 성의 평가도 달라질 수 있다고 할 것이다. 특히 의학적으로 성전환증의 진단을 받고 상당기간 정신과적 치료나 호르몬 치료 등을 실시하여도 여전히 위 증세가 치유되지 않고 반대의 성에 대한 정신적·사회적 적응이 이루어졌고, 나아가 일반적인 의학적 기준에 의하여 성전환수술을 받아 외부 성기를 비롯한 신체적 성징도 반대의 성으로 변경되었을 뿐 아니라 전환된 성을 가진 사람으로서 만족감을 느끼고 공고한 성정체성의 인식 아래 그 성에 맞춘 의복, 두발 등의 외관을 하고 성관계 등 개인적인 영역 및 직업 등 사회적인 영역에서 모두 전환된 성으로서의 역할을 수행하여 주위 사람들로부터도 그 성으로 인식되는 정도에 이르러 사회통념상으로 볼 때 전환된 성을 갖추고 있다고 인정되고, 또한 전환된 성을 그 사람의 성이라고 보더라도 다른 사람들과의 신분관계에 중대한 변동을 초래하지 아니하는 등 사회규범적으로도 허용될 수 있는 경우라면 그러한 성전환자(아래에서 말하는 성전환자는 이러한 성전환자를 뜻한다)에 대하여는 법률적으로도 출생 시의 성이 아닌 전환된 성을 그 사람의 성이라고 평가할 수 있을 것이다.

그리고 성전환자의 경우에는 출생 시의 성과 현재 법률적으로 평가되는 성이 달라, 성에 관한 가족관계등록부의 기재가 현재의 진정한 신분관계를 공시하지 못하게 되므로, 가족관계의 등록 등에 관한 법률 제104조의 절차에 따라 가족관계등록부의 성별란 기재의 성을 전환된 성에 부합하게 수정하는 것을 허용함이 상당하다. 한편 이러한 가족관계등록부 정정허가는 성전환에 따라 법률적으로 새로이 평가받게 된 현재의 진정한 성별을 확인하는 취지의 결정이므로, 그 정정허가 결정이나 이에 기초한 가족관계등록부상 성별란 정정의 효과는 기존의 신분관계 및 권리의무에 영향을 미치지 않는다고 해석하여야 한다.

2. 혼인 중에 있거나 미성년자인 자녀가 있는 경우 성별정정을 허가할 것인지 여부

1) 성전환수술 등으로 신체적 특성이나 사회적 활동을 함에 있어서는 전환된 성이 그 사람의 성으로 인식되더라도, 가족관계등록부상의 성별 표시에 대한 정정을 허가하기 위해서는, 다른 사람들과의 신분관계에 변동을 초래하

거나 사회에 부정적인 영향을 주지 아니하여 사회적으로 허용된다고 볼 수 있는 등 여러 사정을 종합적으로 고려하여야 하므로, 성별정정으로 배우자나 자녀와의 신분관계에 중대한 변경을 초래하거나 사회에 미치는 부정적 영향이 현저한 경우 등 특별한 사정이 있다면, 성별정정을 허용하여서는 아니 된다.

2) 성전환자가 혼인 중에 있는 경우

헌법 제36조 제1항은 "혼인과 가족생활은 개인의 존엄과 양성의 평등을 기초로 성립되고 유지되어야 하며, 국가는 이를 보장한다."라고 선언하고 있는바, 무릇 혼인이란 남녀 간의 육체적, 정신적 결합으로 성립하는 것으로서, 우리 민법은 이성(이성) 간의 혼인만을 허용하고 동성(동성) 간의 혼인은 허용하지 않고 있다. 그런데 만약 현재 혼인 중에 있는 성전환자에 대하여 성별정정을 허용할 경우 법이 허용하지 않는 동성혼의 외관을 현출시켜 결과적으로 동성혼을 인정하는 셈이 되고, 이는 상대방 배우자의 신분관계 등 법적·사회적 지위에 중대한 영향을 미치게 된다. 따라서 현행 민법 규정과 오늘날의 사회통념상 현재 혼인 중에 있는 성전환자는 전환된 성을 법률적으로 그 사람의 성이라고 평가할 수 없고, 그 결과 가족관계등록부의 성별정정도 허용되지 아니한다고 할 것이다. 다만 현재 혼인 중이 아니라면 과거 혼인한 사실이 있다고 하더라도 위와 같은 혼란을 야기하거나 사회에 부정적인 영향을 미칠 우려가 크지 않으므로 성별정정을 불허할 사유가 되지 아니한다.

3) 성전환자에게 미성년자인 자녀가 있는 경우

우리 민법에 부모는 미성년자인 자의 친권자가 되고(제909조 제1항), 친권자는 자를 보호하고 교양할 권리의무가 있으며(제913조), 친권을 행사함에 있어서는 자의 복리를 우선적으로 고려하여야 한다(제912조)라고 규정하고 있는바, 미성년자인 자녀가 있는 경우에는 친권자의 성(성)을 법률적으로 평가함에 있어서도 미성년자인 자녀의 복리를 우선적으로 고려하지 않으면 안 된다. 그런데 성전환자에게 미성년자인 자녀가 있음에도 성별정정을 허용한다면 미성년자인 자녀의 입장에서는 법률적인 평가라는 이유로 부(父)가 남성에서 여성으로, 또는 모(母)가 여성에서 남성으로 뒤바뀌는 상황을 일방적으로 감내해야 하므로, 이로 인한 정신적 혼란과 충격에 노출될 수 있음을 쉽게 짐작할 수 있다. 그리고 성별정정을 허용하게 되면 가족관계증명서의 '부'란에 기재된 사람의 성별이 '여'로, 또는 '모'란에 기재된 사람의 성별이 '남'으로 표시됨으로써 동성혼의 외관이 현출될 수밖에 없고, 미성년자인 자녀는 취학 등을 위해 가족관계증명서가 요구될 때마다 동성혼의 외관이 현출된 가족관계증명서를 제출할 수밖에 없다. 동성혼에 대한 찬반양론을 떠나 이에 대한 사회적 차별과 편견은 엄연한 현실이고, 이러한 현실에 대한 적응능력이 성숙되지 아니하고 감수성이 예민한 미성년자인 자녀를 이러한 사회적 차별과 편견에 무방비하게 노출되도록 방치하는 것은 친권자로서 또는 사회구성원으로서의 기본적인 책무를 도외시하는 것이다. 그와 같은 친권자와 미성년자인 자녀 사이의 특별한 신분관계와 미성년자인 자녀의 복리에 미치는 현저한 부정적인 영향, 그리고 가족관계등록부상 성별란 정정의 효과가 '기존의' 친자관계 등 법률관계에 영향을 미치지 않는다는 것만으로는 그 이후 새롭게 생겨나는 미성년 자녀의 생활관계상의 곤란이 다 해결된다고 보기는 어려운 점 등을 고려하면, 성전환자에게 미성년자인 자녀가 있는 경우에는 성별정정이 허용되지 않는다고 할 것이다. 나아가 가족 간의 유대와 배려를 특별히 중요하게 생각하는 우리 사회의 가족관에 비추어 볼 때, 미성년자인 자녀의 복리를 위하여 친권자의 성별정정을 허용하지 않는 것은, 현재의 우리 사회가, 스스로의 선택에 의하여 이성과 혼인하고 자녀를 출생시켜 가족을 이룬 사람에게 요구할 수 있는 최소한의 배려요청이다'고 합니다(2009스117전).

따라서 성전환자가 혼인 중에 있거나 미성년의 자를 두고 있는 경우가 아니면 그 성별정정은 허용되며, 성별정정이 되면 정정된 성별과 다른 성(異性)을 가진 사람과도 혼인을 할 수 있습니다.

■ 소위 영혼결혼의 허용여부(91스6)

우리 법상 사망자 간이나 생존한 자와 사망한 자 사이의 혼인은 인정되지 아니하므로 사망자와의 사실혼관계존재확인의 심판이 있다 하더라도, 이미 당사자의 일방이 사망한 경우에는 혼인신고특례법이 정하는 예외적인 경우와 같이 그 혼인신고의 효력을 소급하는 특별한 규정이 없는 한 이미 그 당사자 간에는 법률상의 혼인이 불가능하므로 이러한 혼인신고는 받아들여질 수 없다.

■ 실종자의 배우자가 재혼한 경우에 있어서의 실종선고취소의 효과(제27조~29조)

실종선고의 취소가 있더라도 '실종선고 후 그 취소 전에 선의로 한 행위'의 효력에는 영향을 미치지 아니하므로(제29조), 실종자의 배우자가 재혼한 경우에 그 후 실종선고가 취소되더라도 재혼의 당사자 쌍방(학설의 대립이 있음)이 모두 선의인 경우에는 구 혼인관계는 부활하지 않으며, 따라서 재혼의 효력에는 아무런 영향이 없다.

■ 혼인의 무효(제815조)

■ 혼인의 취소(제816조)

143 사실혼의 법률관계

질문

저는 오랜 연애 끝에 장차 결혼하기로 하고 동거를 한 남자와의 사이에 얼마 전 딸을 낳았습니다. 그런데 남자가 차일피일 혼인신고를 미루고 있는데요, 저 혼자서라도 혼인신고를 해서 딸의 출생신고를 할 수 없는지요?

답변

혼인은 '가족관계의 등록 등에 관한 법률'에 정한 바에 의하여 신고함으로써 그 효력이 생기는데(제812조), 이에 비하여 사실혼이란 실질적으로 부부로서 혼인생활을 하고 있으나 혼인신고를 하지 아니한 남녀의 결합관계를 의미합니다. 따라서 비록 당사자 사이에 자식이 태어났다고 하더라도 서로 간 혼인의 합치가 있었다거나 혼인생활의 실체가 존재하지 아니하면 사실혼이 성립했다고 보기 어렵습니다(84므45).

그러나 사실혼은 혼인신고만 안 했을 뿐이지 혼인생활의 실체를 가지고 있기 때문에 일정한 경우 법적인 보호를 받습니다.

사실혼이 성립하여도 혼인신고를 전제로 하는 법률혼과는 달리 배우자로서의 상속권은 없지만(90누6897), 부부로서의 동거·부양·협조의무는 사실혼에도 동일하게 인정되며(97므544·551), 따라서 사실혼 부부 일방의 사실혼관계 부당파기로 인한 손해배상청구권도 인정되고(88므146), 사실혼부부의 일상가사대리권도 인정되며(80다2077), 사실혼부부도 재산분할청구권이 있습니다(2005두15595).

나아가 공무원연금법을 비롯한 각종 연금법 및 주택임대차보호법에서도 사실혼 배우자를 법률상 배우자와 동일하게 보호하는 특별규정을 두고 있습니다.

한편 이건과 같은 경우 귀하는 혼인의 의사로 동거를 하여 그 사이에 딸을 출산하였으므로 서로 간 혼인의 의사와 혼인의 실체가 있는 사실혼으로 인정이 되므로 귀하는 가정법원에 남편을 상대로 사실혼관계존재확인의 소를 제기하여 승소판결을 받은 후 이를 근거로 혼자서도 혼인신고를 필할 수 있으며(가사소송법 제2조, 50조, 72조), 혼인신고 후 출생한 딸의 출생신고도 적법하게 할 수가 있습니다.

참고로 사실혼 관계에 있는 당사자 일방이 사망한 경우에 혼인신고가 가능한지에 대하여 판례는, '사망자 사이 또는 생존하는 자와 사망한 자 사이에서는 혼인이 인정될 수 없고, 혼인신고특례법과 같이 예외적으로 혼인신고의 효력의 소급을 인정하는 특별한 규정이 없는 한 그러한 혼인신고가 받아들여질 수도 없다. 사실혼 배우자의 일방이 사망한 경우 생존하는 당사자가 혼인신고를 하기 위한 목적으로서는 사망자와의 과거의 사실혼관계 존재확인을 구할 소의 이익이 있다고는 할 수 없고, 이러한 과거의 사실혼관계가 생존하는 당사자와 사망자와 제3자 사이의 현재적 또는 잠재적 분쟁의 전제가 되어 있어 그 존부확인청구가 이들 수많은 분쟁을 일거에 해결하는 유효적절한 수단일 수 있는 경우에는 확인의 이익이 인정될 수 있는 것이지만, 그러한 유효적절한 수단이라고 할 수 없는 경우에는 확인의 이익이 부정되어야 한다'고 합니다(95므694).

■ 법률혼이 존속중인 상태에서 이중으로 제3자와 맺은 사실혼의 보호 여부(94므1638)

법률상의 혼인을 한 부부의 어느 한쪽이 집을 나가 장기간 돌아오지 아니하고 있는 상태에서, 부부의 다른 한쪽이 제3자와 혼인의 의사로 실질적인 혼인생활을 하고 있다고 하더라도, 특별한 사정이 없는 한, 이를 사실혼으로 인정하여 법률혼에 준하는 보호를 허여할 수는 없다.

■ 사실혼 관련 판례

1) 사실혼부당파기로 인한 손해배상에는 재산적 손해와 정신적 손해가 포함되고, 그 재산적 손해에는 사실혼관계의 성립유지와 인과관계 있는 모든 손해가 포함된다(88므146).

2) 사실혼이란 당사자 사이에 혼인의 의사가 있고, 객관적으로 사회관념상으로 가족질서적인 면에서 부부공동생활을 인정할 만한 혼인생활의 실체가 있는 경우이므로, 법률혼에 대한 민법의 규정 중 혼인신고를 전제로 하는 규정은(제812조) 유추적용할 수 없으나, 부부재산의 청산의 의미를 갖는 재산분할에 관한 규정은 부부의 생활공동체라는 실질에 비추어 인정되는 것이므로, 사실혼관계에도 준용 또는 유추적용할 수 있다(94므1584).

3) 사실혼부당파기로 인한 손해배상청구권은 불법행위로 인한 손해배상청구권으로서 민법 제766조제1항의 손해 및 가해자를 안날로부터 3년 내에 행사하여야 한다(97므18).

144 재판상 이혼

친족·상속법

질문

저는 슬하에 12세 아들을 둔 가정주부로서, 남편의 외도로 별거한 지 1년이 지났습니다. 이제 남편과 이혼하고 싶은데, 어떻게 해야 하는지요?

답변

민법상 부부는 협의상 이혼(제834조)과 재판상 이혼(제840조)의 두 가지 중 어느 하나의 방법으로 이혼할 수 있습니다.

먼저 협의상 이혼은 가정법원의 확인을 받아 「가족관계의 등록 등에 관한 법률」의 정한 바에 의하여 신고함으로써 그 효력이 생기며(제836조), 협의상 이혼을 하려는 자는 가정법원이 제공하는 이혼에 관한 안내를 받아야 하고, 가정법원은 필요한 경우 당사자에게 상담에 관하여 전문적인 지식과 경험을 갖춘 전문상담인의 상담을 받을 것을 권고할 수 있고, 가정법원에 이혼의사의 확인을 신청한 당사자는 그 안내를 받은 날부터 양육하여야 할 자(포태 중인 자를 포함한다)가 있는 경우에는 3개월, 그렇지 아니한 경우에는 1개월의 기간이 지난 후에 이혼의사의 확인을 받을 수 있으며, 이 경우에도 가정법원은 폭력으로 인하여 당사자 일방에게 참을 수 없는 고통이 예상되는 등 이혼을 하여야 할 급박한 사정이 있는 경우에는 그 기간을 단축 또는 면제할 수 있습니다. 그리고 양육하여야 할 자가 있는 경우 당사자는 자(子)의 양육과 자(子)의 친권자결정에 관한 협의서를 제출하여야 하며(제836조의2), 이혼한 날로부터 2년 내에 재산분할을 청구할 수 있습니다(제839조의2).

둘째 재판상이혼은 당사자 간에 협의이혼이 불가능한 경우에 가정법원에 이혼을 청구하여 혼인관계를 해소시키는 제도입니다.

협의이혼은 이혼원인을 묻지 아니하고 당사자 간의 협의로 이혼할 수 있으나 재판상 이혼은 배우자의 부정행위나 배우자 또는 그 직계존속으로부터 심히 부당한 대우를 받았을 경우 등과 기타 혼인을 지속하기 어려운 중대한 사유가 있을 때에 이를 이유로 부부의 일방이 그 원인을 제공한 상대방 배우자를 상대로 이혼을 청구하는 점에서 차이가 있습니다(제840조).

따라서 재판상 이혼의 경우에는 원칙적으로 유책배우자의 이혼청구를 인정하지 아니하므로(유책주의), 귀하가 남편을 상대로 이혼청구를 할 수는 있지만, 반대로 남편이 귀하를 상대로 먼저 이혼청구를 할 수는 없습니다(78므34). 다만 유책배우자의 상대방에게도 이혼의사가 있는 경우(87므44·45), 혼인파탄의 책임이 부부 모두에게 있는 경우(87므9)와 다른 원인으로 파탄된 뒤에 유책한 배우자가 청구한 경우(2003므1890)등에는 예외적으로 이를 인정하고 있으며, 실무상 엄격한 유책주의에서 파탄주의로 이혼을 인정하는 대신 위자료 등에서 이를 참작하는 경향이 있습니다.

따라서 귀하는 남편과의 협의로 이혼을 할 수 있으며, 만약 이것이 불가능하면 재판상 이혼을 청구할 수 있으며, 이 때 유책 배우자인 남편의 혼인관계 파탄에 대한 책임을 물어 위자료청구를 할 수 있고, 재산분할 청구는 물론 미성년 자녀의 양육자지정 및 양육비 등을 아울러 청구할 수 있습니다.

■ 가장이혼의 효력

1) 피고인들이 해외로 이주할 목적으로 이혼신고를 하였다 하더라도 일시적이나마 이혼할 의사가 있었다고 보여 지므로 혼인 및 이혼의 효력발생여부에 있어서 형식주의를 취하는 이상 피고인 등의 이건 이혼신고는 유효하다 할 것이다(76도107).

2) 이혼 당사자 간에 혼인 생활을 실질상 폐기하려는 의사는 없이 단지 강제집행의 회피, 기타 어떤 다른 목적을 위한 방편으로 일시적으로 이혼신고를 하기로 하는 합의가 있었음을 인정할 증거가 없다면 이혼당사자간에 일응 일시나마 법률상 적법한 이혼을 할 의사로서 이혼신고를 한 것으로 인정되고 부부관계는 유효하게 일단 해소되었다고 보아야 한다(75도1712).

■ 재산분할의 대상이 되는 재산

1) 민법 제843조, 제839조의2의 규정에 의한 재산분할의 경우 부부 일방의 특유재산은 원칙적으로 분할대상이 되지 아니하나 특유재산일지라도 다른 일방이 적극적으로 특유재산의 유지에 협력하여 감소를 방지하였거나 증식에 협력하였다고 인정되는 경우에는 분할대상이 될 수 있고 또 부부 일방이 혼인중 제3자에게 부담한 채무는 일상가사에 관한 것 이외에는 원칙으로 개인채무로서 청산대상이 되지 않으나 공동재산의 형성에 수반하여 부담한 채무인 경우에는

청산대상이 된다(92므501).

2) 이혼 시의 재산분할제도는 혼인 중에 취득한 실질적인 공동재산을 청산·분배하는 것을 주된 목적으로 하고, 퇴직금·퇴직연금의 경우 임금의 후불적 성격을 가지고 있는 것이므로 장래의 퇴직금·퇴직연금도 재산분할의 대상이 된다(2013므2250).

3) 부부가 혼인 중에 취득한 실질적인 공동재산에 대하여 유책배우자도 재산분할청구권이 있으며, 처의 가사노동에 의한 기여로 이룩된 공동재산도 재산분할청구의 대상이 된다(93스6).

145 과거의 양육비 청구

친족·상속법

질문

저는 수년 전 남편과 협의이혼하면서 초등학교에 다니는 딸을 혼자 키우고 있습니다. 이혼 당시 딸의 양육비 부담에 관하여는 상호간 협의한 바 없으며 남편이 딸을 키우지 못하겠다고 해서 그냥 제가 데리고 살고 있는데, 지금이라도 과거와 장래의 양육비 모두를 청구할 수 있는지요?

답변

부부가 이혼하는 경우에는 그 자의 양육에 관한 사항은 부모의 협의에 의하여 정하며, 그 내용은 양육자의 결정·양육비용의 부담·면접교섭권의 행사여부 및 그 방법에 관한 사항입니다(제837조1, 2항). 그런데 그 협의가 자(子)의 복리에 반하는 경우에는 가정법원은 보정을 명하거나 직권으로 그 자의 의사·연령과 부모의 재산상황과 그 밖의 사정을 참작하여 양육에 필요한 사항을 정합니다(제837조3항). 물론 양육에 관한 사항의 협의가 이루어지지 아니하거나 협의할 수 없는 때에는 가정법원이 직권으로 또는 당사자의 청구에 의하여 이를 정하게 되며(제837조4항), 가정법원은 자의 복리를 위하여 양육에 관한 사항을 변경하거나 다른 적당한 처분을 할 수도 있습니다(제837조5항). 나아가 자의 복리를 위하여 필요한 경우에는 미성년인 자의 친권자를 다른 일방으로 변경할 수도 있습니다(제908조6항).

한편 이건과 같이 이혼하면서 딸의 양육비부담에 관하여 아무런 협의를 하지 않았으므로 지금부터라도 당사자 간에 협의가 이루어지지 아니하면, 가정법원에 양육비청구를 할 수 있음은 물론이지만 양육비청구 이전의 과거의 양육비도 아울러 청구할 수 있는지가 문제됩니다.

이에 대하여 판례는, '어떠한 사정으로 인하여 부모 중 어느 한 쪽만이 자녀를 양육하게 된 경우에, 그와 같은 일방에 의한 양육이 그 양육자의 일방적이고 이기적인 목적이나 동기에서 비롯한 것이라거나 자녀의 이익을 위하여 도움이 되지 아니하거나 그 양육비를 상대방에게 부담시키는 것이 오히려 형평에 어긋나게 되는 등 특별한 사정이 있는 경우를 제외하고는, 양육하는 일방은 상대방에 대하여 현재 및 장래에 있어서의 양육비 중 적정 금액의 분담을 청구할 수 있음은 물론이고, 부모의 자녀양육의무는 특별한 사정이 없는 한 자녀의 출생과 동시에 발생하는 것이므로 과거의 양육비에 대하여도 상대방이 분담함이 상당하다고 인정되는 경우에는 그 비용의 상환을 청구할 수 있다. 한 쪽의 양육자가 양육비를 청구하기 이전의 과거의 양육비 모두를 상대방에게 부담시키게 되면 상대방은 예상하지 못하였던 양육비를 일시에 부담하게 되어 지나치고 가혹하며 신의성실의 원칙이나 형평의 원칙에 어긋날 수도 있으므로, 이와 같은 경우에는 반드시 이행청구 이후의 양육비와 동일한 기준에서 정할 필요는 없고, 부모 중 한 쪽이 자녀를 양육하게 된 경위와 그에 소요된 비용의 액수, 그 상대방이 부양의무를 인식한 것인지 여부와 그 시기, 그것이 양육에 소요된 통상의 생활비인지 아니면 이례적이고 불가피하게 소요된 다액의 특별한 비용(치료비 등)인지 여부와 당사자들의 재산 상황이나 경제적 능력과 부담의 형평성 등 여러 사정을 고려하여 적절하다고 인정되는 분담의 범위를 정할 수 있다'고 합니다(92스21전).

따라서 귀하는 전 남편을 상대로 과거는 물론 딸이 성년(만19세)에 이르기까지 장래의 양육비를 아울러 청구할 수 있습니다.

■ 양육비포기각서를 번복하여 양육비청구를 할 수 있는지 여부(90므699)

민법 제837조의 제1, 2항의 규정에 의하여 가정법원이 일단 결정한 양육에 필요한 사항을 그 후 변경하는 것은 당초의 결정 후에 특별한 사정변경이 있는 경우뿐만 아니라 당초의 결정이 위 법조 소정의 제반 사정에 비추어 부당하게 되었다고 인정될 경우에도 가능한 것이며, 당사자가 협의하여 그 자의 양육에 관한 사항을 정한 후 가정법원에 그 사항의 변경을 청구한 경우에 있어서도 가정법원은 당사자가 협의하여 정한 사항이 위 법조 소정의 제반사정에 비추어 부당하다고 인정되는 경우에는 그 사항을 변경할 수 있고 협의 후에 특별한 사정변경이 있는 때에 한하여 변경할 수 있는 것은 아니다.

■ 양육권 없는 자가 양육한 기간 동안의 양육비청구(91므689)

청구인과 피청구인 사이에 자녀의 양육에 관하여 특정 시점까지는 피청구인이 양육비의 일부를 부담하면서 청구인이 양육하기로 하고 그 이후는 피청구인이 양육하도록 인도하기로 하는 의무를 부담하는 소송상의 화해가 있었다면 이 화해조항상의 양육방법이 그 후 다른 협정이나 재판에 의하여 변경되지 않는 한 위 특정 시점 이후에는 청구인에게는 사건본인들을 양육할 권리가 없고 그럼에도 불구하고 이들을 피청구인에게 인도함이 없이 스스로 양육하였다면 이는 피청구인에 대한 관계에서는 위법한 양육이라고 할 것이니 위 화해에 갈음하여 새로운 양육방법이 정하여 지기 전에는 피청구인은 청구인에게 그 위법한 양육에 대한 양육비를 지급할 의무가 있다고 할 수 없다.

146 구두유언의 효력

친족·상속법

질문

저는 3형제의 장남으로 생전에 아버지께서 구두로 상속받을 재산을 지정해 주셨으며, 이에 저를 비롯한 3형제가 모두 이에 동의하였습니다. 그런데 아버지가 돌아가신 후 제가 아버지의 유지대로 상속재산을 분할하려하자 둘째와 셋째가 이에 반발하면서 법정상속분 비율대로 상속재산을 정리하자고 합니다. 이 경우 누구 말이 맞는지요?

답변

피상속인은 유언으로 상속재산의 분할방법을 정하거나 이를 정할 것을 제3자에게 위탁할 수 있고, 상속개시의 날로부터 5년을 초과하지 아니하는 기간으로 그 분할을 금지할 수 있습니다(제1012조).

나아가 유언의 요식성으로 인하여 유언은 민법에서 정한 방식에 의하지 아니하면 효력이 생기기 않으며(제1060조), 그 이유는 다른 법률행위와 달리 유언은 유언자의 사망으로 효력이 생기게 되므로(제1073조), 미리 유언자의 진의를 법이 정한 방식으로 확보함으로써 이를 둘러싼 분쟁을 사전에 방지할 필요가 있기 때문입니다.

민법상 만17이상이면 단독으로 유언을 할 수 있으며(제1061조), 피성년후견인도 의사능력이 회복되면 유언을 할 수 있습니다(제1063조). 그리고 유언자는 언제든지 유언의 전부나 일부를 철회할 수 있고(임의철회), 그 권리를 포기하지 못하며(제1108조), 전후의 유언이 저촉되는 경우, 그 저촉된 부분의 전 유언은 철회한 것으로 보며(법정철회: 제1109조), 유언자가 고의로 유언증서 또는 유증의 목적물을 파훼(파손·훼손)한 때에는 그 파훼한 부분에 관한 유언은 철회한 것으로 봅니다(법정철회: 제1110조).

한편 민법이 정한 유언방식은 자필증서, 녹음, 공정증서, 비밀증서와 구수증서의 5종으로 정해져 있으며(제1065조) 그것은, 1) 제1066조의 자필증서에 의한 유언으로, 자필증서에 의한 유언은 유언자가 그 전문과 연월일, 주소, 성명을 자서하고 날인(무인도 가능: 97다38503)하여야 하며,2) 제1067조의 녹음에 의한 유언으로, 녹음에 의한 유언은 유언자가 유언의 취지, 그 성명과 연월일을 구술하고 이에 참여한 증인이 유언의 정확함과 그 성명을 구술하여야 하고, 3) 제1068조의 공정증서에 의한 유언으로, 공정증서에 의한 유언은 유언자가 증인 2인이 참여한 공증인의 면전에서 유언의 취지를 구수하고 공증인이 이를 필기 낭독하여 유언자와 증인이 그 정확함을 승인한 후 각자 서명 또는 기명날인하여야 하며, 4) 제1069조의 비밀증서에 의한 유언으로, 비밀증서에 의한 유언은 유언자가 필자의 성명을 기입한 증서를 엄봉날인하고 이를 2인 이상의 증인의 면전에 제출하여 자기의 유언서임을 표시한 후 그 봉서표면에 제출연월일을 기재하고 유언자와 증인이 각자 서명 또는 기명날인하여야 하고, 그 유언봉서는 그 표면에 기재된 날로부터 5일내에 공증인 또는 법원서기에게 제출하여 그 봉인상에 확정일자인을 받아야 하며, 5) 제1070조의 구수증서에 의한 유언으로, 구수증서에 의한 유언은 질병 기타 급박한 사유로 인하여 전4조의 방식에 의할 수 없는 경우에 유언자가 2인 이상의 증인의 참여로 그 1인에게 유언의 취지를 구수하고 그 구수를 받은 자가 이를 필기 낭독하여 유언자의 증인이 그 정확함을 승인한 후 각자 서명 또는 기명날인하여야 하며, 이 경우에는 그 증인 또는 이해관계인이 급박한 사유의 종료한 날로부터 7일내에 법원에 그 검인을 신청하여야 합니다.

그리고 비밀증서에 의한 유언이 그 방식에 흠결이 있는 경우에 그 증서가 자필증서의 방식에 적합한 때에는 자필증서에 의한 유언으로 봅니다(제1071조).

그래서 이건과 같은 구두유언의 효력에 대하여 판례는, '피상속인은 유언으로 상속재산의 분할방법을 정할 수는 있지만, 유언의 방식에 의하지 아니한 생전행위에 의한 분할방법의 지정은 그 효력이 없어 상속인들이 피상속인의 의사에 구속되지는 않는다'면서 유언의 방식에 의하지 아니한 피상속인의 상속재산 분할방법 지정행위는 무효라고 합니다(2001다28299).

따라서 귀하의 부친이 생전에 구두로 상속재산의 분할방법을 지정하였다 하더라도 이는 위에서 본바와 같이 민법이 정한 유언방식에 따르지 아니한 것으로서 그 효력이 없으므로 결국 귀하의 형제들은 민법이 정한 법정상속분에 따라 3형제가 상속재산을 균분할 수밖에 없습니다.

■ 법정 유언사항

1) 재단법인 설립을 위한 재산출연행위(제47조2항)

2) 친생부인(제850조)

3) 인지(제859조)

4) 미성년후견인의 지정(제931조)

5) 친족회원의 지정(74다1998)

6) 상속재산의 분할방법의 지정 또는 위탁(제1012조 전단)

7) 상속재산의 분할금지(제1012조 후단)

8) 유증(제1074조~1090조)

9) 유언집행자의 지정 또는 위탁(제1093조)

10) 신탁의 설정(신탁법 제2조)

■ 유증

1) 유증(제1074조)이란 유언에 의하여 재산상의 이익을 타인에게 무상으로 주는 단독행위로서, 같은 무상행위이지만 계약인 증여(제554조)·사인증여(제562조)와 다르다.

2) 포괄적 유증은 유증의 목적의 범위를 상속재산의 전부 또는 그에 대한 비율로 표시하는 유증으로서, 포괄적 유증을 받은 자는 상속인과 동일한 자격이 있으므로(제제1078조) 자연인과 달리 상속권이 없는 법인도 포괄적 유증을 받음으로써 사실상 상속을 받게 된다. 이에 비하여 특정유증은 유증의 목적이 특정되어 있는 유증이다.

3) 포괄적 유증과 특정유증의 구별 기준(2000다73445)

유증이 포괄적 유증인가 특정유증인가는 유언에 사용한 문언 및 그 외 제반 사정을 종합적으로 고려하여 탐구된 유언자의 의사에 따라 결정되어야 하고, 통상은 상속재산에 대한 비율의 의미로 유증이 된 경우는 포괄적 유증, 그렇지 않은 경우는 특정유증이라고 할 수 있지만, 유언공정증서 등에 유증한 재산이 개별적으로 표시되었다는 사실만으로는 특정유증이라고 단정할 수는 없고 상속재산이 모두 얼마나 되는지를 심리하여 다른 재산이 없다고 인정되는 경우에는 이를 포괄적 유증이라고 볼 수도 있다.

포괄적 유증을 받은 자는 민법 제187조에 의하여 법률상 당연히 유증받은 부동산의 소유권을 취득하게 되나, 특정유증을 받은 자는 유증의무자에게 유증을 이행할 것을 청구할 수 있는 채권을 취득할 뿐이므로, 특정유증을 받은 자는 유증받은 부동산의 소유권자가 아니어서 직접 진정한 등기명의의 회복을 원인으로 한 소유권이전등기를 구할 수 없다.

147 상속인과 그 상속분

Q 질문

저의 남편이 퇴근길에 음주운전 차량에 치여 사망하였습니다. 가족으로는 시어머니와 10세 된 딸이 있습니다. 이 경우 누가 상속인이 되고, 그 상속비율은 어떻게 되는지요?

A 답변

상속에 있어서는

1) 피상속인의 직계비속
2) 피상속인의 직계존속
3) 피상속인의 형제자매
4) 피상속인의 4촌 이내의 방계혈족 순위로 상속인이 되며, 이 경우 동순위의 상속인이 수인인 때에는 최근친을 선순위로 하고 동친 등의 상속인이 수인인 때에는 공동상속인이 되며, 태아는 상속순위에 관하여는 이미 출생한 것으로 봅니다(제1000조).

한편 위 순위에 의한 상속인도 없는 때에는 특별연고자에 대한 분여로서 가정법원은 피상속인과 생계를 같이 하고 있던 자, 피상속인의 요양간호를 한 자 기타 피상속인과 특별한 연고가 있던 자의 청구에 의하여 상속재산의 전부 또는 일부를 분여할 수 있으며(제1057조의2), 특별연고자에 대한 분여도 이루어지지 아니한 경우에는 상속재산은 국가에 귀속합니다(제1058조).

나아가 상속인이 될 직계비속 또는 형제자매가 상속개시 전에 사망하거나 결격자가 된 경우에 그 직계비속이 있는 때에는 그 직계비속이 사망하거나 결격된 자의 순위에 가름하여 상속인이 되며, 이를 대습상속이라고 합니다(제1001조).

그리고 피상속인의 배우자는 피상속인의 직계비속 또는 직계존속이 있는 경우에는 그 상속인과 동순위로 공동상속인이 되고 그 상속인이 없는 때에는 단독 상속인이 되며, 대습상속의 경우에는 상속개시 전에 사망 또는 결격된 자의 배우자는 그 상속인과 동순위로 공동상속인이 되고 그 상속인이 없는 때에는 단독 상속인이 됩니다(제1003조).

나아가 상속인은 상속개시 된 때로부터 피상속인의 재산에 관한 포괄적 권리의무를 승계하지만(적극재산뿐만 아니라 소극재산도 포함), 피상속인의 일신에 전속한 것은 그러하지 아니합니다(제1005조).

그런데 상속인이,

1) 고의로 직계존속, 피상속인, 그 배우자 또는 상속의 선순위나 동순위에 있는 자를 살해하거나 살해하려고 한 경우

2) 고의로 직계존속, 피상속인과 그 배우자에게 상해를 가하여 사망에 이르게 한 경우

3) 사기 또는 강박으로 피상속인의 상속에 관한 유언 또는 유언의 철회를 방해한 경우

4) 사기 또는 강박으로 피상속인의 상속에 관한 유언을 하게 한 경우

5) 피상속인의 상속에 관한 유언서를 위조·변조·파기 또는 은닉한 경우에는 상속의 결격사유에 해당하여 상속인이 되지 못합니다(제1004조).

따라서 배우자가 단순히 불륜행위를 저지른 것만으로는 상속결격사유가 되질 않습니다.

한편 상속분(법정상속분)에 관하여 보면,

동순위의 상속인이 수인인 때에는 그 상속분은 균분으로 하며, 이 때 피상속인의 배우자의 상속분은 직계비속과 공동으로 상속하는 때에는 직계비속의 상속분의 5할을 가산하고, 직계존속과 공동으로 상속하는 때에는 직계존속의 상속분의 5할을 가산합니다(제1009조).

그리고 대습 상속인이 된 자의 상속분은 사망 또는 결격된 자의 상속분에 의하며, 이 경우에 사망 또는 결격된 자의 직계비속이 수인인 때에는 그 상속분은 사망 또는 결격된 자의 상속분의 한도에서 법정상속분에 따라 이를 정하게 됩니다(제1010조).

따라서 귀하의 경우에는 귀하와 귀하의 딸이 공동상속인이 되며, 그 상속분은 1.5:1의 비율로 정하여 집니다.

이 경우 시어머니는 자식인 귀하의 남편의 사망으로 인한 상속권은 없지만 자식의 사망으로 인한 시어머니 자신의 위자료청구권은 물론 인정됩니다(제752조).

■ 태아를 낙태한 것이 상속결격사유에 해당하는지 여부(92다2127)

상속의 선순위나 동순위에 있는 태아를 낙태한 것은 제1004조 제1호 소정의 상속결격사유에 해당하며, 이 경우에 상속결격사유로서 '살해의 고의'이외에 '상속에 유리하다는 인식'까지 할 필요는 없다.

■ 민법 제1004조 제5호 소정의 '상속에 관한 유언서를 은닉한 자'의 의미(97다38510)

상속인의 결격사유의 하나로 규정하고 있는 민법 제1004조 제5호 소정의 '상속에 관한 유언서를 은닉한 자'라 함은 유언서의 소재를 불명하게 하여 그 발견을 방해하는 일체의 행위를 한 자를 의미하는 것이므로, 단지 공동상속인들 사이에 그 내용이 널리 알려진 유언서에 관하여 피상속인이 사망한지 6개월이 경과한 시점에서 비로소 그 존재를 주장하였다고 하여 이를 두고 유언서의 은닉에 해당한다고 볼 수 없다.

■ 이성동복(異姓同腹)의 형제자매도 상속인의 범위에 포함되는지 여부(96다5421)

민법 제1000조 제1항 제3호 소정의 '피상속인의 형제자매'라 함은, 민법 개정시 친족의 범위에서 부계와 모계의 차별을 없애고, 상속의 순위나 상속분에 관하여도 남녀 간 또는 부계와 모계 간의 차별을 없앤 점 등에 비추어 볼 때, 부계 및 모계의 형제자매를 모두 포함하는 것으로 해석하는 것이 상당하다.

■ 동시사망으로 추정되는 경우 대습상속의 가능 여부(99다13157)

원래 대습상속제도는 대습자의 상속에 대한 기대를 보호함으로써 공평을 꾀하고 생존 배우자의 생계를 보장하여 주려는 것이고, 또한 동시사망 추정규정도 자연과학적으로 엄밀한 의미의 동시사망은 상상하기 어려운 것이나 사망의 선후를 입증할 수 없는 경우 동시에 사망한 것으로 다루는 것이 결과에 있어 가장 공평하고 합리적이라는 데에 그 입법 취지가 있는 것인바, 상속인이 될 직계비속이나 형제자매(피대습자)의 직계비속 또는 배우자(대습자)는 피대습자가 상속개시 전에 사망한 경우에는 대습상속을 하고, 피대습자가 상속개시 후에 사망한 경우에는 피대습자를 거쳐 피상속인의 재산을 본위상속을 하므로 두 경우 모두 상속을 하는데, 만일 피대습자가 피상속인의 사망, 즉 상속개시와 동시에 사망한 것으로 추정되는 경우에만 그 직계비속 또는 배우자가 본위상속과 대습상속의 어느 쪽도 하지 못하게 된다면 동시사망 추정 이외의 경우에 비하여 현저히 불공평하고 불합리한 것이라 할 것이고, 이는 앞서 본 대습상속제도 및 동시사망 추정규정의 입법 취지에도 반하는 것이므로, 민법 제1001조의 '상속인이 될 직계비속이 상속개시 전에 사망한 경우'에는 '상속인이 될 직계비속이 상속개시와 동시에 사망한 것으로 추정되는 경우'도 포함하는 것으로 합목적적으로 해석함이 상당하다.

사례 9 동시사망과 대습상속 참조

■ 공동상속인 중에 특별수익자가 있는 경우의 상속분의 산정방법(94다16571)

1) 민법 제1008조에서 "공동상속인 중에 피상속인으로부터 재산의 증여 또는 유증을 받은 자가 있는 경우에 그 수증재산이 자기의 상속분에 달하지 못한 때에는 그 부족한 부분의 한도에서 상속분이 있다"고 규정하고 있는바, 이는 공동상속인 중에 피상속인으로부터 재산의 증여 또는 유증을 받은 특별수익자가 있는 경우에 공동상속인들 사이의 공평을 기하기 위하여 그 수증재산을 상속분의 선급으로 다루어 구체적인 상속분을 산정함에 있어 이를 참작하도록 하려는 데 그 취지가 있다. 따라서 공동상속인 중에 특별수익자가 있는 경우의 구체적인 상속분의 산정을 위해서는, 피상속인이 상속개시 당시에 가지고 있던 재산의 가액에 생전 증여의 가액을 가산한 후, 이 가액에 각 공동상속인별로 법정 상속분을 곱하여 산출된 상속분의 가액으로부터 특별수익자의 수증재산인 증여 또는 유증의 가액을 공제하는 계산방법에 의하여 할 것이고, 여기서 이러한 계산의 기초가 되는 "피상속인이 상속개시 당시에 가지고 있던 재산의 가액"은 상속재산 가운데 적극재산의 전액을 가리키는 것으로 보아야 옳다.

   ex) 피상속인이 사망 당시 1억 원(적극재산)을 남겼는데, 두 자녀 중 1명에게 2년 전 결혼자금으로 4천만 원을 증여한 경우의 상속분 계산방법
   상속분은 (1억+4천만)×1/2=7천만 원이 되므로 이미 4천만 원 증여받은 자는 7천만 원-4천만원=3천만 원이 되고 나머지 자는 7천만 원을 각 상속하게 된다.

2) 공동상속인 중에 특별수익자가 있는 경우의 구체적 상속분 산정을 위한 재산평가시점은 '상속개시일'이며, 실제로 대상 분할의 방법에 의한 상속재산분할시의 정산을 위한 상속재산 평가시점은' 분할시'이다(96스62).

3) 공동상속인 중에 특별수익자가 있는 경우에도 상속채무(소극재산)의 분담은 법정상속분에 따른다(94다16571).

4) 공동상속인 중에 피상속인으로부터 재산의 증여에 의하여 특별수익을 한 자가 있는 경우에는 민법 제1114조의 규정은 그 적용이 배제되고, 따라서 그 증여는 상속개시 전의 1년 간 에 행한 것인지 여부에 관계없이 유류분 산정을 위한 기초재산에 산입된다(93다11715).

■ 기여분제도(제1008조의 2)

1) 공동상속인 중에 상당한 기간 동거·간호 그 밖의 방법으로 피상속인을 특별히 부양하거나 피상속인의 재산의 유지 또는 증가에 특별히 기여한 자에게 인정되는 권리

2) 기여분이 있는 경우의 상속분은, 상속개시 당시의 피상속인의 재산가액에서 기여분을 공제한 것을 상속재산으로 보고 여기에 공동상속인들의 상속분을 계산한다(기여분+공동상속분).

3) 기여분은 유류분반환청구의 대상이 아니므로(제1115조 참조), 유류분을 침해하는 기여분이 인정되더라도 상관없다(참작사유).

4) 기여분을 산정함에 있어서는 기여의 시기·방법 및 정도와 상속재산의 액 기타의 사정을 참작하여야 하며, 상속이 개시된 때의 피상속인의 재산가액에서 유증의 가액을 공제한 액을 넘지 못한다.

5) 공동상속인 중 피상속인의 재산의 유지 또는 증가에 관하여 특별히 기여하거나 피상속인을 특별히 부양한 자가 있는 경우 그 기여분의 산정은 공동상속인들의 협의에 의하여 정하도록 되어 있고, 협의가 되지 않거나 협의할 수 없는 때에는 기여자의 신청에 의하여 가정법원이 심판으로 이를 정하도록 되어 있으므로 이와 같은 방법으로 기여분이 결정되기 전에는 유류분반환청구소송에서 피고가 된 기여상속인은 상속재산 중 자신의 기여분을 공제할 것을 항변으로 주장할 수 없다(94다8334).

148 상속의 포기와 한정승인

Q 질문

사업을 하시던 아버지가 부도를 내고 건강까지 악화되어 돌아가시면서 남긴 재산은 한 푼도 없는데 아버지 채권자들이 몰려와서 채무를 대신 변제하라고 독촉을 합니다. 이 경우에도 제가 아버지 빚을 대신 갚아야 하는지요?

A 답변

상속은 사망으로 개시되며(제997조), 상속인은 상속 개시된 때로부터 피상속인의 일신에 전속한 것을 제외하고는 피상속인의 재산에 관한 포괄적 권리의무를 승계합니다(제1005조).

이 경우에 상속되는 재산은 피상속인이 현실적으로 남긴 부동산이나 현금 등의 적극재산은 물론이고 피상속인이 제3자에게 지고 있는 채무와 같은 소극재산도 상속이 됩니다.

따라서 이건과 같이 소극재산이 적극재산보다 많은 경우에 상속인은 상속의 포기 또는 한정승인을 하여 아버지가 남긴 빚으로부터 해방될 수 있으며, 이 때 상속인은 상속개시 있음을 안 날로부터 3월내에 한정승인 또는 상속포기를 하면 됩니다(제1019조).

한편 상속의 포기는 상속인이 법원에 대하여 하는 단독의 의사표시로서 포괄적·무조건적으로 하여야 하므로, 상속포기 할 경우에 재산목록을 첨부하거나 특정할 필요가 없다고 할 것이고, 상속포기서에 상속재산의 목록을 첨부했다 하더라도 그 목록에 기재된 부동산 및 누락된 부동산의 수효 등과 제반 사정에 비추어 상속재산을 참고 자료로 예시한 것에 불과하다고 보여 지는 이상, 포기 당시 첨부된 재산목록에 포함되어 있지 않은 재산의 경우에도 상속포기의 효력은 미치게 되며(95다27554), 상속의 포기는 단독상속인은 물론 공동상속인도 할 수 있습니다.

다만 상속의 포기를 하면 이를 다시 취소하지는 못하므로(제1024조), 나중에 피상속인이 남긴 적극재산이 밝혀지더라도 상속인은 이에 대한 권리주장을 하지 못합니다.

이와 같이 소극재산이 적극재산보다 명백하게 많을 때에는 상속의 포기를 하면 되지만, 그 경우에도 후순위 상속인에게 상속의 효력이 미치게 되어 그들이 또 상속포기절차를 밟아야 하는 번거로움과 어려움이 있고, 또한 상속재산 중 소극재산이 더 많은지 여부가 불분명한 경우도 있으므로 이를 해소하는 방법으로는 한정승인을 신청하는 것이 오히려 더 나을 수도 있습니다.

한정승인이란 상속으로 인하여 취득할 재산의 한도에서 피상속인의 채무와 유증을 변제할 것을 조건으로 상속을 승인하는 것을 말하며(제1028조), 한정승인을 하는 경우에는 상속개시 있음을 안 날로부터 3월내에 상속재산의 목록을 첨부하여 법원에 신청을 하여야 합니다(제1030조).

따라서 한정승인을 하면 상속채무는 전부 승계되지만 그 책임의 범위가 상속재산의 한도 내로 제한되게 됩니다(2003다30968).

■ 상속의 한정승인에 있어서 상속재산이 없거나 그 상속재산이 상속채무의 변제에 부족한 경우 상속채무 전부에 대한 이행판결을 선고하여야 하는지 여부(2003다30968)

상속의 한정승인은 채무의 존재를 한정하는 것이 아니라 단순히 그 책임의 범위를 한정하는 것에 불과하기 때문에(1031조 참조), 상속의 한정승인이 인정되는 경우에도 상속채무가 존재하는 것으로 인정되는 이상, 법원으로서는 상속재산이 없거나 그 상속재산이 상속채무의 변제에 부족하다고 하더라도 상속채무 전부에 대한 이행판결을 선고하여야 하고, 다만, 그 채무가 상속인의 고유재산에 대해서는 강제집행을 할 수 없는 성질을 가지고 있으므로, 집행력을 제한하기 위하여 이행판결의 주문에 상속재산의 한도에서만 집행할 수 있다는 취지를 명시하여야 한다.

■ 상속개시 전에 이루어진 상속포기약정의 효력(94다8334)

유류분을 포함한 상속의 포기는 상속이 개시된 후 일정한 기간 내에만 가능하고 가정법원에 신고하는 등 일정한 절차와 방식에 따라야만 그 효력이 있으므로, 상속개시 전에 이루어진 상속포기약정은 그와 같은 절차와 방식에 따르지 아니한 것으로 그 효력이 없다.

■ 민법 제 1019조1항의 '상속개시 있음을 안 날'의 의미(2003다43681)

상속인은 상속개시 있음을 안 날로부터 3월 내에 상속의 포기를 할 수 있는바(민법 제1019조 제1항), 여기서 상속개시 있음을 안 날이라 함은 상속개시의 원인이 되는 사실의 발생을 알고 이로써 자기가 상속인이 되었음을 안 날을 말한다고 할 것인데, 피상속인의 사망으로 인하여 상속이 개시되고 상속의 순위나 자격을 인식함에 별다른 어려움이 없는 통상적인 상속의 경우에는 상속인이 상속개시의 원인사실을 앎으로써 그가 상속인이 된 사실까지도 알았다고 보는 것이 합리적이나, 종국적으로 상속인이 누구인지를 가리는 과정에 사실상 또는 법률상의 어려운 문제가 있어 상속개시의 원인사실을 아는 것만으로는 바로 자신의 상속인이 된 사실까지 알기 어려운 특별한 사정이 존재하는 경우도 있으므로, 이러한 때에는 법원으로서는 '상속개시 있음을 안 날'을 확정함에 있어 상속개시의 원인사실뿐 아니라 더 나아가 그로써 자신의 상속인이 된 사실을 안 날이 언제인지까지도 심리, 규명하여야 마땅하다.

149 유류분

질문

아버지가 돌아가신 후 유언서를 개봉해 보니 상속재산 전부를 제사를 지내는 장남인 형에게 준다는 내용이 유언으로 기재되어 있었습니다. 이 경우 저는 한 푼도 상속을 받을 수 없는지요?

답변

민법의 사적자치의 원칙은 유산처분의 자유로 이어지고 있으며, 따라서 유언자는 언제든지 유언 또는 생전행위로써 유언의 전부나 일부를 철회할 수도 있으며, 유언자는 그 유언을 철회할 권리를 포기하지도 못합니다(제1108조).

그러나 다른 한편으로 상속재산은 일종의 기대권으로서 피상속인의 사후에 상속인의 생활보장은 물론 상속인 상호간 어느 정도의 공평한 상속재산 분배를 기대할 수 있는 권리이기도 합니다.

그럼에도 불구하고 피상속인이 상속재산의 전부 또는 상당부분을 제3자 또는 공동상속인의 일부에게만 증여하거나 유증함으로써 상속인이나 다른 공동상속인이 이를 상속받지 못하는 경우가 생길 수 있는데, 이를 방지하여 상속인에게 상속분의 일정한 범위 내에서 최소한의 상속재산을 분배받을 수 있는 권리를 보장하는 것이 바로 유류분제도입니다.

그러므로 상속이 개시되기 전에는 유류분권을 포기할 수 없으나, 그 후에는 유류분 권리자가 그의 재산권행사를 포기할 수 있습니다(통설).

나아가 유류분 권리자와 그 유류분을 살펴보면, 피상속인의 직계비속·배우자는 그 법정상속분의 1/2, 피상속인의 직계존속·형제자매는 그 법정상속분의 1/3입니다(제1112조).

한편 유류분산정의 기초가 되는 재산의 산정은 피상속인의 상속개시에 있어서 가진 재산(적극재산)의 가액에 증여재산의 가액을 가산하고, 채무의 전액을 공제하여 이를 산정하며, 조건부의 권리 또는 존속기간이 불확정한 권리는 가정법원이 선임한 감정인의 평가에 의하여 그 가격을 정합니다(제1113조).

여기서 산입될 증여는 상속개시 전의 1년간에 행한 것에 한하며, 다만 당사자 쌍방이 유류분 권리자에게 손해를 가할 것을 알고 증여를 한 때에는 1년 전에 한 것도 포함합니다(제1114조).

그러나 공동상속인 중에 피상속인으로부터 증여에 의하여 특별수익을 한 자가 있는 경우에는 그 증여가 상속개시 전의 1년간에 행하여졌는지 여부를 묻지 않고 그 가액을 전부 산입합니다(93다11715).

다만 증여에 대하여는 유증을 반환받은 후가 아니면 이를 청구할 수 없습니다(제1116조).

결국 유류분을 산정하는 방식을 도식으로 보면 다음과 같습니다.

1) 유류분=유류분 산정 기초재산×상속인의 유류분율

2) 유류분 산정 기초재산=적극상속재산+1년간의 증여 액+1년 전의 악의의 증여액+공동상속인의 모든 증여 액-상속채무

3) 유류분율=법정상속분×유류분 비율

따라서 귀하는 귀하가 받을 상속분의 1/2을 유류분으로 청구할 수 있습니다.

그런데, 여기서 주의할 점은, 유류분 반환 청구권은 유류분 권리자가 상속의 개시와 반환하여야 할 증여 또는 유증을 한 사실을 안 때로부터 1년내에 청구하여야 하며, 상속이 개시된 때로부터 10년이 경과한 때에도 마찬가지로 시효도 소멸합니다.(제1117조)

■ 유류분 산정의 기초가 되는 증여재산 가액의 산정시기(2006다28126)

유류분 반환범위는 상속개시 당시 피상속인의 순재산과 문제된 증여재산을 합한 재산을 평가하여 그 재산액에 유류분청구권자의 유류분 비율을 곱하여 얻은 유류분액을 기준으로 하는 것인바, 그 유류분액을 산정함에 있어 반환의무자가 증여받은 재산의 시가는 상속개시 당시를 기준으로 하여 산정하여야 한다. 따라서 그 증여받은 재산이 금전일 경우에는 그 증여받은 금액을 상속개시 당시의 화폐가치로 환산하여 이를 증여재산의 가액으로 봄이 상당하고, 그러한 화폐가치의 환산은 증여 당시부터 상속개시 당시까지 사이의 물가변동률을 반영하는 방법으로 산정하는 것이 합리적이다.

■ 유류분 산정 시 산입될 '증여재산'의 의미(96다13682)

유류분 산정의 기초가 되는 재산의 범위에 관한 민법 제1113조 제1항에서의 '증여재산'이란 상속개시 전에 이미 증여계약이 이행되어 소유권이 수증자에게 이전된

재산을 가리키는 것이고, 아직 증여계약이 이행되지 아니하여 소유권이 피상속인에게 남아 있는 상태로 상속이 개시된 재산은 당연히 '피상속인의 상속개시 시에 있어서 가진 재산'에 포함되는 것이므로, 수증자가 공동상속인이든 제3자이든 가리지 아니하고 모두 유류분 산정의 기초가 되는 재산을 구성하며, 나아가 유증·사인증여(2001다6947)한 재산도 상속개시 당시에 현존하는 재산으로 본다.

■ 공동상속인 및 공동상속인이 아닌 제3자가 피상속인으로부터 각각 증여 또는 유증을 받은 경우, 각자의 유류분반환의무의 범위(2006다46346)

유류분 권리자가 유류분 반환청구를 함에 있어 증여 또는 유증을 받은 다른 공동상속인이 수인일 때에는 각자 증여 또는 유증을 받은 재산 등의 가액이 자기 고유의 유류분액을 초과하는 상속인에 대하여 그 유류분액을 초과한 가액의 비율에 따라서 반환을 청구할 수 있고, 공동상속인과 공동상속인 아닌 제3자가 있는 경우에는 그 제3자에게는 유류분이 없으므로 공동상속인에 대하여는 자기 고유의 유류분액을 초과한 가액을 기준으로 하여, 제3자에 대하여는 그 증여 또는 유증 받은 재산의 가액을 기준으로 하여 그 각 가액의 비율에 따라 반환청구를 할 수 있다.

150 개명

친족·상속법

질문

제 이름은 김치국(金治國)입니다. 김치국이라는 발음 때문에 저는 그동안 놀림을 많이 받았습니다. 이런 이유로 이름을 바꾸고자 하는데, 그것이 가능한지요?

답변

사람의 성명은 사람의 동일성 식별은 물론 성명 그 자체가 인격권의 하나로서 보호되고 있습니다(성명권).

그런데 사람의 성명은 본인이 결정하는 것이 아니라 부모나 집안의 어른이 족보나 민간전래의 사주팔자 등을 고려하여 출생한 아이에게 부여하게 되는데, 이건의 경우와 같이 이름이 다른 명사를 연상케 할 정도라면 본인의 인격권을 손상하여 결과적으로 사회생활을 하는데 심각한 결과를 초래할 수도 있으므로 개명(改名)을 허가하는 것이 당연하다고 할 것입니다.

판례도, '이름은 통상 부모에 의해서 일방적으로 결정되어지고 그 과정에서 이름의 주체인 본인의 의사가 개입될 여지가 없어 본인이 그 이름에 대하여 불만을 가지거나 그 이름으로 인하여 심각한 고통을 받은 경우도 있을 수 있는데 그런 경우에도 평생 그 이름을 가지고 살아갈 것을 강요하는 것은 정당화될 수도 없고 합리적이지도 아니한 점, 이름이 바뀐다고 하더라도 주민등록번호는 변경되지 않고 종전 그대로 존속하게 되므로 개인에 대한 혼동으로 인하여 초래되는 법률관계의 불안정은 그리 크지 않으리라고 예상되는 점, 개인보다는 사회적·경제적 이해관계가 훨씬 더 크고 복잡하게 얽혀질 수 있는 법인, 그 중에서도 특히, 대규모 기업 등과 같은 상사법인에 있어서도 상호의 변경에 관하여는 관계 법령에서 특별한 제한을 두고 있지 아니할 뿐만 아니라, 실제로도 자유롭게 상호를 변경하는 경우가 적지 아니한 점, 개명으로 인하여 사회적 폐단이나 부작용이 발생할 수 있다는 점을 지나치게 강조하여 개명을 엄격하게 제한할 경우 헌법상의 개인의 인격권과 행복추구권을 침해하는 결과를 초래할 우려가 있는 점 등을 종합하여 보면, 개명을 허가할 만한 상당한 이유가 있다고 인정되고, 범죄를 기도 또는 은폐하거나 법령에 따른 각종 제한을 회피하려는 불순한 의도나 목적이 개입되어 있는 등 개명신청권의 남용으로 볼 수 있는 경우가 아니라면, 원칙적으로 개명을 허가함이 상당하다고 할 것이다'고 합니다(2005스26).

따라서 귀하의 경우에도 개명은 원칙적으로 가능하다고 할 것이므로, 가족관계의 등록에 관한 법률에 따른 등록기준지를 관할하는 가정법원에 귀하가 원하는 이름을 적시하여 개명허가신청을 하여 개명허가를 받은 다음 1개월 이내에 관할청에 개명신고를 하면 됩니다.

■ 자(子)의 성(姓)과 본(本)의 변경허가 기준(2009스23)

민법 제781조 제6항에 정한 '자의 복리를 위하여 자의 성과 본을 변경할 필요가 있을 때'에 해당하는지 여부는 자의 나이와 성숙도를 감안하여 자 또는 친권자·양육자의 의사를 고려하되, 먼저 자의 성·본 변경이 이루어지지 아니할 경우에 내부적으로 가족 사이의 정서적 통합에 방해가 되고 대외적으로 가족 구성원에 관련된 편견이나 오해 등으로 학교생활이나 사회생활에서 겪게 되는 불이익의 정도를 심리하고, 다음으로 성·본 변경이 이루어질 경우에 초래되는 정체성의 혼란이나 자와 성·본을 함께 하고 있는 친부나 형제자매 등과의 유대 관계의 단절 및 부양의 중단 등으로 인하여 겪게 되는 불이익의 정도를 심리한 다음, 자의 입장에서 위 두 가지 불이익의 정도를 비교형량하여 자의 행복과 이익에 도움이 되는 쪽으로 판단하여야 한다. 이와 같이 자의 주관적·개인적인 선호의 정도를 넘어 자의 복리를 위하여 성·본의 변경이 필요하다고 판단되고, 범죄를 기도 또는 은폐하거나 법령에 따른 각종 제한을 회피하려는 불순한 의도나 목적이 개입되어 있는 등 성·본 변경권의 남용으로 볼 수 있는 경우가 아니라면, 원칙적으로 성·본 변경을 허가함이 상당하다.